CIEŊ, DÖK KU YATH:

PIATH KU YIC THIEEK DE CIEŊ DE TUÏC YIITH.

Arɔk Alëu Arɔk

A Note from the Publisher

The publisher wishes to acknowledge and thank Dr Douglas H. Johnson for his invaluable help and support for Africa World Books and its mission of preserving and promoting African cultural and literary traditions and history. Dr Johnson and fellow historians have been instrumental in ensuring that African people remain connected to their past and their identity. Africa World Books is proud to carry on this mission.

© *Arok Aleu Arok*, 2022

ISBN: 9780645398847

All rights reserved.

No part of this publication may be reproduced, stored in a retrieval system, or transmitted, in any form, or by any means, electronic, mechanical, photocopying, recording or otherwise, without the prior permission of the publishers.

This book is sold subject to the conditions that it shall not, by way of trade or otherwise, be lent, re-sold, hired out or otherwise circulated without the publisher's prior consent in any form of binding or cover other than in which it is published and without a similar condition including the condition being imposed on the subsequent purchaser.

Cover design, typesetting and layout : Africa World Books

Kä tɔu thïn

Wëtmom	7
Alɛɛc	11
1. **Awër**	15
2. **Cieŋ de Tuïc ku kä ye ye cɔk cath apieth**	33
Ciɛɛŋ määth ku ŋiëi rëër	38
Cieŋ/kälca	46
1. Kä tiëi ye cieŋ dɔc nyuɔɔth ku lueel kë bii	52
2. Kä thiek yiic në cieŋ ku pïïr de Tuïc yic;	62
a) Piny	63
e) Kɔc	73
i) Läi	122
o) Ruääi	135
u) Tïït de nyin	143
w) Bï nhial ka yiëk de röt nhial, piöc, luɔɔi----	146
y) Luɛɛl ku rën de yic yic	154
3. Kä (baliööth) cïï ke ye tïŋ ku ka ye cieŋ kuaath	156
a) Riɔ̈ɔc de guɔ̈p ku rïu de root	157
e) Nhiëër ku riëëu	161

i) Aduek/aŋuɛm ka riɛl de piöu	163
o) Ɖeeny/thɔɔn ka mɔɔc	164
u) Dhuëëŋ ku lec	165

3. Löŋ ku Aguiɛɛr de mëimëi de röt   171

a) Baai ku macthok	182
e) Dhiën ku wut	211
i) Jur	226

4. Yiëth ke wuɔr ke Tuïc   243

a) Yanh de Adhiɔɔk	255
e) Yanh de Abe	265
i) Yanh de Kɔŋöör	271
0) Yanh de Abiɔɔŋ	276
u) Yanh de Ayuääl	278
w) Yanh de Dacueek	284
y) Deŋ Papäat	291
b) Yanh de Awulian	292
p) Yanh de Adiaŋ	296
m) Yanh de Kuac	298
n) Yanh de Nyɔpiny	300
nh) Yanh de Anok	303
ŋ) Yanh de Akɔnycɔk	309
ny) Yanh de Bërë	320
r) Yanh de Ɣöl	324
d) Yanh de Cir	328

5. **Yiëth ke Juɔ̈ɔ̈r kɔ̈k cï Tuïc ke yiëth ke waar:** 335

    a) Nɔŋ kë cï ke yiëth kë dhiɛɛt në të ë ŋï ë Tuïc yath thïn wëntheer? 347

    e) Ku na nɔŋ kë cï kë dhiɛɛt, ke yee ŋö ye kënnë? 361

    i) Nɔŋ kë cï ke yiëth kë riɔ̈ɔ̈k në cieŋ yic? 368

6. **Gurguur** 397

Wërmom

Ba buk gɔ̈ɔ̈r në thuɔŋjäŋ buŋ jam në piath ku yic thieek de cieŋ de Tuïc Yiith ku kuɛɛr keen loithook ke pïïr, ee täŋ ca muk ku kaar yic në ya mom në run. Na ye run cï tëëk ke ye täŋ ë aca bën ɣër man ë baai ka man ë mïth kï. Go nhiaar yic ku weei yɛɛn ba looi ku jɔl ya kɔi juëi ke paan de Tuïc cï yan ke ye täŋ ë rɔm wɔ në keek.

Në göl de gäär de ye buŋ ë, ke ke ril yic ë ŋoŋ ku nuëën amääth, ba kä kaar keek ba ke yök ka ba kɔi ŋic kä juëi ke cieŋ ku kuɛɛr ke pïïr de Tuïc yök. Kunnë nhiëër nhiaar yan yeen ba ke kä diëën ke cieŋ ku kuɛɛr ke pïïr thiek yiic të nɔŋ Tuïc, Muɔnyjäŋ, Junubïïn ku bëi juëi ke Apirïka gär piny, yennëka cï ya cɔk gät ke kä ba ke yök në ye apëëm nï piiny ye tënnë yë yiic.

Kä juëi cï ke ja nyïn në ye buŋ ë yic, aaye kä ke cieŋ de Tuïc ku kuɛɛr keen loithook ke të yen pïïr luɔɔi thïn piny de ka ɣän juëi ciëŋ ë kɔi ke ke thïn në piny mom. Ku ka cïï ye akököl de Tuïc yen cï gɔ̈ɔ̈r në ye athöör ë yic, ana cɔk cieŋ ku kä kɔ̈k cï ke wuau ë commom në ye buŋ ë yic ya biäk de akököl de baai. Ke akököl në guɔu de abï kɔi cï ke piɔ̈ɔ̈c në gäär de jɔl gɔ̈ɔ̈r. Kë ca looi në ye buŋ ë yic ee kë cït man de bï nyuaany nyuiëëny bei në kuïn mom ku kuïn man ye akököl de Paan de Tuïc man ye kë de wuɔ̈r ke, aŋoot ke kuak alɔ kuɔmkuɔm.

Ye lon ë, abï kɔi nɔŋ ŋïc në akököl de Tuïc Yiith ku akökööl ke wuɔ̈r ke looi. Në kë nɔŋ wut ëbën kuɛɛr loithook ke të ë kuëëk yen ke root ku ciil yen ke thïn ku të ciëëŋ yen root thïn. Yee kä loithook kä ŋö cï röt looi në cieŋ ku aguiɛɛr de mäny de root de yic. Kä tɔ̈u cïman de guëër wur ka ɣäp, cäth de, luɛɛl de toc, piny cieŋ baai, wuɔ̈r ke ɣɔ̈k në ɣɔ̈n kedhie, tɔŋ loithook cï ke thɔ̈ɔ̈r ke wuɔ̈r kɔ̈k ku kä cï röt looi thïn, ye kä ŋö ë ke bïï këëk ku cïkkë bën thök yï dï - ku jɔl ya kä juëi ye loi de thok ku yic thieek de täu de ke ye wut nyuɔɔth.

Ayadëŋ, kä ye thɔ̈ɔ̈ŋ ka kä cï yaath (mith ka mitholojïth) ŋic keek arët paan de Tuïc kä cït man de löny nhial de Paan de Alëu Abe, thɔ̈ɔ̈r de Awulian ke Ŋuän, thɔ̈ɔ̈r Adhiɔɔk ke deŋ, wuëŋ de röt ka lɔ Payäär ku jɔl ya thöɔ̈ŋ juëi kɔ̈k cï ke gam ku yaath keek paan de Tuïc aa kënnë ke wuau në ye buŋ ë yic. Ana cɔk keek ya lɔ yök ke nɔŋ ɣän cïnnë keek ya baat thïn ë riäu, ke kaa ye ɣän cïï kek ke röt lëu në nyiëëŋ wei.

Kë ye yen ye tueŋ ku ye yen cï yiën piny thiinnyɔt në ye buŋ ë yic, ee luɔɔi de kä yaath ke wuɔ̈r juëi ke Tuïc ku yiëth lei ka yiëth ke juur kɔ̈k cïnnëke yiëth ke wuɔ̈r ke Tuïc waar. Në ŋö yath ee kä juëi dak nyïn në cieŋ yic ka kä mum kɔc në ŋuën/döt ku wëër ë yic thiöök yiic.

Bï buŋ cït ye buŋ ë gɔ̈ɔ̈r, ke ka nɔŋ wël ke thok kɔ̈k cïï röt lëu bï ke riic thook ke ke cïï lɔ në buk yic. Ku ka thiek yic ayadëŋ bï thok wël ke thok kɔ̈k löök ku roi ke në ye yic aabï kë ya kä ke ago yen ke root ŋuak ku thiöök yen ke ɣän ɣɔ̈r yiic të nɔŋ yeen. Në ye buŋ ë yic, ke yïn bï wël ke Turuk, Arebik, Yïŋgïlic ku Thoknääth yök thïn. Wël cït man de jerän (arebik) baliööth, thïbillaaidhecon, kälca, miniŋ, kuɔt, pillothopï ku wël juëi kɔ̈k (latiin,yïŋgïlic ku thok kɔ̈k ke Yurupïïn) ku thokduël, were ku tuut në thoknääth yic.

Në ke mïm kedhie, ke Tuïc ke ye akut töŋ de akuut ke Jiëëŋ yiic, anɔŋ cin ku baŋ de në piath ku yic thieek de thok ku cieŋ de Jiëëŋ yic. Në kë ye cieŋ de Jiëëŋ aduŋ ye ŋuɔ̈ juëër yic në akuut nï në ye yic. Në biäk de, ke Tuïc anɔŋ, këŋ, wël ku dieɛ man nɔŋ kä diëëŋ ba ke yök në ye athöör ë yic, kä thiek yiic ye ke yaath në cieŋ yic ye cieŋ tuëët, kuɛɛr ke pïïr ku kä juëi kɔ̈k.

Wël, këŋ, diɛr ku kä juëi kɔ̈k cï ke 'kuɔt' në ye athöör ë yic, aacinnëke kɔi nɔŋ keek gär rin piny ka të ë göl kë röt. Kä ba ke yök ke ke cïn thook rin, aaye wël, diɛr ku këŋ kënnëke kɔc nɔŋ keek yök ku ka ŋot ke ke kɔɔr keek.

Në thök de, ke yïn than ke yï ye dukuëny, na nɔŋ wër cï root kuɔ̈i gɔ̈ɔ̈r ka wër cï root ɣääl, kë de thök (pul yïthtop), kë de wëëi (koma), kë de gäi ku jɔl ya kä juëi kɔ̈k ye aŋuek nyuɔɔth në gäär yic, cïï tɔ̈u të den, ke awäc ee kë dï. Ku na nɔŋ kë cï root wuɔ̈ɔ̈c ca yök ke cɔk ŋiɛi ago cɔk piny rial të berë buk lɔ dhuɔ̈k piny në gäär. Në kë bïnnë kä juëi ke cieŋ de Tuïc loi keek ë nɔɔnnë lɔ tueŋ ŋuak në ye buŋ ë yic në kaam cï mec.

Alɛɛc

Ee miɛr de guɔ̈u ku piɔ̈u ba paan da Tuïc ba leec në cieŋ pieth de. Cieŋ koor ë kuɔ̈th de röt nyin thïn, këŋ de kɔ̈u de kä lei ku tën de wël nyïn. Cieŋ kënnë kuɔ̈i cïëëŋ de röt, ɣoi de röt wei, nyɔɔr, bui ku dïr de piɔ̈u cɔk nyuc të thöny. Ku cïnnë tïït yennë nyïn tïït në röt, liɛɛr de piɔ̈u ku yïk de röt nhial yaath në kuɛɛr juëc. Ku ka lɛɛc ayadëŋ në kuɛɛr keen thiek yiic ke pïïr cï ke ca(k), gɛm keek, yiɛɛth keek ku ye ke luɔ̈ɔ̈i. Kuɛɛr ke pïïr ye kɔi juëi ke cɔk lëu baai ku kɔi töu thïn në luui në awaiyic, baklɛɛi ku nhiëër në nyindhie.

Në gäär de ye buŋ ë yic ke ka nɔŋ kɔi juëi cï ya yiën biäk de kä ŋic kë keek në cieŋ ku aguiɛɛr de mäny de röt de wuɔ̈r keTuïc yiic. Aaca ke leec arët në luɔɔi thiek yic den, ŋiny loithok den ku thɛɛ keen cïkkë ke gam ke ke guik kä ë ke kaar ke cök. Në kë juëi kek, ke ka cïï ye keek kedhie kek ba ke gɔ̈ rin ye tënnë. Kɔi diëëŋ ba ke gɔ̈ rin, aaye kɔi cï baŋ dït looi në biäk de cieŋcieeŋ, aguiɛɛr de mëimëi de röt ku yiëth ke wuɔ̈r. Rin ken aakï: Makuany ë Pioŋ ë Deŋ, Kuir ë Dän de Kuir, Bul ë Duɔ̈ɔ̈t de Bul, Thuny ë Dän de Deŋ, Adöör Akëcnhial Adöör, Manyɔŋ Ajaŋ ë Mabil, Nuul ë Mayen ë Deŋ, Lual ë Rëëc ë Deŋ, Deŋ ë Gërëŋ ë Malual, Biar ë Maleŋ ë Biaar, Duöːt de Deŋ de Yɔŋ, Makuɔl ë Dun de Yak, Ajaŋ ë Gërëŋ Ajak, Atëm de Kuany ë Kiir, Aguër Atëm ë Kuany, Gërëŋ ë Dhiën de Dääu, Manyɔŋ ë Bul ë Kööc, Ajäŋ ë Majöŋ Ajääŋ, Col Ajaŋ ë Gäk, Dän ë Wɛr ë Mayen Anyuɔɔn, Gɔlɔn ë Mayen ë Mabiöör, Makuën ë Köör ë Makuëi, Bol ë Kun ë Gërëŋ, Ajaŋ de Gërëŋ Ajak (Nyɔpiny), Mayen Awan (Cir), Mabiöör Arɔk (Bërë) --. Yan lec Nyïjur Col Deŋ në ŋïny deen loithok ŋic yen rin ke kɔi nɔŋ dier loithook cï ke kuɔt në ye buŋ ë yic. Yan lec wänmääth Alën ë Gërëŋ Arɔŋ ë Deŋ në luɔɔi dïït cï looi në kuɔɔny cï yen ya kuɔny në köör de kä kɔk yaath ke wuɔr cï ke göör në ye buŋ ë yic.

Në ye cök, ke yan lec kɔi cï thɛɛ ken gam bïnnë raan ke nyuc në thaa thiinmyɔt ka kaam bäär yic bï baŋ de ye buŋ ë kueen ku mɛr wɛr deen de weei në ye cök. Raan tueeŋ de ye kɔi kë, ee Aluöu ë Kuir ë Mabiöör, Gërëŋ ë Kuir Ayïïk de Kuir ku Ayïïk ë Col ë Deŋ ë Col.

Yan lec Lual de Rëëc de Deŋ ku akur lui kennë yeen në Apirïka Wääl Buk në weei dïït cï kek ya wɛɛi në gäär de ye buŋ ë yic. Ku wël cï kek ye buŋ ë wäl bii.

Në yi ë gut, ke yan lec kɔi cï ya dhiëët, wää - Alën Arɔŋ ë Deŋ Alëu, maa - Acol Kuɔɔt, Acol ë Kon de Deŋ de Kuɔɔt, mïthakäckië ku kɔi ruääi në yaan ku mëëth kï kedhie man cï ya kuɔny në cil dï yic ku yï kë ŋuö köɔc kënnë yaan në kuɛɛr kedhie lëu kë ke. Kek ka ke ŋiɛi yan ke kä juëi ke cieŋ da të nɔŋ keek.

Në ke cök, ke yan lec dupiööc kiëën cï ya piööc kedhie në thuɔŋjäŋ: Makuany ë Piɔŋ ë Deŋ, Pool Anyaŋ ë Mac, Din de Maköŋ de Madɔn de Dut ku kɔi juëi ë ke ye dupiööc cï yaan mannë ke ye wɔ ke kä juëc looi në tök.

Në ke mïm kedhie, ke yan lec kön dï, mäth diëën pieth ë ŋoŋ ku ye tik ë ŋui nyan PATUƐƐL, Akëër ë Col ë Deŋ ë Col në kuɔɔny dïït cï yiën yeen në gäär de ye buŋ ë yic. Të cïn yeen, ke ke dë cï nuëën ë gut bï buk root göör. Mith kï, nyan diëën Nyandeeŋ në nhiëër deen de kä ke cieŋ de Jiëëŋ ku yen ye duɔ(k) de baai.

Cöök Tueeŋ

Awër

Në göl de, ke yan cïï piny bï kuany arët, yan bï rïïc në kë yen bï ye athöör ë them bï nyuɔɔth nyin amääth. Kë bï wuau ku guiir ke cek yic në ye athöör ë yic, ee të yennë Tuïc Yiith cieŋ de, dök ka mëimëi de röt, löŋ ku aguiir de root de, yath ku pïïr de muɔ̈k thïn ku kuɛny cök thïn ke ye jur cïëŋ të tök paan de. Ku ye ye cieŋ ë ku kuɛɛr keen ke pïïr thiek yiic kɔi ke cuëëc ku riɛ̈i kë keek yï dï?

Ba baat ë riäu, ke cieŋ ee të yennë baai kä geei ë cieŋ ku pïïr ke röt tɛk thïn, kuɛny ke cök ku cɔk ke thɔ̈ŋ kɔc në kuɛɛr kedhie lëu ke. Kekäkë, kek kaa nɔŋ yiic piny ye cieŋ, kɔi ke baai, mïïth. riëëu, nhiëër, luɛl de yi, tïït de nyin, dhuëëŋ, cieŋ ku kɔ̈k thiek yiic ke cieŋ. Ee bakkë naŋ ŋïc ku amitic de kä ye cieŋ duɔ̈n ke cak, cuëëc keek, yïk keek, jɔ̈ɔ̈c keek ku muk ke nyïn cïman tɔ̈u ë thoŋ ye we röt piŋ, täŋ thiek yic duɔ̈n cï yiëk në kä juëi ke cieŋ yiic, akököl töŋ duɔ̈ɔ̈n ye we mar mïm piny ke we ye jur, yath, piny cieŋ kë ku kä juëi kɔ̈k loithook ye cieŋ dɔu ku jɔl kë yic.

Tuïc ee jur töŋ de juur ke Jiëëŋ yiic nï piny de Jɔŋkulei në Thɔ̈ɔ̈th Thudän në aŋör cuëëc ka baŋ tueeŋ de kiir (të bï yïn të ye kiir jäl thïn në Yuganda). Cïman de akut juëi kɔ̈k ke Jiëëŋ, Apirïka ku piny mom ëbën, ke Tuïc ee akut nɔŋ yic wuɔ̈r juëi cï piny, gël de röt, rin, cieŋ, ruääi, määth ku kä juëi kɔ̈k ke pïïr ke määt ku cï kë gam ku nhiaar kë bïkkë ke cin mar ku ciëëŋ kë röt në nhiëër, riëëu, kɔ̈ɔ̈r, muŋ de mom ku luui de yi ku yïkkë röt kuɔ̈ny kä juëi wën ye rëër, cɔ̈ɔ̈k ku cieŋ den cɔk dhiac ke nɔŋ ye yic të nɔŋ keek.

Në tëŋ cïnnë piny ku cieŋ tɛk thïn në Thɔ̈ɔ̈th Thudän, ke Tuïc aciëŋ në Jɔŋkulei. Anɔŋ akeu ke Duk ku Nuëër në baŋ ciɛɛm, Bëër në baŋ tueeŋ, Boor në baŋ cuëëc ku Kiëi në biäk ciëën de.

Në cieŋ thɛɛr ku mëimëi de root de yic, ke Tuïc ee mom diäk; Lith ke wuɔ̈r ke ke dhetem; Abe, Adhiɔɔk, Kɔŋɔ̈ɔ̈r, Ayuääl, Dacueek ku Awulian, Ajuɔŋ ke wuɔ̈r ke ke dhïc; Abiɔɔŋ, Adiaŋ-Mayɔm, Ayoliel, Nyɔpiny ku Kuac. Ku Juɔ̈r Pakëër ke wuɔ̈r ke ke dhetem; Akonycɔk,

Anok, Bërë, Ɣɔ̈l, Cir-Amɔ̈u ku Nɔ̈ɔ̈k. Ku në ye mɛɛn, ke Tuïc anɔŋ pamïm keen ke lööŋ ke dhïc; Maar, Paliau, Waŋkulei, Päwël, Wërnyɔ̈l ku Panyagoor ke ye yen ye ye mar mom piny.

Cïman de kɔi juëi kɔ̈k tɔ̈u në Thɔ̈ɔ̈th Thudän, Apïrïka ku piny mom ëbën, ke kä wat kä ye looi mïm kä geei ë pïïr ke root paan de Tuïc, ee mäny de läi (ɣɔ̈k ku thö) puɔ̈ɔ̈r, dëu, yäp, tëët (cuëi de töny, diöny, yir, yuk, lëth, wäl de luŋ, guëŋ de tiim --) ku jɔl ya kuɛɛr kɔ̈k yennëke pïïr luɔɔi thïn ku kuëër ë nyin. Bï yic ciëk, ke pïïr de kɔi ciëŋ paan de Tuïc ëbën ageei root ë ŋui në piny ku kä nï thïn kedhie.

Aŋic ku, cieŋ, kuɛɛr ke pïïr ku kä juëi kɔ̈k ye ke looi baai aaye piny cieŋ kɔc ku të ye yen root gɛɛr thïn ke wii ku cuëëc keek. Ye gëër ye piny root geer ë, bï naŋ thɛɛ ke dëŋ (këër ku ruël) ku thɛɛ cïn dëŋ (rur ku mäi) yennëke cäth de kɔc, läi, diɛr, ɣän ye cieŋ ku kä ye ke looi paan de Tuïc geer.

Në thɛɛ ke dëŋ ke kɔi ye mac në ɣɔ̈k, ɣɔ̈k ken ku läi roor aaye lɔ dhuk bei tooc (të ë cï kek lɔ mäi thïn) bïkkë lɔ dhuk baai ku lɔ̈k. Në kë ye kek thɛɛ ke dëŋ kek yennëke pur, kuɛɛth ë ke wuɔ̈r lɔ̈k bï ɣɔ̈k yiën wɛl pieth ku kek ka yennëke kä juëi ye pïïr ke kɔɔr looi baai. Ku në thɛɛ cïnnë piny ke cïn pïu lɔ̈k ku baai, ke kɔi ye γɔ̈k mai kennë γɔ̈k ken ku läi roor aaye lɔ dhuk tooc të nɔŋ pïu, wɛl tö̈c ku mïïth kɔ̈k ye pïïr cɔk kö̈c yic në thɛɛr amäi. Wiëi ye kä ke cieŋ ye ke looi baai ku kuɛɛr ke pïïr röt wïïc në gëër ye piny root geer paan de Tuïc, yennëke pïïr de kɔi cieŋ yeen ku läi tö̈u thïn kuaath.

Në bën në bïï ë paan de Tuïc ke ciin dïït de kɔi ciëŋ paan de Tuïc ëmanthiɔ̈kkë, aake bɔ̈ në γän ka wuɔ̈r wuɔ̈i yiic në Padaaŋ yic, cïman ye thok ye nyuɔɔth (anu-anï, enɔɔnnë-ënɔɔnnë, nöm-nöm, akɔllɔn-akɔllɔn, ëcaŋγɔn-ëcaŋγɔn-) ku pol (cɔŋ, tïïp, nyal -). Kɔi ë ke kö̈ök në Padaaŋ, aanɔŋ yiic baŋ dïït de Dacueek, Kɔŋö̈ör, Ayuääl ka kɔi ke Kuur Ayuël, Nyɔpiny, Kuac, Akɔnycɔk ku kɔi juëi kɔ̈k tö̈u në wuɔ̈r kɔ̈k kë yiic ke ke kö̈ök në Padaaŋ. Ciin dïït de kɔi tö̈u Ajuŋ ku Pakëër aake bɔ̈ në wëër aŋör tui (cïman ye rin ke wuɔ̈r ye nyuɔɔth ku rin kɔ̈k ye cäk paan de Tuïc – Adiaŋ, Kuac, Luäc --). Ku yennëke cö̈ök de Awulian, bak de Adhiɔɔk, bak de Abe ku jɔl ya kɔi juëi tö̈u në wuɔ̈r ke Tuïc yiic ke ke bɔ̈ në wëër aŋör tui. Ku jɔl ya kɔi diëëŋ ë ke piac jɔl ya bën në γän thiääk në Tuïc nɔŋ yiic Bëër, Boor, Nyarweŋ, γɔ̈l, Abö̈röm ku

Nuëër. Akën ke kɔi töu paan de Tuïc ë mɛnthiɔ̈kkë köök thïn, ke kɔi ë ke cieŋ piny aake ye Bɛɛr, Luɛɛl ku kɔi kɔ̈k ë ke töu në keek man cï ke ruɔi në kɔc yiic ka cï kɔi kɔ̈k ke kek köök në γän kɔ̈k.[1]

Në ke kä kë cök, ke Tuïc ee nɔŋ luëk ku wuɔ̈r yaath ë ke ye yen ke kä juëi yaath ke looi thïn cïman töu ë ke wuɔ̈r yaath kë: Pakëny (Adhiɔɔk), Waŋkaar (Abe), Pabiɛɛc (Kɔŋɔ̈ɔ̈r), Pakou (Ayuääl), Panyaŋ (Dacueek), Pawuɔi (Awulian), Ŋawai (Kuac), Patunduur (Kuac), Papäät (Ayoliel, Nyɔpiny ku Abiɔɔŋ), Paleeu (Nyɔpiny), Athɔ̈kpeer (Ayoliel), Adubäär (Nyɔpiny), Wurlir (Ayoliel), Madiŋadiaŋ (Adiaŋ), Pawel (Abiɔɔŋ), Pawuil (Abiɔɔŋ), Waŋga (Anok), Pakëërdït (Akɔnycɔk), Adubäär (Akɔnycɔk), Paguëëk (Γɔ̈l), Riän (Cir), Kɔp (Bërë), Pawɛɛi (Nɔ̈ɔ̈k).

Ke pamïm ke lööŋ kë, luëk ku wuɔ̈r yaath aaye aguiɛɛr de të ye ciɛɛŋ de paan de Tuïc ciɛɛth thïn nyuɔɔth ku wuɛu kë bii. Dök ku ŋiëi mëimëi de röt, bï kɔc röt guiir ku bïkkë löŋ riëu, kuany kë cök ku luui kë, aye Tuïc lööm ke thiek yic arët ku ka ye gam ke ye yen ye cöök

---
[1] Manyɔk Ajak Majök 2017 në Mɛlbon Aγathuerelia.

dïït ril yic ëtör yen ye cieŋ ku pïïr de baai muɔ̈k nhial, mɛi cök piny, gël, cɔk cath apieth ku këëc ë cök.

Ku bï cieŋ kööc ë cök, cɛth ku luui apieth ku lee duk ke cïn yic yaaŋ ku guem de röt, gueer de guɔ̈u ku ruɔ̈ɔ̈m de röt, thɛɛŋ ku kä rɛi juëi kɔ̈k ye cieŋ cɔk daak nyin, meec kë yic wei, yïn kë yic kuɔ̈i ŋuäc ku cɔk kë mär cök në kɛm ke kɔc, bëi, mëithook, dhiän, wuɔ̈r ku abëër kɔ̈k ke mäny de röt, ke Tuïc acï kekäkë, yaath ku them bï ke ya muk mïm ku kuɛny ke cök ago cieŋ ciëë lɔ wärcär në kɔc cin:

- rïu de root bï ŋɛ root theek ku muk root apieth duɔ̈k ke bï kɔi kɔ̈k käi ka wëi keek;
- gäm de röt bï kɔc röt yaath ku kook kë në röt ku baai;
- gɛm de root në luui de baai, wut ku kɔi tɔ̈u thïn;
- gël ku tïït de nyin në röt, piny ku kä ke pïïr tɔ̈u baai;
- ŋiɛ̈i tëk ku rïu de kë de raan dë;
- riɔ̈ɔ̈c de guɔ̈u ka ayäär;
- jam, gël, köör ku muŋ de yi;
- ŋiɛ̈i luɔɔi ku luɔɔi arët;
- riɛl de piɔ̈u ka aduek ku thɔɔn de piɔ̈u;

- köör de ŋïc ku jɔl ya kä juëi wën ye cieŋ cɔk lɔ cök, cɔk kë lɔ duk ku cɔk kë luäŋ kɔc kedhie.

Në käŋ mïm kedhie, ke ka ŋi Tuïc apieth man na rë ke piath ku yic thieek de cieŋ ku pïïr de baai ye röt nyuɔɔth në tïït yennë nyïn tïït në röt. Tuiɛ̈i, alɛi (kämaan ye bën në ɣän kɔ̈k ke ke cïï ye Tuiɛ̈c) ku kä kɔ̈k thiek yiic ke pïïr tɔ̈u baai cïman de läi ku diɛr ye mai. Aye kɔi tɔ̈u paan deTuïc them në kuɛɛr kedhie lëu kë keek bï kë ya dukuuny ke röt ken ku kɔi kɔ̈k, yï kë nyïn naŋ waŋ në thɛɛ ke piath ku thɛɛ ke kä dhal kɔc.

Cïman de kuɛɛt kɔ̈k tɔ̈u në Jiëëŋ yic, ke Tuïc anɔŋ këŋ, akökööl ke cieŋ, kä ke cäk, kä ke thɔ̈ɔ̈r ku akökööl ke kä juëi ye röt looi paan de Tuïc, diɛr loithook ke diëër de lɔ̈ɔ̈r (- dac kë leŋ yup bï ŋɛ ya lo dier në mänh de yic - nyïïr ka daai[2]. Ca weŋ gur ë tɔŋ de Ariny tuŋ yic -.[3]), diɛr ke cɔŋ, tïïp, yai, nyal --, kä keen ke pol ku kuɛɛr juëi kɔ̈k yennëke ŋïc cak, yïk ku yiën në röt ku nyiëëŋ ë pïëth bɔ ka rïny biɔth rïnyë.

Piööc de röt në kä ke cieŋ ku kuɛɛr thiek yiic ke pïïr aye Tuïc lööm ke ye kë dïït gö në ŋö yennëke pïŋ de röt, ŋïny de cieŋ ku kuɛɛr ke pïïr cɔk ŋic keek, rɔm keek ku

---

[2] Kueer Akoi Deŋ (Ayuël) – Akuɔ̈ɔ̈r-jöŋ Akon Deŋ wää wɔ cï lei ke lɔ, awɔ cï lei ke yet aŋör tui
[3] Alääk Yuɔ̈ɔ̈t (Kɔŋɔ̈ɔ̈r) -

tɔu ke nyïn. Kɔi ŋuën aaye mïth ku kɔi kor në keek wuɛu akökööl ke cieŋ ku të yennë cieŋ muɔk nyin thïn ku kuɛny ë cök thïn ku looi ë thïn në kɛm ke kɔc, bëi, wuɔ̈r ku juur ke akeu mom. Të ye thäär tɔŋ ku të yennë kä cï kɔc wääc ku këëk kë kɔc në cieŋ yic kuany cök thïn ku thöl ë ke thïn.

Në ye cök, ke ka ye mïth piɔ̈i tïït yennë nyïn tïït në piny në kɛm wuɔ̈i yiic në ruɔ̈ɔ̈n yic. Të ye köör mïïth në pïu yiic ku në ril yic ka të ye muɔk röt në thɛɛ ke riääk ku badhaal kɔ̈k ye röt ŋuɔ̈ ŋɔ̈ɔ̈u në pïïr yic. Ŋuën de wɛl ye cam ku wɛl ye bëcbëëc nyaai ku cɔk kë kɔc piɔl gu wɛl cït mɛn de yï thiënger, buriath/riaath, akuɔ̈ikït, aguiwëu, tïït ---. Ŋuën de kä nhial cïman de kuɛl, ye kuel nou na tɔu të nou në thaa nou në ruɔ̈ɔ̈n yic ke yee ŋö lëu bï root looi ka na cï ciëër (ciëër-ayɔ̈ɔ̈l) töŋ de ciëër cïï ke ye dɔc tïŋ tuɔ̈l ke yee ŋö lëu bï root looi ka yee ŋö cath ke tuɔ̈l de në ye thaarë.

Ayadëŋ, kek ka ye cäth de läi ku diɛr ye kek ke lɔ në ɣän wääc në thɛɛ wuɔ̈i yiic në ruɔ̈ɔ̈n yic ŋuen arët. Aaye mïth piɔ̈i wëër ye piny root waar cïman nɔŋ yen yï mäi, këër, ruël ku rur ku ye kä ŋö ye ke looi në ke yiic. Yuɔm ye puɔ̈r në ruɔ̈ɔ̈n yic (yom tooc, yom rur -) ku ye kä ŋö rɛ në puɔ̈r den. Dëŋ loithook ye tuɛny në ruɔ̈ɔ̈n yic ku yï kë tuɛny në thɛɛ kou cïman töu ë deŋ de areu ka deŋ de acuiil, agua, thɔɔranyiëi, amiathnoon ku dëŋ kɔ̈k.

Pëi töu në ruɔ̈ɔ̈n yic ku rin ken (Akönydit -1, Akönythi -2, Aduɔ̈ŋ - 3, Alekboor - 4, Aköndït - 5, Bildït - 6, Bilthi - 7, Lal - 8, Ɣɔ̈r - 9, Köl -10, Nyeth -11 ku Kol -12), cɛ̈k yennë run cäk në kä loithook ye röt looi në ke yiic (cïman de ruɔ̈ɔ̈n de: --- dec, yaŋ de miir, pawɛɛr, bäny, Deŋ de Nhial, akoi, aduiɛny, cuɔl de piny, gɔt, guil, dier, Bilpääm, kɔrriɔm, tarau, apar, Aluääny, capoth ----) ku jɔl ya kɔ̈k juëi kuɔ̈r yiic ke cieŋ ku kuɛɛr ke pïïr de Tuïc ye ke guiëër röt në kɔc thook në riëi ye tëëk yiic kedhie.

Cïman ŋi wɔ yeen, wɔ cï wël ye ke wuau në kɔc thook tääu tueŋ në kaam bäär yic ë ŋui. Ku wɔ kën wɔ mïm ber dɔc tääu piny bukku ke wël thiek yiic ke cieŋ ku kuɛɛr ke pïïr da yukku ke wuɛu röt në wɔ thook kë gär në athöör yiic në thoŋ da. Ago ke töɔ̈u ku bï kë kɔi kɔ̈k cuɔ̈ɔ̈p në ɣän kɔ̈k ke piny mom.

Në jam da yic wuɔnnë kɔi ye wɔ ke leŋ ku jɔl ya kɔi juëi ke paan de Tuïc, ke ka cukku yök ke cïï pieth ë ŋui bak kë kä kuɔ̈n ka thoŋ duɔ̈n rɛɛc në guiëër ku muɔ̈k kë nyin në yɔ̈ŋ ye we ye yɔ̈ɔ̈ŋ yic ku däk kë we mïm. Ku yäŋ ye we thoŋ duɔ̈n yɔ̈ɔ̈ŋ yic, ee ya kueer dë ye we baŋ dïït de cieŋ ku kuɛɛr juëi kuɔ̈r yiic ke pïïr duɔ̈n cï ke guɔ̈k ku guɛn në keek në thok yic cɔk löony wei ke däk kë we mïm. Në ŋö thok yennëke wëër ye cieŋ ku kä thiek yiic ke kɔc cuɔ̈u ku wɛi kë thäär thïn ku yennëke ke muk nyïn. Ana kën kë ke dɔc dëër cök ka bak kë dɔc kɔɔr ku guiɛɛr kë, ke kä juëi kuɔ̈ɔ̈n thiek yiic kaa mär taiwei.

Aŋic ku apieth, thok arɛ ke cieŋ, täk ku kuɛɛr ke të ye we ke kä kuɔ̈n guiir ku luɔɔi kë ke thïn ke we ye jur tɔ̈u cïman tɔ̈u ë Tuïc në Jɔŋkulei.

Në yi pacɔ̈k, ke thuɔŋjäŋ baŋ thëny root Tuïc ka thuɔŋtuïc akoor nyin ë ŋoŋ në gäär yic. Akënnë guiir bï gär piny ku ka kɔɔr bï cök ber määr në jam yic ayadëŋ. Wël juëi ke cieŋ tɔ̈u në thok yic ye thok tuëët ku cɔk kë thiek yic të nɔŋ kɔi ke yen ku nyooth kë loi de thok de, aacï yiic riɛl në pïŋ bï ke dɔc ber piŋ në jam yic ë nɔɔnnë. Ku na lee yïën ya, ke baŋ dïït de cieŋ ku **baliɔ̈ɔ̈th**[4] thiek yiic ke Tuïc cï ke yiëk ku kuɛɛk kë keek në thok yic, aa

---

[4] Baliɔ̈ɔ̈ (bäliɔ̈ɔ̈th - kä juëc) ee wët de thoŋ de latiin ku ka cï thoŋ de Yiŋgïlic jal dheen. Ku ka nhiaar ba dheen ayadëŋ në kë cïn yen wët tɔŋ tɔ̈u në thuɔŋjäŋ yic ye mom yeen. Bï root piŋ në thuɔŋjäŋ yic ke ke bï wuau në wël juëc. Baliɔ̈ɔ̈th aaye kä thiek yiic ye ke yaath, gam keek ku rïu ë keek në cieŋ yic ku pïïr de baai yic. Kä cït mɛn de jam de yith, riëëu, tïït de nyin në röt, dhuëëŋ ku muɔɔm, nhiëër, ŋiëi luɔɔi, riɔ̈ɔ̈c de guɔ̈u ku ayäär, yic thiek de raan ku muɔɔm de ------.

lëu bï kë määr ku kaa lëu bï kë yiic riɛl amääth në yök wadëŋ të ber ë thok lɔ kɔɔr bï dëër cök në guiëër.

Ku kaa cïï ye wël thëny röt thoŋ de Tuïc ke pëi kek luɛɛŋ wei ku yueŋ ë ke wei, alooŋ ke jam ke të ë ye Tuïc jiɛɛm thïn ku cɔɔl yen wël thïn awaar root të nɔŋ kɔi juëc ke kui kë, në ŋö buŋ de thuɔŋjäŋ yen ye kueen arët në kɔi ye kuen në thuɔŋjäŋ, ee baibol. Ku baibol ku buɔ̈k diëëŋ kɔ̈k ke thuɔŋjäŋ cï ke gɔ̈ɔ̈r aa kënnëke gɔ̈ɔ̈r në akeer, wël ku alooŋ ke Tuïc.

Ku ka looi kɔi kɔ̈k kë, ke ŋic kë, në kë cïï kek ye kɔɔr bï naŋ kë ye ke dɔc cɔk ŋic keek lɔn ye kek kɔi ke të ë cɔl akän. Ku ka looi kɔc lik diääk në riɔ̈ɔ̈c cï kek gu ya riɔ̈ɔ̈c në alooŋ thëny röt thoŋ den në kë nɔŋ yen kɔi ye ke bui në keek. Ku ka loi root të nɔŋ kɔi kɔ̈k në nhiëër nhiɛɛr (päcon) kek yeen bïkkë alooŋ ku wël wuɔi në kä ken ŋi. Ku jɔl ya kɔi cïn ŋïc ë gut në alooŋ ke Tuïc, kɔi cït mɛn de kɔi ë ke lɔ ke dhiëët në ɣän kɔ̈k peei piny de Thɔ̈ɔ̈th Thudän ku dïït kek ke thïn. Ku na cɔk yiën ya, ke ka ŋot ke cïn kë waar të ye Tuïc jiɛɛm thïn ke ye akut töŋ de akuut ke Jiëëŋ nɔŋ mom kä keen ke cieŋ ku kuɛɛr keen loithook ke pïïr ye ke kuany yiic.

Në kuɛɛr juëi kɔ̈k kuɔ̈r yiic, ke Tuïc anɔŋ kä juëi ke cieŋ, kuɛɛr ke pïïr, kuɛɛr ke pol, kuɛɛr ke duɔ̈ɔ̈r ku thok rɔm keek ke Jiëëŋ baŋ dër ë. Jiëëŋ cït man de yï Nyarweŋ, Ɣɔ̈l, Boor -. Ku ka nɔŋ wël ku kä ke cieŋ ye kä ke, kä ye wuɔ̈i ku loi de thok de cieŋ de ke kuɛɛt kɔ̈k ke Jiëëŋ nyuɔɔth. Kä tɔ̈u cïman de rin ke mïïth ye ke cam - awalwalla, duɔɔŋ, aluur, atuëtuɛɛk, tuɔɔp ---; rin ke wal - akuillinyjök, malualaputhic, adërëk, diɔ̈ŋ, anyuɛɛr, apëëtpët, acïmiɔ̈ɔ̈r ----; wël loithook tɔ̈u në thok yic - ëŋoŋ (arët yic dïït ë), ëŋui, kääi (mɛnhkääi), mawää (mɛnh wää), tei, tɔ̈i (kë tɔ̈i) kara, akɔllɔn (aköl ɣɔn ka wään), athën, ënɔɔnnë, yaan (ɣɛɛn), kɔnkɔ̈ɔ̈c/madaŋ, alëyɔ̈ (aluɛɛl alë yë) thëŋ; kuɛɛr ke pol - tïïp, cɔŋ, nyal, dany, apat, maduänyduäny, anyɔu, adiɛɛr-payɔrɔt; kä yennëke mïth muk - diɔ̈ny ku juɔ; kuɛɛr yennëke kë cï kɔc yök lëk röt - kin loithok, kökka, teŋ de agɔ̈rɔ̈ɔ̈k ku kuɛɛr loithook kɔ̈k; kuɛɛr yennëke kɔc ku ɣɔ̈k cï määr cɔk ŋic të tɔ̈u ë baai ku wut thïn - kuɔ̈th de tuŋ, mer de löth, meer nhial de mac, tol ku kuɛɛr kɔ̈k; kä loithook ye looi në cieŋ yic - töc, rëëk, kïïc, ruëëth, alokthok, dhuŋ de wïïn, mɛ/mɛk --; wël ye rïc nyuɔɔth ku kä thëny röt rïc - apuɔ̈thmom, agɔlŋo, biɔ̈ŋ ku kä juëi kɔ̈k bukku ke yök në ye athöör ë yic kä ye cieŋ de Tuïc nyuɔɔth ke loithok ku wuɔi amääth kennë cieŋ kɔk ke Jiëëŋ piny de Thɔɔth Thudän.

Bï yic cïëk, ke wɔ bï lɔ në aguiɛɛr de të cïnnë ye athöör ë guiɛɛr thïn. Në ŋö cieŋ ka pïïr de Tuïc adït ëŋoŋ aka cï lëu bï thöl në guiëër në athöör tök yic. Kä diëëŋ bï ke wuau ë commom në ye athöör ë yic aaye kä lɔ töttöt ka kä thiek yiic ke cieŋ ku kuɛɛr ke pïïr ke paan de Tuïc piny de Junup Thudän në Jɔŋkulei.

Në të cï guiëër athöör, ke ka nɔŋ yic cök ke dhïc jam në kä thiek yiic ke diäk në pïïr de Tuïc yic. Cöök de reu de, ee cieŋ de Tuïc ku kä ye ye cɔk cath apieth. Ke kä ye ye cɔk lui apieth kë, kek kaa nɔŋ yiic: piny de Tuïc ka paan de man yen ye këriëëc ëbën të nɔŋ yeen; kɔi ye töu paan de Tuïc në thɛɛ thook kedhie thɛɛr ë ke gɔl ë Tuïc ke cieŋ ye piny cieŋ ë mannë yë; läi ye mai ku läi roor ku diɛr ye mai ku diɛr roor töu paan de Tuïc; yäth de ŋiëi piööc ka ŋiëi bïï nhial de röt; kɔ̈ɔr de piath ka nyuɔ̈th de kë bï ŋɛ looi në pïïr yic; nhiëër de röt ka ba raan dë nhiëër piath; dhuëëŋ ku dhuëëŋ de piɔu; yäth de ŋïc, ŋiëi luɔɔi, jiëi de cïën piɔu, thɛɛŋ ku luɔɔi de kä lɔ thaŋthaŋ ku kä lɔ bäyäŋ/buyuŋ; muk ku rïu de ruääi; kuɛɛr ke pol cïman töu ë lɔ̈ɔ̈r, wïr ku kɔ̈k; ŋïny ŋic ë lon ye ŋɛ looi baai, macthok, dhiën, wut ku jur; kɔnkɔ̈ɔ̈c pilothopï ka amadaŋ ku jɔl ya kä juëi kɔ̈k bï wɔ ke ciën kaam bï wɔ ke wuau në ye buŋ ë yic.

Cöök de diäk acï dök, aguiɛɛr ku të ye Tuïc mäi root wuau ë commom ku ka cï luɔɔi de thok në cieŋ yic ku aguiɛɛr de kä ye looi yiic ja nyin amääth. Mäny de röt anɔŋ abëër ka kuɛi ke. Anɔŋ yic ba root mai yï tök ke yï ye ŋɛ ba kɔi kɔ̈k ku kä keen ke pïïr riëu ku löm keek ke ke thiek yiic, mäny de baai (moc, tik, mïth ku kɔi ke ruääi), macthok/dhiëët, dhiën/kuat, wut ku jur ka juɔ̈ɔ̈r.

Cöök de ŋuan, acï të ë ye wuɔ̈r juëi ke Tuïc yiëth ken duɔɔr thïn guiir ke cek yic arët. Cïman de kɔi kɔ̈k ye duur në kä yaath piny de Thɔ̈ɔ̈th Thudän ku në piny mom ëbën, ke Tuïc ee nɔŋ mom ja kuɔ̈r yiic arët yic dïït ë në abëër wuɔi yiic. Ee nɔŋ jɔŋ ë ye yaa jɔŋ de raan tök (wäl ka amutjɔk - jɔŋ de thuɔ̈m de röt ku guur de nyïn piny kannë kueer dë, ke ke jɔŋ de tiɛɛl ku cuɔl de piɔ̈u), jɔŋ de baai ye baai door ye tök, jɔŋ de macthok, jɔŋ de dhiën ka kuat ku jɔl ya jɔŋ dïït de wut ye wut mar mom piny ëbën. Ke ja kuɔ̈r yiic kë kedhie, aake nɔŋ mïm loilooi loithook ku thiek kë yiic ë ŋuï ë ke yï kë ke looi ku ë ke yennëke keek theek ku rïu ë ke keek paan de Tuïc.

Kä dït tueeŋ de kä ë ke yï kë ke looi ku thiök kë ke yiic, ee bïkkë raan ka kɔi ëke nɔŋ keek yiën aduŋ de mom ku ciën akenykeny de guɔ̈u në gäm ye kek ye gam ke ke ye ke gël në kä näk keek ku kä ye kek ke riɔ̈ɔ̈c. Bïkkë ke cɔk nɔŋ ŋäth ku ciën adiɛɛr de kë kuc ku bïkkë kaam de kɔi pïr ku kɔi cï nyïn jäl/thou ŋot ke cɔk kë ye yic thiök. Bïkkë baai, macthok, dhiën ku wut cɔk nɔŋ mät ku ŋiëi ciëën de röt në röm ye kek kä juëi yaath rɔm ku bïï ye luɔɔi de kä yaath ke bëi të tök. Ku bïkkë kä cïï raan ke ye lëu në döt, deet ke yiic ku wɛɛr ke yiic cɔk them ke në gëër de yiic ku jɔl ya kä juëi kɔ̈k ye yath ke thiöök yiic në cieŋ ku pïïr de baai yic.

Në ja yiic kedhie, ke kä bï ke wuau ë commom në ye buŋ ë yic, aaye yiëth diëëŋ ke wuɔ̈r ke Tuïc ke pëi ku jak juëi kɔ̈k kë, aacïï ke bï wuau në kë juëi kek arët akaa cïï lëu bïkkë lɔ piny kedhie. Ku yök de akökööl ke të ë yennëke thɛɛk thïn ku door ë ke thïn alëu bï nuëën arët ku kaa kɔɔr kaam bäär yic ëŋui kaam bïnnëke guik cök. Kaam bïnnë kɔi ŋic akökööl thëny röt keek apieth yök.

Cöök ciëën de athöör acï yiëth ke Juur kɔ̈k cï Tuïc ke yiëth ke waar ka yiëth cï ke lɔ̈ɔ̈k në nyïn ke yiëth thɛɛr ke yiic wuau amääth. Kërëthanuɔɔi ku Yïthïläm kek ka ye yiëth dïr në ke yiëth lei kë yiic. Ku kë bï wuau amääth në ke yiic ee kërëthanuɔɔi në ŋö yennëka nɔŋ kɔi juëi kuany ye cök paan de Tuïc në kuɛɛr ke kedhie. Yan bï kä cï yïthïläm ke bëi në cieŋ yic baat ë riäu në thök de ye cöök kë. Në ye cöök kë yic, ke ka nɔŋ thiëi ye thiëi ye lë; nɔŋ kä jör cï ke yiëth lei kë ke ŋuak ka cï kë ke juak në të ë ŋï ë Tuïc yath ka jɔk thïn wënthɛɛr? Ku na nɔŋ kä cï kë ke ŋuak, ke ke ye kä ŋö? Ku yee ŋö cï kë riɔ̈ɔ̈k në cieŋ yic ku wuɔ̈i kë ye dï në yiëth thɛɛr ke Tuïc?

Ke kä cï ke wuau në ye buŋ ë yic ë kedhie, kaa rɛk. Acïn kë lëu bï luui në root ka bï wuau ye tök ë gëllëk ke cïï kä kɔ̈k kë jak nyïn. Në ŋö dök ka mëimëi de röt, kuɛɛr ke pïïr, kä yaath ku thok, kek ka ye mëën dïr ril yiic kek ye baai ke kɔ̈ɔ̈c ku yï kë cieŋ kennë pïïr cɔk thiek yiic ku nɔŋ kë ke yiic të nɔŋ kɔi ke baai. Ana yuɛŋ ë ka ɣoi ë töŋ de kek wei, ke liu de alök kë biäk kɔ̈k kë dak në nyin yic man nɔŋ yen kë dak nyin.

Cïman ŋi wɔ yeen cieŋ acïn thieŋ yennë ye thieek ka päny yennë ye kɛɛr piny, päny wën lëu bï ye gël duɔ̈k ke bï cieŋ kɔ̈k cïï lut yic ku liny kë ë liny në yeen agut cï bïkkë guäk piny ku nuk kë kɔ̈u thiäk kë. Ku löm kë kä thiek yiic ke ku rooc kë keek në apiök ken yiic.

Bï kä kun döc, ke ka ye week we kɔi nɔŋ cieŋ wek ka ye nyïn tïït në yeen. Ku bakkë kä pieth kɔ̈k cakkë ke tïŋ ku nhiaar kë keek në cieŋ kɔ̈k yiic lööm ku mär kë keek në cieŋ duɔ̈n yic ku wɛl kë keek abï kë ya adöi kuɔ̈n.

Aŋic ku apieth kä juëi ye ke looi në cieŋ de baai yic, aaye gäk ke ke waar röt bï kä thɛɛr wën cïnnë lon den ke mïm lɔ bii puɔ̈l në luɔɔi ku ŋuek kë kä jör thïn kä wën nɔŋ mïm luɔɔi në ye thaa kënnë.

Ayadëŋ, ŋiëi cieŋ ayennë röt caath, rïu ë röt ku luui ë röt. Ku ka yennë käŋ cïman de mïïth, ŋïc, kä ke luɔi ku kä juëi kɔ̈k ke pïïr wääc në röt ku ka yennë kä juëi thiek yiic në pïïr yic rɔm në kɛm yiic ago dhiac ke mit ku cieth apieth të nɔŋ kɔi cï röt gam ku ciëëŋ kë röt në yic ɣɛɛr ku awaiyic. Ayennë kɔi ciëëŋ röt thei jɔ̈i në ke mïm ku cuɛr kë acïcuii wei në röt.[5] Ayennë kuɔɔny thiëëc në röt ke cïn riɔ̈ɔ̈c de guɔ̈u ku adiɛɛr de käŋ bïnnë ŋɛ ŋɛ kɔ̈ɔ̈ŋ ku yɔɔr

---

[5] Ba theec jɔ̈i në wënwuur nom ee wët de Jiëëŋ ye kä juëc ye kuɔ̈ny röt në thee ke cuɔl de nyin mar mïm ku lueel keek. Athiek yic ë ŋui ba kuɔɔny yök në thaa cïnnnë kä ku lɔ kot në nyɔk mom ka cï kë lɔ ŋak. Aye yïn nyin lɔ ŋuä ku yök wëi. Ayadëŋ, ee yic thieek de ruääi ku määth nyuɔɔth në ŋö aye Jiëëŋ gam man na bɔ̈ kë thiäŋ yï nyin ke kɔc lëu bï kë yï dɔc kony, dɔ̈ɔ̈r kë yï yic në ye anuaan në yic, aaye kɔc ruääi në yïïn ku kɔc mëëth we ke keek në mänh yic mänh cïn yic atolloɔŋ kënnë geei në miɛr de dë. Cuɛr de acïcui wei, ee ba kë ë cï luɔ̈i yïïn ke rac ku ë ca kaak në yï nom ke ba guɔ̈ɔ̈r në kööl cïnnë guur de bën puɔ̈l ku cuar wei të nɔŋ yen kë pieth cï root looi në kaam du wennë raan yennë ca dɔ̈m ater ka raan yennë ca lööm ke ba dhuɔ̈k nom kë rɛɛc ë cï wäc yïïn.

yic në kë pieth ë cï kuɔny yeen athën ka ruɔwään (ruɔ̈ɔ̈n wään).

Cöök de Reu

Cieŋ de Tuïc ku kä ye ye cɔk cath apieth.

"Aye kuat ëbën gam, ke ye cieŋ de, kuɛɛr keen ke pïïr ku baliööth ke, kek thiek yiic ku loi kë thook ëŋui; agut cï wuɔɔk ayadëŋ."[6] Ee yi, kuat ëbën nï në piny mom ee root yök ke ye yen ŋic käŋ ku yen ye käŋ tiiŋ ku kuc raan gëëk kë kui käŋ ku yen ye wuɔi. Ye gäm de root yïn lë yë, yennëka nɔŋ kë ye lueel ye 'na ya töu, e ke dë kënnë ye kënnë looi ya lë.'[7] Ku yennëka yennë kuɛɛt kedhie ke mïm wuɔ nhial në kuɛɛr kedhie lëu kë ke në luɔi ku ɣoi kë kɔi kɔ̈k piny. Yennëke kɔi ye ye kuɔ̈i thöɔ̈ŋ ku gam kë ke ke cï duciëk ke lɔi cɔk riit röt në kɔi kɔ̈k mïm në kuɛɛr

---

[6] Debit Wëthtalän (David Westerlund) (2006) Yiëth thɛɛr ke kɔc ke Apirïka ku kë ye tuaany/bëc bëi. Bëril Leiden; Bothton.
[7] Wët ye lueel arët në thuɔŋjäŋ yic bï dak de piɔ̈u de kë ë loi ke raan liu thïn nyuɔɔth (Anuetnuet)

ŋɔny. Thɛny kë ke piny, yɔŋ kë ke, luak kë keek, pec kë kä ken, yɔɔr kë ke yiic ku riit kë yuur në ke mïm.

Ke wɔ kën guɔ lo në wuau de cieŋ de Tuïc ka Jiëëŋ ku yic thieek de yic, ke kë ba kɔn guiir ë commom, ee luɛɛl ka wëtic (miniŋ/meaning) de wër ye cɔl cieŋ në thuɔŋjäŋ yic. Ye gueel ya dï ku ye luui ye dï. Cieŋ aril yic amääth bï geer yic në kueer töŋ lɔ callak lɔ jim lëu bï yen root dɔc piŋ ku deet ye yic të nɔŋ kɔi ŋon, kɔi cïï ye kɔi ke thok ka kɔi cï lɔ dïr në γän kɔ̈k γän cïnnëke thuɔŋjäŋ ye dɔc gueel thïn.

Riɛl de yic de anï në kuɛɛr juëi kuɔ̈r yiic yennëke ye guɛɛl thïn ku yen ke luui thïn në thuɔŋjäŋ yic. Cieŋ ee wër töŋ de wël ke thuɔŋjäŋ yiic thiek yic ëdot, ye luui ku guel në kuɛɛr kuɔ̈r yiic arët. Kuɛɛr nɔŋ yiic ke kuɛɛr lik bï ke nyuɔɔth nyïn ë commom piiny ye tënnë yë.

Kueer tueeŋ den, cieŋ aye gueel ke ye të cieŋ raan, kɔc, baai, wut, jur, läi, diɛr, käm ku γän juëi kuɔ̈r yiic ye ke cieŋ ku rëër ë ke thïn.[8] Alëu bï lueel ya lë, Adiaŋ-Mayɔm aciëŋ Paliau ka kuac aciëŋ ruup ka ba raan dë thïïc ye cieŋ ë të nou?

---

[8] Madiŋ Deŋ Kuɔl (1972) Dinka de Thudän.

Kë de reu, cieŋ aye gueel ke ye kä ye ke piɔ̈th ka kä ye ke tääu nɔŋ yiic anyakudël, war -, kä ye dɛɛr, kä ye ruɔɔp, kä ye piɔ̈th cïman de tuŋ de akɔ̈ɔ̈n ku alëth kɔ̈k, kä ye ruɔ̈k, kä ye kaac cïman de löth, kä ye ke gä cïmɛn de aläämma ku lääk, kä ye ciɛk cïmɛn de nɔk, kä ye kuɔ̈m cïman de ajɔr, kä yennëke dhuën nɔŋ yiic aŋuet, amucuny, naai, thiɛllɛɛŋ, joth, ajɛɛk, ademjöök, guër, luɔ̈ŋ, kä ke thuɔɔu man ye ke mar mïm piny ke ke ye acool, kä ye piäät ---. Nyooth de; nyïïr aa cieŋ guër (göör ku aluäl) në ke kɔ̈th ku guënjäŋ në ke yëth ka bï lueel ya ŋɛk acieŋ lei ke amääl ka cï piäät thok.

Dïëëŋ den, cieŋ aye gueel në thuɔŋjäŋ yic ke ye aguiɛɛr de të cïnnë baai ka cieŋ (thïbilaaithecon - civilisation) root guiɛɛr thïn ku yïk root. Kuɛɛr keen yen ke pïïr kuany cök thïn, kuɛɛr ke duɔ̈ɔ̈r ku dök cï kɔi ke ke yaath ku të ye kek piny wuɔi thïn ku gam kë, kuɛɛr yennëke kä ye cieŋ cɔk lëu kɔc tɛk bii thïn cïman töu ë wël, lööŋ, mïïth, cäth de kɔc, gël de röt në kuɛɛr kedhie -, rïu rïu kek röt ku kɔi kɔ̈k töu në piny mom kennë keek ku kä juëi kɔ̈k yï kë ke gam ke ke wëër ë cieŋ den ke cieŋ kɔ̈k töu në piny mom.

Kë de ŋuan, cieŋ aye gueel ke ye määth, ŋiëi rëër, röm de cieŋ ku ŋïc, tïït de nyin në röt ku tëŋ de kä ke pïïr ku kɔ̈k thiek yiic në cieŋ yic.⁹ Cïman ŋi wɔ ye, Tuïc Yiith anɔŋ ciɛɛŋ määth në root në kɛm ke bëi, mëithook, dhiän ku wuɔ̈r ke ke ye jur cieŋ paan de ku ka ciëŋ apieth kennë juur thiɔ̈k në yeen juur cït man tɔ̈u ë Nyarweŋ, Yɔ̈l, Boor, Kiëi, Padaaŋ, Agaar, Tuïc Mayäärdït, Rek, Nuëër ku kɔi kɔ̈k. Kaa nɔŋ kä juëi ke cieŋ ku pïïr yï kë ke wääc në kɛm yiic ku kuny kë ke röt.

Dhïïny den ku yen bï yan kɔ̈ɔ̈c thïn, cieŋ të nɔŋ Jiëëŋ, aye löööm ku guel ke ye kueer yennë kä thiek yiic ke cieŋ ku kuɛɛr loithook ke pïïr de kɔc piɔ̈i röt ku gëm ë ke röt.¹⁰ Kuɛɛr yennëke kä ke pïïr kaar thïn, të yennë kä thiek yiic ye looi në cieŋ yic muk ku looi ë ke thïn ku kuɛny ë ke cök thïn, cïman tɔ̈u ë muŋ de ruääi, röm de piny ku ɣäm de, dëm de nyin de pïïr de baai, tëk de röt kä baai (bï kɔi ŋuën mïth tëk kä ke pïïr ku wël), guiëër de rïc, kɔ̈ɔ̈r, cäk ku muŋ de ŋïc ku gɛm de bii, ŋiëi dök ka mäny de röt, tëët, ciëkciëk ku muŋ de kä ye dhuëëŋ ku yic thieek de baai wuau bii, kuɛɛr ke duɔ̈ɔ̈r ku lɔ̈m de ŋïc, kuɛɛr ke pol ku dhöl kɔ̈k yennëke miɛr de piɔu cɔk tɔ̈u ku

---

⁹ Madiŋ Deŋ Kuɔl (1972) Dinka de Thudän.
¹⁰ Madiŋ Deŋ Kuɔl (1972) Dinka de Thudän

cɔk kueth kɔc, ŋiëi rëër ku jɔl ya rëkrëk dïït de kä juëi pieth ke cieŋ cïï ke lëu në kuën.

Acukku tïŋ, wër ye cɔl cieŋ anɔŋ kuɛɛr juëi yen ke luui ku gueel ë ke ye thïn në thuɔŋjäŋ yic. Kuɛɛr cï ke wuau ë commom nhial ë të tuï ku kuɛɛr juëi kɔ̈k kënnëke gɔ̈ rin. Në ye athöör ë yic ku në ye cöök kë yic, ke cieŋ aba wuau në kuɛɛr kee reu, kuɛɛr kek thëny röt kä ke cieŋ de Tuïc Yiith kaar ba ke wuau në ye buŋ ë yic. Ana cɔk kuɛɛr kɔ̈k kë röt ya lɔ baat ë riäu në kë cïï kek röt lëu në riëi taitai. Cieŋ de Tuïc aba guiir ke ye ŋiëi rëër, ciɛɛŋ määth, tïït de nyïn në röt, rën de yi yic, muk de röt nyin kuɛ, bɔ̈m de röt, pël de röt kä cï wäi röt në cieŋ yic, röm de kä ke pïïr ku ŋiëi tëk ka wëëc de cieŋ, mïïth, nhiëër, riëëu, dhuëëŋ, loilooi ku kɔ̈k juëi ye rɔm ye ke wääc në kɛm yiic.

Në ye cök, ke cieŋ abukku tïŋ ayadën, ke ye kueer yennë kä thiek yiic ye looi në cieŋ ku pïïr de baai yic guiɛɛr thïn ku kuɛny ë ke cök thïn. Të yennë riëëu, lei, dhuëëŋ ku cöök (image) de baai wi, cuëc, guaŋ mom, cöc, gël, nhiaar, lɛɛth ë, muk ë nyin thïn ku looi ë bii.

Cieŋ ee naŋ ye yic ku mir të nɔŋ kɔi töu thïn të ŋic ë raan ëbën löny ye löny de. Ku ye kɔi juëc them bïkkë käŋ ya looi kä ye cil ku döc de cuaai, ŋuak kë yic, piëët kë cök piny ku töu kë nyin. Cieŋ ee athïn ye thier në ɣän kedhie (në ye yic ku ye köu) ku yennëke thieŋ/kubur ye kä juëi ye ke looi baai war në ye mom. Ku yen ye piath de kɔc, täŋ loithok den ku nyuöth thiek yic den kaak ku tëk piëth ëbën në cieŋ yic. Ku ŋot ke cɔk rin ke kɔi nɔŋ yeen ye piŋ në ɣän kɔ̈k ku cɔk ke döc në piny mom.

Ciɛɛŋ määth ka ŋiɛ̈i rëër

Ciɛɛŋ määth në kɛm ke kɔc, bëi, dhiän, wuɔ̈r - yennëke yuɔɔm de köu de cieŋ ku thiek de yic de baai. Në kë yen piŋ de röt, riëëu, nhiëër, tïït de nyin në röt, döör ku kɔ̈k pieth kɔ̈k cɔk töu në kɛm ke kɔi ciëëŋ röt. Në cieŋ de Tuïc yic, ke ciɛɛŋ määtth, ŋiɛ̈i rëër ku röm de kä ke pïïr cïmɛn de pïu, wɛl ke ɣɔ̈k, mïïth ye cam, wël, gël de röt ku piööc de röt në kä loithook ke cieŋ ka wëëc de ŋïc (akökööl, këŋ, mɛny, diɛr, kuɛɛr ke pol, kä ye looi në tëët ku kɔ̈k) në kɛm ke wuɔ̈r ke Tuïc ku kɔi thiääk në yeen aa töu nhial arët. Ku kaa nɔŋ lööŋ mac keek ku kuɛɛr loithook yennëke keek kuany cök ku looi ë ke thïn.

Aye Tuïc gam ku lööm ke thiek yic ë ŋoŋ, man na nɔŋ kë kɔɔr ŋɛ të nɔŋ ŋɛ ka wut të nɔŋ wun dër ë, ke bï dhil kuany cök cï të yennë ye luɔɔi thïn. Athiek yic bï ŋɛ ŋɛ thiëëc në kë kɔɔr ku bï dhuɔk mom yeen cïman de yic thieek de kë ë cï thiëëc. Ee yic de wun në bï wun dër ë thiëëc në të bï kek bën mac thïn të cï piny den ciën wɛl ke yɔ̈k ku pïu. Ka të kɔɔr kek ye bïkkë bën yök ke ke rëër në wëtmäth ken. Ku ke yic de kɔi cï ke thiëëc bïkkë kë cï thiëc keek gam ka bïkkë jäi cï të ŋï kë täu tɔ̈u kek ke ke ye wut. Yee ŋö lëu kë në luɔɔi ku yee ŋö cïï kë lëu në ye thaa në.

Ciɛɛŋ määth yennëka yennë röt köɔ̈m nhial, rïu ë röt ku tïït ë nyïn në röt në thaa cïnnë mïïth lɔ däkdäk ka thaa de cɔk ka thaa de riääk ku anuɛn juɛi kɔ̈k. Yennëka yennë cuɔi në röt të cïnnë tɔŋ roor bën tɔŋ cït man de tɔŋ ye bën në ɣän peei ke ke cïï ye tɔŋ ke kɛm ke wuɔr ke baai. Të cïnnë kä dhal kɔc bën, ke Tuïc ee nyin tïït apieth në root ku tïït nyin në jerëën ke cïman ye kek nyïn ŋuɔ̈ tïït në yeen ayadëŋ në thɛɛ ke kä dhal yeen.

Ciɛɛŋ määth aye Tuïc ŋäär tueŋ në käŋ mïm kedhie ku ka ye muk mom apieth në kë ŋi yen yeen apieth "wëër cï näk thok atiëk"[11] ayennë rec röt muɔ̈k wei në ye thok. Yennëke cɔ̈ɔ̈k de cieŋ na cï tɔr nyin në kuɔ̈i cieŋ, yïn në yic amotmot, awaŋwaŋ, aruenyrueny, adeerdeer, anyimnyim ku aguälguäl në kɛm ke kɔc, bëi, wuɔ̈r ku juur thiääk në röt ke ciɛɛŋ määth ka ŋïëi rëër alɔ riär piny ku ɣeer wei aliir yic. Ku lɔ̈ɔ̈k män root, tiɛɛl, anyääk, mëën rac, aguemguem de jam, miön de röt, muut ku thiëu de nyin ku kä juëi kɔ̈k cïï pieth në kɛm yiic lɔ̈ɔ̈k kë röt në nyin yic.

Ku na cï kuɔ̈i cieŋ ka diu de yic töu, ke yïn cïï lëu ba thieec dɔc jöi në wën wuur ka raan cïëŋ we mom. Në kë ye kɔi juëi ye nhiaar yic ku mïr ke piɔ̈th në thɛɛ kɔ̈k të nɔŋ yen kë rɛɛc cï raan cïï kek lɔ yök, ka cak kë röt ke kë de riɛm den yic cï luui në kueer kuɔ̈m.

Thiek de yic ku riɛl de yic de ciɛɛŋ määth, yennëka yennë ye lueel ya "määth awär ruääi."[12] Ciɛɛŋ määth ku

---

[11] Kääŋ de Jiëëŋ ye yic thiek de thëk ku rïu de cieŋ nyuɔɔth. Ku ye nyuɔ̈th kɔc ayadëŋ mɛn cïn yen kë pieth töu në kuɔ̈c cieŋ yic ku agɔtgɔt ka kuël de cieŋ yic në kä cïï pieth. Kä lëu bïk kë atiëk cɔk cak root ku bï töu në cieŋ yic në kɛm ke kɔc. Kä ye kɔc cɔk kɔr wei, kɔl kë ku yï kë thiaan në röt.

[12] Ye kääŋ ë ee kääŋ de Jiëëŋ ye thiek de yic de cieŋ nyuɔɔth. Mɛn na rëk ke raan nɔŋ we ciɛɛŋ määth ku pïŋ de röt, alëu bï yï luɔ̈ɔ̈i ku cïëëŋ yïn në cïëëŋ wën cïï lëu bïnnë raan nɔŋ riɛm yic ke yïn yï cieɛɛŋ. Ye kääŋ ë, ee luel root në kaam de kɔc ë ke määth në röt. Na yɔn cï kë cieŋ den tïŋ ke piath ë nɔŋ, go raan tɔŋ de kek lueel ye mäth mänh da acï dik ku cieŋ da apieth. Yeen apieth bï yic naŋ ruääi ago jɔl dït ku döɔc. Go mäth de dhuk, ye ka cïï rac. Go ŋot ke lɔ tueŋ ke kë deen ë cï tak lueel ye na yïn ë ya, ke yɛn bï nyankuui thiaak. Go mäth de lueel ye ka pieth arɛt, ku kë bï root jɔl looi acïï ber ya nyankääi yen ba thiaak ee nyan de wälɛn yennëka ba lɔ̈ɔ̈m. Go dhuk ke cï piɔ̈u riääk, lueel ye yee ŋö yen ya nyan de wulɛn ku cïï ye ya nyankuui? Dääk kë ya piɔ̈u? Go bier miim amääth ku lueel, ye ka cïï yïn ya, yïn caa dëëk piɔ̈u ku ka cïn kööl tɔŋ bï yen piɔ̈u kɔn dak në yï guɔ̈p. Cukku bï jam arɛt, loi ye kë ca lɛk yïn ë. Go ye mom gut piny ɣoi piny ku biit ye thok në kaam bäär yic arɛt. Na wën ke jɔt ye mom ku dhuk wët mom mäth de në röl niɔ̈p arɛt lueel ye ka ba looi cï të kɔ̈ɔ̈r ë yeen ku ka cïï ye yen ye kë ë ca ŋaai. Go mäth de dhuɔ̈k alɛɛc në kë cï yen ye piŋ thok ku jɔl kë lɔ tueŋ në kueny de ruääi cök. Thiɛɛk nyan de wëlɛnnë de mäth de. Akën kaam lɔ ke nyankënnë de wënnë lɔ̈k kë thiaak ku ler paan de ayadëŋ. Ku jɔl

rïu de röt yennëke ŋɛ cɔk rëër ë duk ke ŋɛ, baai ke baai, wut ke wut ku juur nɔŋ akɛɛth në röt. Ee määth ku ŋiëi ciɛɛŋ yennëka yennë röt ŋiëi tïŋ, rïu ë röt, luui ë röt ku kuny ë röt kä juëi kɔ̈k. Ku yennëka yennë röt thiaak në kɛm ke dhiän, wuɔ̈r ku juur kɔ̈k. Cïman cï Gërëŋ de Col ë Bul ye lueel ye "piny athöŋ mom yennëka yennë nyïïr thiaak në wuɔ̈r kɔ̈k yiic, cieŋ ee maŋɔ̈ɔ̈r. Të cɛk kë piny cïn weŋ, ke rïëëu abï gär tueŋ ku nyaai ë cieŋ lɔ yom-."¹³ Ee yic de pacɔ̈k, na liu ŋiëi cieŋ, rïëëu ku määth në kɛm ke kɔc, ke ka ril yic ëtör në thɛɛ kɔ̈k bï kä juëi ke röm de cieŋ ku pïïr cïman de rëër ë duk, rïu de kä ke pïïr, ɣɔɔc de käŋ ku kä kɔ̈k ke cieŋ ye rɔm cath ë warwar.

Ku ye kënnë, yennëka yennë ye them arët bï kɔc dɔc nyuc të nɔŋ yen kë cï kɔc wääc thook, bï guiir yic ku bï

---

kë bëi ken cieŋ. Akën run juëc lɔ, ke nyan wään cïï wënkënnë pën määth de bï thiaak lɔ këëk ke mony de lëët go lɔ cuɔ̈u paan den. Go wänmëëth ë dau lɔ bëi bei ke ye awac bï yen mony de nyankënnë waac. Në jäl de yic baai ke leer dan de awac paan de nyankënnë, go tëëk paan de nyan de wëlënnë wään cï määth de thiaak. Go määth de tïŋ ku loor këŋ mom bec thok bïï ku nyuuc ku mei dau piny. Ku wïk kë leŋ ana wën cï thaa lɔ ke jɔl määth de thïïc ye lɔ dau bëi të nou ë cï maar? Go lueel ye ka kën määr. Ee dan nɔŋ të laar yan ye thïn. Go dhuk ye lɛɛr ë të nou? Go lueel ye ka ba bɛr lëk yïïn miäk. Go wënnë ye thok biit ku dhuk kë alɛɛŋ yic agut cï bï mïïth den bëi. Go kë cam ku dhuk kë röt alɛɛŋ yic në kë kën kek bɛr dɔc naŋ kaam bäär yic ke ke rëër të tök. Na wën cï nïn ke tiaam ke ke jɔl lɔ töc. Na yon miäkduur jɔl kë pääc ke jɔl määth de cɔɔl ku lueel ye yen bï jäl ku kë wään thëëi ca thïïc aba lëk yïïn ku ba jɔl lëu kueer. Go luel ye ka pieth. Go jɔl lɔ thïn, lueel ye ye dan kuaath ye tënnë yë alɛɛr paan de nyankääi. Nyankääi acï këëk ke mony de. Aye dan në, ee dan de awäc ala yan mony de waac. Go gäi arët ku jɔl lööny ye piɔ̈u ku lee rok në ye mom apieth yee ŋɔ̈ ë yennë määth de ye pën nyankënnë bï thiaak ku lee nyuɔ̈th nyan de wëlënnë në nyin de yic. Go jal deet yic mɛnnë kook ë mëth ë arët në mänh den ku cieŋ den awär ruän de kennë nyankënnë. Wën cï yen kë loi root jɔl ŋic, go lëk thun de määth de ye jɔl ye dan duɔ̈ɔ̈n në cɔk dɔ̈ŋ piny ku ba bën baar të lee yïn dhuk ciëën ku yïïn ba yïën dan yen ba lɛɛr paan de dhiɔm dï. Go jai, go wënnë cïï ber gam. Go looi cï thɔŋ de mony de nyan de wëlënnë. Bï cëk, ke yekënnë yennëke bën de "määth awär ruääi."

¹³ Piny athöŋ nom yennëka yennë nyïïr thiaak në wuɔ̈r kɔ̈k yiic cieŋ ee maŋɔ̈ɔ̈r. Të cakkë piny ciëën weŋ ke rïëëu abï gär tueŋ ku nyiɛɛi ë cieŋ lɔ yom. Rïëëu ku thiëëk aacïï bï dim të cɔk kë weŋ liu. Yic thieek de wër akënnë Nuëër peec --- (Dit: Gërëŋ Col Bul).

kɔc röt luɔ̈ɔ̈k, kuëm kë ke mïm ku döör kë röt ago cieŋ root dhuɔk të thɛɛr de. Ku bï kä ë ke ye ke kuɔny röt ku lui ë ke röt në kɛm yiic ŋot ke ke cath apieth.

Aŋi Tuïc apieth, mɛn rɛɛc anyiɛunyiɛu, dhääl ku atettet de akeu mom në kë ye kek thööŋ de piɔu ku meek de yic cɔk cak röt në akeu mom. Në ŋö na ye kɔi mat akeu në röt, ke cï cieŋ wïk në cuëër de yïc ke kaa ye röt tïït ku dhɔt kë röt. Bï cïn kë cït ye kënnë, ke ka ye Tuïc them arët bï cieŋ de ke kɔi nɔŋ akeu kennë yeen piath ku dööc të lëu yen root. Në ŋö aŋi apieth, ŋiëi cieŋ de ke kɔi thiɔ̈k në yeen, ee ye cɔk ŋïc rëër në root ye tök në kë cïn yen nuɔ̈ɔ̈i, awuɔɔu, athunythar ku aliaaŋ dïït ye bën bii. Athunythar ku aliaaŋ wën lëu bï cieŋ pieth töu në kɛm ke akuut, wuɔ̈r ku dhiän ke miɔk nyin ku meec yic wei. Ŋiëi cieŋ de Tuïc ke jerëën ke ayadëŋ, ee cäth ku rëër de kɔi keen nɔŋ kä ye kë ke lɔ kɔɔr në ɣän kɔ̈k cɔk pieth ku cɔk lääu. Ku ye rin ke lɛɛr bii ke ke pieth ku mir kë arët të nɔŋ kɔi kɔ̈k.

Ciɛɛŋ määth në kaam de Tuïc ke wëtmäth ke ku kɔi thiääk në yeen, ee root nyuɔɔth në kä juëi yï kë ke wääc në kɛm yiic, kä cït mɛn de ruëiruëëi, kuɛɛr ke pol, diɛr ke lɔ̈ɔ̈r ku diɛr kɔ̈k, mïïth, wël loithook në thok yiic cïman tɔu ë thokduël, tuut --- (Nuëër), mïïth, kä ke dhuëëŋ cïman de guënjäŋ, taŋkiëi/taŋaräl -- (Kiëi), tëët, kä ye ɣɔc röt, kä ye luɔi röt ku kuny ë ke röt në kɛm ke cieŋcieeŋ.

Wëëc yennë Tuïc kä ye kuɔny röt ku lui ë ke röt wääc kennë kɔi thiɔ̈k në yeen ee root nyuɔɔth në kä juëc yiic. Kä cït man de yïŋ de atïïp, mïïth ye cam, apäc, kä ke dhuëëŋ, kä ke luɔi ku kɔ̈k. Aŋic ku apieth, atïïp juëi ë ke ye ke looi wääntheer paan de Tuïc cïman tɔu ë luak ku ɣɔ̈nguɔɔr, aake ye kör në kɔi ŋic yïŋ den. Ku kɔi ë ke ŋic yïŋ de ke atïïp kë ke ke ye Tuiëi aake lɔ reureu ë gut, akaa lëu bï ke kueen paan de Tuïc. Na yïn ya, ke kɔi ëke ye luëk juëc yïk paan de Tuïc aake ye Abɔ̈rɔ̈ɔm ku Nuër. Ayadëŋ, rïëth wïïr, taŋkiëi, löth ke dhuëëŋ ku guënjäŋ aake ye Tuïc ke ɣɔɔc të nɔŋ Kiëi ku kɔ̈k juëi ye Tuïc ke löömtë nɔŋ kɔi thiɔ̈k në yeen ku löm kë keek të nɔŋ Tuïc. Wëëc de kekäkë në kɛm yiic, ee ŋiëi cïëëŋ ku gäm de röt cɔk yïk root, cɔk tɔu ku cɔk ŋuak ye nyin në kɛm yiic.

Tëëu ye Tuïc ciɛɛŋ määth, gäm de röt, tëŋ de dhuëëŋ ku nhiëër tääu tueŋ në kaam de ke kɔi mat akeu në yeen, yennëka ye yen ye them bï nyin ya tïït arët në alɛi ye bën të nɔŋ yeen. Në ŋö alɛi kek ka ye piath, dhuëëŋ, yic thieek ku rëëc de baai dɔc leer bii. Aye Tuïc gam ke kɔc ye tök ku thön kë aka cïn kë lëu bï yïn raan cï yïïn nyuɔc kuɔi tïŋ. Aye gam ayadëŋ, man na ye kɔi ye bën të nɔŋ yeen ŋiëi tïŋ apieth ke kɔi keen ye tɛɛi në γän kɔ̈k aabï ke ya ŋiëi lɔ tïŋ ayadëŋ cïman yennë ye lueel ye ke ë "abïny lɔ ku abïny bɔ̈."[14] Ka "kë ca miaac ee ya kë ca ya tɔ̈ɔ̈u"[15] në ŋö abï bɛr dhuɔ̈k mom yïïn miäk në kueer dë.

Tïït ye Tuïc nyin tïït në kämaan Tuiëi ku alɛi, ee tɔŋ de kä thiek yiic arët në cieŋ ku pïïr de yic. Acï lööm apieth ku piöi ë röt aka cï bën ke ye duciëk. Ayennë mïïth pieth loithook cïman de miöu/miök ku mïïth kɔ̈k thiek yiic baai week thook ku tɔu keek bïkkë ye kööl bï kämän bën ë tiit. Lööm cïnnë tïït yennë nyïn tïït në röt, kɔi cath ku alɛi lööm ke thiek yic, yennëke ye kɔi juëc cäm thëi gɔ̈ɔ̈u bïkkë piny kɔn tiit man nɔŋ yen raan bï bën. Na jɔl ciën raan cï bën ke ka jɔl cam. Ku yennëka ye tiŋ de baai adan thiin de awai both ku tëëu ana nɔŋ raan bö baai ku cï cäm dääk ke bï luɔi yeen. Ba kuɔ̈ɔ̈t yic, ke ŋiëi ciɛɛŋ, dhuëëŋ de piɔu ku nhiëër de röt aaye kä tueeŋ në cieŋ ku pïïr de paan deTuïc yic cïman ye akuut ke Jiëëŋ ku Juur juëi ke piny mom ye looi.

---

[14] Kääŋ de Jiëëŋ atɔu në Lok ku Tueŋ në Thuɔŋjäŋ yic.
[15] Wët ye lueel në thuɔŋjäŋ yic bï tïït de nyïn në röt ku miɔ̈c jat nhial ku cɔk ye tɔŋ de kä thiek yiic ye looi baai.

Bï ye ciɛɛŋ määth kënnë cath apieth ku bï lɔ nip ku lee duk, ke ka cïï Tuïc ye nhiaar bï ya cieŋ ë gɔtgɔt ke kɔi mat akeu në yeen në ŋö "awuɔɔu të thiɔ̈k arac"[16] lueel aŋui. Ye kënnë, yennëka ye Tuïc ye them bï ye yic riil, dïïl ye yic në cieŋ yic ku bï riëëu, mïm ku tëi de wël, lɔ tueŋ ka wadëŋ, cïën lääny de piɔu në kë pieth de raan dë, yäth de yi ku kuëny de yi cök tääu tueŋ në käŋ mïm kedhie.

Aye Tuïc gam, ŋiëi ciɛɛŋ ayennë röt tak, ayennë röt ŋäŋ, ayennë röt ciaath ku ka cïnnë biöŋ de cieŋ ye böɔ̈p yic piny ka töu liŋliŋ. Ee mät köɔ̈m nhial ku ke kä ye wäi röt cɔk tïŋ keek ke ke niɔp ku kɔ̈i kë yiic të thööŋ ë keek në thiɛk de yic ku piath de cieŋ në akeu mom kunnë kɛm ken në röt.

Ŋiëi cieŋ ee döɔ̈r, lɔ dïu ku riëëu në kɛm ke cieŋcieeŋ cɔk nï ku cɔk amitic de pïïr ku cieŋ cɔk ke ŋic keek ëgut. Ee adiɛŋdiɛŋ, ɣoi de röt wei, nhiëër de röt rëëc, ku mëën rɛɛc cïn ye yic de akeu mom cɔk deem piny ku ke kä pieth juëi kɔ̈k ke cieŋ ye ke wääc në kaam yic ku kuny ë ke röt cɔk lɔ tueŋ apieth. Në thɛɛ kɔ̈k ke ciɛɛŋ määth

---

[16] Kääŋ de jiëëŋ ye lueel ya ye kë de aŋui-malek.

"aye muk cï kë tök"[17] ka töny niɔp duɔ̈k ke bï lɔ wärcär ku luɛɛŋ wei në kɔi ciëëŋ röt cin.

Cieŋ/kälca

Kë de reu, cieŋ (kälca/culture) athiek yic ë gut të nɔŋ Tuïc, ke ye kueer yennë kä thiek yiic ke ciɛɛŋ ku pïïr de baai guiir ku looi ë ke thïn. Cieŋ të nɔŋ Tuïc, aye yiëk nhial ku dem nyin në ŋiëi cieŋ, jam në thok, röm de kä ke pïïr, wëëc de riëëu ku nhiëër, wël pieth ye ke lëk röt, luɔɔi ku röm de kä yaath, tïït de nyin në röt ku cäk ku looi bii de lööŋ ku kueer ke kuum ku kä juëi pieth kɔ̈k.

Ayadëŋ, cieŋ aye ɣän juëi ye ke cieŋ ku rëër ë ke thïn wi ku cuëc kë në kuɛɛr wuɔ̈i yiic amääth. Baai anɔŋ cieŋ de cïman ë cïï yen root luäŋ athën bï riɔ̈ŋ nɔ̈k baai. Wun de ɣɔ̈k ke cieŋ de cïman ë ril yen yic athën bï rap com ku cam kadaŋ wun de ɣɔ̈k. Rɔk ke cieŋ de, toc ke cieŋ de ku ɣän juëi kɔ̈k yennëke cieŋ thïn. Në kuɛɛr juëc, ke kaa ye kɔc, kek ka ye cieŋ den cak, cuëc kë, cöc kë, mom kë në yeen, nhiaar kë, gël kë, gam kë ku dem kë nyin tëu kë pïëth juëi biöth.

---

[17] Kääŋ de Jiëëŋ ye tïït yennë nyïn tïït në kë thiek yic ka kë niɔp nyuɔɔth.

Ku cieŋ ye kɔc cuëëc ku gam kë, ee kɔi nɔŋ yeen cuëëc ku jɔr ke nhial ayadëŋ, rï keek, cɛk keek ku lëu ke mïm bïkkë kä ye cieŋ den ke yaath ya theek, luui kë keek, muk kë ke mïm nhial në keek, kuany kë ke cök ku gël kë keek në kuɛɛr kedhie lëu kë keek agut cï të kɔɔr yen wëi. Ee ye rïu de löŋ de cieŋ yennëke yennë kɔi juëc rëër wään abïkkë duɔ̈r dhiɔɔp piny ke ke cïï thiëk ka thiak keek në ŋö kaa tit nyïn ken. Në kë ye löŋ de thiëëk të nɔŋ Jiëëŋ ye luɛɛl man yennë kɔc thiëëk ku thiak keek në dhiën ë dhiëët keek.

Aŋic ku, ŋïny de cieŋ bï raan cieŋ de ŋi ku bï nhiaar, yiɛɛth ku cööc ë ŋoŋ, acïï ye dhiëët ke raan. Aye piööc të nɔŋ kɔi ke jur duɔ̈n ka piny cïnnë yïïn dhiëët thïn cïmɛn tɔ̈u ë paan de Tuïc. Cïman ŋi wɔ yeen, kuɛɛr juëi ë ke ye mïth ke pol wään paan de Tuïc ka Jiëëŋ yic, aaye kuɛɛr ye kek ke kä thiek yiic tɔ̈u në cieŋ yic piɔi röt. Mïth ye röör, aaye yɔ̈k ke tiɔp cuëëc ka mac kë acɔ̈m, yïk kë ka cuëc kë bɛi ken ku loi kë thië ku kɔ̈k ye mïm röör në cieŋ yic. Ku yen ye cɔ̈ɔ̈k de të nɔŋ mïth ye nyïïr, aaye pol den ke nyin dït në kä ye mïm diäär në cieŋ yic. Mïth aaye kekäkë looi, ke ye këër, këër kek ke kä thiek yiic këëc ë cieŋ den ke keek. Yekënnë, ee ye nyuɔɔth ke cieŋ ye lööm ku muk cï të yennë ye luɔɔi thïn piny duɔ̈n ku thɛɛ tɔ̈u yïn ke thïn.

Aŋic ku, cieŋ de Tuïc cïman de cieŋ ke kɔi kɔ̈k cï rɔ̈m piny në cieŋ kɔ̈k peei, anɔŋ kä cï röt waar thïn. Cïman de kä ye cieŋ në kɔc kɔ̈th ku kɔc yëth; wëër de biɔɔŋ në alath ku guër në däɣääp. Kä yaath; löök cïnnë yiëth ke kɔi kɔ̈k löök në nyïn ke yiëth thɛɛr kuɔ yiic. Guër ku koi de röt ka kä ë ke yennëke röt coi ku dhuëëŋ ë ke röt, cïman de wëër de aŋuet në naai ku thëër de mom ku kä juëi ë ke ye ke kuɛm në kɔc gu bïnnëke laath ku dhuëëŋ ë keek. Ku kɔ̈k ë ke thiek yiic në pïïr yic cïman de ɣööth de lec, tëm de rïc, määr de cök de rëëk ka päl de räk ku kä juëi cï kutëkut ee ke ye ke looi paan de Tuïc cï lɔ̈m de cieŋ kɔ̈k ke bën cɔk päl keek ka cï ke luɔ̈r yiic në luɔɔi ku kuëny de cök.

Cieŋ/kälca aye piɔ̈ɔ̈c, löm ku gëm ë röt në wëëc yennë ŋïc ku kä thiek yiic ke cieŋ wääc në kɛm ke riëi, kɔc, bëi, dhiän, wuɔr ku juur thiääk në röt. Ɖïny de kä ye looi në tëët ku baliööth ye cieŋ pok, pith kë, dɔp kë ku muk kë nhial, aaye ke piöi röt, rɔm keek ku nyiëëŋ ë ke röt në kuɛɛr juëi loithook cï ke gam ku yath keek në cieŋ yic.

Paan de Tuïc cïman ŋi wɔ yeen, ee yic ŋuɔ̈ naŋ kɔi nɔŋ ŋïny loithok. Ɖïny ye cieŋ ku rin ke Tuïc jar nhial ku thiɛ̈i kë piny. Ku ye ŋïny loithok thiek yic tɔ̈u ke keek kë, aye kë them bïkkë nyääŋ mïth ken ka kɔi kɔor e. Ye ŋïny ë, aye kek baai kony ku luui kë në kuɛɛr kuɔ̈r yiic. Kɔi ye thäth ka ajoŋ/duthëëth aaye tɔɔŋ, biith, yëëp, pur, töny, aduuk ku tuŋ ke cäm thɔ̈ɔ̈th ku bï raan ëbën ke ɣɔɔc. Kɔi nɔŋ ŋïny de yïth, pät, nyïn ku mei ke tiim, läi, diɛr ku wal, wɛl ye bëcbëëc nyaai, aaye kɔc kony në ye ŋïny deen tɔ̈u ke keek kë.

Atëët aaye baai luɔ̈ɔ̈i në kuɛɛr kuɔ̈r yiic kuɛɛr cïï ke lëu në kuën. Aaye luëk ku ɣöt them yiic. Aaye yom cï dhuɔɔŋ thëëk. Aaye dɛɛu ke ɣɔ̈k ku mïth ke kɔc cï thou yiëëc bëi bei ku jɔl ya kä juëi yï kë ke looi ye cieŋ de Tuïc ku pïïr de cɔk thiek yic ku nɔŋ ye yic. Kɔi ye thuur ka kɔi ye käŋ thɔ̈ɔ̈ŋ, kɔi ye cak në diɛr ku mɛny ku kɔi ye kɔc wuëu akökööl thɛɛr ke cieŋ ku jɔl ya kɔi juëi kɔ̈k nɔŋ ŋïny kuɔ̈r yic tɔ̈u paan de Tuïc, kek ka ye cieŋ de Tuïc ku pïïr de cɔk piŋ ku ŋic në ɣän kɔ̈k tɔ̈u në Thɔ̈ɔ̈th Thudän.

Diɛr ku akökööl aaye thok ku kä thiek yiic cï röt looi në cieŋ ku pïïr de baai yic muk nyïn ku tɔ̈u kë keek ago piëth bï lɔ̈k bën ke lɔ̈k yök. Kek kaa ye wëër ye cieŋ root waar ku kä thiek yiic loithook ye röt looi thïn nyuɔɔth. Kä dït cï röt looi paan de Tuïc cïmɛn de kök ë köök ë kɔc/wuɔ̈r ka ɣäm ë ɣɛp ë paan de Tuïc, wëër ye kuɛɛr ke cieŋ ku pol röt waar thïn, tɔŋ loithook cï ke thɔ̈ɔ̈r në kɛm ke wuɔ̈r ke Tuïc ku kaam de Tuïc ke juur kɔ̈k cïmɛn de yï Nuëër, Bëër ku jɔl ya kɔi kɔ̈k, riɛ̈k dïr loithook cï röt looi paan de Tuïc cïmɛn de mabiöör agɔ̈igɔ̈i, amol thith, yaŋ de miir, pawɛɛr (1960-62), arölröl ku akökööl juëi kɔ̈k ke kä cï röt looi në ke riɛ̈k kë mïm tueeŋ cïmɛn de bën de Turuk ku ke cök ciëën, aaye gäm röt ku nyiëëŋ ë ke röt në wuëu yennëke wuëu röt në kɔc thook ku cɛk cïnnë ke cak në dier yiic ku këŋ. Ee lon de piëth ë bï piëth biɔth yeen piɔ̈i kä thiek yiic ke cieŋ ku kä ye ye cɔk cath apieth cïmɛn yennë ye lueel ya "wut tɔŋ abër ë ku ber abër ë lɔ̈k tɔŋ."[18]

Döc de cieŋ, kuät de, pïïr de, wadëŋ de ku piath de ee tɔ̈u në nhiëër nhiɛɛr ë kɔi nɔŋ yeen yeen thïn. Acïn cieŋ lëu bï mai ku dhiɛɛc löny de ku lööm kä ke cieŋ kɔ̈k aa bïkkë ya kä ke, ke cïï cör ë thïn ku mïc ke kä ke kedhie, ke ke cïï ye kɔi ke yen kek ye dugëël ke yen ku dɛɛi kë apieth në miäk de. Ye kä ŋö lëu bïkkë ye tiiŋ të kuɛny

---
[18] Kääŋ de Jiëëŋ ye gueel arët paan de Tuïc

kek ke cök ku ye kä ŋö lëu bïkkë ye guɔɔk, nhiɛɛc kë, dhik kë amääth liny kë ë liny në yeen, joc kë cuai de ku miɛr de në aköl thook kedhie agut cï bï döŋ ke ye athuääi ka ayiër cïï root ber lëu në cäm ku jɔl kë riɔ̈ɔ̈k mär kë nyin liŋliŋ.

Kä ye cieŋ cɔk cath apieth

Në täu ye cieŋ tɔ̈u, ke cieŋ ee yic naŋ kä ye ye cɔk thiek yic, kä ye ye cɔk lui apieth ka kä ye loi de thok de, naŋ ye yic ku cɔ̈ɔ̈k de nyuɔɔth të nɔŋ kɔi kɔ̈k man na rë ke loithok ku wëëc ke cieŋ ke kɔi kɔ̈k tɔ̈u në piny mom. Na yïn ya, ke kä ye cieŋ de Tuïc ku Jiëëŋ nyuɔɔth ku cɔk kë thiek yic ku bï cath apieth, aaba ke wuɔ̈i në ŋuëk ka akuut ke diäk. (1) Kä ye ke ɣoi ka kä yennëke daai cïman de kä ye dɔc tïŋ në cieŋ yic man nɔŋ yiic atïïp ke cieŋ - ɣöt, luak, gëëŋ ku kɔ̈k; kä ke pol - lɔ̈ɔ̈r ku wïr; kä ke luɔɔi - töny, aduuk, doŋ, tɔŋ, puur, yëp, kacɔ, cercer, ɣaat, riäi ku kɔ̈k. (2) Kä thiek yiic në pïïr de baai yic cïmɛn tɔ̈u ë piny, kɔc, läi ye mai kedhie ku läi roor, diɛr ye mai ku diɛr roor, ruääi, yïk nhial ka bïï nhial de röt, luɔɔi, tïït de nyïn në röt (luɔ̈ɔ̈r ku gɔ̈ŋ de kämaan ku kä juëi kɔ̈k) --. (3) Kä cïï ke ye tïŋ ku ka ye cieŋ ku pïïr de baai ku kɔi nï thïn geer ku kuath kë ke, kä cït man töu ë riɔ̈ɔ̈c de guɔ̈u ka ayäär, riääk de guɔ̈u, rïu de root, dhuëëŋ ku kä juëi kɔ̈k tɔ̈u në ye akutë yic.

Ke kä tɔ̈u në ke akuut kë yiic ke diäk kë, ku kɔ̈k bï wɔ kë ciën thaa bukku ke wuau në ye athöör ë yic, kek ka ye kä ye cieŋ de Tuïc ku cieŋ juëi kɔ̈k tɔ̈u në piny mom cɔk cath ku cɔk kë lui apieth ku cɔk kë ye kë thiek yic ëŋui ku nɔŋ amitic të nɔŋ raan ëbën tɔ̈u paan de Tuïc. Ku cɔk kë kɔc nhiaar baai, gam kë ku yï kë röt leec në yeen cïman yennë kä juëi ye ke looi paan de Tuïc ye nyuɔɔth ku lueel kë bii.

1. Kä tiëi ye cieŋ dɔc nyuɔɔth ku lueel kë bii.

Të nɔŋ kä cieŋ piny mom kedhie, kɔc, diɛr, läi ku käm ke γ̱än ke cieŋ, kä ke luɔɔi ku kuɛɛr ke pol kaa loithook ku thiek kë yiic ë ŋoŋ. Ku jɔl kë thook bɛr loi ë gut të nɔŋ kɔc ka baai, në ŋö kek ka ye kït tueeŋ ye cɔ̈ɔ̈k, cieŋ, yic thieek, tëët, dhuëëŋ, lɛi, muɔɔm ku kuɛɛr loithook ke pïïr ye kä ke kɔc dɔc nyuɔɔth ku luɛɛl kë ke bii. Kek ka ye göl de guiëër de röt ku rëër të tök de baai mai cök piny.

Në ŋö na cakkë ɣap ku yïk kë atïïp cïï ke ye ŋaany në pëi diääk yiic ku puɔ̈ɔ̈r kë dum ku yakkë ke com në thɛɛ wuɔi yiic në ruɔ̈ɔ̈n yic, ke we cï rëër të tök gam. Në ŋö tïït de në rap ku mïïth kɔ̈k ye com ee lon ye kɔi cï të tök lɔc bï kek cieŋ thïn looi. Ba toot, ke ɣän ke cieŋ aathiek yiic arët në pïïr de Tuïc yic cïmɛn thiek kek yiic të nɔŋ Jiëëŋ baŋ dër ë. Në atïïp yiic kedhie, ke luak a ŋäär ku lɔ ɣɔ̈t në ye cök në cieŋ thɛɛr de Tuïc yic agut cï ye mɛnnë të nɔŋ kɔi cïëŋ në ɣän juëi ke paan de Tuïc ka kɔi ŋot ke ke mac läi baai.

Yic thieek de luak anï në lon dïït ye looi yic ku rëŋ cïnnë ye re ke muɔɔm de cieŋ ku pïïr de baai. Naŋ luak bï raan naŋ luak ka luëk ee bääny/jɛɛk de, luɔɔi arët de ku nyin tɔu yen thïn akut yic ka kuat yic nyuɔɔth. Ee ye yiën yum de piɔu, ɣɔ̈ɔ̈r ku piath de mom në ŋö ee root yök ke cï kë yen raan ril yic në kɔc yiic looi. Cïën luak alëu bïnnë raan wuɔi piny ku löm ke ye raan niɔɔp dë ana cɔk cïën kë wëër ë yeen në kɔi nɔŋ luëk. Cïman yennë ye lueel ya "ɣen cïï ye mɛnh ɣɔ̈ɔ̈t."[19] Ka raan cïnnë paan den yic luak.

---

[19] Kë ye lueel paan de Tuïc bï wuɔ̈c de raan ë dït paan cïn yic luak nyuɔɔth kennë raan ë bïï ë nhial paanluaak. Ka raan cïnnë paan den yic luak acïn kë dït ye ŋic në cieŋ yic në ŋö nyin tɔu yen thïn në akut yic ee ye nyɔ̈ŋ në kä juëc ye ke gam ke kek ye pïïr cɔk ye kë dë.

Lon dïït de luak paan de Tuïc, ayennë ɣɔk ku läi kɔk ye ke mai baai kiɛɛr thïn ku ka yennë kɔk ke pïïr tɔɔu thïn cïman de rap të yen thɛɛ mäi. Ku ka tɔu ayadëŋ ke ye kïn de dhuëëŋ ku muɔɔm de baai në kë ye yen ye atïm dït në atïïp yiic. Ayennë rëër ku tɔɔc ë thïn në thɛɛ cïn yen ke yic ɣɔk ku läi kɔk ye mai thïn. Yennëka yennë mat thïn të nɔŋ yen kä ke kuat, kä loithook ke cieŋ ku cök piny de baai wuau keek cïman de amar de thiëëk ku amɛtmɛɛt kɔk ye baai ku kuat kuɔɔt mom. Paan nɔŋ yic luak aye thɔɔŋ ku löm ke nɔŋ yic kä wën ye baai cɔk kɔɔr luak cïman tɔu ë ɣɔk. Në ŋö paan cïn kë kɔɔr luak thïn acïï lëu bï luak dɔc yïk në thɛɛ kɔk.

Cïman ŋi wɔ ye, acïï ye luak yen ye atïm töŋ ye yïk ye tɔu baai. Bï baai ya baai cï të ŋï ë Jiëëŋ yeen, ee ke lëu bï yic nɔŋ luak ku ɣöt (ɣön de baai, ɣön de kämaan, ɣön de nyïïr, ɣön de thö, jöŋ ka ɣön de thär ku jɔl ya ɣöt kɔk). Ɣöt cïman de luak, ee piath, dhuëëŋ, muɔɔm, lei, jɛɛk/bääny/kuɛth, yic thieek ku kɔk pieth yennë baai ke ya baai nyuɔɔth. Ɣöt ayennë tɔc thïn, ayennë tɔɔu thïn në kä ke cieŋ ku kä ye cam, ayennë nyïïr röör keen ke gök ka kämaan ye bën të nɔŋ keek tääc thïn. Ayennë thät thïn ku jɔl ya kä juëi kɔk thiek yiic ye ɣöt ke looi baai.

Ba cuɔ̈ɔ̈t yic, ke atïïp ye ke yïk paan de Tuïc, aaye ke yïk ke ke ye ɣän ke cieŋ bïkkë kɔc gël në wiir, atuɔ̈i de aköl, yom, deŋ, käm, läi ye kɔc cam ku kä juëi kɔ̈k. Aayennëke tɔ̈ɔ̈u ku mëi ë ke thïn. Ku ka ye dhuëëŋ, cieŋ/kälca, tëët, muɔɔm ku aguieer de pïïr de Tuïc nyuɔɔth të nɔŋ kämaan ka kɔi ye alɛi ye bën paan de Tuïc. Aaye riɛɛl loithok ku tëŋ de luɔi të nɔŋ wun de baai ku man ë baai nyuɔɔth.

Në kuɛɛr juëc arët në cieŋ de Tuïc ku Jiëëŋ ëbën yic ke luak ku kä juëi ye looi thëny röt yeen aaye mïm moc. Baai baŋ tɔ̈u ë luak thïn (në bëi juëc yiic ke ke yaa baŋ cuëëc de baai) yennëka yennë moc rëër thïn ku yennëka yennë ɣɔk mai thïn ku jɔl ya kä juëi thiääk thook në luak. Luak ka baai baŋ tɔ̈u yen thïn yennëka yennnë moc thiɔ̈k thïn ka ye lɔ̈ɔ̈m. Yennëke cɔ̈ɔ̈k de baai baŋ tɔ̈u ë ɣöt thïn ku kä juëi ye ke looi në ke thïn aaye mïm tiŋ de baai ku yennëka yennë tik thiɔ̈k thïn.

Në kä ye yïk cök, ke Tuïc anɔŋ kuɛɛr ye yen ke pool thïn ye ciɛɛŋ de, kuɛɛr kɛɛn thiek yiic ke pïïr, täŋ de ku luɔɔi de luɛɛl bii të nɔŋ kɔi thiɔ̈k ku kɔi mec në yeen. Diëër de lɔ̈ɔ̈r, kët ku wïr aa ŋäär në kuɛɛr ke pol yiic ku kaa cïn aken dïït tɔ̈u në kɛm ke wuɔ̈r ku bëi. Wuɔ̈r ke

Tuïc aa lëu bïkkë lɔ̈ɔ̈r ku wïr cuɔu në ɣän kɔ̈k ɣän cït man de yï Nyarweŋ, Ɣɔ̈l ku Boor të kɔɔr kek ye ku yen ye cɔ̈ɔ̈k de ke juur kë aa lëu bïkkë looi yï ya ayadëŋ.

Pol athiek yic të nɔŋ Tuïc cïman thieek yen yic të nɔŋ raan ëbën nï në piny mom në ŋö yennëke kueer diït ye miɛr de piɔ̈u ku muɔɔm de baai cɔk dɔc tiëi ku cɔk dɔc ŋi në ɣän kɔ̈k. Yennëke kueer kɔ̈c yic yennë kä juëi thiek yiic tɔ̈u në cieŋ yic muk nyïn ku gueen në ke mïm thïn. Yennëke pɛl de mom, ciëkciëk de käŋ de kɔc ku 'päcon' den dɔc nyuɔɔth.

Pol ee dɔ̈ɔ̈r ku ŋiëi cieŋ weei ku cɔk ŋïny de röt ku nhiëër gɔl röt ku ciil kë në kɛm yiic në kë yen kɔi juëi wuɔ̈i yiic bëi të tök. Ayadëŋ, diɛr ke diëër de lɔ̈ɔ̈r ku diɛr juëi kɔ̈k ke Tuïc loithook aaye ke nhiaar në jerëën ke ku diëër kek ke keek. Diɛr ayadëŋ, aaye wël pieth loithook ku baliɔ̈ɔ̈th thiek yiic në thoŋ de Tuïc ku cieŋ de yic lɛɛr bii ku thiäi kë keek në ɣän kɔ̈k.

Diëër de lɔ̈ɔ̈r ee pial de guɔu ku riɛl de yom thook ŋuak yic në kë yen rïŋ ku rël tɔ̈u në guɔu yic kedhie yääk apieth ku ye cäth de rim në guɔu yic ka räl yiic cɔk kɔ̈c yic. Kuɛɛr yennëke lɔ̈ɔ̈r diɛɛr thïn kedhie cïman tɔ̈u ë yuppiny, yupnhial, cɔŋ, tïïp, tɔŋ de arinytuŋ, maduänyduäny, jaŋjaŋ, awuɔŋwuɔŋ ku kuɛɛr juëi kɔ̈k yennëke dieer thïn aaye kɔc cɔk piëi ë ke.

Në kuɛɛr juëc ë gut, ke kaa ye γän ke pol kek ka ye rörthii ku nyïrthii ke lɔ yök thïn ku kek ka ye kek ke ŋïny tɔ̈u ke keek, lei den, ril den, nhiëër deen de pol ku kä keen ke dhuëëŋ tɔ̈u cïmɛn de diɛr, miöör keen ke dhuëëŋ ku kä yennëke röt kuëm ke dhuëëŋ (guër, gɛɛr, thialleeŋ, alëth, anyakudel, dhöök, ademjöök, tuŋ ke akɔ̈ɔ̈n, majakajiin, giɛɛt ku kɔ̈k juëi ke kuëm de röt) lɔ nyuɔɔth thïn. Aaye kek ke kä ŋic kë keek në cieŋcieeŋ ke wuɔr ken yiic bën rɔm ku wëëc kë kä juëi kɔ̈k në kɛm ken. Ku kek ka ye kek ke röt bën tïŋ thïn ayadën. Në kuɛɛr juëc ë gut, ke ke lɔ̈ɔ̈r ku wïr yic, yennëka ye raan nyan nhiɛɛr ka mony nhiɛɛr bën tïŋ thïn.

Kɔi cï rin tï në wïr, ŋiëi diëër ku cäŋ de diɛr në rïny den ka piëth den yic në wuɔr yiic kedhie, aaye ke dɔc ŋi në γän ke pol ku wuɔr ke γɔ̈k yiic. Wïr ku diɛr ke lɔ̈ɔ̈r aaye cieŋ de Tuïc lɛɛr bii ku cɔk kë tör arët ku piŋ në γän kɔ̈k në kë rɔm ë Tuïc kekäkë kennë Jiëëŋ baŋ dër ë ayadëŋ. Kuɛɛr ke pol aaye täu de Tuïc ke ye jur tök, män de, nhiëër deen de root ku rin ke cuëëc, muk kë nyin, cɔk kë ril ku weei kë. Diɛr aaye kä pieth kɔɔr keek bï ke ya looi baai cuaai ku dhuth kë kuɔ̈i luɔɔi ku këriëëc rac ëbën në cieŋ yic dhuth kë piny

Kuɛɛr ku ɣän ke pol kaa töu ayadëŋ ke ke ye ɣän ye kɔc ke mïm bɛr lɔ waar thïn në kä juëi ke pïïr loi kë ke yiic. Wïr ku lɔ̈ɔ̈r juëi ye dieer në rɔɔk yiic në thɛɛ töu ë wuɔ̈r ke baai, aaye kɔi juëi cïï ye remthi ke cou bïkkë bën daai në keek ku bï kë piɔ̈th bën miɛr në tök kennë remthi. Ku bï kë bɛr bën rɔ̈m piny kennë kɔi juëi kën kek ke bɛr dɔc yök ayadëŋ.

Kuɛɛr ke pol ku diɛr aaye män de wut ku kuɛɛr keen ke ciɛɛŋ, pilothopï ku thiɛɛtha de nueet ku cɔk ye tök. Cïman na nɔŋ wïr de ayäŋ ke ke raan ye wïr cï dhiëët ë wun ë ëbën, aye kɔɔr bï bën në kööl de ayäŋ bï bën kɔ̈ɔ̈c në nyin de yic. Tiëm de wïr ayäŋ, ee wun cï ayäŋ jɔr cɔk luel ye mom në wël ku diɛr ye män de, gäm yen root gam, cɔ̈ɔ̈k de ku täu de ke ye wut jɔɔl yic, cɔk ril ku piëët kë cök piny arët.

Kë de diäk de kä ye dɔc tïŋ në cieŋ yic, aaye kä ke luɔɔi, kä ye cieŋ ku kä ke tɔ̈ɔ̈u. Kä ke luɔɔi ku kä ke tɔ̈ɔ̈u cïman töu ë töny, cuk, dɔŋ, kuur, tɔŋ, bith, pur, yëp, liɛny, abɔi, aläu, thɔi, agɔɔr, aduuk, yiɛɛr, ɣuɔ̈ɔ̈k, ɣaat, riän wïïr ku kä juëi kɔ̈k, aaye pïïr ku cieŋ de Tuïc cɔk thiek yic ku cɔk kë kɔ̈c yic.

Na cïn kä ke luɔi, ke ke kä cukku ke wuau nhial kuï nɔŋ yiic atïïp ku kueɛr ke pol, ke kaa cïï lëu bïkkë röt lëu në luɔɔi ku cieth kë apieth. Ku na cïn kä ke luɔi ku kä ke tɔ̈ɔ̈u ayadëŋ, ke mïïth ye cam cï rin tör arët paan de Tuïc, ke kaa cïï röt lëu në luɔi. Mïïth cït man tɔ̈u ë yï awalwalla, aköu, duɔɔŋ, ger, adueɛl de kuɛm, koi, nyiny, miäu, tok, gɔɔr, ɣeer, nyuɔ̈m, adhiäät ku kɔ̈k ye ke looi në kɔc cin.

Awalwalla në piath de ku yic thieek de ëbën, yennëke mïïth tueeŋ de mïïth thiek yiic të nɔŋ Tuïc ye cam arët ku yennë kämaan ye bën baai, Tuiëi ku alɛi gɔɔŋ në yeen. Ke alɛi ye bën në ɣän kɔ̈k kë, kek ka ye awalwalla ku mïïth kɔ̈k thiek yiic paan de Tuïc lɔ lueɛl bii ke ke ye mïïth pieth ku loi kë thook. Ku në guiëër ye kek piath ku mieɛr de mïïth tɔ̈u paan de Tuïc lɔ wuau në ɣän keen ë ke bïï kek ke thïn yiic, ke ka ye piath, cieɛŋ, yic thieek ku dhuëëŋ de Tuïc thiäi piny ku ɣok kë rin ke Tuïc nhial arët.

Yic thieek de awalwalla anï në luɔɔi yen luui thïn yic. Ku ye lon yen luui ë, yennëke ye cɔk cam arët awär tiäär, nyiny ku mïïth juëi kɔ̈k thiek yiic tɔ̈u paan de Tuïc.

Awalwalla ee mïth de pial de guɔ̈u në ŋö ee dɔc lɔ riär në guɔ̈u yic, ee kɔc cɔk lääu gu ku akuen yic de, akoor nyin acïï kɔc ye dɔc kuem yiic. Ana cam yeen në ye mɛɛn ke yïn go kuk akën thɛɛ ke diäk lɔ. Ye kënnë, ee ye nyuɔɔth ë ŋui ke ye mïth de kuɛth yic, acïï ye mïth de piny ler ë mïïth däkdäk.

Awalwalla alëu bï tuëët në këriëëc ëbën yennë tuëët töu baai akee awai ku anyïtheth/ceta kek kaa cïï lëu bïnnëke ye dɔc tuëët. Aye cam në ca ku ka lëu bï cam nyin të cïnnë ye tuëët në kɔ̈k ke tuëët cïman töu ë miöu, rïŋ, pïu ke bël, amëriin (pïu ke thääu köu), rëi, adhiäät, tɔŋpiiny, nyuɔ̈m ku kä juëi kɔ̈k ke tuëët yennëke tuëët töu paan de Tuïc ku ɣän thiääk në yeen.

Kä ke luɔi ku töɔ̈u, kek ka ye mïïth ye ke töɔ̈u në kaam bäär yic bï kë kɔc bɛr kuɔny miäk në thɛɛr kɔɔr ë ke keek cɔk lëu ke në luɔɔi ku töɔ̈u. Na cïn kä ke luɔi ku kä ke töɔ̈u ke kuɛɛr juëi loithook yennëke mïïth tääu thïn ku muk miɛr den nyin ke kaa lëu bï kë nuëën. Rïŋ aye töɔ̈u në kuɛɛr kee reu; kueer tueeŋ aye tiir ku kär bï riɛr, na cï riɛr ke ka töu të bï yen aliir ya yök ku cïï ayul ku käm kɔ̈k bï cam. Kueer de reu, aye thaan ku dɔŋ ku kär, na cï riɛr ke ka töu ke ke ye aluur. Yennëke cöɔ̈k de rap, thääu, bel, rec ku mïïth kɔ̈k kë, aaye looi ku tɔ̈ɔ̈u keek në ye kueer tön ë. Rɛp cï thaan ke ke tiɔp ku kär keek bï kë riɛl aaye ke cɔl atëtuɛɛk ku na ber ë ke lɔ piäär kɔ̈th miäk ke kaa ŋot ke ke nɔŋ thiëu cït thiëu wään tiou kek. Kä ke luɔi ku kä ke tɔ̈ɔ̈u aaye kɔi töu paan de Tuïc cɔk lëu kä juëi kɔɔr pïïr den keek në thɛɛ wuɔi yiic në luɔɔi ku tɔ̈ɔ̈u.

Bï kä juëi ke luɔi töu, ke ka kɔɔr bï dhil naŋ atëët ye ke looi, kɔi cï ŋïny den, riɛɛl ku thɛɛ ken gam bïkkë baai kony ku luui kë. Kɔi nhiaar kuɛɛr ke cieŋ ku pïïr thëny röt paan den ku cï kë pïïr den tääu në tëët den yic. Ku ke kɔi ye kä ke tëët looi kë, aaye ke dhil piŋ rin në ɣän mec ku ɣän thiääk në Tuïc. Ku ye piŋ yennëke lɔ piŋ ë në kä yï kë ke looi, ee cieŋ de Tuïc ku yic thieek de cieŋ de cɔk ŋic ke kɔc ye ke kä pieth ye atëët ke Tuïc ke looi kë lɔ piŋ në ɣän töu kek ke thïn.

Në ŋö kä ye looi në tëët aaye ke kɔɔr në raan ëbën në kë cïn kek akeu në kaam de raan ke raan, baai ke baai, wut ke wut, jur ke jur, piny ke piny ku jɔl ya akɛɛth juëi ye kɔc tek thook në piny mom. Ayadëŋ, kä ke luɔi ku tɔ̈ɔ̈u aa nɔŋ cin në cäk ku tëŋ de määl ka kueth de baai yic. Në ŋö ɣöi yennëke ɣɔɔc ku wëëc ë keek në kɛm ke kɔc, ee bääny de baai ŋuak yic ku cɔk ŋïny de röt, määth, gäm de röt ku ŋiɛ̈i cieŋ yïk röt në kaam yic.

2. Kä thiek yiic në cieŋ ku pïïr de Tuïc yic

Kä thiek yiic në cieŋ ku pïïr de Tuïc yic, aaye kä ye ye cɔk ye Jur ka kä ye rëër cɔk käc yic të nɔŋ yeen. Kä ye täu de, pïïr ku cieŋ de cɔk nɔŋ ye yic ë ŋui ku yï kë cöök de, yic thieek de, muɔɔm de, nyuɔ̈th de, täŋ de, të ye tiëŋ piny ku ciëkciëk de käŋ de cuëëc, ŋuak kë yic ku muk kë nyin. Në kueer dë, ke kaa ye kä ye cieŋ ku pïïr cɔk nɔŋ amitic të nɔŋ yeen ka kä yen ke ye nyin deem në ceŋ. Ana liiu kë, ke Tuïc acïï lëu bï kɔn töu ke ye baai cïman cïn yen paan töŋ lëu bï ya baai në piny mom ke cïn keek. Kek ka ye kä ye baai ëbën në piny mom ke root gɛɛi ku dueek yen ke ye nyin në thɛɛ thook kedhie. Të cïn keek, ke baai acïï ye cɔɔl ke ye baai, në ŋö kek ka ye ya baai. Bï yic ciëk, ke ke kä thiek yiic ku loi kë thook të nɔŋ Tuïc kë, kek kaa nɔŋ yiic:

a) Piny

Kë tueeŋ de kä thiek yiic ë ŋoŋ në cieŋ ku pïïr de paan de Tuïc Yiith yic, ee piny de ka tiɔm de. Në ŋö piny yennëke gɔ̈c de kërïɛ̈ɛc nï në ye mom ëbën ku töu në ye yic baŋ thïn. Yennëke nɔŋ cin dït në kä cï cak töu në ye mom ku ye yic ku yennëke ke wëëi, dɔu keek, piith keek, koot keek, jöɔ̈c keek ku muk ke nyïn. Yennëke pïëth ëbën ye cieŋ në ye mom ku kä pïr ye töu thïn yïën amitiny de pïïr ku yic thieek de.[20] Piny de Tuïc yennëke Tuïc në kë ye yen ye miɛɛc de muk nyin në nyindhie ku yen ye kolloŋ ku akum ye adöɔ̈ŋ ke kaak ku deem ke nyïn, muk ke nyin kuɛ ka wädëŋ den.

Tuïc anɔŋ piny pieth cuai ë ŋui, piny ye pïïr de kɔc ku kä pïr ye nï thïn kuɔny kök ku köɔm nhial ku deem nyin. Tuïc anɔŋ tony dïït lɔ wai lääu yic man ye ye ŋuö yïën kä juëi ke pïïr kɔɔr keek ku yen ye adörkön de në kuɛɛr juëc, baai ku lɔ̈k dïït cuai bäär yic ë ŋui.

Piny de Tuïc anɔŋ yic kä juëi kutëkut ye pïïr de kɔc, läi baai, läi roor ku kä piiny ye töu thïn cɔk dik ku cɔk kë lɔ yum cïman töu ë pïu ku kä ye töu në pïu yiic, tiim juëi

---
[20] Toor Awuɔɔu Adeer (2016) dit.

kuɔr yiic tɔu thïn, diɛr baai ku diɛr roor, käm, wal ku mïïth juëi kuɔr yiic tɔu baai ye kɔc muk ku looi ë ke kɔk.

Bï yic cëk, tiɔm de Tuïc cïmɛn de ɣän juëi ke tiɔm de Thɔɔth Thudän yic, apieth në ye yic të nɔŋ miëu ku kuur thii riau ke dhuëëŋ ku luɔi tɔu thïn, "amit në ye yic piiny të ye luɔk në mïïth juëi ye cam ku ka pieth në ye mom të ye raan cieŋ, raan ŋic aguiɛɛr ku cieŋ pieth."[21]

Bï kɔc naŋ baŋ de piny ye cɔl keek cïï yic kɔc, athiek yic ë ŋui në pïïr de raan yic në piny mom në kuɛɛr kedhie. Në ŋö yennëka yennë käŋ kedhie kɔɔr pïïr keek looi në ye mom. Yennëka ye cieŋ mom, puur ë ku cum ë thïn ago mïïth juëi thiek yiic kɔɔr pïïr keek yök. Yennëka yennë yäp, dëp ë ku köör ë ɣɔk wal thïn. Ku ye yäp, dëp ku köör de wal kɔc yiën ŋïny loithok ye kek piny den, ɣän loithook tɔu thïn ku kɔi thiɔ̈k në keek ŋi.

Cïman de wëtmäth ken tɔu në Apirïka ku në piny mom ëbën, ë ka ŋi Tuïc apieth man yen piny yen ye këriɛ̈ɛc ëbën në pïïr de raan yic ku kä kɔ̈k pïr tɔu në ye mom ku ye yic. Yennëke kɔc ku käŋ kedhie tɔu thïn bëi, buur keek ku kuem keek, kuek ke nyïn, muk ke nyin kuɛ den, jɔ̈ɔ̈c keek ku yiën ke kä ke pïïr kedhie kɔɔr kë keek.

---

[21] Akut de diäär ke Tuïny Tueeŋ piny de Kenya në Ɣɛlduret (2012) Riɛl de piɔ̈u

Ku yennëke kɔc wɛɛr wei ku riɛ̈ɛ̈k keek ayadëŋ në kuɛɛr cïï man de riɛk loithook ye bën baai, tɔŋ, aluɛkluɛk, yak, pïu - ka cï kɔc nɔŋ yeen pïɔth köök wei thïn në cïn kä pieth ye kë ke bɛr yök thïn ka riɔ̈ɔ̈c.

Ŋïny ŋi ë Tuïc yeen ke pïïr ëbën re ke piny ku geei root në yeen në kuɛɛr kedhie, yennëka yennë nyïn tïït në yeen në thɛɛ wuɔi yiic në ruɔ̈ɔ̈n yic. Në ŋö piny ee nyin tïït në kä pïr tɔu thïn ayadëŋ. Yekënnë, yennëka yennë ye miɔɔc mom të nɔŋ yen kä pieth ke pïïr cï ke bɛi. Bï lɛk yeen ya yïn cukku leec në wëëi ye yïn wo wëëi ku miëëth ë wuɔɔk wuɔnnë läi kuɔ, dier kuɔ ku kɔ̈k kuɔɔn ke pïïr yukku ke yök në yï mom ku yï yic. Yennëka yennë ye cuɔny mom bï wɛl jör, nyïn, kër ku yith ke tiim bɛr cil, nyäc/nyok kë ku lok kë në nyïn jör.

Piny yennëka yennë röt dhiëët ku deem ë kɔc ke nyïn thïn lueel Aluɛɛl de Gërëŋ Anyuɔɔn ye "tiɔp aye dhiër yic raan bï mïth cil ë ke lääu ku liep kë ke nyïn bïkkë cuai de piny ŋi ye luɔk në ŋö."[22] Ee wɛr yi de, në ŋö këriɛ̈ɛ̈c ëbën ye looi, kë kɔɔr pïïr de raan ku pïïr de kä tɔu në piny mom, aye yök në tiɔp yic. Piny baŋ cïn yic kä ye

---

[22] Tiɔm cï raan ëbën nyaai tik ku meth ku mony thär baai ku raan cï ŋuëën bï thök të yïn dë? (Aluɛɛl de Gërëŋ Anyuɔɔn), Ye dinnë ee cak në thaa wään thëër ë baai ke ye din de weei ku duɔ̈t de piɔu. Wɛl tɔu thïn aa thiek yiic ku loi kë thook arɛt. Ee din tɔŋ de dier cï lon dïït lɔwai looi në thaa wään tɔ̈ kɔc roor ku wɛl tɔ̈ thïn aabï dhiac ke ke agut riɛi kɔ̈k bö tueeŋ piɔ̈th. Në ŋö wɛl cï ke cak thïn aa ye wɛl thiek yiic ëdot ku yïkë yith në thɛɛ thook kedhie në biäk de naŋ tiɔp. Wɛl tɔ̈ në ye dinnë yic ku dier kɔ̈k ke Aluɛɛl-Nɔŋdït aaye bëër ku pɛl de nom de ku daai në kä mec nyuɔɔth ku lɛk kë ku piny nom. Dɔ̈ɔ̈r ke yeen.

pïïr cɔk pieth ku cɔk kë cil, kä wën ye pïïr muk nyin, jɔ̈ɔ̈c kë nhial ku cɔk kë läär apieth thïn, ye piny baŋ ë, ee mom ciën kɔi cieŋ yeen. Në ŋö aye löömke ye piny rac, pieny giu ka pieny rol, piny cïï kä tɔu thïn ye kuɔny kök nhial ku wëëi keek. Piny baŋ cieŋ Tuïc në Thɔ̈ɔ̈th Thudän acïï yïn ya, ee piny pieth ye kä tɔu thïn koot ku boom keek cïman ŋi wɔ yeen wɔdhie.

Aŋic ku apieth, naŋ baŋ thiin de piny ayennë kɔc riëu në γän kɔ̈k ku ka ye we röt kɔ̈ɔ̈c ku deem we we nyïn thïn. Na ciën kë baŋ thiin de piny ke ka nuën amääth bak kë kä thiek yiic ke cieŋ ku pïïr duɔ̈n looi ku kuany kë ke cök apieth. Piny yennëke töny ye këriëëc ëbën tɔu baai kuëëk, boom, muk në tök ku cɔk kuany ye kɔu apieth ku cɔk cath ë cök.[23] Në kë yennë lööŋ yennëke röt mai ku kueɛr juëi ke pïïr ye cieŋ jɔ̈ɔ̈c looi thïn.

Ku ka ŋic ku wɔdhie, töny ku cï thar dhiäm ka cï piëël kɔu ke ka cïï kä tɔu thïn ye bɛr muk kedhie, aaye ke kuëër wei.[24] Yennëke cɔ̈ɔ̈k de piny ka cieŋ na cïnnë mïm liääp ku këëk kë thïn ke ka thiëi ë kɔc wei thïn në kë cïn yen kë ye ke bɛr cɔk kuëëk röt, nhiaar kë röt ku pël kë röt kä cïkkë ke wäi röt. Ku cïn kë ye ke cɔk lëu ke mïm në

---

[23] Jɔɔn Ɣënrik Këlak (1993) Kɔc ke Apirr̈ka në akököl de piny mom yic.
[24] Jɔɔn Ɣënrik Këlak (1993) Kɔc ke Apirr̈ka në akököl de piny mom yic

cäär ku tɛk kë në kä pieth ë ke cï kë ke kɔn looi në tök ka kä pieth ë ke cï pïeth tueŋ ka kuar ken ke kɔn looi në ke mïm. Ku cïï kë ye lëu në tïŋ ku döt man nɔŋ yen kööl töŋ lëu bï kek tök bɛr lueel ku loi kë ke ke ye jur.

Ee yic dïït ŋi raan ëbën, na cïn mom piny ka ca piny du nyääŋ wei ka ca wuɔi wei ka cï peec në yï cin ke yïn lëu bï yï dhɔ̈l në raan niɔɔp dë cïëŋ yïn piny de. Ku na cïn mom baŋ de piny ye cöl yïïn ayadëŋ, ke kä kuɔ̈ɔ̈n thiek yiic ke cieŋ ku pïïr du cïman de thok, mïïth ku kuɛɛr ke të ye yïn cieŋ ku pïïr du luɔɔi thïn ke kaa lɔɔk wei amääth ku rum keek në kɔi kɔ̈k kɔi nɔŋ mïm të den. Na cïn piny ayadëŋ ke yïn ye gäk ke yï töu në raan dë cök, raan cïëŋ yïn piny de ka raan cï yïn täŋ de lööm. Piny yennëke ya dugël de rin ke kɔi cieŋ yeen, në kë ye yen ye rin ke kɔi cieŋ yeen cɔk nɔŋ ke yiic ku jɔr ke kɔ̈th ku cööc keek në kuɛɛr juëi cïï ke lëu në kuën ku yïn ke wëtic, amitic ku thiɛk de yic.

Piny du aye yïn yic thiɛk ku muɔɔm ë në yeen cïman cïnnë ye ket në diɛr juëi ke wuɔ̈r ke Tuïc yiic. Piny du aye yïn jam ku cath ë ke yï töu mom nhial, lääu ë mom ku ŋic kë loi thïn. Ku ka ye yïn piath du, lei du, ŋïny duɔ̈ɔ̈n de käŋ, nhiëër du, tëët du, yic thieek du, dhuëëŋ du ku kä juëi pieth ku nyuɔ̈th alɛi ye bën të nɔŋ yïïn ku kɔi thiääk në yïïn.

Aye yïn cieŋ du ku kuɛɛr ke pïïr ye kä ku yiëk nhial, cuëc keek, rïc keek, cöc keek ku luɔɔi ë ke bii thïn. Aye yïn akökööl thiek yiic ke cieŋ ku pïïr du ku kɔ̈k juëi pieth kuɔ̈ɔ̈n nɔŋ ke yiic wuɛu piny mom ku kɔi mat akeu në yïïn në kä ye ke looi thïn. Ku ka yennë kɔc ŋic në ɣän kɔ̈k cïman ŋi ë paan de Tuïc Yiith piny de Thɔ̈ɔ̈th Thudän ku ɣän kɔ̈k ke piny mom.

Bakkë cïn baŋ thiin de piny ye cɔ̈l week yennëke ŋɔ̈ɔ̈ŋ rac ë ŋoŋ në pïïr yic ku në piny mom, në ŋö piny acïï ye ɣɔɔc ku ka cïï ye lim. Ku rum de, bakkë piny peec të nɔŋ kɔc kɔ̈k acïï yic kɔ̈c. Ee käŋ, wëi ke kɔc ku kä juëi kɔ̈k cïï ke kuen nyaai. "Kä juëi ye nyïn dak në pïïr de raan yic në piny mom aaye ke lim ku kɔɔr keek aabï ke bɛr yök -. Ku piny bakkë ciën piny ye cɔɔl në rin kuɔ̈n acïï ye lim ku ka cïï ye dɔc yök ku ke ya mɛɛm ril yic ëtör"[25] lueel Gërëŋ de Mabiöör Atëm Aruäi.

---

[25] Jam de Gërëŋ de Mabiöör Atëm në Abiɛi wuɛu yen kɔc ke Abiɛi piath ku thiek de yic de dɔ̈ɔ̈r cï Athiɛllem/Athielleei thany yic kennë akuma de Thudän. Ku dhuk dhuk yen keek aleec në luɔɔi dïït thiek yic ëdot cïkkë looi ku tɔŋ bäär yic cïkkë thɔ̈ɔ̈r në kuɛɛr kuɔ̈t yiic në run ke thiërdhïc kɔɔr kek nomlääu de Abiɛi. Lëk keek man na rëk ke cïn raan dë peei yennë cɔk yic de Abiɛi cɔk lëu root në pïŋ në agen de jam nom në Naibäca ke ke cïï ye kɔc ke Abiɛi në gup ken kë cï kek ye yic ë kuany cök në kaam bäär yic ku kën kë dak në kuëny de yen cök. Pïŋ de anuaan de Abiɛi bï root piŋ në ageen de jam nom acïï ye Gërëŋ de Mabiöör ka Omer Baciir ka raan dë yennë loi yeen. Aaye kɔc ke Abiɛi në gup ken kek ka nɔŋ ciin dïït (2004).

Piny yennëke kɔc cɔk piŋ keek në ɣän kɔ̈k në ŋö naŋ piny yennëke we cɔk loi kä pieth wën yennëke we dɔc piŋ ku rïu ë ke week në bëi kɔ̈k yiic. Na ciën kë piny ke we cïï lëu bakkë akökööl ke pïïr ye we mar mïm piny ku leer kë we bii ke we ye jur cïman töu ë Tuïc ë lëu në luɔɔi ku muɔ̈k kë ke mïm. Na ciën kë piny ke rin kuɔ̈n, cieŋ duɔ̈n, luɔɔi thiek yic duɔ̈n ëbën ku thoŋ duɔ̈n aacïï ye döc në piny mom. Ku kä juëi pieth kɔ̈k cak kë ke looi, aaye lɔ̈k ya kä ke kɔi kɔ̈k, kɔi kën tuï kɔn gïïth ku tök kë mïm në täk ku ke gu në lon den.

Naŋ piny athiek yic në luɛɛl de ëbën, naŋ kony de, yennëka yennë nyïn tïït në yeen arët ku gël në këriëëc ëbën töu ke kɔc agut cï wëi. Piny anɔŋ kony në kuɛɛr kedhie të nɔŋ kɔi ye ye cieŋ ku kä pïr ye töu thïn.

Ba cuɔ̈ɔ̈t yic, piny awär këriëëc ëbën në pïïr ku cieŋ de baai yic lueel Aluɛɛl de Gërëŋ Anyuɔɔn ye "tiɔp awär määth, awär kë ca dhiëët, awär määl/kuɛth cïn yic piny."[26] Naŋ piny acïnnë kɔc ye kuɔ̈i tïŋ ka kuc ke jääm ë tɔɔrtɔɔr, ë riirriir ku në nyuɛɛth. Ku ka cïnnë kɔi kɔ̈k ye lɔ tiɛɛk në kä kuɔ̈n, tɔc kë ke yiic në keek, lëër kë we nyïn në keek, moom kë në keek ku wïk kë we në ɣoi piny

---

[26] Tiɔm cï raan ëbën nyaai tik ku meth ku mony thär baai ku raan cï ŋuëën bï thɔ̈k të yïn dë? Aluɛɛl de Gërëŋ Anyuɔɔn.

ku them kë bï kë rin kuɔn ku lon pieth duɔn cuɔth wei në akököl de baai yic.

Piny duɔn aye we riɛl duɔn ku lääu de mom duɔn nyuɔɔth thïn cïman yennë ye lueel ya "wun duɔn cuer yïn athörbei ke yï kääc ku wun lei ciɛm ë jö yïïn thïn."[27] Piny duɔn ee piath de cieŋ duɔn cööc ku ke kä niɔp kuɔn kum bol ke ku thiɛɛn keek. Aŋot ke ya kën ye baŋ ë waan ke yan bï jam ë commom në thiek de yic de ɣän ke reu në piny yic paan de Tuïc. Ke ɣän kë kee reu aaye yï Toc ke Lɔ̈k ka Ayiŋ.

Toc ciman cïnnë ye cak në diɛr juëi ke wuɔr ke Tuïc yiic, yennëke nyin ka kuëër yen ye pïïr de kä pïr tɔu paan de Tuïc kedhie wëëi ku deem ke nyïn. Acïnnë bïän dïït de cieŋ, lei, dhuëëŋ, muɔɔm ku thiek de yic de wuɔr ke Tuïc tääu thïn cïman yen root nyuɔɔth në jam yennë jam në yeen, piɔ̈ny yennë ye piɔɔny ku tɔŋ cï ke thɔ̈ɔ̈r ku luɔ̈k cï ke luk në yeen. Toc ee kɔc yiën pïu, wal ku mïïth kuɔ̈r yiic ye yök thïn, ayennë dep thïn, aye läi nyuɔ̈ɔ̈th yic ku dëk kë thïn, wal ku tiim tɔu thïn cïman de aguɔr, apäth, akör, akiɛɛr, adeet, gau ku kök aayennëke kä juëc looi (wur, bur yic ku baai). Anɔŋ yic läi nɔŋ kä pieth ye kë ke

---

[27] Kääŋ de Jiëëŋ ye piath ku thiek de yic de të de ŋek ka piny nyuɔɔth ku lääu de nom cath ke naŋ piny.

kuɔny Tuïc. Läi cït man de rɔu man yennë dël de looi ke ye akɔlweŋ ku yennë rïŋ de cuer. Akɔ̈ɔ̈n man yennë tuŋ ke guaŋ ke ke ye apiök ke dhuëëŋ ku kɔ̈k ye cieŋ ke dhuëëŋ ku ka yennë rïŋ de cuer ayadëŋ. Nyaŋ, abiɔɔk ku jɔl ya kä juëi pïr tɔ̈u tooc.

Tony de Tuïc ee ŋuɔ̈ luui ke ye dugël ku ye dumuŋ de paan de Tuïc. Ana cï kë näk kɔc bën (ye cɔk ka ye kɔi ke ater) ke kɔi juëc aaye lɔ tooc ku rëër kë thïn agut cï bï kë ë cou ke tooc ë mom kɔn lɔ bii. Në run ci kutëkut ke Tony de Tuïc acï ye gël arët të nɔŋ kɔi ë ke ye kɔc luaak cïman de Arep, Tëkkï (Turuk), Yiŋgïlic/Dïŋgïlic ku kɔi juëi ke bëi kɔ̈k ë ke cï bën paan de Thudän. Ee cï root tääu ke ye thieŋ ë ye alɛi gël wei në kë ë cïn yen kueer ë ke ye kë ke dɔc yök thok në ruɔɔc/rïk ë cï nyïn juëi yennëke tëëk thïn yiic ruɔɔc cïn kuɛɛr ke tëëk.

Toc arɛ ke ja juëi ke wuɔ̈r ke Tuïc në ŋïny ŋic kek yeen ku ye kë gam ke pïu rɛ kennë pïïr ku të ye pïu nï thïn ee yic naŋ pïïr. Ku ka ŋic kë ke pïïr ye duciëk bëi ku muk nyin në pïu, aliir ku atuɔ̈i. Yekënnë, yennëka yennë wëër kɔn näk thok të kɔɔr bïnnë kɔc tem tooc. Yekënnë, ee ye looi ke ye kueer bïnnë jɔŋ tɔ̈u wïïr ka jɔŋ (Akoi) muk pïu miër piɔ̈u ku bï tëëk de kɔc wïïr agut tem bii den tääu në ye cin. Ba cɔk cek yic, ke toc ee baŋ töŋ de biäk thiek yiic piny de Tuïc. Ku ka nɔŋ mom lon dït ë ŋui ana wuau nɛŋ kony de të nɔŋ Tuïc ke ke buk ye tök.

Cïman de Toc, ke lɔ̈k ee baŋ dïït dër de piny de Tuïc yic nɔŋ mom lon dït në pïïr ku cieŋ de Tuïc yic. Në kuɛɛr juëc arët në ɣän juëc paan de Tuïc ke kä ke luɔi de atïïp kä cit man de noon ku kɔ̈k aaye lɔ guik lɔ̈k në ɣän juëi ke paan de Tuïc. Bï ɣɔ̈k ku läi kɔ̈k töu roor wɛl pieth yök ke ke bï kë lɔ lɔ̈k. Läi juëi ye cuer ku yennëke daai ciman de miir, ŋɛɛr, thiäŋ, guil, anyaar, maguar, piɔ̈ɔ̈r, ayɔɔk, amom ku läi kɔ̈k aaye töu lɔ̈k në kaam bäär yic në ruɔ̈ɔ̈n yic. Lɔ̈k anɔŋ yic mïïth, tiim ku wɛl loithook ye cam töu thïn ku jɔl ya kä juëi ye lɔ̈k ke kuɔ̈ny Tuïc.

Në yi pacɔ̈k ke toc ku lɔ̈k kek ka ye ɣän dït në piny de Tuïc yic. Ku kek ka ye rëër yennë rëër cɔk nɔŋ ye yic në ŋö kä juëi ye pïïr cɔk pieth paan de Tuïc, aaye bën në ke yiic. Yennëka yan thiek de yic den ku luɔɔi den nyuɔɔth nyin ë commom. Ku ɣän kedhie töu piny de Tuïc aa nɔŋ kony të nɔŋ Tuïc. Ba cor yic, ke piny de Tuïc, kɔi ke ku cieŋ pieth de kennë baliɔ̈ɔ̈th loithook ke kaa cïnnëke ye wär ku dhël ë ke yeen piny de Thɔ̈ɔ̈th Thudän. Në ŋö Tuïc acieŋ paan de ku ka kuany kä juëi ke cieŋ de cök në ɣän kedhie töu ë kɔi ke ke thïn piny de Thɔ̈ɔ̈th Thudän ku në ɣän wuɔ̈i yiic ke piny mom cïnnë kuëny de pïïr cök kɔi ke thiëi thïn. Ba rɔŋ yic, ke piny de Tuïc Yiith, yennëke buc ka yïŋ dïït deen thiek yic yennë Tuïny cïëŋ në ɣän juëi wuɔ̈i yiic paan de Thɔ̈ɔ̈th Thudän ku në piny mom ë bën kä keen thiek yiic ke cieŋ, yïk nhial, döc ku wadëŋ de bëi thïn.

e) Kɔc

Në cieŋ yic ëbën, ke kë ye yen ye kë thiek yic ë ŋui bɔ̈ në piny cök ku yen ye cöök dïït lɔ wai yen ye baai ya baai aaye kɔi ke. Na cïn kɔc, ke ka cïn piny lëu bï kɔn cäk në rin ke kɔc cïman töu ë paan de Tuïc ke ye cɔɔl në rin ke Tuïc Yiith. Në ŋö kɔc kek kaa ye piny den kɔɔr, nhiaar kë, mek kë, ɣap kë, cieŋ kë ku gël kë në kuɛɛr kedhie lëu kë ke. Ku na cïn kɔc ku piny ayadëŋ, ke ka cïn cieŋ lëu bï kɔn töu, cieŋ lëu bï cöl kɔc cïman töu ë cieŋ de Tuïc ka Jiëëŋ.

Aaye kɔi töu baai kek ka ye baai cɔk tiëi rin në kä lɔwai yï kë ke gam ku loi kë keek, kä thiek yiic yï kë ke yaath ku kä pieth yï kë ke kuany cök ku yï kë ke theek.

Aaye kɔi ke baai kek ka ye paan den looi abï piath abï kɔi kɔ̈k nhiaar ku rïu kë ku kek ka ye ye riɔ̈ɔ̈k rin, yɔɔr kë yic, ŋëny kë dhoor ka dhiëër ku tɔt kë piny në kä rɛi yï kë ke looi abï kɔi kɔ̈k maan ku cuer kë wei.[28]

Në kuɛɛr juëi kuɔ̈r yiic arët, ke kaa ye kɔi ke baai, kek ka ye yic thieek ku rëëc de paan den cɔk lɔ bii. Paan ye piŋ ke pieth, ku ril ku lee duk. Ee paan pieth ë kɔc ku cuɛɛi kë piɔ̈th thïn ku cï kë röt gam ku rïu kë löŋ ku aguiɛɛr deen de mëimëi de röt cï kë guiir, gam kë, muk kë mom ku ye kë luɔ̈ɔ̈i. Ku kɔi ye cieŋ apieth, aaye kɔi cï yic thieek ku muɔm de raan tääu tueŋ në cieŋ den yic. Ku yï kë gam man na rë ke kɔc kedhie kaa nɔŋ kony të nɔŋ baai ku në röt.

Paan ye piŋ rin ke pieth ayadëŋ, ee paan cïnnëke kä kë yaath ku ye ke luɔ̈ɔ̈i thïn; ŋïny de käŋ, ŋiëi ŋɔ̈ɔ̈r, ŋiëi yïk de röt nhial, ciën wer de röt piny, liɛɛr de piɔ̈u, riëëu ku atheek, ciën til de röt, luɔɔi arët, nhiëër de röt, për de röt në kä ye looi yiic, cïn tör de lueth, pël de röt kä cï wäi röt, tïït de nyïn në röt në thɛɛ kedhie ku jɔl ya kä pieth juëi kɔ̈k. Ku ke paan cïnnë luɔɔi arët ku rïu de luɔi cööc thïn.

---

[28] Deŋ Kuir Gäk (2005) Dit. Kë cäk kë looi acïï ye kë pieth we wun de Nuëër ee. Paan cukku kooth abï dur tuu ku tat kë piny abï jäŋ maan.

Në ŋö "cool në luɔɔi ee ŋïëi luɔɔi bëi."[29] Ku ŋïëi luɔɔi, nhiëër de baai ku luui de kɔi töu thïn ku dhuëëŋ de piɔ̈u kaa ye kɔc ku baai cɔk pieth ku cɔk kë tiëi rin ku piŋ në ɣän kɔ̈k ɣän mec ɣän cï dhuëëŋ den, ŋïëi lon den ku lei den ke cuɔ̈ɔ̈p.

Paan de Tuïc ee yic ŋuɔ̈ naŋ kɔi ril yiic në piëth yic ëbën ku në run thook kedhie. Kɔi ye cieŋ de, cɔ̈ɔ̈k de ku yic thieek de Tuïc laar bii në luɔɔi den ku cɔk kë piŋ baai ku në ɣän kɔ̈k piny de Thɔ̈ɔ̈th Thudän ku në piny mom ëbën. Kɔi ye kɔc dɔk ku bïkkë kɔc määt në wuɔr yiic në gɛm de röt den, luɔɔi loithok den, nhiëër deen de baai ku ŋïny len thok töu ke keek.

Kɔi cït man de bäny ke wuɔr ye wuɔr juëi ke ɣök mai ku bäny baai ka bäny ke alëth ye wuɔr, dhiän ku mëcthook muk, ku kek ye löŋ luɔɔi bii ku tɛ̈k kë kɔc yi. Në kë geei cieŋ ku kuum de Tuïc geei yen root në rën de yic de yi ku tëny de yen yic. Kɔi ye thiɛɛththïn man nɔŋ yiic kɔi ye lɔ ɣön de löön në nyin de Tuïc yic ku jɔl ya wët ka bäny ke apuruuk. Kɔi ye waar kɔi nɔŋ dier ye piath de paan de Tuïc cuaai ku ye kë män de wuɔr ke nueet ku dil kë. Kɔi ye wïr nɔŋ yiic maŋɔ̈ɔ̈r juëi ŋic keek

---

[29] Kääŋ de Yiŋg̈ïlic töu në Lok ku tueŋ në thuɔŋjäŋ yic.

arët paan de Tuïc ku ɣän kɔ̈k piny de Thɔ̈ɔ̈th Thudän kɔi cït yï Kuir-Atiëëk, Pajuur Atëm ë Lueeth, Biɔ̈ɔ̈r-Tɔ̈ɔ̈r (Biɔ̈ɔ̈r Ajäŋ de Duɔ̈ɔ̈t, Ajääŋ-Abukgak (Ajäŋ ë Lual), Makuɔl ë Panyaaŋ (Thoncamkäke), Marɔ̈ldït (Kɔ̈ny de Gërëŋ de Kɔ̈ɔ̈c), Atëm-Tunyjuur, Anyuɔɔn-Malieljök (Anyuɔɔn Atëm de Duɔ̈ɔ̈m) ku jɔl ya mäŋɔ̈ɔ̈r juëi cït keek ku kä ŋäär në ke mïm ku maŋɔ̈ɔ̈r nï ënɔɔnnë man ŋëër Magɔt-Agutdiŋ (Magɔn de Kɔ̈n Ajak) keek. Tït ka kɔi nɔŋ ŋïc në kä yaath, bäny ke yiëth lei nɔŋ yiic abuun, bïciip, dupiɔ̈ɔ̈c ---, atëët, ariëëu, atuëëk ka kɔi ke welleny ku jɔl ya kɔi juëi kɔ̈k nɔŋ kä loithook yï kë ke looi paan de Tuïc, kɔi nɔŋ aciëëk loithook wuɔi në aciëëk ke kɔi juëi tɔ̈u baai ku raan ëbën tɔ̈u në Tuïc ye ŋɛ ke piath de baai luɔɔi bii në kueer lëu në luɔɔi. Ba cuɔ̈ɔ̈t yic, ke luɔɔi de kɔi ye kɔc luɔ̈ɔ̈i ka bäny ye ŋɔ̈ɔ̈r ku kɔc kedhie abï wuau ë commom në cöök bɔ̈ yic.

Paan de Tuïc akën yic kɔn ŋɔ̈ŋ në thön ŋɛɛny në lan në gɔl yen cieŋ piny de. Gɔl në kɔi ë ke kɔɔr piny, mek kë, ɣap kë ku döc kë. Kɔi yennë paan de Ayuël ke tueŋ në ke yiic (Yiëm Ayuël, Kuur Ayuël, Lɔŋär Ayuël, Abuŋ Ayuël - man Atuïny de Ariɛm --), kɔi cï tɔŋ juëi ke luɛɛl de piny ku toc ŋɔ̈ɔ̈r. Kɔi kën luɛɛk ku yaaŋ de juur lei cï paan de Thɔɔ̈th Tudän luaak kɔn gam ku për kë mom. Kɔi cï röt gam në kɔ̈ɔ̈r de yi ku momlääu de baai cök gɔl në Gërëŋ de Dun de Göc, Deŋ ë Biaar Abit ku wëtmäthken yɔn cï lɔ amar de 1947 yic në Juba, bï kë täu de Thɔɔ̈th Thudän ku wadëŋ de lɔ kiëët yic. Kɔi cï turuɔ̈ɔ̈k löom ka kɔi cï piöi apieth cïman de yï Gërëŋ de Wäraben de Ayuël. Raan töŋ de kɔi tueeŋ ë kɔn thök në jamya në Thɔɔ̈th Thudän ku jɔl ya kɔi juëi kɔ̈k ke paan de Tuïc ŋic keek töu cïman de Aguaaŋ de Atëm, Nuul de Biöör, Panyaŋ de Jɔt ku kɔi juëi kɔ̈k ke piëth den.

Ca bï yet ciëën arët, ke paan de Tuïc ee nɔŋ yic kɔi ë ke ril yiic ë ŋui kɔi cï Tuïc ku paan de Thɔɔ̈th Thudän luɔ̈ɔ̈i në riɛl deen ë töu ke keek ë bën, në ŋïny den ë bën kunnë piön den ë bën ku kaa cï baai ke nɔ̈k. Ku kɔi kɔ̈k ke kek ŋoot cï pïïr den ë bën gam në luui de baai ago kɔi ken mïm lääu ku ciëŋ kë ke ke lääu piny adöny den. Bï yic cëk, ke ka cïï ye keek kedhie kek bïnnë ke rin ken lueel ye tënnë, wɔ bï kɔi diääk gɔ̈ rin ke ke ye nyuthnyuth në nyin den yic. Ku na lëu root në thɛɛ bɔ̈ tueeŋ ke Tuïc bï rin ke kɔi juëi keen cï thär de baai ke lɛɛr gär piny ago ke töɔu ago piëth juëi biöth ke lɔ̈k ŋi ye ŋö ë cï kɔi ken looi në biäk de gël de piny ku kɔ̈ɔ̈r de momlääu de kɔi nï thïn.

Në kɔi juëi cï piny ke nyaai yiic, ke raan töŋ de kɔi cï ke nɔ̈k në rin ke baai, nhiëër ku luui de baai ku kɔi töu thïn ee Bul de Kɔ̈ny Atëm (Bul-Magaany). Man ë cï baai luɔ̈ɔ̈i në kuɛɛr juëi kuɔ̈r yiic në γän juëc. Nhiëër den de baai ku ŋeeny de piɔ̈n de yennëka cï ye bɛn cɔk kääc ë cɔ̈k në thuɔɔu nyin bï lɛk raan de ater mɛn na rɛ̈k ke ye piny ë, ayukku gël në këriëëc nï ke wuɔɔk ëbën agut cï wëi kuɔ. Ana cɔk thou ke yï gum abiɔ̈ɔ̈r de mac ku dëu ë thïn ke ka cïn ye yic ë ŋui të kïït ë yeen kennë lööny wei de piny ku momlääu de kɔi cieŋ yeen. Kä cï Bul-Magaany ku kɔi juëi ke piëth de ke luɔ̈i paan de Tuïc ku Thɔ̈ɔ̈th Thudän ee mïth ke Tuïc ku Thɔ̈ɔ̈th Thudän cɔk cath ë ŋui ke ke muk ke mïm nhial ku lëëu kë. Në kë cïnnë kuar ken ku wär ken kueer den guër yic. Kën kë kë ë cï ke gur mïm në thaa den nyeeŋ thok, kën kë riɔ̈ɔ̈c në guɔ̈m ku thuɔɔu.

Ajääŋ de Duɔ̈ɔ̈t de Biɔ̈ɔ̈r ku bäny juëi ke Tuïc ëke cï ke nɔ̈k në yeen në tök në ruɔ̈ɔ̈n de näŋ de bäny (1967) Paliau ku γän kɔ̈k paan de Tuïc. Aake näk keek në kë ë këëc kek në yi de baai yic ku këëc kë ayadëŋ anyanya tueeŋ ku ë ke yï kë ke kuɔny në kuɛɛr juëc arët. Ee cï kë yök ke cïn ye yic ë ŋui bakkë pïïr ke we töu në raan dë cök ke we cïn mïm yi ku cïï we ye piŋ röt. Bakkë ya luɛk piny adöny duɔ̈n aŋuëën thou ku bï mïth kuɔ̈n, mïth ken, mïth ke mïth ken ku piëth juëi biöth kedhie bïkkë mïm lɔ̈k lääu ku lëëu kë röt bïkkë ya jam ëwarwar ke ke cïn röt athɔɔn de riɔ̈ɔ̈c.

Ayadëŋ, ee cï kë yök bï kɔc pïïr në pïïr yïn ya, aŋuëën bïkkë ŋɛɛny, këk kë ke röt ku luel kë yi ana cɔk ke nɔ̈k ke kɔi ken aabï lɔ̈k cieŋ në momlääu yic piny den. Ke ke cïn raan dë ye ke bɛr thany piny, muk ke mïm piny ku gël ke wei në kä pieth ke yïk nhial de baai kɔɔr kë ke bïkkë ke ya looi yiic.

Madiŋ de Gërëŋ de Tɔŋ (Adhiɔɔk) man ë cï kɔn luui ke ye abuna në Thudän ku mɛr root anyanya tueeŋ bï ke lɔ kuɔny në kɔ̈ɔ̈r de kuëny de yi ku momlääu de baai cök. Madiŋ acï lon dït ëŋoŋ bën lɔ looi në biäk de kuëny de dɔ̈ɔ̈r cök ku bïï de. Madiŋ de Gërëŋ ee ye raan töŋ de kɔi cï yi de Junubïïn cɔk piŋ ku ŋic në ɣän juëi ke piny mom në gäär ë ye yen kä nuan Junubïïn ku kë yɔŋ keek piny de Thudän gɔ̈ɔ̈r ku luɛɛl ke bii cɔk ke piŋ piny mom yee ŋö nuan kɔi ken. Ee cï root cɔk ye athʊk de kɔi gum roor ku ye röl de kɔi cïï kë yɔŋ keek lëu në luiiny bii. Madiŋ ee cï luui ke ye wudhïïr në Akuma tueeŋ de Thɔ̈ɔ̈th Thudän yic, akuma ɣɔn cï dɔ̈ɔ̈r de Adïthababa (1972) yiën Junubïïn. Dɔ̈ɔ̈r yen raan töŋ de kɔi ë ke cɔk ye lëu root ku yennë ŋäär yeen në wau ku thäny de yen yic.

Malok Alɛɛŋ de Mayen man ë cï thɔ̈ɔ̈r në tɔŋ ke reu ke kɔ̈ɔ̈r de momlääu de Thɔ̈ɔ̈th Thudän. Ee ye awun de ɣön de lööŋ në Akuma tueeŋ de Thɔ̈ɔ̈th Thudän yic, ɣɔn ŋot yen ke kën guɔ kɔ̈ɔ̈c në root ye tök ke ye baai. Ku yennë ye bäny tueeŋ de ɣön de wëu (bɛŋ) ayadëŋ në Thɔ̈ɔ̈th Thudän ke ye paan kääc në root ye tök. Malok ee ŋic arët në rër ë yen wël reet yiic. Ee cïn raan ë yen riɔ̈ɔ̈c ku ke cïï wël ke ye kuai. Acï buk gɔ̈ɔ̈r në biäk de kä cï yen ke tëëk thïn, kä cï röt looi në tɔŋ ke reu yiic tɔŋ ke kɔ̈ɔ̈r de momlääu ku yi de Thɔ̈ɔ̈th Thudän ku kɔk cï röt looi në akököl de Thudän yic. Malok ee ye bäny në jiec yic ku ke ye raan töŋ de kɔi ëke ye ciɛɛŋ määth de Athielleei/Athiellem ke bëi kɔk lɔ̈ɔ̈i ku cök kë cök piny. Malok ee jɔl lɔ̈k jäl në piny mom ke cï meth tiëŋ piny ke cï dhiëët. Yeen, acï cït wëtamäthkeen cï jäl ke ke kën ye mɛnh cï tiit në runnë tiëŋ piny. Ee cïk kë tïŋ në ke mïm në täŋ den yic.

Akuɔɔt, Akon Atëm de Mayen, bäny de rem de tɔŋ në Apänaaiyil në thaa de Anyanya tueeŋ cï tɔŋ juëi thɔ̈ɔ̈r në ye baŋ de Thɔ̈ɔ̈th Thudän në. Ee cï baai luɔ̈ɔ̈i ke ye awun de yön de lööŋ në akuma de Thɔ̈ɔ̈th Thudän yic në thaa athën ŋoot Thɔ̈ɔ̈th ke ye baŋ de Thudän yic ku ë cï yiën momlääu bï root kuum ye tök. Akuɔɔt ee cï thɔ̈ɔ̈r ayadëŋ në tɔŋ de Reu de kɔ̈ɔ̈r de momlääu de Thɔ̈ɔ̈th Thudän cök ku yennëka cï yen bën thou thïn. AKuɔɔt ee raan de kɔi tueeŋ ë ke töu në cäk ka göl de Athielleei/Athielɛm yic ke ye akut bï yi de kë thär kuany cök.

Adiɛɛr, Adir Deŋ Adiɛɛr man ë ye bäny de rem de tɔŋ në tɔŋ ke reu yiic, tɔŋ ke kɔ̈ɔ̈r de momlääu ku muɔɔm de baai cök. Acï bën nɔ̈k në tɔŋ ciëën yic. Adiɛɛr ee raan töŋ de kɔi ŋic në ŋeeny de, thɔɔn deen de piɔ̈u, pɛl de mom ku nhiëër deen de baai ku momlääu de kɔi töu thïn. Ye nhiëër deen de baai ë ku gɛm de root de, yennëka cï yen bën thou në tɔŋ de reu yic cïman de wët mäth keen kɔ̈k cï thou në thon yïn ya. Në kä juëi cï ke looi yiic, ke Adiɛɛr aŋic arët në weei ë cï yen ciin de mïth ke thukul ë ke töu në Jɔŋgulei wɛɛi bï kë rin ken gär piny ku bï ke lɔ tɛk në ɣän juëi ë ke kɔɔr akuma de Thudän ke kɔc thïn. Ɣän cït man de jec, thujun, polith ku ɣän juëi kɔ̈k. Kɔi juëi ke ye kɔi kë, ka cï luɔɔi dïït lɔwai looi wään në tɔŋ de reu yic ku kɔi kɔ̈k ke ke ŋoot, ka ye bäny akuma yic ë manthiɔ̈kkë.

Mabaai Ayuël ë Wärabek, Dhiën de Wärabek (Dhiëëu Acɔ̈ɔ̈t), Thon Agɔn Akɔ̈ɔ̈n, Deŋ Aguaaŋ Atëm, Makuany ë Diiŋ-Yöör, Atëm Aguaaŋ Atëm ku bäny kɔ̈k cï nɔ̈k tɔŋ cï keek ke ke kuany yi de Junupïïn cök. Ke kɔi kë kedhie aake ye bäny ke jiec ril yiic, ë ke ye thɔ̈ɔ̈r arët man ë ke cï këriëëc den ëbën gam në thär de baai agut cï wëi ken. Aa ke thou në rin ke baai ana cɔk cïn kɔi juëi ye gɛm de röt den tak ke lon cï kë looi kennë wëtamäthkeen kɔ̈k cï thou cï keek në kɔ̈ɔ̈r de momläau de baai yic athiek yic ë gut. Ku ka bï akököl nyuɔɔth wadɛ̈ŋ në ye thaa bïnnë yeen lɔ gɔ̈ɔ̈r ë.

Arɔŋ de Thon Arɔŋ de Bul man në cï lon dïït loithok looi në thɛɛ ke kiir thïn yiic ku ɣon kɔɔr bïnnëke kɛɛc wei. Ku në yɔɔt roor yic, ke Arɔk ee ye raan tɔ̈ŋ de kɔi ë ke ye kɔc cɔk ŋic kë kɔɔr bï akuma looi. Ku yennëke luïïny Gërëŋ de Mabiöör luiɛɛny aɣeer në në jäl de yic në Juba.[30] Ku kä juëi kɔ̈k cï ke looi në yɔɔt roor yic.

---

[30] Arɔp Madun Arɔp (2006) Kueer tök de kɔ̈ɔ̈r de dɔ̈ɔ̈r de Thudän: Akököl ëbën de göl de Athielleei ku Athiellɛm yïk nhial de.

Ee lëu kekäkë në luɔɔi ku kä juëi kɔ̈k cï ke looi në kë ë tɔ̈u yen ke ye bäny cï piɔ̈ɔ̈c apieth në kä ke jeny de Thudän ku ë ye raan tɔ̈ŋ de bäny ke agumuut yiic (bäny de kɔi ke thiökiööritï) ku ke nhiaar baai ku mɛɛn yɔŋ ë yɔŋ ë akuma de Thudän kɔi ken. Arɔk ee ye raan tɔ̈ŋ de bäny ke jiɛi yiic ë cï piɔ̈ɔ̈c apieth në kä ke jiec ku kä kuɔ̈m ke. Arɔk ee ye raan tɔ̈ŋ de kɔi ë ke gɔl Athielleei/Athiellɛm mom ku yen ye bäny dïït tueeŋ yennë kɔn bën Apänaail ku Jɔŋgulei kennë apuruuk (1985-6) ku cï tɔŋ loithook thɔ̈ɔ̈r në Madiŋ cök (acara ku kamdha alïp).

Në tɔŋ cï ke thɔ̈ɔ̈r yiic ku kä cï röt looi në ye cin, ke kë ŋic arët, ee akököl de Tiŋïlïŋ ka Awinyëbul/Awinycïbul në kë ëcïnnë apurruuk lɔ yɛɛl wei ku dïï kë lɔ nyɔɔl wei në ye cin. Kunë riɛl de piɔ̈n de ku riɛl de piɔ̈n de apurruuk ku bäny ken, ke kɔi juëc aacï të tɔ̈u ë pïu thïn bën dëër ke ke pïr. Arɔk acï bën thou aŋoot tɔŋ de thër de baai ke kën thök.

Col de Biöwei bäny de jec në tɔŋ de reu de kɔ̈ɔ̈r de momlääu de baai yic, dupiööc ku ë ye dulɔ̈i de wël në kaam de akutmom de Athelleei/Athellɛm kënnë bëi kɔ̈k në Apirïka ku piny mom ë bën. Ee ye raan tɔ̈ŋ de kɔi ë ke ye nyïn tïït në kɔi niɔp në ɣän ë ke yennëke keek thiaan thïn yiic. Col de Biöwei ee ŋic arët në ŋeeny de, ŋiëi ŋïny deen de käŋ, bëër de mom de, rën de yi yic de, welleny ku kä juëi pieth kɔ̈k ë ke ŋi ë ke yeen. Col ee ye awun de ɣön de lööŋ ë luui baai ku kɔi tɔ̈u thin. Nhiëër deen de baai ku kɔc, ee cï ye cɔk ye raan töŋ de kɔi ye kë cï bën ke dïl baai yic jɔ̈i mom. Ee man bëëŋ ku yaaŋ bïï ë raan dë, ye raan de ater ka ye raan dë kɔɔr bï baai ku kɔi tɔ̈u thïn luɔ̈i bëëŋ ku thel ke wei në wël ɣɔ̈r yiic ke awanthar cï ke kum kɔ̈th në ɣɔ̈r.

Manyɔŋ Aguën de Deŋ, dupiööc, thiɛɛthï, raandïït de baai--. Në piööc de yic, ke Manyɔŋdït ee cï piööc në ɣän juëc në Thɔ̈ɔ̈th Thudän man nɔŋ yiic thukul de Tony man ë cï yen kɔn ya madiir thïn. Në biäk de thiɛɛtha, ke ke raan töŋ de kɔi ë ke cï luui arët bï Tuïc kennë Duk nɔŋ märkänh den në rɔ̈t man ë ye cɔɔl märkäth Kɔŋɔ̈ɔ̈r. Manyɔŋdït kennë kɔi ŋuën wään tɔ̈u kënnë yeen në Katuum aake cï nyïn ŋiëi tïït në kɔi ë ke tɔ̈u kennë keek.

Agɔŋ Ageer Arɔk, adhuëŋdïït de baai ku ye duŋɔ̈ɔ̈r në guɔ̈u de. Agɔŋ Ageer ee ye raandïït de biöthïnɛth ë ŋic arëët paan de Tuïc, Jɔŋkulei, Thɔ̈ɔ̈th Thudän ku Thudän ë bën. Ye thajir dennë ee cï ye cɔk ye kä juëc ë ŋui kuɔny paan de Tuïc, në Jiëëŋ yic ku kɔi kɔ̈k ke Thɔ̈ɔ̈th Thudän. Agɔŋdït e ŋic arët në pɛl de mom de, ŋeeny de ku ŋïëi de käŋ de.

Bul de Deŋacueek man ë ye bäny de jec, thiithï, dupiööc ku ye raandïït de Thɔ̈ɔ̈th Thudän ku paan de Tuïc. Buldït ee cï luui arët në tɔŋ de reu de kɔ̈ɔ̈r de momlääu de baai cök yic. Buldït ee cï kä juëc looi paan de Tuïc man nɔŋ yiic kuum cï yen kuum ke ye bäny dïït muk Kɔŋkɔ̈ɔ̈r ke ye yen ye bäny dïït de alämat mïm Pawël. Në kä juëi cï ke looi yiic kedhie paan de Tuïc, ke Buldït aŋic arët në tëm ë cï yen löŋ ë cï Kuɔl de Manyaŋ ë Juuk tääu baai teem köu. Loŋ ë ye jam ya cï kɔi wiër bï ya kɔ̈ɔ̈c të kën kek röt wir.

Gërëŋ de Mabiöör Atëm Aruäi, man yennë ŋäär tɔŋ de reu de kɔ̈ɔ̈r de momlääu cök, yi ku muɔɔm de baai në run ke thiërrou ku tök ku wuɛu yen dɔ̈ɔ̈r de ku kuɛny cök agut cï bï dhiëël bei. Ku ye dɔ̈ɔ̈r ë cï thany yic ë yë kennë akuma de Thudän, yennëka cï Thɔ̈ɔ̈th Thudän cok lɔ̈k bën bei ke ye paan kääc në cök ke në root. Gërëŋ ee ye dubër tueeŋ ë lɔ në bäny de Thudän cök cï löŋ de dɔ̈ɔ̈r ku ye bäny tueeŋ de Thɔ̈ɔ̈th Thudän ku yennë ye manɔr dïït tuecŋ de Athieleei/Athiellem ku yen ye wun de baai.

Gërëŋ acï bën thou në nïn diääk yiic, nïn ke thiërrou ku tök në lannë lee yen në thööc yic. Kueer ë thou yen thïn akën lɔ rok në kɔi ke Thööth Thudän, Thudän, Apirïka ku kɔi juëi ke piny mom mïm. Ku na cɔk ku piɔth diu cïman diiu wɔ piɔth ë ku ka ŋic ku ke nɔŋ kɔi col piɔth töu cin në thon de yic, ke kɔi juëi ke wɔ yiic aacïï kë ë näk yeen bï ŋic. Kunnë yi pacɔk, ke raan në näk Gërëŋ ku kë ë nëk kë yeen, aabï piëth bɔ ke lɔ̈k ŋi. Ee wu bï döör töu ke yeen në lɔŋ de yic kunnë wɔ ye kä pieth cï ke looi ku nhiëër deen de baai ku luui de kɔi töu thïn tak athɛɛr.

Gërëŋ ee cï thöör në tɔŋ tueeŋ de luɛl de baai ayadëŋ man cïnnë ye bën tɛɛm piɔu wei ku cɔk root cɔk mɛr ë në apuruuk ke raan de ater yiic ke cïï ye piɔn de. Gërëŋ ee ŋic arët në kɔi ke Thööth Thudän, Thudän, Apïrïka ku piny mom ëbën në ŋïny loithok de käŋ ë töu ke yeen ku nhiëër ë nhiɛɛr yen baai ku kɔi nï thïn. Ee cïï ye bäny kuɔɔk ë kok në root ye tök ku kɔi thiɔk në yeen, e nhiaar momlääu de kɔi keen yɔŋ keek awär miɛr de yäny de ku lɔ yum de guɔu de.

Yennëkee ye raan ëcï anuaan de Thudän caar yic apieth ku thïïc apieth ku gëm juɔɔp ye yi. Man na rë ke anuaan de Thudän acïï ye anuaan de Thɔɔ̈th Thudän ku ka cïï ye kë de yän kedhie tɔu në Thudän. Ana kɔɔr bï yiën rin ke baŋ de piny, ke ke anuaan de kuɔ̈i kuum de akumaaiye kuum tɔu në Katuum, man kën kueer pieth wën lëu bïnnë baai mai thïn guiir.

Thïc ë ye Gërëŋ thïïc arët, ee "yee ŋa yen rir kë de yic ë ŋui, ye yan raan cï nyuɔ̈i yeth ka ye raan cï nyuc në ya yeth."[31] Të nɔŋ yeen, ke ke raan cï raan dërë nyuɔ̈i yeth yennëka nɔŋ awäc ku ka cïï ye raan cïnnë nyuc në ye yeth ka raan yen thɛny ë piny ye ŋuɔ̈ yäär yic ku yɔŋ.

Bëër ku pel de mom de Gërëŋ, nhiëër deen de kɔc, ŋeeny de piɔu ku ciën kok de root de, aacï ye cɔk ye raan tɔŋ de kɔi nhiɛɛr kɔi ke Thɔɔ̈th Thudän ku Thudän arët. Ye nhiëër kënnë, ee cï root nyuɔɔth në kɔ̈ɔ̈c cï kɔc cï kek kɔ̈ɔ̈c në yeen ka Athielleei/Athiellɛm në cɔk yic, në tɔŋ yic kunnë kä juëi ëke gum kë keek në run ke thiërrou ku tök yiic. Ku ka cï root nyuɔɔth ayadëŋ në thaa de thon de. Dhiën cïnnë Junubïïn Gërëŋ dhiëu ee ye nyuɔɔth man në nhiɛɛr kek yeen arët ku ka ke cï baŋ dïït de ŋäth den tääu në ye cin. Agut cï ye mɛnthiɔ̈k kë Gërëŋ aŋot ke nhiɛɛr kɔi ke ku ka ye kë tak në thaa de piath ku thaa de kä nuan

---

[31] Thïc de Gërëŋ de Mabiɔ̈ɔ̈r Atëm në yän juëc ë ke yen ke jam kennë kɔc.

keek cïman yennë ye ŋuɔ̈ lueel ya, "na Gërëŋ (kääi) ŋot ke pïïr e ke të kën ye kënnë yiën lë."[32]

Gërëŋ ee ye bäny töŋ ye kɔi juëi ke Junub Thudän gam ke ye miɔ̈i loithok të nɔŋ keek. Man në cï bën në thaa thiek yic të nɔŋ keek ku go jäl në thaa kɔɔr kek yeen arët. Ye täŋ kënnë, aye wër de Pägën Amum Okec mar mom piny ye "Gërëŋ ee raan kënnë baai kɔn bëi në run buɔt ke diäk cï tëëk yiic ku ka cïï baai bï dɔc lëu në bïï ka bï yök në run buɔt kɔ̈k ŋoot tueŋ."[33]

Lon cï Gërëŋ looi, nhiëër deen de baai ku bëër de mom de në awadëŋ de baai, yennëka cï kɔi juëi ke Junub Thudän ciëŋ në ɣän juëi kuɔ̈r yiic ke piny mom wɛɛi ku cooth ke piɔ̈th bïkkë kä pieth lëu bï kek ke paan den luui kuany cök. Kä cït man de gäär de thukul ku kɔ̈k thiek yiic ëŋoŋ në yïk nhial ku beer piny de baai yic. Ku ke ye kɔc weei arët në guɔ̈u de, bïkkë kä thiek yiic ke yïk nhial ku beer piny de baai kuany cök në kuɛɛr kedhie lëu kë ke.

Diiŋ de Cän Awuɔ̈l, ee cï thɔ̈ɔ̈r në tɔŋ de reu de kɔ̈ɔ̈r de yi ku momlääu de baai cök agut cï thök de. Në run de 2012 ke ka cï kɔi ke anyääk ku tiɛɛl bën nyɔ̈ɔ̈k në kë ë ye yen jam arët në kuɔ̈i mäny mëi ë baai ku määr cïnnë mïm

---

[32] Paanluel Wël (2014) Jam de Gërëŋ de Mabiöör në tɔŋ de nomlääu
[33] Pägën Amum Okec (2007) Jam de Pägën Amun në Mɛlbon në Bitoria Ɣathueruelia iiëëm yen Junupïïn riit ke piɔ̈th bï kë naŋ ŋäth ku gam kë akut yen kuany kä ke baai cök tɔ̈u nhial ëmënnë.

määr në kɔi niɔp ku wën cïnnë yi yennë thär, yi cï mïlliöön de kɔc nɔ̈k cïnnë ye waan ku loi kä cïï ye yith. Kä ke gu ke kɔc, pëëc ë ke röt, yueet ë baai nhial, pec yic ku cam në ciëmcuëër.

Kɔi ë ke näk Diiŋ de Cän aaye kɔi ariäi ku yï kë duluuc ye kɔc luɔ̈i piny. Ku ye pïŋ de yi ku luɔɔi de ke dɔ̈m adhöric ku yïn ke ajuɔllac. Kë ŋic kë në luɔɔi ee bï kë them në riɛɛr den ëbën bïkkë adheer ye yi ke wëëŋ bei thïn cuɔ̈k nyïn ku bot kë ke nyïn. Ku në yi, ke kaa cïï Junubïin ŋeeny piɔ̈th cït man de Diiŋ ku mïthamäth keen kɔ̈k bï lëu në miim në lueel bii de yi yic.

Ŋeeny de piɔ̈u ku gäm de luɛɛl de yi de Diiŋ de Cän, ee cï ye cɔk ɣek yi yic, yi yennë raan ëbën riɔ̈ɔ̈c në luɛl në ŋö acath ke aluath. Ee kën many de kum mom në käiëkäi ku miɛr de ɣäny de. Ee cï mɛɛr nhial në piath de kɔc kedhie kɔi töu piny de Thɔ̈ɔ̈th Thudän kɔi cïï lëu bïkkë daai në muɔ̈ɔ̈th yic.[34] Ku cïn kë awër lëu bï kek ke kë loi root në köŋ col yic yic tïŋ. Ŋeeny de, nhiɛ̈ɛ̈r deen de luɛl de yi ku nhiɛ̈ɛ̈r deen de baai ku kɔi nï thïn, yennëka cï ye cɔk ye raan töŋ de kɔi nhiɛɛr kɔi ŋic yi në Thɔ̈ɔ̈th Thudän ku në piny mom ëbën ku rïu kë.

---

[34] Mathäyo 5: 14-16

Diiŋ de Cän Awuɔl, ee cïï kë ë looi kuc, ee loi kë ë ye kuar ken ku kɔi juëi ken looi në lan wën. Kɔi cït man de Rëëc de Deŋ de Lual man ɣɔn cï many de Nuëër loor yic bï lɔ tiëŋ piny ku bï lɔ ŋi ë gut ye ŋö näk kɔc. Kɔi liu cin në wël ke thiitha yiic. Kë ye cɔl lueel bii ku gël de yi ku gël de kɔi ɣɔŋ keek kɔi cïn riɛɛl ku cïn kë të yennë yi den dɔc piŋ thïn, yennëke bäny ka kɔi juëi ke Tuïc nɔ̈k. Ku yennëke näk Diiŋ de Cän Awuɔl mannë cï root cɔk ye athok de kɔi niɔp ku ye röl den.

Akën kaam lɔ, ke ke kä ɣɔn ye ke lueel kë, aacï röt looi cï të ë cï yen ke tiëŋ thïn në pɛl ku bëër de mom de. Diiŋ në kueer dër ë luui yen baai ku kɔi nï thïn, ke ka ye Abuna ka bäny de kä yaath në kanitha yic.

Cagäi Atëm de Biaar (Atëm-Aköltuŋ), adhuëŋ dïït de raan lömällaŋ ë pɛl mom ku ë bëër ë täŋ de yic ë gut. Cïman de kɔi juëi ke piëth de, ke ke nhiaar paan de Junub Thudän ëŋoŋ. Ku ke cï yen këriɛɛc de ëbën gam në yeen. Në kä juëi ë ke cï ke looi yiic, ke yennëke ye raan de aguiɛɛr ku lëk në thɛɛ ke kä kuɔ̈m ka kä muɔɔny ke kiir në biän thïn kunnë yɔɔt roor yic. Cagäi ee cï thɔ̈ɔ̈r në tɔŋ ke reu yiic tɔŋ ke köör de momlääu de baai cök. Në tɔŋ tueeŋ yic ke Cagäi ee ye wɛl ke paan de Akim ku kä kɔ̈k ke riɛl guäny nyanaya roor ke ŋoot në biäk thïn. Ana ɣɔn lɔ akuma kä looi keek moth kɔ̈th ku cïï thiaan bɛr lëu go root mar roor.

Në tɔŋ de reu yic, ke ka ŋic arët në wëŋ ë cï yen kɔi juëi ke Kɔryɔm bën wëŋ në wuɔ̈r ke ɣɔ̈k yiic në kueer kuɔ̈m kɔ̈u bïkkë lɔ Bilpääm bïkkë kä kɔɔr kë ke lɔ bëi ku kä juëi pieth kɔ̈k ë ke cï ke looi në tɔŋ yic ku në thɛɛ wään cïnnë baai ke momlääu ku këëc në root ye tök.

Ke kɔi dïëëŋ cï ke gɔ̈ rin kë ku jɔl ya kɔi juëi cï kutëkut cïï lëu bïkkë rin lɔ piny ëtënnë aake thou ke ke luui baai ku kɔi tɔ̈u thïn. Nhiëër de baai ku män ë mɛɛn kek yɔŋ yɔŋ ë kɔi ken ku thɛny ë ke piny yennëke cɔk ke thäär në tɔŋ tueeŋ ku tɔŋ de reu de köör de momlääu de piny de Junub Thudän. Ku yennëka cɔk kɔi ŋot ke ke pïr ŋot ke ke jam në kä wäc röt yiic baai ë nɔɔnnë.

Në kɔi cï liu cök, ke Tuïc aŋot ke nɔŋ kɔi juëi luui yeen në ye mɛɛn ku kɔi luui piny de Thöötħ Thudän në kuɛɛr juëi kuɔ̈r yiic ku në ɣän juëi kuɔ̈r. Kɔi tɔ̈u cïman tɔ̈u ë Atëm de Gërëŋ de Deŋ de Kuek man ë cï baai luui ke ye kɔmïconna kunnë ɣän juëi kɔ̈k kuɔ̈r yiic ke ŋot ke kën yɔɔt wei ku ŋic në kä pieth juëi cï ke looi rokic. Man nɔŋ yiic tïït de nyin në kɔi niɔp në wuɔ̈r ke thiaan yiic, thär de tɔŋ, lɔ̈ɔ̈i de cieŋ në kaam de Athielleei/Athiellɛm kennë bëi ku akuut kɔ̈k -. Në ke mïm kedhie, ke Atëm aɲi Junubïïn ku rïu kë arët në lon dïït cï looi në Katuum në run ke dhetem kënnë ke baai guɔ teem kɔ̈u yiic ku kä pieth juëi looi keek ë manthiɔ̈kkë baai.

Dɔ̈kta. Lual Acueek de Lual, raanïït töŋ de kɔi ke baai nɔŋ kä juëi pieth cï ke looi në thär de baai ku yïk nhial de yic. Në kä juëi cï ke looi yiic, ke Lualdït aɲic arët në nuëët ë cï yen akur de Athielleei/Athiellɛm nuëët kennë akutmïm dïr thiek yiic ke piny mom nɔŋ yiic Wëël Baŋ, UN ku bëi dïr kɔ̈k. Lualdït anɔŋ ciin dït ë ŋui në göl, yïk nhial, muŋ de nyin ku looi bii de kä thiek yiic ke yïk nhial de röt në ɣän ë ke cï Athielleei/Athiellɛm ke dɔm yiic. Kä cït man de piɔ̈ɔ̈c de mïth ke thukul (FACE foundation), bï de dɔ̈ɔ̈r në kueer de yïk nhial ku beer piny de baai (peace through development) -. Lual acï wuɔɔr de jam ka telapun ariɛl bëi paan de Tuïc man ye kɔi tɔ̈u baai cɔk lëu röt në pïŋ kennë kɔi keen tɔ̈u në ɣän juëi ke Junub Thudän ku piny mom. Në kä juëi looi ke yiic, ke Lualdït ee dugëër acï buɔ̈k thiek yiic ë ŋoŋ gɔ̈ɔ̈r ku ka ŋot ke gät buɔ̈k juëi kɔ̈k.

Ajäŋ Alääk, Ajäŋ Aläŋ ë Yuɔ̈ɔ̈t; dupiööc, thiithï, dugëër, raan dïït de baai-- Në kä juëi cï ke looi ku looi ke yiic ku në ɣän juëi cï yen ke piööc thïn, ke Ajäŋdït aŋic apieth në luɔɔi dïït cï looi Panyïdu në Yïthiöpia ku në Kakuma në Kenya ke ye dupiöny dïït tueeŋ ë tɔ̈u në dupiööc mïm. Ajäŋdït yennëke cɔk thukuul yïk keek Panyïdu ago mïth ke paan de abun gɔl në gäär. Mïth juëi ɣon tïït yen ke nyin në keek, kek ka ye dïktoor, dupiööc, duluuk, dugëër -- ëmanthiɔ̈kkë në Thɔ̈ɔ̈th Thudän ku në ɣän juëi kɔ̈k ke piny mom. Ajäŋdït ee raan töŋ de kɔi ke paan de Tuïc yiic ŋic käŋ apieth ku nɔŋ täŋ bäär yic ku pɛl mom ë ŋui.

Col Aruän Ajääŋ (Col-Mapäth), apuruk, bäny de apuruuk ku ye raandïït de baai. Col-Mapäth ee raan töŋ de kɔi cï tɔŋ juëc thɔ̈ɔ̈r në thaa de kɔ̈ɔ̈r de momlääu de baai cök ku ka cï kä juëc looi. Në kä juëi cï ke looi ku tɔŋ cï ke thɔ̈ɔ̈r yiic, ke kë dïït yen ŋi ë yeen arët, ee leer ë cï yen abër de reu de mïth ke thukul lɛɛr Yïthiöpiɛ në 1987. Në cäth den yic, ke ka nɔŋ kä juëi ë ke cï ke yök kueri man ë ke nɔŋ yiic reu, kɔi ye kɔc kaaŋ -. Ku në riɛl de piɔn de ku kɔi ë ke cath në yeen ke mïth ka cï bën cop apieth Panyudu.

Deŋ de Dän de Deŋ de Malek man ŋic arët në ŋɔ̈ɔ̈r pieth de në Kakuma në kë ë cï yen nyin ŋiëi tïït në kɔi niɔp. Ku yennëka tɔ̈u ë manthiɔ̈kkë në nyin de paan deTuïc yic ɣɔn de lɔ̈ɔ̈ŋ në Juba. Amuɔ̈ɔ̈r de Kuɔl, në kä juëi cï ke luɔ̈i baai yiic ke kë dïït ŋi ë yeen apieth ee lon dïït cï looi në thëm cï yen Madiŋ them në të bï ciëŋ (y)een.

Dän de Akon de Jurkuc, Diiŋ Aköl, Col Aruäi, Deŋ e Mabäny de Kuɔɔt (man mac baai ëmannë) ke kɔi kë, acï raan de kek ke baai luɔ̈ɔ̈i ku ka ŋot ke ke luɔ̈ɔ̈i ë raan ke baai në kuɛɛr juëc ë juëiëjuëi. Ku kë dïït yen ŋi ë keek arët paan de Tuïc, ee cï kë ya maŋɔ̈ɔ̈r ke baai ka *kɔmïconnɛth* ke paan de Tuïc. Në ŋɔ̈ɔ̈r den yic, ke ka noŋ kä juëi cï kë ke kuɔ̈ny baai ku luɔ̈i kë ke kɔi ë ke mac kë ke. Në kä cïkkë ke looi yiic, ke kë dïït lɔ gëllëk ɣoi baai, ee ɣɔn cï kɔmïconna Dän de Akon de Jurkuc yïk në Panyagoor ke ye maktam de baai.

Biɔ̈ɔ̈r Ajääŋ de Duɔ̈ɔ̈t, dupiɔ̈ɔ̈c, bäny de jec, dulɔ̈i de cieŋ de baai ke bëi kɔ̈k -. Në luui deen de baai ku kɔi tɔ̈u thïn yic, ke tɔŋ de kä dïr cï ke looi ŋi ë baai ke yeen arët ee rëër ku thɔ̈ɔ̈r cï yen thɔ̈ɔ̈r ke gël baai në run ke dhorou ku kädiääk. Rëër den baai kennë wëtmäth keen ë ke gël

kek ke baai në tök, ke yï Deŋ de Gërëŋ de Bäny, yennëka
noŋ kɔi diëëŋ rëër paan de Tuïc ë manthiɔ̈kkë. Në ŋö na
kën kë röt gam yɔn bïkkë rëër kennë kɔi ë ke töu baai, ee
dë cï baai dök yic. Ku dhuk de röt thïn ee dë cï nuëën arët,
cïman ŋi wɔ yeen kɔi juëi yɔn cï jäl në 1991 aakën bën lɔ
dhuk baai kedhie. Kɔi juëi ke kek, aatöu ëmanthiɔ̈kkë në
bëi wuɔi yiic në Yïkuatoria ku në Yiith Apirïka.

Dökta. Majaŋ de Agɔn Atëm, dupiöny de jec ku ye
bäny den, man cï baai luɔ̈ɔi në kuɛɛr Juëc ë juëiëjuëi në
ɣän juëi kuɔ̈r yiic piny de Thɔ̈ɔ̈th Thudän ku Yïthiöpiɛ -
në thɛɛ ke kɔ̈ɔ̈r de momlääu de baai cök ku ka ŋot ke luui
baai në kuɛɛr kutëkut ë manthiɔ̈kkë. Në tɔŋ juëi cï ke
ŋɔ̈ɔ̈r yiic kedhie, ke Majak aɲic arët në tɔŋ Payɔɔm në
1991. Gutacökluuŋ acï londït arët looi në thaa yɔn luui
yen ke ye bäny de thïkiöörïtï në Thudän ku thɛɛr ë ke yen
ke bëbëër de bäny de gël de baai në Thɔ̈ɔ̈th Thudän, acï
thukul yïk në Malek, anɔŋ ciin dïït lɔwai në yïŋ de paan
de akim ku kanitha yic në Maar - ku ka loi kä juëi pieth
kɔ̈k agut cï ye mannë..

Manyɔŋ de Bäräny de Atëm de Jurkuc man ë ŋic ë
ŋui në luɔɔi arët de, ŋeeny de ku ŋiëi tïït de nyin de në
kɔi ë ke yɛ ke mɛi, kɔi nɔŋ yiic apurruuk, mïth ke thukul,

kɔi ke kä yaath ka kɔi ke kanitha ku kɔi ke baai kedhie. Në γän juëi ë ke cï yen ke ya luui thïn kedhie në Thɔ̈ɔ̈th Thudän, ke Manyɔk, ke ye ye cin mar apieth ke kɔi ke baai ku loi kë kä thiek yiic ke yïk nhial ku beerpiny de baai. Ŋïëi ŋɔ̈ɔ̈r de Manyɔk ee cï tï apieth në tɔŋ de 2013 yic. Thaa γɔn cïnnë baai ku rem de tɔŋ root wuɔi në kuɛɛt ku yɔŋ kë röt. Apuruuk ë ke muk Manyɔk keek kek ka cï bën döŋ ke ke kën röt wuɔi në kuɛɛt ke pëi. Manyɔk ee ye maluɔi ku ke ye raan töŋ de kɔi ë ke nhiaar baai arët ku cï kɔ̈ɔ̈c ë cök në yi de baai yic agut cï jäl de në piny mom. Ee wu bï Nhialiny de kuar kuɔ nï ke yeen në löŋ de yic.

Majöŋ de Madiŋ de Majök, adhuëŋ dïït töŋ de Adhuëŋ ke Tuïc yiic ë nhiaar baai ku luui de kɔi nï thïn arët. Ke ye raan ë cï gär apieth, ke Majöŋ dït ee nhiaar kä ke cieŋ de baai arët awär wäriëëc kɔ̈k keen cï gär cï yeen. Në kä juëi ë ke cï ke looi yiic kedhie, ke Majöŋ dït ee ŋic arët në kɔ̈ɔ̈c ë kɛ̈ɛ̈c yen kennë Athielleei/Athiellɛm. Cïman de kɔi juëi wään nï në baŋ thïn ke ke nhiaar kë looi kɔi ken rokic, ke Mäjöŋ dït ee ye raan töŋ de kɔi ë ye jam kennë Athielleei në ceŋ. Yennëke ye kubur në kaam de kɔ̈i ë ke nï thïn ku kɔi aγeer. Yennëke ye kɔi ë ke nï roor kä juëi ë ke ye röt looi thïn ŋi të nɔŋ yeen ku cɔk kɔi töu thïn ŋic kä loi röt roor. Ë gɛm de root cït ye kënnë yë, ee cï ye cɔk ye raan töŋ de kɔi ë ke ye kuma de Thudän ë kuum në Katuum dɔc mai ku në ye wëi ke kɔɔr bï ke duɔ̈r nyaai në thɛɛ kɔ̈k…Në thaa wään cïnnë baai teem köu, ke Majöŋdït ee cï lui ke bäny de baai, ee ye bäny jääm në biäk de lööŋ ke baai.

Aguën de Panyaaŋ de Jɔt, gabëna thɛɛr de Jɔŋkulei ku ë ye athook de Athielleei në Thɔ̈ɔ̈th Thudän. Në kä juëi cï ke looi yiic, ke bäny Aguër aŋic arët në käŋ ke reu; rëër de baai kennë kɔc në riääk yic në 1992 -1998 ku päl ë cï yen remthi päl lɔ akölnyin në 2017. Gërëŋ Aköŋ Adut man ŋic arët në ŋeeny de ku ŋïny deen loithok ë ye yen tiir ke raan de ater moi piny, Nyandeeŋ de Col Atëm man ë baai (Thɔ̈ɔ̈th Thudän), Deŋ Aliɛɛr ë Madiŋ man ë ŋic arët në ŋiëi jam. Luɔɔi - ku ŋeeny de, Acol de Gërëŋ Aguër (known as Twic first lady), Mabiöör Gërëŋ de Mabiöör, Manyɔŋ Ajaŋ de Majök man yen ye bäny dïit de bäny ke alëth mïm, Gërëŋ Alën Anyaŋ dupiönydïit de ɣön de gäär man cï mïth juëi ke Junubïïn cɔk kuën në thɛɛ athën töu yen ke keek në Katuum.

Atëm de Yaŋ de Atëm (man far away from the war - one of the well known phrase during the war of liberation), dugër dïït de dugëër mïm wään rokic ku athën ŋoot yen ke kën yɔɔt wei, thiɛɛthï, raan dïït de baai - cï baai ku kɔi ke luɔ̈ɔ̈i në kuɛɛr juëi wuɔ̈i yiic ku ŋot ke luui agut cï ye mɛɛn. Në kä cï ke looi yiic kedhie gɔl në lannë gɔl yen luɔi në Thudän yɔn ŋoot yen ke kën yɔɔt wei kennë wëtamäthkeen kɔ̈k, ke kë dïït ŋi ë yeen ë ŋui, ee gäär ë ye yen wël ke Athielleei ka Athiɛllɛm gär bii wään rokic. Në bën thïn yic, ke Atëm dït, ee cï luui ke ye löc ka bëbëër de wudhïr de lëk. Acï buŋ pieth thiek yic ë gut göör në thoŋ de dïŋgïlith ku buŋ cï waar yic, wɛɛr në thuɔŋjäŋ yic ...

Jurkuny de Bäräc (Jurkuc-Makuel) dupiööc, bäny de apuruuk, raan dïït de baai, thiithï, dulɔ̈i de cieŋ de baai ke bëi kɔ̈k ..Në tɔŋ cï ke thɔ̈ɔ̈r ku kä juëi cï ke looi yiic ke Jurkuc-Makuel aŋic arët në rëër ku tïït ë cï yen nyin tïït në jec-ɣal-amer ku kɔi yɔn tɔ̈u Panyïdu kedhie.

Atëm de Marɔ̈l ë Biar de Kuek, apuruk, bäny de rem de tɔŋ ku kä juëi kɔ̈k cï ke looi në kaam wään kɔɔr ë yi ku momlääu de baai cök. Në kä juëi cï ke looi yiic ku ŋot ke ke looi keek ë nɔɔnnë, ke Atëm aŋic arët në ŋiëi tïït de nyin de në kɔi mɛi keek.

Col Dän Diiŋ man ye akïm dïït ŋic në piny mom. Ku ye raan töŋ de kɔi cï kööc arët kennë Athiɛlleei/Athiɛllɛm (SPLA/SPLM) në lannë gɔɔc ë tɔŋ agut cï thök de. Dökta/dïktoor Col yennëke cɔk thiɛɛththa ka wër de Athiɛlleei/Athiɛllɛm cɔk dɔc root piŋ në Yurup në wër ë cï yen kuɛɛr thiek yiic ëŋui weer.

Ajäŋ de Duööt de Biöör (Ajääŋ-Thuc ka Mabaac) apuruk në guöu de ku ye bäny de apuruuk ku ye maŋör de rörthii ke Tuïc ye paan den tiit ku gël kë në kë bö roor lëu bï baai yɔŋ. Në kä juëi cï ke looi yiic ku ŋot ke ke looi keek, ke Ajääŋ-Thuc aŋic apieth paan de Tuïc në ŋëër ë cï yen rörthii ke Tuïc ku Jɔŋkulei ŋäär akɔ̈l nyin ku luɔɔi cï kek kë ë lɛ ke lɔ looi apieth. Ana cɔk ya man nɔŋ yen kɔi juëi keen cï lɔ döŋ akɔ̈l nyin. Ee wu bï Nhialiny de Paan de Tuïc nï kennë wëi ken. Gɛm de röt den athiek yic ë dot ku ka bï riëi juëi biöth ya tak, kïït kë ke mïm në keek ku gëm kë ke riëëu.

Akɔ̈l de Diiŋ de Duööt, Dän Aleer Abit, Atëm Riäŋ Anyuɔɔn ... Ke dïktoor kë ku dïktoor kök aake töu rokic kennë kɔi ke Thööth Thudän ë ke thäär roor. Aake kony kɔc athën roor ku kɔi kɔ̈k ke kek ka ŋot ke ke kony kɔc agut cï ye mannë. Në yi pacɔ̈k, ke Tuïc anɔŋ kɔi juëi kɔ̈k loi loilooi dït thiek yiic kony kek ke baai ku kɔi tɔ̈u thïn.

Në biäk de kä yaath, ke Tuïc ee nɔŋ tïr ë ke kec ë ŋoŋ ŋic keek apieth paan de Tuïc ku ɣän kɔ̈k në kä gëi ë ke keek ke tïït ë ke yï kë ke looi. Kɔi ë ke tɔ̈u cïman de; Ayïïkdïït de Kuɔɔt, Juac-Bɔŋbeek - Juac Awëër ë Juac, Biöör-Töŋkëër, Biöör Aguër, Äläŋ de Goŋ de Kuɔl, Göndit (tïërdïït de Aŋääc), Nyaŋ de Lual, Atëm de Biöör, Diiŋ-Magak (Diiŋ Atëm de Biaar ka Diiŋ-Abiɛɛrjök), Abul Adöör, Kiir-Majökathiëëŋ, Dän de Jɔk (Dääu-Anyuëëny) ku tïr kɔ̈k. Man në ke ŋic keek në kä loithook ke tïït ë ke yï kë ke looi. Ku cïnnë kä keen ke tïït ë ke yï kë ke looi lɔ rɔc në thok yic cïman yennë ye lueel ya "na cɔk ya raan ye deŋ wuil në ye thar"[35] ka yee ŋö ye yïn lɔ ku lɔ liŋ ku dhiac "cïn cï Juac lɔ luaŋ rur (luaŋdeeŋ)."[36] Ku wël juëi kɔ̈k thëny röt yath ŋic keek paan de Tuïc.

---

[35] Ee kë ye lueel ya ë cï Ayïïk dïït de Kuɔɔt looi në thaar ë mëën kek ke diäk. Yeen yennë Ayïïkdït, Juac-Bɔŋbeek ku Lual Ajök, ago kë röt ŋi yee ŋa në ke yiic yen kec ku ril arët. Aye kököl lueel ye ye Ayïïk dït yen cï tïït loi thok bën looi në ke yiic kedhie. Aluel ya cï ye rou bën ŋuer go deŋ wuil ku reel arët muëëŋ kɔc kedhie.
[36] Akököl kënnë aye lueel yaa loi root në thaa ë cï bäny yaath lɔ luaŋ rur (luaŋdeeŋ, të lɔgɔk ë yennë Jiëëŋ de Ɣäpänaiyil ye mom lɔ kur thïn).Ayïïk dït aye lueel ya cï Adiɛɛr-Adïïbäny bën dïï luaŋ rur ku Juac-Bɔŋbeek aye lueel ya kën bɛr bën lɔ dhuk ciëën. Acï bën lɔ tɛɛm luaŋ rur agut cï awëllë. Kë ye lueel ya cï root bën looi ee cöök bulbul yen ka luel ya cï gak bën lɔ bëi ku bö ku cuer piny wur Papäät. Go ŋi ni riëu man yen bulbul de Juac ye kënnë. Go löömꞌ ku thiäk ku të ë cïnnë ye thiɔ̈k thin luak thok Papäät aluel ya cïnnë akɔ̈c kee reu bën cil thïn.

Në yiëth lɛi yiic ke Tuïc aŋoot ke nɔŋ kɔi juëi cɔk ye tiëi rin në kuɛɛr juëi kuɔ̈r yiic, kɔi cït man de; Bëcip: Bäräny de Mabiöör man ë ye bäny töŋ de bäny ke kä ke Nhialic yennë cök wër de Nhialic piny piny de Jɔŋkulei të nɔŋ kɔi ë ke töu në Juba ku Madiŋ ku yennëke nyiëëŋ ë Deŋ Atɔŋ kanitha. Ku yennëke piööc kɔi juëi ke remthi ka dupiööc, weei keek ku kony ke bï kë ŋïny loithok lëu kë në lɔ̈m ku döt kuany cök. Ŋïny bï ke cɔk lëu wër de Nhialic në thiëi piny në kuɛɛr kedhie lëu kë ke.

Ye luɔɔi kënnë, yennëke cɔk cil ku luɔi de akutmïm ke remthi në kanitha yic cɔk töu agut cï ye köölë (gɔl në Kathio agut bï bën guɔ̈r në Jɔl-Wɔ-Lieec). Kɔi juëi ke ke kɔi ɣɔn bï ë Bäränydït ke nhial, kek ka ye cï bën ya duŋɔ̈ɔ̈r ke kanitha ku bɔ̈ ku piööc kɔi juëi kɔ̈k ŋɔ̈ɔ̈r ëmanthiɔ̈kkë.

Thaa de Bäränydït yennëke ŋuɛk ë lëk ye nyin lëk ë yennë kɔi ë ke kën gam lëk. Ku yennëke wɛɛr ë diɛr juëi ke goldɛn bëën yiic në yï Galuaak Aleer, Akɔ̈l ë Kɔŋɔ̈ɔ̈r ku kɔi kɔ̈k, wɛɛr kë keek në thuɔŋjäŋ yic. Ku yennëke gɔl ë kä loi keek në kanitha yic në ye kööl ë. Bärānydït ee ye bëcim de daithiny de Malakäl.

Aluɛɛl Gërëŋ de Anyuɔɔn man cïnnë ŋïny deen loithok ku pɛl de mom de kɔi juëc bëi në gäm yic në diɛr pieth keen loithook cï ke cak në biäk de kanitha. Ku nyïïrakäc keen nɔŋ diɛr juëi thiek yiic cï kë ke cak ayadëŋ, diɛr cï dugëëm juëi luui kanitha në ye mɛɛn bëi në gäm yic. Man nɔŋ yiic, Ayen Duɔ̈ɔ̈t ë Dëu, Akueŋ de Makuac, Yäär Gërëŋ Awëër, Acol Deŋ-nuëër ku nyïïrakäc keen kɔ̈k.

Din de Makɔŋ de Madɔt, dupiööc, ducän de diɛr, duwëët, dugär de thuɔŋjäŋ ku ë ye dupïnh de wër de Nhialic man cïnnë ŋïny deen de diɛr, piööc den de diɛr ku gɛm de root në piööc ku aguiɛɛr de thuɔŋjäŋ kɔi juëi ye gam gur piɔth. Ku cï nhiëër ku gɛm deen ë cï yen root gam në luui de kɔi tɔu në kanitha yic kanitha cɔk cil apieth ku cɔk ril ku cɔk gäär de thok ŋuak ye nyin. Ku nɔŋ ciin dïït gö në göl, yïk nhial ku cil de akutmïm ke remthi në kanitha yic.

Dän de Wäraben Ayuël, adhuëëŋ dïït de raan ë ye rëër ë dïu, dupiöny dïït de Thuɔŋjäŋ man ë ŋic thok apieth. Ku ke cï piöi apieth në thok ke Juur kɔ̈k ku kä thiek yiic thëny röt yath. Ye ŋïny de thok ë tɔu ke yeen në yë, ee cïnnë ye tääu ke ye yen ye raan ë gɛɛr lëk thɛɛr yic. Acï ye luɔɔi ë bën looi në run diääŋ ku go nyin jäl në piny mom ke kën thöl në gëër de yic. Ee wu bï döör nï ke yeen në löŋ de yic.

Mak Akuiɛɛn ë Gäk, dupiööc, duwëët, bäny dïït de kä yaath ë ŋic käŋ ë ŋoŋ. Juac-Bɔŋbeek ka Mak Gäk cï të ë ŋï ë kɔi juëc yeen, ee ŋic arët në ŋiëi wëët de, piööc pieth de ku welleny de. Ee raan töŋ de kɔi ë ke cï ŋiëi kuen apieth në biäk de kä yaath. Në kä juëi cï ke looi yiic në biäk de kanitha, ke Mak aŋic arët në nuëët ë cï yen kanitha de kɔi ke Jɔŋkulei nuëët kënnë bëi thiek yiic në piny mom cïman töu ë Yiŋïlan…

Aŋic ayadëŋ në piööc ë ye yen kɔi bï ya duŋöör ke kanitha piööc. Ënɔɔnnë, kɔi juëi ke ye kɔi yɔn piööc keek kë, ka ye dupiööc, abuun, bëciip, dugëër ku jɔl ya kït juëi kɔk nï në kanitha yic. Bɔŋbeek, yennëke abuna tueeŋ de kanitha de Jɔŋkulei ë lɔ piöth paan de Yiŋïlan, Ee wu bï döör nï ke yeen në lɔ̈ŋ de yic.

Jɔɔn Majöŋ ë Tuil ë Majök, dupiööc, dulëk, duwëët bäny de kä yaath, raan dïït de baai-. Majöŋdït ee ye raan töŋ de kɔi ë ke cï raan ke täŋ de, riɛl de, kä juëi ke ku thaa dïït de gam bïkkë yanh yam cï bën thiäi piny ago kɔc gam. Majöŋdït anoŋ ciin dïït gö në bën cïnnë kɔi juëi ke Waŋkulei bën në kanitha yic. Majöŋdït aŋic arët në ŋeeny de, luɛɛl ku muŋ de mom de yi. Ba kuɔ́ɔ́t yic, ke Majöŋdït acï kɔi ke anyääk ku tiɛɛl, kɔi col piɔ̈th kuc yic thieek de raan bën nyääk në Kakuma. Ee wu bï Nhialiny de kuar kuɔ ku Nhialiny deen yennë ye luɔ́ɔ́i tɔ̈u kennë yeen në lɔ̈ŋ de yic.

Mabiöör ë Gërëŋ, Mabiöör Gërëŋ-Ayɔɔk, dupiööc, duwëët, duŋɔ̈ɔ̈r, bänydïït de kä ke nhialic man nɔŋ ciin dïït lɔwai në göl, cil ku döc de kanitha de Wërnyɔl. Yennëke ye bäny dïït yennë ŋäär kanitha de Wërnyɔl agut cï bï thou. Ee wu bï Nhialiny de dɔ̈ɔ̈r nï ke yeen në lɔ̈ŋ de yic.

Bëcip Bol Arɔŋ ë Yak, Bëcim tueeŋ de kanitha de Yaŋgellïken në Thɔ́ɔ́th Thudän ku paan de Tuïc. Në göl de ye kanitha kënnë, ke ke nɔŋ awuɔɔu dït ku kä juëi ë ke nuën arët. Ku në ril de piɔ̈u, aduek, aŋuɛm ku gɛm de root de Bol Arɔk në luui de kɔc ku baai, aci Yaŋgellïken cɔk pïïr ku këëc në cök ke cïman tɔ̈u yen ë mannë ke ye kanitha tɔŋ de kanithaai cil apieth ku juɛk root.

Bol ee raan tɔ̈ŋ de kɔi ë ke gɔl thukul ke cï ŋuëën ku ka cï kuany cök apieth agut cï bï lɔ të thöny. Yekënnë, ke riɛl de piɔ̈n de ku thɔɔn de nyuɔɔth. Ku ye tiëm cï yen thukul tiaam ë, acï ye cɔk gär buɔ̈k në thoŋ de

Dïŋgïlith/yiŋgïlith. Bëcip Bol ee raan töŋ de Abuun ë ke cï lɔ Yïthiöpiɛ kennë kɔi ɣɔn cï lɔ rokic. Në rëër de yic në Yïthiöpiɛ, ke ka cï kɔi juëc piööc ku kue ke nyïn në gäm yic. Ye luɔɔi yë yennëka cïnnë kɔi ke Thɔ̈ɔ̈th Thudän töu piny de Ɣothuerelia ye bën cɔɔl kennë Piɛŋ de Deŋ de Kuɔl ku Adhäär Arop ka Adhärdït ago kë ke bën dhuɔ̈k alɛɛc në luɔɔi pieth ë cï kë looi në thɛɛ ɣɔn tïït kek ke nyïn në kɔc roor.

Bëcip: Majöŋ de Dääu, raan töŋ de mïth ke Tuïc yiic ŋic arët në ŋiëi piööc ku luɔɔi pieth de në Apirïka ku piny mom ëbën. Majök, ee raan töŋ de kɔi cï kuen arët në biäk de të ye mäi raan, të yennë ye yïk nhial thïn, tïït ë nyïn në yeen, të yennë wël yaath dɛɛt yiic thïn ku wɛɛr ë ke yiic thïn ku jɔl ya ɣän kɔ̈k ke piöi cï ke kueen. Majök ee bëcip ku ke duŋɔ̈r de kanitha de Pentïkɔ̈th në ɣän juëi ke Apirïka. Të nɔŋ kɔi ye kuen në thok kɔ̈k, ke Majök anɔŋ buɔ̈k pieth thiek yiic cï ke gɔ̈ɔ̈r në biäk de cil de raan, kanitha ku baai.

Bëcip: Deŋ de Bul de Yak, ee ye bëcim de Rëŋ ku ke ye bäny dïït de kä ke Nhialic në Thɔ̈ɔ̈th Thudän. Në kueer dë, ke yennëke mac amatmom de kanithaai ke Thɔ̈ɔ̈th Thudän ku Thudän cï ke mïm mar. Ku yennë ye raan tueeŋ yennë muk ye thöny ë ke ye raan de Jiëëŋ. Bëcip Deŋ aɲic arët në ŋeeny de ku kä juëi kɔk ye ke looi në kanitha yic ku baai.

Bëcip Diiŋ Ajääŋ de Mäläŋdït man yennë Bëcim tueeŋ de daithiny de Tuïc Yiith në kanitha de yïthpïthkapol de Thɔɔth Thudän. Bëcip Gërëŋ Deŋ Awëër Bëcim de daithiny de Malakäl man ŋic apieth në ŋïny loithok de käŋ de ku pɛl deen de yen mom. Dɔkta Gërëŋ de Deŋ Awëër ee raan töŋ de Bëciip ke mïth ke Tuïc yiic ye jam, gër ku ŋi thok diëëŋ ke kɔi kɔk në piny mom. Adhuëŋ dïït de raan ŋic ayadëŋ në ŋiëi luɔɔi de.

Bëcip Dän de Deŋ (Dääu-Lëndepɛl) ee ye bëcim de kanitha de Rïpɔm. Aŋoot ke kën ya bëcip, ke yennëke ye töu ke ye bäny dïït de kä yaath në biak de kanitha de Tuïc. Në Bëciip ye mïth ke Tuïc kedhie yiic, ke Dän de Deŋ yennëke raan ë ye rëër baai në lan ɣɔn bïï ë riääk në 1991. Riɛ̈k kedhie cï röt looi aake loi röt ke töu thïn ku le kë mïm bii ke töu ke kɔc. Dääu ee ye jäl në kaam thiinnyɔt ku leer dhuk baai. Rëër de baai ke kɔi niɔp, ee ye ke yiën duɔr de piɔu ku muk ke piɔ̈th. Ye gɛm de root cït ye kënnë, ee cï yeen cɔk nhiɛɛr kɔc ku rïu kë.

Bëcip, Dɔ̈kta Abuɔ̈ny Arɔk bëcim de kanitha de kërëthanooi ke piny mom man ŋic arët në naŋ waŋ de ka ŋi̤ëi ti̤i̤t de nyin në kɔc ku kä juëi pieth kɔ̈k ke pïïr. Bëcip; Gërëŋ Atëm, bëcim de Rëŋ daithith, Bëcip; Dëu ë Col, dupiöny dïït töŋ de dupiööc yiic ŋic arët në ŋi̤ëi loithok de ku welleny, Bëcip; Akuŋuet de Gërëŋ, Bëcip; Thuny Agɔ̈th, bëcim de Kɔŋɔ̈ɔ̈r daithith, Kuɔl de Gërëŋ de Atëm, bëcim de Wërnyɔl daithith, Manyɔŋ ë Biar ë Maŋäär, bëcim de Waŋkulei daithith, Deŋ de Gërëŋ Akei, bëcim de Tuïc Yiith daithith, bëcip; Alën Arɔŋ ë Deŋ, bëcip; Duɔ̈ɔ̈t de Kueer Arɔk, Mak Atëm ë Thuc duwëët, dupiööc- man ŋic arët në tëët de ku ŋi̤ëi wëët de.

Col de Dän de Dëu dupiöny dïït de diɛr ku thuɔŋjäŋ man nɔŋ diɛr juëi pieth loithok cï ke cak në kanitha yic. Man nɔŋ yiic "yïn yukku thïïc duciëŋ ë cak wɔ, ye ŋa ë cak wɔ? Cï ye yïn ë cak wɔ."

Deŋ de Kuɔɔt, Deŋ Kon de Deŋ de Kuɔɔt dupiöny de wër de Nhialic ku ye duwëët, Bol de Deŋ de Bol (Bol-Mawut) dupiööc ku ye dugër de thuɔŋjäŋ man nɔŋ cin dït në gäär de "Lokku tueŋ në Thuɔŋjäŋ" yic ku cinnë rin ke buŋ de "Gum ë Lik" bën ke ye wër thiek yic ë ŋui në jam de akölriɛ̈ɛ̈c ë bën yic.

Pool Deŋ de Col de Deŋ, adhuëŋ dïït pieth de raan lɔ duk man ŋic arët në kuur de piɔ̈n de, liɛɛr de piɔ̈u, nhiëër ku ŋïëi tïït de nyin de në kɔi ye ke mai. Ba cɔk cek yic, ke Tuïc aŋot ke nɔŋ kɔi juëi kɔ̈k nɔŋ kït thɔ̈ŋ kennë ke kɔi dïëëŋ cï ke gɔ̈ rin kë ku kɔi nɔŋ kït loithook loi kä juëi kɔ̈k paan de Tuïc, Thɔ̈ɔ̈th thudän ku ɣän kɔ̈k ke piny mom.

Kɔi nɔŋ loilooi loithook ee ke yï kë ke looi paan de Tuïc; Ajäŋ de Jɔk (Awulian), Thuny Akɔ̈l (Kɔŋɔ̈ɔ̈r), Wëël de Wiɛɛu de Bol (Abe), Dän Atëm de Cïnrin (Awulian), Deŋ de Bol de Lueth (Anok), Atëm de Kueer Awan (Anok) ku kɔi juëi kɔ̈k cï liu ku kɔi tɔ̈u ë mannë. Tëët de ye kɔi kë, aaye kek baai kony në kuny dït arët në thɛɛ wääc thook kedhie. Tëëu nhial ë cïnnë ŋïny loithok de ye kɔi kë tääu nhial, aye ye dinnë nyuɔɔth ku mɛr mom piny. "Na weŋ ye thɔ̈ɔ̈th, ee dë cï yï lɛɛr në mac mom gaar dïëën de weŋ. Ba yï (ya) yïën Ajäŋ de Jɔk ku Thuny Akɔ̈l ku Wɛɛl de Wiɛɛu ee. Bïk yï (lɔ) gur kuɔ̈l ayɛn-gaar -."[37] Ye dinnë ku diɛr juëi kɔ̈k ëke yennëke kä ëke ye atëët ke looi wuɔk mïm. aaye luɔɔi thiek yic den ë lui kë baai ku yäth ë cïnnëke yaath lueel bii.

---

[37] Mabiɔ̈ɔ̈r-Keen de Jɔ̈ ë Deŋ ku wänmëëthë

Raan cït man de Wëël de Wiɛɛu ee ye atën de thäth de pur, tɔɔŋ ke dhuëëŋ ku tɔɔŋ yennëke loilooi kɔ̈k looi, biith, yëëp ku kä juëi kɔ̈k ëke yennëke luui paan de Tuïc. Ye pɛl de mom de Wëël dït ë ku tëët de, aacï wën dɛɛn Bol-Madëël ke bën dɔm thook ku luui baai cïman në looi ë wun yeen. Në thɛɛ wään thëër ë ke baai, ke Bol de Wëël de Wiɛɛu acï wëthii ke apurruuk bën kuɔny në kony dït arët yic dïït ë. Në ŋö ee ye ɣän ke dhëŋ ka toor cï määr, ɣän cï dhuɔɔŋ, ɣän cï baat ka cï kë riääk thɔɔth ku tëëu keek ku luui kë cïmɛn den.

Dän de Atëm de Cïnrin, ee ye atën de yom, ee ye kɔi ci wuɔ̈ɔ̈c, kɔi cïnnë yom ke yiic ɣaar ku kɔi cïnnë yom ke dhuɔɔŋ thëëk ku tïït nyin në keek. Në ye thaa thiɔ̈k awään në, ke yennëke ŋic ye luɔɔi yë arët awär kɔi juëi kɔ̈k ye luui në yom paan de Tuïc. Loi de thok de ŋïny de yom de Dändït, ee ye cɔk tiëm në ɣän kɔ̈k cï kɔi cï piɔ̈ɔ̈c në kïïm thuëët thïn. Wään në Kakuma, ee ye kɔi paan de akim diëi bï kë cï ke nuaan lɔ looi. Yaan, yan ye raan gäär ke wël kë yë, yan ye dulëŋ de tëët de Dän Atëm de Cïnrin. Yuɔɔm diëën ë cï akïm göök në cök piny në pëi ke ŋuan acï Dändït bën nyɔ në dhuŋ ku looi abï piath. Ana tïŋ yeen në ye mɛɛn ke ka cïï lëu ba gam man ë cï yen kɔn dhuɔɔŋ. Ye tëët loithok ye Dääu looi yë ku atëët kɔ̈k ke Tuïc nɔŋ ŋïny loithok në yän wääc yiic, ee cieŋ ku pïïr de kɔi ye tɔ̈u paan de Tuïc cɔk kɔ̈c yic ku nɔŋ ye yic ë gut.

Tuïc anɔŋ kɔi juëi ye kɔc tuääk ka kɔi nɔŋ thook welleny ku tör de wël. Kɔi ye gu acïriëëu ku cï kë köny. Raan tueeŋ den ee Atëm de Kɔr Adeer, Ajak-Aŋuumcäär, Maluk-Dhorou, Lual-bok ku jɔl ya kɔi juëi kɔ̈k ŋic keek apieth paan de Tuïc yennë raan ke kɔc tuääk në kueer loithok lëu. Ke kɔi kë, ka ye kɔc cɔk dal ku cɔk kë kɔc mit piɔ̈th. Aaye kɔc muk piɔ̈th në thɛɛ ke kä nuan kɔc cïman de cɔk, tɔŋ ku kä juëi kɔ̈k ye kɔc nuaan.

Tuïc anɔŋ diäär cï rin tör arët, diäär cï rin ke Tuïc cɔk piŋ keek piny de Thɔ̈ɔ̈th Thudän ku në piny mom ëbën në luɔɔi pieth den ku ŋïny deen loithok tɔ̈u ke keek. Raan tueeŋ den, ee Nyandeeŋ de Col Atëm man ŋic arët në rin ke 'mama Rebeka.' Ku ye bäny tɔ̈ŋ de bäny ke dhïc yiic lɔ në bäny de baai cök. Nyandeeŋ acï kɔ̈ɔ̈c apieth ke Gërëŋ de Mabiöör në thär ku luɛɛl de yi de paan de Thɔ̈ɔ̈th Thudän ku Thudän ebën yic në run juëi cï ke nɔ̈k roor.

Ɖïny de Nyandeeŋ ku nhiëër deen de baai ku kɔi töu thïn, yennëka cï ye cɔk gum roor në run ke thiërrou ku tök ke thär de baai ku yennëka cï yen thon de mony de bën lööm ke ye kë koor të thööŋ ë yeen ke lööny ë lëu bïnnë baai lööny wei të kui ë ye looi. Acï root bën thɔɔn, dïïl ye yic ku pël ŋäny cïnnë thon de Gërëŋ ye ŋaany kennë kɔi ke ku cɔk root ril ku duut kɔc piɔ̈th kɔi ke Thudän ku kɔi ke piny mom. Lueel ye "päl ku thon de Gërëŋ ku kuany ku döör cï thany yic cök. Na cukku ye kënnë looi ke wɔ ye kɔi ke Thɔ̈ɔ̈th Thudän ku yukku kɔi ke Thudän ke Gërëŋ akën kuɔ̈i thou…"[38] "Yan cïï bï dhiaau ëmannë, yan bï Gërëŋ jɔl dhiëu miäk të lerë döör ye cök ciëë kuany cï të cïnnë ye guiɛɛr thïn."[39]

Nhiëër nhiɛɛr ë Nyandeeŋ baai ku kɔi töu thïn ku ŋeeny de piɔn de, kaa kën röt kɔn waar në lannë yɔɔt yen wei yɔn ke Gërëŋ de Mabiöör agut cï ye mannë. Në ye tɔŋ thiɔ̈k kë yic (15/12/2013 agut cï ye mannë) ke Nyandeeŋ akën riɔ̈ɔ̈c bï yi de kɔi ke Thɔ̈ɔ̈th Thudän reet yic ku gël bï ciëë nuk kë mom ke daai në yeen. Akën bï yaa raan de kɔi ke ke pëi, kɔi ë ke dhiëët ë ke yeen thïn, akën lööm ke ye yen thiek yic awär yi de kɔi niɔu kɔ̈k ke

---

[38] Jam de Nyandeeŋ në thaa de täu de guɔ̈p de Dɨktoor Jɔɔn Gërëŋ de Mabiöör Atëm Aruäi në 2005 në Juba.
[39] Jam de Nyandeeŋ në thaa de thiäŋ de Gërëŋ në Juba në 2005.

piny de Thɔɔ̈th Thudän cïnnëke mïm bäth në yi den në akut kuum. Kɔi ye kek cuk baai nhiaar pacɔk ku "gum kë ë lik"[40] në riëëu ku muɔɔm lueel Bol de Deŋ de Bol. Nhiëër de luɛɛl de yi de Nyandeeŋ ku ŋeeny deen de piɔ̈u ku gɛm cï yen root gam bï yi de kë loi root piny de Thɔɔ̈th Thudän nyuɔth kɔi ke baai ku kɔi ke piny mom. Acï yeen cɔk ŋic ku rïu ë arët piny de Thɔɔ̈th Thudän ku në piny mom ëbën në kɔi nhiaar yi ku man kë yaaŋ ku lööny wei de kɔi niɔp.

Nyandeeŋ ee tiŋ töŋ de diäär ke Tuïc yiic cï rin ke Thɔɔ̈th Thudän luɛɛl bii apieth ku jɔr ke nhial. Ku cï wër deen ë cï lueel në thaa de thiäŋ de Gërëŋ nyuɔɔth nyin. Wër ye lueel ya "na cɔk thon de köör nɔ̈ ku kënnë ŋun de köör nɔ̈ ke ka cïn kë ca looi."[41] Në ŋö ŋun de köör ee thon de guɔ̈ɔ̈r apieth.

Raan de reu de diäär ŋic keek arët paan de Tuïc, ee Aluɛɛl Nɔŋdït ku diäär juëi kɔ̈k cï kä dïr looi në thɛɛ cï wan ku diäär juëi ke Tuïc ŋot ë ke loi kä dïr thiek yiic në ye mɛɛn. Alueel de Gërëŋ Anyuɔɔn acï diɛr juëc diɛr noŋ ke yiic ku dhuëëŋ kë ëŋoŋ cak në biäk de kä ke cieŋ de baai ku në biäk de kä yaath. Diɛr diëëŋ ke diɛr ke yiic

---

[40] Bol Deŋ Bol (2014) Gum Ëlik.
[41] Nyandeeŋ de Col Atëm (2005) në thaa de thiäŋ de Diktor Jɔɔn Gërëŋ de Mabioor Atëm në Juba.

aacï ke waar yiic në thok kɔ̈k yiic thok cït man de thoŋ de Yiŋïlic. Cïman de "thon cï bën ee nyooth de gäm"⁴² ku diɛr kɔ̈k. Wël kɔ̈k tɔ̈u në diɛr ke yiic aacï lɔ rɔc në jam de akölriëëc ëbën yic cïman de "run ku cït man wään" ku wël kɔ̈k.

"Yukku lëëc, yukku Bäny leec në kööl de riääk ku kööl de loi."⁴³ Acïnnë buŋ dïït lɔwai gɔ̈ɔ̈r në yeen në thoŋ de Yiŋïlic në raan ye cɔl Anduru Wiila. Ye buŋ ë acï rin ke Aluɛɛl-Nɔŋdït, pɛl de mom ku ŋïny loithok de laar piny de Yiŋïlic ku ɣän yennëke ye gueel thïn kedhie në piny mom. Yeen, yen Aluɛɛl de Gërëŋ acï rin ke Tuïc ku piny de Thɔ̈ɔ̈th Thudän cɔk piŋ ku ŋic keek në piny mom.

Ba cɔk cek yic, ke ke diäär tɔ̈u rin piiny ye tënnë yë, aaye diäär ë ke ŋic keek arët paan de Tuïc. Diäär cït man ë tɔ̈u ë Athɔ̈-Majöŋlɔwuic, Aliëi-Makuënagööt, Apul-Mageŋdït, Adän de Nhiaal, Adin de Nhiaal, Adän ë Buɔŋ, Akuur Bul de Thiɛu - mariil, maŋeny.., Alɔkiir ë Juany Aŋök ku diäär juëi kɔ̈k ŋic keek arët paan de Tuïc në lon den, diäär cï dhïän ku mëithook keer. Keek kedhie ke diäär cï ke gɔ̈ rin kui anɔŋ ë ŋɛ ke kë loithok ŋi ë yeen apieth paan de Tuïc.

---

⁴² Aluɛɛl de Gërëŋ Anyuɔɔn, dit buɔɔt në buŋ de duɔ̈ɔ̈r yic
⁴³ Aluɛɛl de Gërëŋ Anyuɔɔn, dit ŋuan në buŋ de duɔ̈ɔ̈r yic

Në ke mïm kedhie, ke kɔi ye rin ke Tuïc, muɔɔm de, dhuëëŋ de, piath de ku lɛi de luɛɛl bii ku γok kë mom nhial arët awär raan ëbën, aaye kɔi ye ket ka dukëët/duciëëk. Kɔi ye ket në riëi yiic kedhie në thɛɛ thook kedhie, aaye akökööl loithook ke mëithook, dhiän ku wuɔ̈r ken, kä thiek yiic ke baai ye looi në cieŋ ku pïïr yic ku kä juëi pieth tɔ̈u paan de Tuïc luɛɛl bii në diɛr yiic ku muk kë ke nyïn. Diɛr ken kek ka yennëke akököl ke luɛɛl de toc, tɔŋ de Nuëër, tɔŋ ke kɛm ke wuɔ̈r ku kɔ̈k yök në ke yiic.

Kek ka ye thuɔŋjäŋ baŋ thëny root Tuïc ku baliööth ke cieŋ de jar nhial ku muk kë nyin në diɛr ken yiic. Diɛr ken kek ka yënnëke lö̈ör dieer, mɛŋ ë nyïïr ke apat ku miɔɔk kek ke göm, thëër ë ke tɔŋ ke tuɔi --, looi ë ke kä yaath, kek ka yennëke mïth këët mïm, kek ka yennëke kɔi ye wïr wɛɛi cooth ë ke piɔth në keek ku looi ë ke kä juëi ye cieŋ de Tuïc cuaai ku gëm kë wɛtic.

Kɔi ye ket aaye kuɛɛr pieth ke cieŋ ku pïïr kek kɔɔr bï ke kuany yiic cuaai arët, deet kë ke në kɔc mïm ku cöc kë ke në diɛr yiic. Ku coth kë kä cïï ke kɔɔr bï ke ya looi baai coth kë ke piny ka coŋ kë ke piny ku gëm kë ke kɔ̈th kït cïï pieth ago kɔc ya yäär ku rïɔ̈ɔ̈c kë gu në kuëny de kek cök.

Aaye kɔc tuääk ku cɔk kë kä ye ke rïu në luɛɛl në ɣän kɔ̈k ke jam cɔk kë ke luär ke yiic, wel kë keek ke ke ye welleny. Cïman de ye wël nï në ye din në yic "cï piny ya piny de miir ee, miir aguac bäny, ku bäny ka guac wo, ku wɔ guac diäär, ku diäär kaa guac mïth ken. Piny ke piny nëk mom…"[44] Wäänthɛɛr paan de Tuïc, ke ke wël kë, man nɔŋ yiic guëc, liel, luc ku wël juëi kɔ̈k thëny röt baŋ piny de raan aake ril yiic në guël cï ye man nï yen ënɔɔnnë yë.

Diɛr aaye mät bëi, aaye dhuëëŋ ku lei de kɔc cuëëc ku jɔt kë kɔ̈u. Aaye täŋ de wut ka pilothopï de yaath, të ye wut tiëŋ root ku rin ke ku cöc kë kɔ̈k thiek yiic nï në cieŋ yic. Kek ka ye kueer kɔ̈c yic yennëke ciɛɛŋ määth ku röm de kä juëi ke cieŋ ku pïïr muk nyin thïn.

Diɛr ke dukëët, kek ka ye jääth ye rin ke Tuïc ku cieŋ de dɔc riɛɛŋ në ɣän mec ku cɔk kë täu de ke ye jur cɔk kë ŋi kɔi kɔ̈k. Kek ka ye täu de Tuïc ku yic thieek de liaaŋ aɣeer ku coth kë në kɔc yïth. Rin diëëŋ ke kɔi juëi ye ket paan de Tuïc akï:

---

[44] Ayuur Thuc Bäräc (Ayuur-Agutabuɔ̈i)

Gërëŋ-Majumuɔ̈ɔ̈r, Gërëŋ de Col de Bul de Deŋ man ŋic arët në dier pieth loithook ke ku yen ye raan tueeŋ ë kɔn tiɔp cӧl Arialbeek ke Arialbeek ŋoot ke kënnë Tuïc lööm ke ye kïn deen de kuum ku muɔɔm ku cï piath ku cuai de piny wuau apieth lueel ye "tiɔp ee yic naŋ wëi ke tiɛɛr ku wëi ke aräbɛt --- läi ku diɛr aa tӧu në wɔ."[45] Bï Gërëŋ de Col de Bul piny cӧl Arialbeek ee ŋïny de ku daai yen daai në kä tӧu në ye lɔ̈ɔ̈m ku kä bɔ̈ tueeŋ nyuɔɔth.

Arialbeek aye cɔl bäny de dier, në ŋӧ acïn guɔ̈u aliäp ku adiɛŋdiɛŋ. Ee rëër ëduk ke dier kɔ̈k kë në kë cïn yen guɔ̈u atettet ku nyimënyim. Akoor piɔ̈u ë ŋui, athiek, alɔ callak alɔ kueu ku ka rïu root. "Ee din cïn guɔ̈u anäi, cïn kë de ke raan dë-."[46] "Adhuën dïït ye riŋ ëtuactuac cïn kɔ̈u yuɔɔm töŋ lɔ wïn."[47] Ku ke guɔ̈u atër, ee cam në tëët ke cï root guiir apieth.

Gërëŋ de Deŋ de Maketh man nɔŋ "piny de ye runnë (yee) aye ŋɛ teer ke man tiŋ de. Ku kui të tueŋ raan ë ka jöl mony de nyan de. --- Päl kë piath de nyïïr ku yakkë weŋ kɔɔr aba kë yök. Piath de nyïïr atɔ̈u në piny mom

---

[45] Din de Gërëŋ Col Bul nyooth yic thieek ku cuai de piny de Thudän ku kɔ̈m yen kä pïr tɔ̈ thïn kɔ̈ɔ̈m nhial ku koot keek.
[46] Akut de diäär ke Tuïny Tueeŋ në Yalduret në Kenya (2012) Riɛl de piɔ̈u.
[47] Arekiic ke yï arialbeek, Jak ku Dhëël.

ageer ku diɛr juëi ŋic keek arët paan de Tuïc."[48] Të nɔŋ yeen ke wadëŋ de cieŋ ku baai akuak, aacïï ye kë de ye mannë ye tök. Ee kë de kuɛɛt ku piëth juëi biöth.

Ŋör ë Dän de Ŋöör man ŋic arët në ye dinnë "kɔi kuɔ jɔl ku moth në jam rac piny riääk anäi. Nhialic arac ke paan kuc jam, kek ka ye kä ye pawɛɛr ke lɔ dhuk thïn --."[49] Ee yic de, paan kui ë jam thïn ku kui ë röt ciëëŋ thïn ayennë riääk root liëëp thïn ke dë ye mom. Në ŋö acïn raan ye athanythar ku aliäm bɔ bii dɔc ŋuen ku deet yic. Në kë yen ya kä wëi kë ke röt kek ye kë ke ŋuen arët awär awëëc ke alɛi ka ajör bɔ bii.

Në biäk de kanitha, ke Ŋördït aŋic në ye dinnë; bäny dït dɔm wel du yic, dï wɔ go ŋeer piny cï wɛl ŋök. Cɔ wɔ nyok bukku bɛr ya luɔk, Jɔl wɔ lieec Nhialic piny acoŋ wɔ piny, piny abeŋ wɔ wëi. Yiënnë wɔ löŋ bukku wëi kuɔ ya löŋ. Ye löŋ nï në ye dinnë yic ë, yennëka nɔŋ rin ka akutmom de Jɔl Wɔ Lieec nï në kanitha yic ëmannë.

Deŋ de Dän de Yɔŋ man ŋic në diɛr juëi pieth cï ke cä wut Kɔŋöör, Mabiöör Maketh man cï diɛr pieth loithook ŋic keek arët paan de Tuïc cak man nɔŋ yiic "γen ye but në γööc cï Arɔŋ Ajaŋ de Rëëc, majöŋ de wut Abi ca thok

---
[48] Din de Gërëŋ Deŋ Maketh, ye dinne ee din töŋ de diɛr ŋic arët paan de Tuïc ku γän thiääk në yeen.
[49] Din de Ŋöör Dääu de Ŋöör wëët kɔc në piath de ŋiëc cieŋ ku pial de yic de kuɔc jam.

ya yen cï meth cin. --."⁵⁰ Malinh de Manyaŋ Agɔɔk, Maŋöŋ ë Deŋ de Göc, Akɔ̈i-tiɛmraan Aköny ë Mayɔm ë Deŋ ë Col, Deŋ Ajääŋ (Deŋ-Ayäŋ), Manyiɛ̈l ë Maleŋ ë Manyiëël (Lonhacol), Atëm de Biöör Atëm (Atëm-Aduldul) man nɔŋ diɛr pieth cï ke cä Aŋääc, Nyuak ku Tuïc – "we lɔ dïu ë dïu ë dïu, Aŋääc wun da wɔ cïï ye riit në cök. Wɔ cï dër ajuɔɔŋ---."

Malual de Maköl, Majöŋ ë Kulaŋ Atëm man nɔŋ diɛr pieth juëi cï ke cäk wut Awulian. Diɛr ye Awulian ke mom arët, miɛr piðu ku ɣo mom nhial në keek. Dabek-Maguäŋ man ŋic arët paan de Tuïc në ye din ë "--- ca dhiɔp yu mom abï bër de rou ŋuëën. Kɔc ka dhiaau në Maguäŋ alɔ wuɔɔu." Amoth Ajaŋ de Gërëŋ Ajak - pënän dïït de rem de tɔŋ, Ajaŋ de Cïman Atëm-Pärkërɔu, Ajäŋ de Kuir de Maläŋ, Col Dääu-Majökdït (Akɔ̈lëdääu).

Aguër de Rëëc de Gäk man ŋic arët në kök ku pianh de röl, ŋïny de diɛr thɛɛr ke wuðr ke Tuïc, diɛr adöi ke nɔŋ yiic kä wur ku kä ke kanitha (yan bï wää lɔ̈ŋ, yan bï wää lɔ̈ŋ man bï yen ya dɔm cin ee -), Bol-panän - Bol ë Deŋ Arɔk pënän de Jec-ɣal-amer ku kä baai, Cor Akeny de Cuɔɔr (Cuɔɔr-Agutmaguaat ka Biɔl de Dhiëër) -"ya

---

[50] Din de Mabiöör Maketh jam në nhuɔɔm ku thiek de yic dhuëëŋ de cieŋ de baai.

biɔl de dhiëër, kë ye nya ya jëi wakɔ̈u. Muk kë du maa, nyan lɔ beellel ye röör rɛɛc," Kɔ̈ɔ̈c-Marɔ̈ldïit de Gërëŋ ë Deŋ de Kɔ̈ɔ̈c man ŋic arët në diɛr juëi nɔŋ yiic aŋɔldɔɔk "--- piny acï riääk, kɔc ka cuet miɔɔr de yum de löth törökdɛɛr. Ye ŋö cï yïn ye leer ba löth lɔ reem në yï röl." Ka "mɔny lith ba ŋuany thar ee, ----"

Kuɔl ë Deŋ de Kuɔl (Kuɔl-Maliɛɛt) man nɔŋ "(ɣɛn) mac makɔ̈l yennë nyan thiaak/keer ë të wën, të wën, të wën. Weŋ cït ke nɔŋ guɔ̈u dɔ̈ɔ̈r. Ku piny acïn raan cï yï maan bï yï yuɔ̈u thar Madiŋ. Ɣɛn mac makɔ̈l weŋ Akon Akëinhial ku Atëm ë Bäny, marɔ̈l de Dun de Dabek ɣɔn thɛɛr, Nyaŋ ë Lual ë weŋ yïn bï dhiɔɔp piny Pakëërdït. Makɔ̈l ë wää yïn bï dhiɔɔp piny Pakëërdït -." Madëël Arɔŋ Ajiŋ man nɔŋ "ɣɛn bï dhil thiëëk Pakëër da ee, yï ɣɛn, ɣɛn bï cït Akuiɛɛn de Ayïïk, raan wään cï Atoc thiaak. Ɣɛn bï thiëëk Ɣɔ̈ɔ̈l...," Jurkuc-Aguɔɔr pënän de kä baai ku jec.

Bol ë Lual ë Deŋ (thonŋɛɛny) – man ŋic arët në "ŋɛ ëbën nɔŋ rin ke, raan ëbën acieŋ paan de. Yan gäi ee, rin kuɔɔn ke Tuïc, yee ŋö rɛi ke! -." Bol ee raan töŋ de kɔi ë ke piac tuɔ̈l ku na thöɔ̈ŋ ë ke wëriëëc juëi keen kët ë manthiɔ̈kkë, ke Bol ka ŋot ke muk të thɛɛr wään yennë

Tuïc ket thïn, yennë baliööth pieth ke baai ku kä thiek yiic ye looi thïn ŋuen apieth ku ket ke ke ye diɛr. Thon-Makɔ̈ny de Wɛ̈ɛ̈l de Akoi (Makɔ̈ny de Tɔŋpagua), Maleŋ de Dän de Jɔk ka Thadam, Adual-lou man ŋic në din ye jam "dɔm ku wɔ cin -- wɔ mïth ke Tuic Yiith. Ku lokku baai guiir paan da. Tuïny da, akën kɔn niööp -." Mabiöör ë Nyun Abui -"momic tueeŋ yen ke kë da wää - wɔ ka ye dhiët në thön nɔŋ piöth baai, Bul ë Kɔ̈ɔ̈c ku Ajääŋ-banythok aacï wɔ waar. Dïktoor Gërëŋ de Mabiöör acï wɔ wɛ̈ɛ̈r bei në luɛɛk da yic -." Gërëŋ de Kueer de Bul - "Paan de Tuïc atɔ̈u ke rïu yic ee, arïu ë yic në cieŋ pieth, cieŋ pieth dɛn ye wɔ Jiëëŋ luɔ̈ɔ̈i/ciëëŋ, wɔ nhiaar raan ëbën." –, Gërëŋ ë Mayol de Gërëŋ – "Na luel aciëëk ka geer keek, ka aciëŋ de Tuïnyda acïï geer paan da. Paan ë ciɛk nhialic ke cï ye piɔu ruɔŋ thïn…." Duɔ̈ɔ̈t Atëm de Bul, (Apajɔ̈ɔ̈k) Apajɔŋ ë Col - "Arialbeek ee din adhuëŋ, ee din cï thiäŋ ke moom, din cï thiäŋ ke nhiëër, din cï thiäŋ ke moom---," Acɔŋ de Gërëŋ de Dut Ku jɔl ya kɔi juëi cï diɛr pieth ë ŋoŋ ku thiek kë yiic arët cak paan de Tuïc. Diɛr juëi nɔŋ ke yiic yennë Tuïc ke ye mom leŋ, beŋ ye mom ku moom në keek ku yennë wuɔ̈r ke ke laath ku muk kë ke mïm nhial në keek.

Ke kɔi cï ke gö rin kë kedhie, kɔi kɔ̈k ye ket cï keek nɔŋ diɛr pieth thiek yiic ku raan ëbën tɔ̈u paan de Tuïc kek ka ye ciɛɛŋ, akökööl ke baai, pieth de, yic thieek de, lɛi de, dhuëëŋ de, ŋïny de kän ku piath ye Tuïc looi ëbën luɛɛl bii, tɔ̈u kë, kɛɛk kë ku muk kë nyin në diɛr yiic ago piëth dë ku riëi biöth ke lɔ̈k yök. Cän de diɛr yennëke kueer kɔ̈c yic yennë kä ril yiic në wuau në wël ku cïï lëu bï ke dɔc deet yiic luɛɛl bii. Kek ka yennëke akökööl ke kä ye röt looi kedhie në cieŋcieeŋ ke wuɔ̈r ke Tuïc yiic tɔ̈ɔ̈u thïn.

Kɔi juëi ye cak në diɛr aaye ya dukïït ayadëŋ ku ka cïï ye keek kedhie kek pieth röt. Paan de Tuïc ee yic nɔŋ kɔi ŋic keek apieth në kɔ̈k ku piath deen de kek röt në piëthic ëbën. Ë wäändɔ̈ɔ̈r ë agut cï ye mannë, ke kɔi diëëŋ ke kek yiic aki: Deŋ ë Dän de Yɔŋ (Deŋ-Ayɔɔk), Gërëŋ de Col de Bul de Deŋ, Gërëŋ-Agutnyaaŋ, Aguën de Rëëc de Gäk, Atëm Biöör (Atëm-Aduldul), Gërëŋ Aleer ë Chut (Thon dïït de Kanbera, ee wu bï nhialiny de paan de Tuïc nï ke yeen në lɔ̈ŋ de yic), Aluɔu ë Kuir ë Mabiöör, Diiŋ de Deng-Acuïïl, Atëm ë Luenh Akuŋuet - Atëm-Madaac pënän dïït de jec-ɣal-amer ku jɔl ya kɔi juëi kɔ̈k nï paan de Tuïc ye ye luɔɔi ë ŋuɔ̈ looi në nyin de kɔc yic.

i) Läi

Läi ye mai ku kä nï roor paan de Tuïc kaa nɔŋ kony ë ŋui në pïïr ku cieŋ de Tuïc yic në kë nɔŋ kek cin dïït lɔwai në cil, yic thieek, döc, piath de cieŋ ku thok yic. Në cieŋ de Jiëëŋ yic ke akökööl, këŋ, mɛny, wël ku diɛr juëc, aaye ke kueen ku gam keek ke ke ye kä ke läi, diɛr, käm ku kä piiny tɔu cïman de; awan, biɔl, köör, aŋui, weŋ, areu, këroor, aŋiic, arialbeek, dhëël, arumjö*k*, agaal, agumut, abiŋic --.

Në läi roor yiic, ke ka nɔŋ läi yennëke rïŋ ken cuer ku yennëke röt kony në biök ken në kuɛɛr juëc ku kä juëi kɔk ye ke yök në ke gu. Läi cït man de thiäŋ, anyaar, miir, kɛɛu, abiɔɔk, ŋɛɛr, guil, piöör, maguar ku läi kɔk. Läi yennëke dhuëŋ në biök ken ku kä ye yö në ke gu. Läi cït man de kuac, dhö, akɔɔn, anyaar, maguar, ayɔɔk ku läi kɔk. Läi yennëke ɣän ke kek gu looi ke ke ye wɛl ye bëcbëëc nyaai. Läi cït man tɔu ë ayɔɔk, aŋui, goŋ ku läi juëi kɔk.

Läi kɔk roor cïï ke ye cuer ku dhuëëŋ ë ke keek në kä juëi ke kek gu ku kaa ŋot ke ke nɔŋ kony ku lon dïït gö në cieŋ de Tuïc yic. Läi tɔu cïman de köör (wëndiɔ̈ɔ̈r ka nyandɔ̈ɔ̈r) man ye kïn yaath ku riɛl të nɔŋ kɔc ku dhiän juëi paan de Tuïc ye ye door ku yennë rin juëc cäk në yeen (Bul, Yɔ̈ɔ̈r, Köör ---), aŋui man yennë cë në rin ke (Kuir, Malek, Kacuɔɔl, Luɔ̈ɔ̈l -) ku nɔŋ kɔi ye ye door ku jɔl ya läi juëi kɔ̈k thek ke ku rïu ë keek paan de Tuïc, kä piiny man nɔŋ yiic käruɔɔr (atëm, aruäi, biaar, bok, ajök, wiɛɛu --), arik, käm -- ku kä wïïr man nɔŋ yiic nyaŋ, rec, aguek -- ku läi juëi kɔ̈k nɔŋ cin ku lon dït gö në göl, cil, dɔk ku täu de cieŋ de Tuïc yic.

Në diɛr yiic ke wur ayennë dhuëŋ në kä juëi ke yen guɔ̈u ku dhuëëŋ ë ke atïïp cïman töu ë nak ke, aaye ke cieŋ në kɔc mïm ku kɔc kɔ̈k. Yom ke aaye ke looi ke ke ye guër ye cieŋ ku toŋ ke aayennëke atïïp ke cieŋ dhuëëŋ ku ka ye cuer ku ka yennë dhuëŋ në rin ke ka kïït yennë miöör ke dhuëëŋ kiëët në yeen - mawur. Yennëke cɔ̈ɔ̈k de diɛr juëi kɔ̈k kë cïman de tuɔ̈r, arialbeek-bäny de diɛr, jak, ken, cuɔɔr, arumjö - marum, awet, alak, gaŋarɔ̈ɔ̈l, abiŋic, awanpatiɛɛu, akëër, alïïk, awuwau, atöc, dääuaduŋuëëk, kuëi, acuïïl, peer ---, aayennëke mom ku dhuëëŋ ë keek në kuɛɛr juëi wuɔ̈i yiic cïman de piöny yennëke piɔɔny rin në diɛr ye ker yiic ku thööŋ yennë miöör ke dhuëëŋ ku kä kɔk yennëke ket thɔ̈ɔ̈ŋ në keek.

Në läi ku diɛr baai yiic, ke weŋ aŋäär ku yennëka bïnnë kä diëëŋ ye looi në yeen wuau amääth në ye buŋ ë yic. Läi kɔk kë man nɔŋ yiic yï thö, jö ku burrɔ kaa nɔŋ kony në cieŋ ku pïïr de Tuïc yic. Cïman tɔu ë jö, ee lëŋ töŋ de läi tɔu baai yiic nɔŋ lon loithok ku thieek yic të nɔŋ kɔi tɔu paan de Tuïc. Jö yennëke mëth ë pieth de raan në läi mɛi ke yiic kedhie. Në kä juëi ye ke looi yiic, ke jö ee dulëk, dutït, dukuny, ayiëëp ku ye dugël de kä tɔu baai. Biö de, ayen kɔc lëk kë bɔ, ku ka yen kë ë bɔ ke nɔŋ kë bï bën looi riääc yic ku cɔk yam kueer dë de në ŋïny ŋic yen yeen ke cï moth. Jö ee kɔc cäm läi ye cuer ku kee kä juëi kɔk luɔi raan në kuɛɛr thiek yiic kuɔr yiic ë ŋui. Burɔ ee läi thii kɔk ye kä juëi ke pïïr ye cam riɔ̈ɔ̈k baai, läi cït man de col ka lok, kä piiny ku käm tiɛɛt wei baai.

Thö aayennëke cɛk ken ruëëth, cuet keek, ɣɛɛc ë ke wei bïnnëke wëu yö në ke kɔth, biök ken aye cieŋ ku looi ë ke kä juëi kɔk baai kä cït man de göök, juɔ .. ku ka yennëke kä yaath cï weŋ kɔɔr looi në keek, Në diɛr baai yiic ke ajïth ayennë kä juëc looi në yeen kä wën cï thö ku yɔ̈k kɔɔr. Cïman tɔu ë kä thii yaath ye ke looi baai kä cït man de wiël de kɔi mïm ku kä thii kɔ̈k cï thö kɔɔr..

Weŋ

Cieŋ de Tuïc cïman de cieŋcieeŋ ke kɔi kɔ̈k tɔu piny de Thɔ̈ɔ̈th Thudän, Apirïka ku në piny mom ëbën ye mac në läi, acïï lëu bï cath ku luui apieth ke liiu ë weŋ-aciëk thïn, läi kɔ̈k ye mai cï ke gɔ̈ rin nhial kui ku kä juëi kɔ̈k thiek yiic ke pïïr.

Weŋ yennëka yennë kä juëi ye ke looi paan de Tuïc ke thook tuɔɔm thïn ku geei kë röt në yeen në kuɛɛr juëi kuɔ̈r yiic arët. Acïn kä thiek yiic ke cieŋ ku pïïr lëu bï ke looi abïkkë dik ku lëu kë kɔc piɔ̈th të cïn weŋ ku läi kɔ̈k ye mai tɔu baai.

Në pïïr de Tuïc ku Jiëëŋ ëbën yic, ke weŋ akën kɔn puɔ̈k ke raan. Të lueel ë yeen në kueer dë, ke weŋ ku Jiëëŋ aa cïn akeu, aaye yï 'këth ke ca'[51] aaye tök. Ana cïn weŋ ke cieŋ ku pïïr aacïï lëu bïkkë cath apieth ka nɔŋ kë

---
[51] Ee wët de thuɔŋjäŋ ye kä cïï lëu bïkkë luui ke kënnë liu nyuɔɔth.

amit yic të nɔŋ kɔc juëc. Në ŋö yic thieek de cieŋ ku muɔɔm de aacï ke nuɛɛt në weŋ köu.

Naŋ weŋ ka liu de yennëke bääny ku ŋööŋ ka cɔɔk de raan nyuɔɔth lueel Ajäŋ de Majök ye "dëëk ŋääŋ tïk në bër."⁵² Ŋäŋ kën ye mom tiiŋ bï tiŋ kɔɔr yök në thiëŋ tueeŋ de yic. Acïn baŋ töŋ de cieŋ, kä ye ke looi ku pïïr de Tuïc lëu bï töu ke kënnë weŋ ja nyin. Weŋ anï në cieŋ de Tuïc piöu ciɛl yic cïman töu yen të nɔŋ Jiëëŋ baŋ dërë. Ba kuɔ̈ɔ̈t yic, ke weŋ ayennë kä juëc arët looi në cieŋ ku pïïr de Tuïc yic cïman de ke kä diëëŋ biöth kë.

Kë tueeŋ, weŋ aye mai ke ye mïth në ŋö kä juëi ye bën bei në ye guɔu kaa yennëke röt kony ku geei ë ke röt në kuɛɛr kuɔ̈r yiic ëŋui. Weŋ ayennë ca ruëëth, miëu/miök de ayennë tuëët, ayennë tɔi ku tɔi ë kä ye cieŋ ku dhuëëŋ ë ke (biɔɔŋ, lääk -), ayennë rïŋ de cuer ku cam rim ke, biöŋ de ee ye cieŋ ke ye biɔɔŋ athën kënnë alëth bën, ee yennë töc, aye yiëër ke ke ye wïïn ke ɣɔ̈k, ayennë löör kɔɔc, aye looi ke ye köt bïnnë röt gël, tëëu ë ke ye akɔlweŋ në thɛɛ kɔ̈k të cïn yen dël de rou, aye kɔɔc ke ye göök në thɛɛ kɔ̈k, ayennë ageen ku thöi ke rëër cuëëc ku jɔl ya kɔ̈k juëi ye ke looi në yeen. Tuŋ ke aake ye guaŋ

---

⁵² Kääŋ Ajäŋ de Majök nï në Lok ku tueŋ në Thuɔŋjäŋ yic. Ajäŋ de Majök ee cï diäär thiaak ke dhorou kunë ke yiic kedhie ke dhorou ee kën tïŋ de piön de yök. Na jɔl tiŋ de bër thiaak ke jɔl kë deen në kɔɔr yök ana ye aŋäŋ ee kee dë kën ye tiŋ pieth ë yök.

athën ke ke ye tuŋ ke cäm, guaŋ keek ke ke ye theeu, looi keek ke ke ye tuŋ ye kooth ke ye kë de dhuëëŋ ku yennë röt lëk, tëëu ë keek në päny kɔu ke ke ye guinh yennë pïu rac cɔk tëk thïn ku tëëu ë keek në yïk mom bïnnë ke yïk dhuëëŋ në keek --.

Yom ke yen kɔu, aake ye ke looi ke ke ye pïr ë thär ku yom kɔ̈k ke cïman tɔu ë lɔ̈ɔ̈m ë, aake yennëke kä juëi kɔ̈k looi në keek. Yɔ̈l ka dhoor de, aye looi ke ye dhoor bïnnë dhuëŋ ka bï ruɔɔp në miɔɔr de dhuëëŋ mom, muk ke ye kë ye kɔc ke nyïn kuath, cieŋ në kɔc kök ke ye kë de dhuëëŋ ---.

Wëër de ee yennë gëëŋ ku adul rɔɔth köth, aye took ke ye mac bï ɣɔ̈ɔ̈c, bï käm tiɛɛt wei në ɣɔ̈k ku kɔc gu ku bï looi ke ye arop bïnnë ɣɔ̈k por ku ɣɔɔp ë ke mïm ku bïnnë git ka dhuëëŋ ë ku bïnnë dhiën thööny ku looi ë kɔ̈k. Wëër de ayadëŋ, aye weer dom yic, luak köu ku ɣöt theer bï tiɔp cɔk cuai yic ago rap, anyol, akuem, adhiäät, nyuöm ku mïïth kɔ̈k luɔk thïn apieth. Këth ke aaye ɣau bïnnë rörthii ku nyïthii mïm ken dhuëëŋ ago kë mïm yal. Ku ka ye ke tääu në ca yiic bïkkë ca yïën pol pieth ku cɔk kë ke mit. Aayennëke gur kɔɔr bï ke looi ke ke ye ajiëëp ku göm wai yiic ku jɔl ya kɔ̈k ye looi në këth.

Kë de reu, weŋ të nɔŋ Tuïc cïman töu yen ayadëŋ të nɔŋ kɔi ye mac në ɣɔ̈k kedhie piny de Thɔ̈ɔ̈th Thudän ku në piny mom ëbën, ke kee kïn de yic thieek, muɔɔm, dhuëëŋ ku bääny. Naŋ ɣɔ̈k të nɔŋ Jiëëŋ, ayennë raan theek guɔ̈u ku gëmë rïëëu loithok në kë yennë naŋ ɣɔ̈k re ke ŋïëi luɔɔi de root ku luɔɔi arët. Bï raan dhuëŋ, moom, rëër ë duäny ku bï tï ka bï piŋ rin në rïny de yic lɔ tueŋ, e ke bï naŋ ɣɔ̈ juëc ë gut ka kɔ̈k thiek yiic kɔɔr pïïr keek ye cieŋ de jur de ke yaath. Naŋ ɣɔ̈k ayennë kɔc ka bëi ŋi rin arët cïman ŋic ë Biar ë Kuallany rin apieth paan de Tuïc, yennë ye lueel ya 'na cɔk ya raan mac yiëër ke Biar ë Kuallany.'[53]

Dhɔ̈l yennëke kɔc dɔc ŋi wään ku ye mannë paan de Tuïc ee bï raan ya waar ku ye wïr ka ye dë loithok në cieŋ yic looi ka nɔŋ aciëŋ wuɔ̈i ë määth ke aciëëk ke kɔi juëi kɔ̈k kë. Ku bï raan ya waar ku ye wïr, në kuɛɛr juëc arët në thɛɛ cï lɔ, ke kaa ke cïï ke ye looi ke raan rëër baai, aake ye ke looi ke raan rëër wun de ɣɔ̈k. Ku bï raan töu wur, ke ka kɔɔr bï naŋ ɣɔ̈k bï ye cɔk rëër wur në ŋö "raan

---

[53] Biar Kuallany ka Paan de Biar Kuallany aaŋic keek arët paan de Tuïc në kuɛth den ku nhiëër ku mäny de weŋ yäär. Paan de Biar Kuallany aake nhiaar weŋ yäär cïman de Paan de Alëu man ŋic keek ayadëŋ paan de Tuïc në nhiëër ku mäny de Yiëër.

cïn weŋ ee tɔ̈u baai."⁵⁴ Ago kɔ̈k thiek yiic ke pïïr ye ke looi baai ku ɣän kɔ̈k kuany cök.

Ku bï raan ya waar ayadëŋ, ee cïï ye kɛ̈m piny athën mɛi ë kɔi juëc ɣɔ̈k, raan ee ye waar në miɔɔr de dhuëëŋ ku riɔ̈ŋ ka riɔ̈ɔ̈ŋ cï ke nɔ̈k. Ku ye kënnë, ee root nyuɔɔth në diɛr ku kɔ̈k ke dhuëëŋ yiic. Ana piŋ diɛr juëi ye ke ker paan de Tuïc, ke yïn lëu ba rin ke weŋ, löth ku kä ke dhuëëŋ thëny röt weŋ piŋ arët awär wël juëi kɔ̈k kë.

Të nɔŋ Tuïc ku Jiëëŋ ëbën, ke raan cï rääk acïï ye ber dɔc cɔɔl në rin ë ke ciɛ̈k kë ke yeen paan den. Aye cɔɔl në awarɛɛi ke miɔɔr deen de dhuëëŋ, lönh cï ɣɔɔc ku rin ke weŋ ka ɣɔk cï ke näk riɔ̈ŋ ka rin kɔ̈k keen nhiɛɛr keek cï ke gäm root - gutameer, agutdhïc, lönh de adöl, mariar de nyankoor ku miöör juëi kɔ̈k cï kutëkut yennëke röt nyɔ̈ɔ̈l ku lei ë kɔc ke mïm në keek në Jiëëŋ yic.

Miɔɔr de dhuëëŋ të nɔŋ rorthii ke Tuïc ku Jiëëŋ ëbën, aye yaath ku riɛu ë arët në ŋö aye gam man na rë ke miɔɔr ciɛ̈l ku raan ye dhuɛ̈ŋ në yeen aaye tök aacïï wuɔ̈i. Ku kë cï dhuëëŋ ku yath aye Tuïc lööm ke ye kë pieth ku thieek yic ë ŋui nɔŋ baliöö lɔwai. Ku kë thiek yic cïman de miɔɔr de dhuëëŋ, aye rɔŋ ku muk ëkɔŋkɔŋ cï meth, tiŋ

---

⁵⁴ Jɔŋ de raan cïn weŋ ee tɔ̈u baai kän bï jɔŋ ke dal (din ye kɛt paan de Tuïc)

thia ku nyan thiak lueel Deŋ-Alɛk, Deŋ Atëm-Lönh de Rɔ̈l ye ye Mariar de diir cï mɛnh de kaai, ana cak ye tuɔ̈i baai ke ka cïï ye kɔɔr bï lɔ luaŋ den.[55]

Kë yennë miɔɔr de dhuëëŋ yaath, mom, cöc ku wec arɛt në diɛr, nëknëk de γɔ̈k ku γöc ë kä pieth kɔ̈k thiek yiic ke dhuëëŋ, ee kë yen kööc në nyin de kë pieth yic ëbën. Kë pieth tɔ̈u në cieŋ de Tuïc ku Jiëëŋ yic.

Miɔɔr de dhuëëŋ aye thɔ̈ŋ nyan ë bïm ku tiŋ ë piac thiaak, aye kiëët ke taŋrial ka taŋarɔ̈ɔ̈l, thöön ë ke diɛr nɔŋ kït pieth bäkëbäk ku buk lɔ wärwär nï paan de Tuïc ciman tɔ̈u ë yï arialbeek-bäny de diɛr, gaŋarɔ̈ɔ̈l, awet-mariar, tuɔ̈r, wur-alänydeŋ (mawut), ken, arumjök (marum), abiɲic, akëër, cuɔɔr, acuïïl, kuëi, peer, liɛi ku dier pieth kɔ̈k ku läi. Miɔɔr de dhuëëŋ aye thöön ayadëŋ ke kä lɔ jakjak, kä lɔ riaauriaau, kä lɔ bilbil, kä lɔ tualtual, kä lɔ gualgual ku kä lɔ ŋaiŋai ciman de mac ku many de adök ka many de gëëk yic ku kä nhial tɔ̈u ciman de akɔ̈l, pɛɛi, wil de deŋ ku kuɛl.

Yic thieek de miɔɔr ciël të nɔŋ rörthii ke Tuïc ee root nyuɔɔth në kä ye ke nyaai të nɔŋ keek. Miɔɔr de dhuëëŋ aye γɔɔc në γɔ̈k juëc (cïman γɔn γɔɔc ë Marɔ̈ŋ mom në

---

[55] Din de Deŋ-Alɛk ë cï yen Mariar de weec.

biäk de dhiën ku miöör juëi kɔ̈k cïï ke ɣɔɔc në ŋuë de weŋ lueel Gërëŋ-Majumöör) ku ka lëu bï wëi ke raan nyaai të nɔŋ yen kë cï bën ke jɔt yeen ciman de kɔi ye ɣɔ̈k peec ka kë näk yeen cïman de riöŋ bï raan dë näk riöŋ. Miɔɔr de dhuëëŋ aye thia në thaa de thiëŋ de raan nɔŋ yeen ku jɔl tik löök në nyin de yic. Ku na lɔ mɛnh tueeŋ dhiëët (ke ye dhuk) ke ka ciëk kë në rin ke miɔɔr de dhuëëŋ wään cï thiak në man.[56]

Kë de diäk, në cieŋ ku pïïr de Tuïc yic wääntheer, ke weŋ ayennë thiëëk. Ruëi ka thiëk juëi ë ke ye ke tuööm mïm paan de Tuïc, aake ye keer në ɣɔ̈k. Na cïn weŋ ke ka ril yic amääth bï raan nyan pieth ka nyan kɔɔr piɔn de thiaak. Kɔi ë ke nɔŋ ɣɔ̈k juëc kek ka ke ye nyïïr pieth ku nyïïr ke piɔth ken thiaak. Naŋ weŋ ayennë raan niɔɔp dë nyan cïï mom ë yeen rum të nɔŋ raan yen nhieer nya ku ka cïn cin weŋ në ye thaa në. Ee weŋ yennëke ye ye looi bï raan naŋ kɔi juëc në ŋö kɔi ë ke nɔŋ ɣɔ̈k ke ka ke ye thiëëk në diäär juëc ku diäär juëc kek ka ye kɔi juëc dhiëët. Dhiän ku bëi tör rin arët paan de Tuïc, aaye dhiän dïr ku bëi dïr në kë nɔŋ kek yiic kɔi juëc.

---

[56] Din de Pancol Deŋ Ajääŋ

Bï cieŋ cath apieth ke cïn raan cï tɛɛm piɔ̈u wei në cieŋ yic, ke Tuïc ee nɔŋ kuɛɛr ë ke cï yen ke thiëëk guiɛɛr thïn ku yen ke ye kuany cök thïn. Ee cï guiir ya ya, ago pïïr cɔk kɔ̈c yic të nɔŋ kɔc kedhie kɔi nɔŋ yɔ̈k juëc, kɔi nɔŋ yɔ̈k lik ku kɔi cïn miɛɛc thiin de weŋ nï ke ke. Ee cï guiir në guiëër cïn raan ë ye root yök ke cï gël wei në thiëëk yic.

Të nɔŋ Tuïc, ke kë yennë thiek yic arët në ruääi yic, ee ŋiëi cieŋ, kuat ku riëëu. Naŋ käŋ ee cïï ye tääu tueŋ arët cï ye man töu yen ë mɛnthiinnë yë. Na cɔk raan ciën weŋ ke ka ŋot ke gëm ë nya. Ee ŋi Tuïc apieth ku ka ŋoot ke ye gam agut cï ye mannë man yennë mïth de nya cam në thɛɛ kedhie "nya ku toc."[57] Na cïn raan cin kë dë në ye kaam thiɛɛk yen nya ë, ke ka ye ŋi abï bɛr naŋ käŋ në kööl dë ku ka bï ŋot ke loi ruän de.

Kë de ŋuan, weŋ ayennë kä juëi yaath ku kä thëny röt yath looi në yeen. Na cï raan bɛi në bëny ye tïŋ ke kɔɔr bï wëi ke nyaai ke weŋ ka lën töŋ de läi ye mai abïï ë bei ku näk bïnnë ye köi. Köi ee ye thɔ̈ɔ̈ŋ, löm ku gam ke ye kueer yennë jɔŋ kɔɔr bï raan nɔ̈k yuum piɔ̈u ku wɛl ë nyin wei në raan guɔu ka bïnnë wëi ke raan bec waar.

---

[57] Kääŋ de Jiëëŋ ye gueel arët paan de Tuïc töu në Lok ku Tueŋ në Thuɔŋjäŋ yic.

Köi ee ye looi ayadëŋ, ago kɔi nɔŋ mïm raan den bec cɔk lääu mïm ku bï kë mïm lɔ piny në kë ye kek ye gam man na cï kë köi ka kɔ̈k yaath looi, ke kaa cï këriëëc ëbën ye kuany cök në bëc yic looi.

Në köi cök, ke kä juëi yaath ye ke looi paan de Tuïc cïman de bïï bei de lɔ̈ɔ̈r yaath, kä ye looi në luëk ku wuɔ̈r yaath yiic ku kä kɔ̈k yaath ye ke looi në bëi yiic, aacïï lëu bïkkë lɔ tueŋ apieth të cïn weŋ.

Weŋ ayennë kä ke thuɔɔu looi ayadëŋ cïman de tool ku nyɛɛi de acool. Në thaa de tool ke weŋ ka thɔ aye nɔ̈k bïnnë biöŋ de cieŋ ke ye arɔk agut cï thaa bïnnë arɔɔk lɔ nyaai në thaa de muɔ̈r de mom. Në thaa de nyiɛɛi de acool (pëi ke diäk në tɔ̈ɔ̈u de guɔu cök) ke weŋ aye nɔ̈k ayadëŋ bïnnë acool dɔ̈k.

Weŋ ayennë rin ke kɔc, piny, lɔ̈ɔ̈r yaath, riëi ku bëi cäk në rin ke. Rin juëi ye ke cäk paan de Tuïc ku në Jiëëŋ yic ëbën, aaye rin ke ɣɔ̈k ku rin thëny röt weŋ ku läi kɔ̈k töu baai. Ye kennë, ee ye nyuɔɔth ke weŋ ye lën töŋ tueeŋ de läi thiek yiic arët yic dïïtë të nɔŋ Tuïc ku kɔi ye mac në ɣɔ̈k kedhie. Weŋ ayennë rïc teem ayadëŋ, riëi juëi töu paan de Tuïc aa nɔŋ rin ke ɣɔ̈k ka rin thëny röt weŋ cïman töu Adhiëuweŋ të nɔŋ Ayuääl ku wuɔ̈r kɔ̈k. Weŋ aye nɔ̈k ke ye biɔŋ ka looi ë kä juëi thiek yiic ye ke looi baai.

Kë de dhïc, weŋ, läi kɔ̈k ye mai ku diɛr ye töu baai aaye ke gɛɛr köth ago kë kɔɔr yök. Na kɔɔr bï mïth tääu në thukul yic ka dë kɔɔr bï looi baai ke ye kë kɔɔr wëëth ke weŋ ayɔɔc ë wei. Ku bïnnëke wëu keen ke ɣön de gäär cuar piny. Guër ke dhuëëŋ, tuŋ ke akɔ̈ɔ̈n, dhoor ke miɔɔr de dhuëëŋ, lönh de dhuëëŋ ku kä kɔ̈k ke dhuëëŋ ye nyïïr, rörthii, athiëëk ku diäär thiak ke ke kɔɔr, aaye ke ɣɔɔc në ɣɔ̈k ku läi kɔ̈k mac keek cïman de thö. Në thaa de cɔk ke weŋ ayennë ɣööc në mïïth ku ka ye gɛɛr në nyin de weŋ dë yic. Cïman de teem de mom bï ŋɛk dan deen de weŋ ŋot ke koor tɛɛm mom të nɔŋ raan nɔŋ miɔɔr ye biɔc ka weŋ dë ye tïŋ ke cïn kë dïït looi në ye thaa në.

Ke wɔ kën guɔ kɔ̈ɔ̈c në wuau de thiek de yic de weŋ të nɔŋ Tuïc, ke kë thiin ba ŋuak ë commom, ee lon dïït de weŋ në thok yic. Acïn raan lëu bï ye jäi mɛn na rë ke weŋ cïï töu në thuɔŋjäŋ piɔu ciɛl yic. Kït juëi kuɔ̈r yiic töu në ɣɔ̈k gu aaye thuɔŋjäŋ ŋɔɔc ku tuët kë abï piath ë ŋɔŋ. Kït töu cïman de aluɛɛl, yäär, yɔm, ayen, keth, acol, adöl, agɔɔk, lith, piɔ̈ɔ̈r, kuëi, ŋök, ayɔ̈r, gök, ajɔ̈, ajiër, aja, alak, awet, akɔ̈l, biäi, amuɔ̈ɔ̈r, rɛɛŋ, atok, akɔ̈i, gak, bil, ameer, ayau, athiëëŋ, ŋäär, riar, akëër, diŋ, bok, atok, mabiöör, macäär, malual, maŋök, mayen, mameer, mabok, mariar, makuur, majök ---.

Dier juëi yennëke dhuëëŋ looi ku ye ke ker paan de Tuïc, aaye ke thook tuɔɔm në weŋ guɔ̈u ku kä thëny röt yeen kedhie. Ana cɔk ya raan cïn mom miɔɔr de dhuëëŋ ku kɔ̈k yennëke dhuëŋ ku cɛk din de, ke ka ŋot ke piɔny kïn deen de weŋ cï ŋaai në ye piɔ̈u. Weŋ, läi kɔ̈k ye mai baai ku läi juëi kɔ̈k tɔ̈u roor kaa nɔŋ baŋ dïït den në cieŋ de Tuïc yic, ana wuau yic thieek den ku kä ye ke looi në keek ke kaa cïï lɔ rok piny kedhie ye tënnë. Wɔ bï kɔ̈k thieek yiic në cieŋ ku pïïr de Tuïc yic ber tïŋ ke ke cek yiic ë ŋui, kä cït man tɔ̈u ë ruääi, bï nhial ka piɔ̈ɔ̈c de röt në kä ke cieŋ ku kɔ̈k juëi ye cieŋ ku pïïr de Tuïc cɔk nɔŋ ye yic ku mir të nɔŋ Tuiëi.

o) **Ruääi**

Ruääi ee wiën ka acïwin ye akut de kɔi nɔŋ riɛm yic re, kɔi ye dhiëët de raan tök ka kɔi cï thiëëk ke kuëëk ku mëët cieŋ keek abïkkë ya tök, kɔi cï rin ke mar mïm rek keek ku cɔk ke cieŋ apieth cïman tɔ̈u ë Tuïc kennë wuɔ̈r ke. Ruääi yennëke mei dïït ril yic ëtör yen ye këriëëc ëbën root gɔɔc ku këëc yen në cieŋ yic.

Aŋic ku, tim acïï lëu bï riɛl të cïn mei ku kaa cïï ye mei abac, aaye mei cï ɣet piny arët ku cï kë tiɔp dɔm nuet kë ku dut kë apieth. Yennëke cɔɔk de cieŋ, acïï lëu bï kuät ku ciil apieth, röŋ kɔc piɔth ke cïn yic ruääi, ŋiëi cieŋ, määth, për de käŋ mïm, riëëu ku pïŋ de röt në kɛm ke kɔc. Riɛl de yic de ruääi në cieŋ yic yennëka yennë ye lueel ya "riɛm athiek aka awär pïu."[58] Cieŋ alëu bï nyindaak në thɛɛ kɔk ku ka ŋot ke cïï ruääi lëu në nyiɛɛi në kɛm ke kɔi ruääi.

Ruääi yennëke päny ril ka kërkëër tueeŋ në cieŋ de baai yic. Yennëke cieŋ nueet ku mei cök piny. Yennëke kɔc cɔk dhuk cieŋ cök të cïnnë cïën pïŋ de röt root liëëp ku looi root në cieŋ yic. Ruääi ee root gɔl baai ku leer në macthok/dhiëët, dhiën/kuat, wut ku jur.

Ee ruääi yennëke aguiɛɛr de cieŋ ku kä ke pïïr ye ke looi baai cɔk cath apieth ku cɔk ke kɔc yiic. Yennëke kɔi cï wɛɛr töu në ɣän juëi kuɔr yiic në piny mom cɔk kɔɔr ke cök ku yïk kë kuɛɛr lëu bï kek ke ŋot ke ke rɛ ku cïëŋ kë. Yennëke ke cɔk guik ke cök në ɣän juëi cïnnë thiëëk,

---

[58] Kääŋ de Yiŋgïlic ye thiek de yic de ruääi nyuɔɔth. Ruääi acïn kë ye ye nyaai abï liu në kɛm ke kɔc ruääi. Ciɛɛŋ alëu bï nyin daak në kɛm ke kɔc ruääi ku ŋot ruääi ke töu.

pïïr ku cieɛŋ ke thiäi thïn në Tuïc yic, Jiëëŋ yic kunnë juur kɔ̈k yiic. Në kuɛɛr juëc ë ŋui, ke yennëke ŋɛ cɔk tïëët nyin në ŋɛ cïman yennë ye lueel ya ke "raan në raan kɔ̈u",[59] ka "raan du peei."[60]

Në kuɛɛr juëc ë gut, ke kuɔɔny tueeŋ ye raan dɔc yök, ee bën të nɔŋ kɔi ruääi në yeen cïman de kɔi ë ke dhiët yeen ku kɔi cï ke dhiëët në yeen në tök.

Ee dhiëët de raan tök yennëke kɛɛr abï ya macthok, ku lɔ macthok kɛɛr abï ya dhiën ka kuat, ku ber dhiän ke yiic lɔ määt aabï kë ya wut ku lɔ wut mat ke wuɔ̈r kɔ̈k bïkkë ya akur ka thɔ̈n tɔ̈ŋ de cieŋ de baai (Lith, Ajuɔ̈ŋ ku Pakëër), ku lɔ akur mat ke akuut kɔ̈k kë abïkkë ya jur cïman tɔ̈u ë Tuïc ë në Jɔŋkulei në Thɔ̈ɔ̈th Thudän.

Kɔi tɔ̈u paan de Tuïc kedhie kannë Jiëëŋ yic, aaye ruëi ka kuɛɛt ken guik cök apieth në thaa de thiëëk lop kë keek duɔ̈k ke raan bï nyan ruëëi kek ŋiëi thiaak ke kui. Në kë kënnë ye yaath bï kɔi ruääi röt ya thiaak ke ke ŋic röt. Në ŋö ruääi aye gam ke ye kɔc nɔ̈k të cïnnë lɔ̈ŋ de dhoŋ kɔ̈u në kueer kënnë mar cïman tɔ̈u ë lɔ yɔ̈r ku kuɛɛr kɔ̈k yennëke ruääi guäl nyin ku muut ë nyin.

---

[59] Kääŋ de Jiëëŋ tɔ̈ në din de Paancol Deŋ Ajääŋ yic
[60] Din tɔ̈ŋ de diet ke Tuïc (Jokadek)

Ruääi aye thööŋ ku gam ayadën ke ye kɔc gɔ̈ɔ̈k ku yiɛ̈n ke bëcbëëc kuɔ̈r yiic cïman wään tɔ̈u ë akeeth ku tuanytuɛɛny kɔ̈k thëny röt dhuŋ de löŋ de ruääi kɔ̈u.

Aŋic ku apieth wään paan de Tuïc, akɔɔr ee kuat duɔ̈i piny të kënnë ye dɔc moth ku bï kuɛɛr ke të yennëke röt kɔ̈i thïn në yeen dɔc looi. Na cï awäny de ruääi root looi ke kɔ̈i de wëk de röt ee ye dɔc looi ago kɔi cï löŋ de ruääi dhoŋ kɔ̈u waak gu wei në awäny den, bïkkë lääu ku cïï kë cït ye kënnë root bï bɛr dhuɔ̈k thïn ku bï kɔi kɔ̈k kë tïŋ ayadëŋ man cïï yen pieth në luɔi.

Ruääi ee töŋ de kä ke cieŋ rïu ë Tuïc ka Jiëëŋ arët, ana kɔɔr bï pääk ago kɔc röt yaa thiaak, ke ka yennë nyuc piiny ku loi kä pëëk kë ke yeen ago kɔi kɔɔr bï kë röt thiaak cath ke ke lääu ku bï cïën adiɛɛr de kä rɛi ye dhuŋ de löŋ de kɔ̈u ke bëi.

Kueer dïït yennë ruääi kuëëk, muk nyin ku thiëi ë piny paan de Tuïc ku në piny mom ëbën, ee thiëëk. Dhiän ku wuɔ̈r tɔ̈u paan de Tuïc aacï ruëi luääŋ në kɛm yiic. Ku ke ruëi kë, aaye ŋïny de röt, riëëu, nhiëër, tïït de nyin në röt, kony de röt, gël de röt, wëëc de kä thiek yiic ke pïïr ku ŋiëi cieŋ në kɛm ke dhiän ku wuɔ̈r ke Tuïc juak/dhiit yic ku cɔk kë cath apieth.

Thiëëk ee bëi ku dhiän cï naŋ ruääi në kɛm ken cɔk piŋ röt, rïu kë röt ku ciëëŋ kë röt apieth. Ku na cï pïŋ de röt ku riëëu tɔu në kɛm ke bëi ku dhiän cï naŋ ruääi në röt, ke ka lëu bï wuɔr thiɔ̈ɔ̈r thook ayadën yen ye ŋiëi cieŋ pieth ë. Në ŋö aaye dhiän kek ka ye mëën ke wuɔr cïman ye kek wuɔr kek ye mëën ke akuut ku ye akuut mëën ke paan de Tuïc. Thiëëk të nɔŋ Tuïc, Jiëëŋ ëbën ku bëi juëi ke Apirïka acïï ye ya kë de kɔi thiak röt ke pëi ka bëi ken, ee kuɛɛt, bëi ku wuɔr mar thïn ayadëŋ.

Thiëëk athiek yic të nɔŋ Tuïc cïman thieek yen yic të nɔŋ raan ëbën tɔu në piny mom. Në ŋö yennëke kueer dïït tueeŋ de kueer cï ke guiir ku gam bïnnë röt ya köɔc ago kɔi röt waan në piny mom ku bï rin ken ŋot ë ke lök kë ke cɔɔl në mïth ken. Bï raan rin dön në tiɔp mom kannë kuat yic, aye Jiëëŋ lööm ku gɛm ke ye luɔɔi ril yic ëtör. Ku ye gäm yïn lë yë, ee köɔc cɔk thiek yic ë ŋui të nɔŋ Tuïc ku të nɔŋ Jiëëŋ ëbën.

Thiek de yic de, yennëka yennë raan cï thou ke kën thiëëk lök kääc abï naŋ kɔi ke. Ku yennëka yennë lök lɔ yör në tiŋ de raan cï nyin jäl në kuat yic të ŋoot ë tik ke dhiët, ago kuan de lök deem nyin ku bï many de ŋot ke lök ɣeer.

Raan ye Jiëëŋ kueen ke cï thou liŋliŋ, ee raan cïn mïth keen cï ke nyääŋ piny ku kënnë ber lɔ̈k kääc në kɔi ken ku jɔl ya raan cï tiŋ de waan ke cïn mïth ku cïn raan ber lɔ̈k lɔ ɣör në yeen në kuat yic. Ku kën tik ye mom lɔ̈k tak bï mïth ke lim në kueer dë të cïn yen raan de paan de cï guɔ lɔ̈k lɔ ɣör në yeen.

Kɔ̈ɔ̈c bï kɔc röt kɔ̈ɔ̈c yennëka yennë nyuc piiny në thaa cïnne riääk bën bï kɔc jam ku bï kiëët yic bï nyïrthii ku rörthii lɔ bii ye dï. Në ŋö riääk ee kä juëi ke pïïr nyaai në kɔc cin.

Ye kennë, yennëke jiɛɛm ë Ajäŋ de Duɔ̈ɔ̈t de Biöör ɣɔn në run de pawɛɛr (1962) ye "cakkë nyïïr thiak keek abac ---."[61] Ee luel ye kënnë në ŋïny ë ŋic yen yeen apieth man na rë ke wadëŋ de paan de Tuïc bï Tuïc naŋ ye nyin ku bï ŋot ke ye cɔɔl në kööl dë yennëka thiek yic awär kä cam keek në ye thaa aɣɔn në.

Ɣɔn cïnnë ye yök ke ye yi ye kë ë cï lueel ë, yennëka cï Tuïc ye bën looi cï të ë cï bäny Ajääŋ ye luɛɛl thïn. Kuëny de cök de, yennëka cï Tuïc bën cɔk dem ye nyin ku muk ye nyin agut cï ye kööl ë. Bäny pieth ku nɔŋ kë ŋïc, pel kë mïm ku rïu ë kɔi ken keek, aaye kɔi mac kë

---

[61] Wët de Ajääŋ de Duɔ̈ɔ̈t de Biöör ë lueel në ruɔ̈ɔ̈n de 1962 men ye ruɔ̈ɔ̈n de pawɛɛr. Nyooth yen kɔc mïm kuer yic bïk kë pïïr ku baai tïŋ në nyïn ke miäk ku bïkkë ke mïm cɔk bär.

keek kony në thɛɛ kedhie. Ku ka ye thiek de yic, piath de cieŋ ku kuɛɛr ke pïïr de Tuïc luɛɛl bii ku yiëk kë nhial në luɔɔi pieth den në kuɛɛr kuɔ̈r yiic.

Në kuɛɛr juëc, ke ka ye bäny kek ka ye dhuëëŋ, piath, rëëc ku aciëŋ de baai dɔc cɔk tiëi ku kek ka ye kuɛɛr ke cieŋ kɔɔr bï ke kuany yiic baai ku pïïr ë ke thïn kiëët yiic ku wɛr kë kɔc mïm thïn. Baŋ dïït de luɔɔi de bäny ke Tuïc abï wuau në dök/mëimëi, löŋ ku aguiir në cöök de diäk yic. Wɔ bï röt wël yic thieek de tïït de nyin, ŋiëi bï nhial, piööc, luɔɔi ku baliööth kɔ̈k ye cieŋ de Tuïc tuëët, ŋɔc kë ku cɔk kë pieth ë ŋui. Ku cɔk kë nhiɛɛr kɔi kɔ̈k, rïu kë ku nɔŋ kë piɔ̈ɔ̈th bï kë yaa baŋ de ye cieŋ pieth ë. Cieŋ ye ŋek mɛnhkënnë tïŋ ke nhiɛɛr, rïu ku kony në kuɛɛr juëi lëu keek.

Ku ye cieŋ cït yekënnë, yennëka yennë nyïïr juëi ke Tuïc thiaak në juɔ̈ɔ̈r kɔ̈k yiic ago kë ye cieŋ pieth ciëŋ ë paan dennë lɔ nyuɔɔth ku piööc kë në ye juur cïnnë ke thiaak thïnnë yiic.

Pacɔ̈k, ŋiëi cieŋ ku thiek de yic de pïïr de Tuïc, aye wër de Magäi Alën de Juac mar yic, wër ë lueel në rëër de Tuïc yic në Bïktoria Athuruelia (2009) ye "thiek de yic de cieŋ de Jiëëŋ tɔu në Jɔŋkulei, atɔu paan de Tuïc. Në ŋö tiŋ ye puɔ̈l paan de Nyarweŋ, Ɣɔ̈l ku Boor aye Tuïc bën lööm ku thiɛɛk ku cieŋ paan de apieth ke ye tiŋ thiek yic. Ku tiŋ cï Tuïc cuër kɔ̈u wiën ee yic riɛl ëtör bï bɛr dɔc lɔ thiaak Boor, Nyarweŋ ku Ɣɔ̈l."⁶²

Në ŋö Tuïc ee min piny arët në wël, ee kë mɛɛn muɔ̈k yiëëc në kam bäär yic ë ŋui, ee käŋ gïïr ku ke kä juëc pär mïm ku nyieeŋ ke thook ago cieŋ cath apieth ku ka cïï käŋ ye dɔc päär yiic ku deem ke yiic. Aman dhiɛɛu wei ku tuɔ̈ŋ de root/yoot. Tuïc athiek ë ŋoŋ, acïï ye cicëcic ke diäär, riu keek, ɣoor ke gu ku ka cïï ye kɔɔr bï kë looi tik ëbën ŋi nyin. Aye ke weei ku cɔk ke lääu ë ŋui në luɔi ku tïŋ de kä bii yiic ku kä juëi kɔ̈k ye nyïn keek në cieŋ yic.

Në kuɛɛr juëc, ke piath de kä ye Tuïc ke looi kedhie, adït nyin në ŋiëi bï nhial yic ku ŋiëi piööc de röt në kä pieth ke cieŋ ku kuɛɛr loithook ke pïïr. Ku tëëu cïnnë dhuëëŋ, ŋiëi muŋ de röt, rïu de kë de raan dë ku tïït de nyin në röt tääu tueŋ. Ku kënnë guël de nyin në kä ye looi yiic, aɣorɣor, anyiɛunyiɛu, thɛɛŋ, cook de cin, jam në wël kɔ̈th ka kööny ɣɔ̈ɔ̈r yic, yuur, tör ku cuëi de lueth ku tiɛɛlanyääk cɔk nyuc ku pëllë keek në thöny de baai mom.

---

⁶² Magäi Alëu Juac (2009) ee luel ye wët në yan de miɛt de piɔ̈u yic në Bïktoria. Yan de miɛt de piɔ̈u nyooth ë Tuïc cieŋ de ku kuɛɛr keen ke pïïr.

u) Tïït de nyin

Cïman de baliööth kɔk tɔ̈u në ye akur ë yic, ke tïït de nyin në röt, kä ke pïïr ku cieŋ në kɛm yiic anɔŋ të dïït de në cieŋ de Tuïc ku pïïr de yic. Tïït de nyin acï nai ku tɔi ë në abëër ke cil, cieŋ ku mäny de röt yiic kedhie. Cïman cï yen root nyuɔɔth në ye baliööth kɔk cï ke wuau nhial kë yiic, tïït de nyin aye gɔl në liëc yic alɔ gut në thuɔɔu yic ku në kaam de raan ke raan alɔ gut në jur ke jur ka baai ke baai. Ku në thɛɛ thook kedhie në ɣän kedhie. Në piath yic ku në riääk yic, në tɔŋ yic ku në döör yic, në cɔk yic ku në loi yic ku jɔl ya thɛɛ juëi kutëkut yennëke nyïn tïït në röt ku kɔɔr ë ke kuɔɔny në röt baai.

Ba cuɔɔt yic, ke kueer dïït yen ye tïït de nyin në röt, kony de röt ku jɔr de röt nhial nyuɔɔth paan de Tuïc, ee mëi ku gëm de röt kän në kaam cek yic ku kaam bäär yic. Në cieŋ de Tuïc yic, ke kɔi nɔŋ kä juëc baai, në kuat yic ku määth yic, aaye kɔi nɔŋ kä ŋɔ̈ŋ keek tïŋ ku tïŋ kë kuɛɛr lëu bï kek ke kuɔny thïn ke cïn yɔɔr de röt. Aalëu bï kë ke yiën kä ŋëŋ kë ke në thɛɛ kɔɔr kek ke keek. Ku kaa lëu bikkë ke kony në kuny bäär yic, kuny lëu bïnnë ŋɛ root bɛr lɔ cɔ̈k piny ku lëu root në kuny ye tök. Ye kuny bäär yic ë yë, yennëka nɔŋ yic mëi de röt yɔ̈k ka ba raan gäm kë lɔ ŋuäŋŋäŋ wën lëu bï yen pïïr de lɔ gɔl cök ka bï ye tiɛɛt agut cï bï kë pieth de yök.

Tïït de nyin në röt yennëka nɔŋ yic bï nyan kaai dhuɔ̈k mom paan den bï lɔ dhiët, nyueth de mïth ka leer den në bëi ke ruääi yiic cïman de panëër ë den ka bëi ke wac ken në thɛɛ kɔ̈k. Në kueer dë, ke yennëka nɔŋ yic adhukwïïn, aruëëth --. Yennëka nɔŋ yic röm ka meeth. Kɔi kɔ̈k nɔŋ kä juëi röŋ ke, aaye rɔm në kɔi lik kë kä ken keek ago kë kë dak nyin thiöök yic. Yennëka nɔŋ yic muthmuth ka tuëny bï ŋɛk ŋɛk cöɔ̈l të de ago kë bën bɛr rëër ke ke cï ke gu päl piny apieth.

Muth ayadëŋ, në kuɛɛr juëc të nɔŋ diäär, ke ka nɔŋ kueer pieth loithok ye kek ye luɔɔi thïn në thɛɛ kɔ̈k. Cïman na nɔŋ mïëth loithok cï tiŋ de paan ë thaan ke ka tɔk kë lɔ kuthuŋ në agok yic ku tëëu. Ana cï kä keen në ke looi keek bii thöl, ke ka jɔr thok ku yiën tiŋ wuun ka jerän. Tïït de nyin yennëka nɔŋ yic bï raan liu täu mïëth ku bï diäär abɛɛr ku kɔi niɔp kɔ̈k töu baai ŋiëi tïŋ apieth ago ke ciëë yɔŋ ke ŋic. Ana nɔŋ mïïth tek keek töu cïman de mïïth ke thiëëk, kä ke dhiën ku mïïth yaath, ke ka yïn në ke kä ye nyïn keek. Tïït de nyin, yennëka nɔŋ yic näŋ de riɔ̈ŋ bï raan riɔŋ nɔ̈k të cï yen wut tïŋ ke cï nyin kuur...

Tïït de nyin, yennëka nɔŋ yic jiɛ̈ɛ̈m de röt bï raan lëk kë kony yeen, kë wën lëu bï pïïr de waar ka bï pïïr de cɔ̈k piny. Ku cïï ye nyuun de guɔ̈u ka wer piny bï kɔc ke kɔ̈th cäk kä cïï ye yith. Yennëka nɔŋ yic nëm ku jɔ̈ny de röt duɔ̈k ke ŋɛk bï löony ayämkär yic ke ŋic ku jɔl ya kuɛɛr juëi cïï ke lëu në kuën yennëke tïït de nyin në röt luɔɔi thïn në cieŋ yic paan de Tuïc.

Tïït de nyin yennëka nɔŋ yic duëny de röt nyïïr ka määth. Aye Tuïc looi arët bï nyïïr ka wët ke kɔi nɔŋ kä anuaan keek në ye thaa thiinnë duäny wët ka nyïïr ke kɔi ye ke tïŋ ke ke pieth ë pïïr ke keek në ye thaarë ayadëŋ. Aye looi ya ya agonnë röt bëi nhial, gël röt ku dɔm ë kɔc ke kök nhial në kä juëi ye nuëën ku dɛk kë nyïn në cieŋ de baai yic.

Tïït de nyïn në röt yennëka yennë röt kuɔny në kä ye ke looi baai yiic, kä kɔɔr ajɔ̈r ka män de cin. Kä cït man de thië de thiek, luɔi de cäär ka gëëk, puɔ̈ɔ̈r de dum, luɔi de atïïp, thär de tɔŋ roor, jön de akär, yäp, jön de mëi, kɔ̈ɔ̈r de piny bï cieŋ, bï γɔ̈k ka läi kɔ̈k ye mai kɔ̈ɔ̈r wal ku pïu, gël de baai ku toc ku badhɛɛl juëi kɔ̈k ye nuan dɔc bëi baai --.

w) Bïï nhial ka yiɛ̈k de röt nhial, piööc, luɔɔi --

Kɔc kedhie kɔi tɔ̈u në piny mom, aa nhiaar pïïr pieth thiek yic nɔŋ ye yic ë ŋui. Në piny mom ëbën, ke ka cïn kɔi lëu ba ke jal yök ke ke cïn nyuɔ̈th de kë bïkkë luɔ̈i röt ka të kɔɔr bï kek tɔ̈u thïn. Ee nyuɔ̈th ku ŋäth të nɔŋ kɔc kedhie bïkkë naŋ pïïr pieth në luɛɛl de ëbën. Pïïr pieth, anɔŋ yic bakkë naŋ piny duɔ̈n ka paan ye cöl week ku lɛ̈ɛu we mïm thïn kënnë we nhiaac. Bakkë naŋ thoŋ adöny duɔ̈n ye we jam ku ya kë göör ku kä ye naŋ thok ke yiën kɔc. Bakkë piöc apieth në kä ke cieŋ ku kuɛɛr kuɔ̈ɔ̈n thiek yiic ke pïïr ku kä ke kɔi kɔ̈k tɔ̈u në piny mom röŋ në cieŋ duɔ̈n ku kuɛɛr kuɔ̈ɔ̈n ke pïïr. Bakkë naŋ kä pieth ke pïïr, pial de guɔ̈u ku jɔl ya kä juëi pieth kɔ̈k kɔɔr pïïr keek në piny mom.

Bï kɔc ke kä kë yök, ke ka kɔɔr bïkkë naŋ akir pieth de pïïr ku ŋic kë kuɛɛr lëu bï kek ke kä kɔɔr kë keek kë yɔk thïn. Bïkkë naŋ män yi ku gäm de röt lɔ kueu kënnë gɛɛi në pɛl kööny kɔu. Në yi ë gut, ke ka ŋic ku apieth, acïn kë köc yic në yök në pïir yic. Käŋ kedhie kä thiek yiic ye pïir ke guik baai cïman wën cïnnë ye kɔn lueel tueeŋ ë, aa kɔɔr pïŋ de röt, män de cin, riɛl de piɔu, pɛl de mom ku täŋ pieth, luɔɔi arët, kɔm ku thiëër de röt, gɛm de röt në luui de baai ku kɔi töu thïn, liɛɛr de piɔu ku jɔl ya gäm bakkë röt gam man na rë ke cieŋ duɔn ku kä yakkë ke looi thïn kaa ye yith ku thiek kë yiic aakaa cïï lëu bï we ke piɔth lääny në kä lei ku wiɛk kë röt në kuɛi. Luɔi kë röt ke we ye kɔi yɔr ku ka ŋic ku "yöör ee luɛɛk dhiëët."[63]

Ke wɔ ye kɔc, ke kä juëi yuku ke yaath ku loi ku keek, aaye kä yuku ke gam ke ke bï wɔ yiɛk nhial ka kä bï wɔ cɔk këi të thööny dë ku yïn kë wɔ miɛr de piɔu ku yöör de mom në kaam bäär yic ë gut. Kekäkë, kek ka nɔŋ yiic ŋiëi bï nhial, piɔi ka nyuuth de röt në kä ke cieŋ ku luɔɔi.

Në kuɛɛr juëc ë ŋui, ke piath de cieŋ ku yic thieek de ka nï në ŋiëi bï nhial de röt yic. Aŋic ku apieth, bï nhial de raan acïï ye lon köc yic. Akɔɔr kä juëc arët në biäk de kɔi ye kɔc dhiëët, cïman de luɔi arët ku gɛm de root. Bïï

---

[63] Kääŋ de Jiëëŋ.

nhial de raan, ee root gɔl në adhiëët yic. Të liɛɛc ë tik, ke ka yennë nyïn tïït arët në yeen. Ye mïëth ŋö bï cam ku ye ŋö lëu bï looi ku ye ŋö cïï lëu bï looi. Kekäkë kedhie, aaye ke looi në tïït tïït ë nyïn në yeen ku mɛnh liɛɛc yen. Ku na lɔ meth dhiëët, ke ka ye luɔ̈i kä juëc ë ŋui. Në aköl riëëc thok ëbën, ke ke lon de man ë meth ku kɔi tɔ̈u baai kennë yeen bïkkë nyïn tïït në yeen. Bï tiit në mac, pïu, käm ku kä juëi kɔ̈k lëu bïkkë pïïr de cɔk ril yic ka bïkkë dɔc teem kɔ̈u.

Në yi pacɔ̈k, ke ka nhiɛɛr raan ëbën bï mɛnh de cil apieth. Në cil apieth yic, ke ka nɔŋ yic bï meth bï nhiaar ku tïït ë nyïn arët në yeen, bï cääm në mïïth pieth bï guɔ̈u de cɔk cil apieth ku cɔk kë ril, bï rëër të cïn riɔ̈ɔc ku adiɛɛr de kë lëu bï pïïr de kuɔɔr nyin ku rook, bï piɔ̈i kä thiek yiic ke cieŋ den ku kuɛɛr ke pïïr cï ke yaath piny den, bï tääu në thukul pieth yic ku jɔl ya kä juëi kɔ̈k kɔɔr keek në pïïr de yic. Ɖïëi bï nhial de raan yennëke ŋïëi piöi de bëi, në ŋö mɛnh ci ŋïëi muk yennëke piɔ̈u yemyem arët ku ɣɔ̈ɔ̈r mom apieth aka lëu bï kä juëc dɔc ŋi ku deet ke yiic.

Cïman cï wɔ ye tïŋ nhial ë, ŋïëi bï nhial de raan ka meth athiek yic në kuɛɛr juëc arët ku ka kɔɔr cin juëc.

Yennëke cɔɔ̈k de bï nhial ka yiëk nhial de baai ayadëŋ. Akɔɔr tïït de nyin bï kɔi ke baai nyïn tïït në yeen ku bïkkë kä lëu bïk kë ye nyoŋ cök ku cɔk kë wiëëk, ku muk kë ye piny ku riäk kë yïk nhial de gël wei. Baai akɔɔr bï koot ku dem nyin në ŋëër tueŋ de nhiëër de luui de ku kɔi tɔu thïn ku luɔɔi de kä pieth. Kä pieth wën ye cieŋ cɔk cuai ku cɔk kë ril cïman tɔu ë nhiëër de röt, nhiëër de baai ku tëny de yi yic. Aŋic ku, paan yennë kɔc ke liëp cɔk bär në jiɛɛm bɛɛŋ, lei bëël γɔ̈ɔ̈r yic, tïl de röt yith ku thäny de wël thäär ayennë cieŋ nuëën thïn amääth. Në kë yennë gäm de röt ku weei de röt niöo̠p në thɛɛ kɔ̈k.

Aŋi Tuïc apieth, man yennë cieŋ pok, pith, piɔk, dɔp ku dem nyin në ŋiëi rëër, riëu/atheek, gäm de röt, mïïth de röt në wël yith ku jɔl ya kä juëi pieth kök wën ye cieŋ ku pïïr cɔk cil ë cök ku ciɛth apieth. Luui de baai, aye Tuïc tääu tueŋ arët në kä ye ke looi mïm kedhie. Ku kɔi ye baai luɔ̈ɔ̈i në kuɛɛr kuɔ̈r yiic aye Tuïc ke döt, leec ke, piɔɔny keek ku cööc ke rin në kuɛɛr juëi loithook yennëke röt jar nhial në cieŋ yic ku muk kë ke kä thiek yiic ke baai.

Kɔi ril yiic arët paan de Tuïc ku kek ye kïn de liɛɛr de piɔu ku gɛm de röt në luui de cieŋ ku pïïr de baai, aaye kɔi ye nyïn tïït në kɔi niɔp ku kä kɔ̈k ke pïïr töu baai. Cïman de raan ye ɣɔ̈k niɔp ku dɛɛu ke ɣɔ̈k cï dön ciëën në kuëëth yic lɔ̈k thiëër abï ke kuëëth wur. Ye raan në, aye ŋuen ku thek arët në luɔɔi ye looi. Acït ke ye lon thiin koor ye ya ku yennëke kërkëër ku nyooth de këriëëc thiek yic ëbën në cieŋ ku pïïr de Tuïc yic. Në kë yen nhiëër ku tïït yennë nyïn tïït në röt ku kä ke pïïr töu baai nyuɔɔth. Bï raan ye luɔɔi kënnë looi apieth, ke ka kɔɔr bï naŋ ŋïny loithok në cieŋ yic ku nɔŋ piöu aduek ku nhiëër de luui de baai ku kä nï thïn.

Ba naŋ ŋïc në kä ye cieŋ du ke yaath, athiek yic ë ŋui, në ŋö ee yï cɔk rëër ke yï lääu ku ŋic kë loi. Ɖïc akuɔ̈t yic, anɔŋ ŋïny de käŋ ba naŋ adön ye yïn käŋ dɔc ŋuen ku det ke yiic. Ɖïny de thok ku piny kɔ̈k, ŋïny de kä töu paan duön ku bëi kɔ̈k ku jɔl ya ŋïny de kä juëc kɔ̈k töu në ɣän piiny ku ɣän nhial ke piny cieŋ raan. Naŋ ŋïc të lueel ë yeen në kueer dë, ke ka ye cɔl piöi. Bï kɔc piöi në kä loithook ke cieŋ den ku kueer thiek yiic yennëke pïïr kuany cök thïn piny den ku ɣän ke piny mom. Paan de Tuïc anɔŋ kueer ka ɣän juëi yennëke röt piɔ̈ɔ̈c ku gëm ë ke röt ŋïny de kä ye looi thïn.

Të tueeŋ de ɣän yennëke piöi lööm thïn ee baai. Kɔi ke paan duɔ̈n, ke ka ye kɔi tueeŋ ye yïn ke thoŋ du kɔn ŋic të nɔŋ keek. Meth ëbën ee thoŋ de ŋic të nɔŋ man ku wun ku kɔi juëi kɔ̈k tɔ̈u baai kennë yeen. Kek ka ye kɔi tueeŋ ye yï kɔn nyuɔ̈th kä thiek yiic ye ke looi në pïïr yic, nyuth kë yï ruëi ku, dhiën duɔ̈n, wun duɔ̈n, piny duɔ̈n, paan duɔ̈n ku kä kɔ̈k ke cieŋ kɔɔr keek në pïïr yic. Bïï nhial de meth paan de Tuïc cïman yennë ye looi në ɣän juëi ke Apïrïka, ee ya lon de kɔi juëc në kuɛɛr juëi kuɔ̈r yiic. Acïï ye kë de yï wun ku man de meth cï ye man tɔ̈u yen ëmanthiinnë yë në ɣän kɔ̈k ke piny mom.

Kueer dë yennë ŋic yök, aye yök të nɔŋ kɔi riëëc në yïïn. Kɔi riëëc në yïïn, aaye we ke pol ku ka ye we ke kä juëi kɔ̈k looi në tök. Aaye we ke biöök në thök, dɛɛu ku ɣɔ̈k në tök të ye yïn raan ë yï dït wur ka diëët ë baai. Aaye we ke lɔ në thukul yic në tök ku looi we ke kä juëi kɔ̈k. Ku në ye thɛɛ ye we ke tɔ̈u në tök kë, aaye we ke kä juëc piɔ̈i röt, kä wën lëu bïkkë we kuɔny në pïïr duɔ̈n yic ku rïc kë aciëëk kuɔ̈n ku täŋ duɔ̈n në kuɛɛr juëc ë juëijuëi.

Kueer de diäk ku yen ye kueer dïït yen yennë ŋic lööm në ye mɛɛn, ee thukul. Në thɛɛ tueeŋ cï lɔ, ke kaa cïn ɣän ke gäär ë ke cï ke week bïnnë ke kɔc ya piɔ̈ɔ̈c thïn. Në ke thɛɛ yɔn kë, ke mïth aake ye ke guïïr akökööl ke kä cï röt looi në cieŋ ku pïïr de baai yic ku kɔ̈k thiek yiic ke pïïr në bëi ken ku në wuɔ̈r ken yiic. Në thɛɛ kɔ̈k, ke mïth cï ŋuëën ka rörthii aake ye mar mïm të tök ku bï ke piɔ̈i lööŋ ku akökööl ke dhiän ken ku wuɔ̈r ken ka juur ken. Ku të ë yennë kä juëi kɔ̈k luɔɔi thïn paan de Tuïc.

Aŋic ku, luɔɔi ee kë thiek yic në pïïr de raan yic ku baai. Kɔc kedhie ye tiam, aaye kɔi ye luui arët ku nɔŋ kë piɔ̈th aduek ku aŋuɛm ku lëëu kë mïm cïn kë yɔŋ ke. Luɔɔi yennëke kɔc, wuɔ̈r, juɔ̈ɔ̈r ku cieŋ tɔu në piny mom cɔk ŋic keek ye kek ye yï ŋa. Në ŋö kɔc aaye ke piŋ ku ŋic keek në kä yï kë ke looi piny den. Luɔɔi atëk yic, anɔŋ luɔɔi wur, luɔɔi baai ku luɔɔi de akutnom yic. Luɔɔi baai ka luɔɔi de kä ku, anɔŋ yic ba dom du puur ku com, ba atïïp ku yïk, ba mïth ku muk apieth ku jɔl ya kä juëi kɔ̈k thiek yiic ye ke looi kɔɔr cieŋ ku pïïr keek.

Paan de Tuïc, acïnnë ŋiëi luɔɔi ku luɔɔi arët yaath thïn cïman ye kɔi kɔ̈k ye looi në ɣän ken. Cïman nɔŋ yen kɔi ŋic keek arët në kä ke tëët yï kë ke looi, puɔ̈ɔ̈r ku kä juëi kɔ̈k. Aye Tuïc gam man na rë ke ŋiëi luɔɔi ku luɔɔi arët ye cieŋ ku pïïr cɔk cath apieth ku cɔk kë rin ke baai piŋ në ɣän kɔ̈k. Tuïc ee cïï tiëi abac piny de Thɔ̈ɔ̈th Thudän, ee tiɛi në cieŋ pieth loithok de ku luɔɔi pieth thiek yic ye kɔi ke looi. Tuiɛi aaye luui në awaiyic në piɔ̈n cïn yic tiɛɛl ku cïn yic dhur.

Në piny mom, ke kɔc aaye ke ŋic në kä pieth cï ke yaath ku yï kë ke looi ka kä rɛi yï kë ke looi. Kɔi ke paan de Tuïc aŋic keek arët piny de ThɔɔthThudän në jam ku kuëny deen de yith cök, në nhiɛ̈ɛ̈r deen nhiɛ̈ɛ̈r kek kɔi kɔ̈k kä pieth ken, riɛl de piɔ̈th ken, pel de kek mïm ku nhiɛ̈ɛ̈r deen de luui de kɔc ku baai.

Luui bï baai ku kɔi tɔu thïn luɔ̈ɔ̈i, aye Tuïc ŋuɔ̈ tääu tueŋ në käŋ mïm kedhie në ŋö yennëke kueer dïït yen yennë raan nhiɛ̈ɛ̈r deen de baai ku kɔc nyuɔɔth. Ŋiɛi luɔɔi ku riɛl de piɔu aaye ke cööc ku cuai keek në kuɛɛr kuɔ̈r yiic paan de Tuïc. Bï yic ciɛk, ke baŋ dïït de luɔɔi, ye ŋa ye ŋö looi baai, në kuat yic, wur ku jur yic abukku lɔ yök në cöök de diäk yic në ye athöör ë yic. Kë bukku guiir ë commom në ye cök, ee yic thieek ku loithok de rën de yi yic, muŋ de yen mom, looi de bii ku gël yennë ye gël.

y) Luɛl ka rën de yi yic.

Në cieŋ de Tuïc yic, ke kë dïït yen thiek yic ë ŋui, ku yen yennë Tuïc ya jur len, juɔ̈ɔ̈r duguïïr, ee jam në awaiyic ku muŋ de yi mom. Tuïc anhiaar jam në kë bï yök miäk ku ke kɔ̈ɔ̈c ë cök në kë ye gam ke ye yi yic, ana cɔk ye yi ë cath ke thuäŋthuäŋ.

Në run athën kënnë Tuïc liääp arët ke juɔ̈ɔ̈r kɔk, ke cïl de wël yiic, jam lɔ riäuriäu ku kum de lueth kɔ̈u, aake kor nyïn ë ŋui. Liääp de Tuïc ke juɔ̈ɔ̈r kɔk niɔp ë baliɔ̈ɔ̈th ken keek, acï aguälguäl, awaŋwaaŋ, apotpot, aruenyrueny, acämcäm, adhuɔɔm ku atiërtiër cɔk cak röt të nɔŋ yeen.

Muŋ de yi mom ku rïu de kë cï lueel anï në cieŋ de Tuïc piɔu cil yic ku yennëke wuɔɔr de dhuëëŋ nöök ayäŋ de cieŋ de në ye mom. Raan alëu bï kë de raan dë lööm ku lueel ye ka ba bëi miäk këër ku muk mom apieth ana miäk lɔ ye thaar ë bën ke ka tiiŋ thok cï të ë cï yen ye ruɔ̈k thïn wään.

Muŋ de yi mom, yennëka yennë ŋɛ weŋ cï mäi yeen në raan dë tïŋ apieth ku gɛm në awaiyic agut kä cï ke dhiëët të kɔɔr ë raan de yen yeen bï dhuɔ̈k ciëën.

Yennëke yennë alei luɔk yi të nɔŋ yen yi de ku luk kë mɛnh de baai wei. Bï nyuɔɔth man na rë ke thokduël acïï pieth në luɔi në cieŋ yic. Muŋ de yi mom yennëka yennë kä ye maar cï ke kuany ka cï ke yö dhuɔk kɔi nɔŋ keek. E ril yic ë ŋui wäänthɛɛr paan de Tuïc bï weŋ de raan dë cï mëër në ɣɔk yiic guäl piny ka bï liɛɛu.

Muŋ de yi mom ku looi bii de, yennëke bäny ŋäär baai cɔk riëu ë ke, të ye kek yi luɔɔi bii në awaiyic, kën kë agutic/akumthok ka tökakötic cɔk duäŋ keek. Ɖïny de yi ku thëk de yennëkë kɔi juëc cɔk rïu akɛɛth ke cieŋ ku kä ke pïïr ke kɔi kɔ̈k--.

Yennëka nɔŋ yic, rïu de yiëth ke wuɔr kɔ̈k ku kuɛɛr yennëke keek duɔɔr thïn ku jɔl ya kä juëi ye looi bii de yi ke cɔk lëu röt në kuëny de cök paan de Tuïc.

Muŋ de yi mom ka muŋ de kë cï lueel ka kë cï ru yennëke nyïïr juëc cɔk du dhiɔɔp piny ke ke tit röör ë ke cï kek ke aruk ru (pɔrɔmith) ke ke bï röt thiaak ka yennëke röör juëi cï nyïïr meek ka mëi kë ke kɔ̈th cɔk dhiil keek në thiëëk.

Muŋ de yi mom, yennëke kɔi cï yök ke ke lɔ rëër në ɣän lei cɔk dhuk röt piny den të cïnnë kë ë cɔk ke wan paan den mom lɔ piöröu bii. Yennëke kë cï ru në kaam de baai ke baai ka wut ke wut cɔk rïu ë ku muk mom apieth.... Ba toot, kë bï wɔ röt wɛl thïn në ye mɛɛn aaye kä cïnnë ke ye daai në cieŋ yic ku ka ye cieŋ de Tuïc ku pïïr de kuaath ku geer kë cïman ye kek cieŋciɛɛŋ kɔ̈k kuaath.

3. Kä (baliööth) cïï ke ye tïŋ ku ka ye cieŋ kuaath.

Ke baliööth bukku ke tïŋ ë commom piiny ye tënnë yë, kek ka geei ë cieŋ de Tuïc ke root arët cïman geei ë cieŋ kɔ̈k ke Jiëëŋ ku cieŋ juëi ke kɔi tɔ̈u në piny mom röt në keek. Në ŋö kek ka ye makgënetik ka makkanatïny ye bëi, mëithook, dhiän ku wuɔr ke Tuïc miɛ̈ɛ̈t të tök. Ku kek ka ye kɔi juëc arët cɔk tit röt ku kek ka nɔŋ cin dït gö në bën ku luɔɔi de kɔnkɔ̈ɔ̈c yic ka kɔr wei në kë loi yic ka ba yi de baai päl wei.

Kë yennë kɔnkɔ̈ɔ̈c lueel, ee bï kë loi root kɔn deet yic ku guik cök apieth ke cïn kë cï guɔ looi. Në ŋö acïn raan nhiaar yeen bï kë dë yör köu në luɔi ku bï ye lɔ riɔ̈ɔ̈k guɔ̈u ku yïn yeen ayäär në thök de. Ku ka cïn raan nhiaar yeen ayadëŋ bï pol në dhuëëŋ ku lei de në luɔɔi de kä cïn ke yiic këννëke guik cök apieth.

Kë yennë Tuïc kɔ̈nkɔ̈ɔ̈c cɔk ŋäär arët awär akuut juëi kɔ̈k kë, ee duɔ̈k ke ciεεŋ määth, aduk, nhiëër ku kä juëi thiek yiic rɔm keek në kεm yiic bï ke riɔ̈ɔ̈k në meek de yic, kuɔ̈i cïl de wël yiic ku thööŋ de yic de kä cïï ye yith ku cäŋ de lueth. Ayadëŋ, acïï Tuïc nhiaar ë gut bï rin ke riääk abac në ciεεl yic në räny yennë kän rɔ̈ɔ̈ny kɔ̈th ke ke këννëke caar yiic apieth. Kä wën lëu bïkkë dhiën de piɔu ku agääk de röt lɔ bëi në akër. Në kuεεr juëc, ke ka ye Tuïc nhiaar bï kän yi kɔn ŋi ke ŋot ke cïn kë cï guɔ looi. Bï yic cëk, ke ke kä töu piiny kë, ke ka ye baliööth diëëŋ ke kä cïï ke ye tïŋ yiic.

a) Riɔ̈ɔ̈c de guɔu ku rïu de root

Në cieŋ yic ëbën, ke ka nɔŋ kä cïnnë ke ye daai ku ka ye cieŋ ku pïïr de baai kuaath ku geer kë. Kek ka ye kä ye looi baai cɔk lëu röt në luɔɔi. Kek ka ye kɔi muɔ̈k wei ku tit kë ke nyïn bï kë ciëë nyaap në γän muɔɔny cïn raan γoi keek ku thεε cïn raan den ke ke. Ku kek ka ye kä juëi ye ke gam ke ke ye kɔc riɔ̈ɔ̈k gu cɔk nyieŋ ke thook në luɛl ku luɔi, në kë ye kek ayäär ku riɔ̈ɔ̈c de guɔu bëi të lee kek tï wadëŋ.

Në yi ë gut, na cïn nhiëër de röt, dhuëëŋ de piɔu, gäm de röt, riëëu ku baliööth juëi kɔ̈k tɔ̈u në ye akur ë yic, ke cieŋ de baai acïï lëu bï luui apieth. Paan de Tuïc cïman ŋi wɔ yeen, ayennë rïu de root bï raan root riëu ku theek kɔi kɔ̈k lööm ke thiek yic ë ŋoŋ. Ee rïu de root ku riɔ̈ɔ̈c de guɔu yennëka cïn yen raan lëu bï kë thaŋ ka kë lɔ bäyäŋ dɔc looi. Në ŋö na loi kë lɔ bäyäŋ ke ka bï yï riɔ̈ɔ̈k guɔu ku riëëk yï rin ku rin ke baai, kuat ku wun duɔ̈n. Rïu de röt yennëka yennë röt theek ku theek kë kä ke cieŋ ku kä yennëke pïïr nï baai.

Athën, ke raan acïï lëu bï kä ke raan dë kuɔi lööm në kueer cïï ye yi. Ee riɔ̈ɔ̈c de guɔu ku riääk de guɔu yennëka cïï Tuïc kä juëi wën ye ke gam ke ke cïï pieth ye looi. Aril yic arët wään paan de Tuïc bï raan thi ka nyan thi cam ke cath. Anɔŋ mïïth pieth kɔ̈k cïï kɔi cï ke rääk lɔ tueŋ ke ye bɛr cam në kë yennëke lööm ke ke ye kä ke mïïth. Yennëke cɔ̈ɔ̈k de loilooi, anɔŋ loilooi cïï kɔi dïr ye röör ke ye bɛr looi në kë yennëke gam ke ke ye kä ke mïïth ku diäär thɛɛ kɔ̈k.

Në yi pacɔ̈k, ke ayäär/riɔ̈ɔ̈c de guɔ̈u ku riääk de guɔ̈u, aaye mëën dït thiek yiic ye löŋ ku aguiɛɛr de mäny de röt cɔk köc yic të nɔŋ kɔi ke baai. Dïny ŋi ë kɔc yeen ku muŋ ye kek ye muk në ke mïm man yennë kä ye kuɔ̈i looi ŋuen, muk keek ku ker ë ka leeŋ ë ke kɔc në thɛɛ kɔ̈k miäk, ee ke cɔk tit röt në luɔɔi de kä cïï pieth. Kën yennë röt ker paan de Tuïc ku cuëi kënnë kuny de käŋ, thɛɛŋ ku bɛɛr de cin cuaai, ee kɔi juëc cɔk rïu röt ku them ŋɛk bï rin ke, rin ke paan den ku rin ke wun den gël në kuɛɛr kedhie të lëu yen yeen. Gël de rin ke kɔc, yennëke ŋiëi cieŋ ku riëëu cɔk tɔ̈u në kɛm ke kɔc, bëi, mëithook, dhiän, wuɔ̈r ku juur thiääk. Ku yennëke lööŋ cï ke tääu piny bïnnëke röt dɔk cɔk kuany ke cök.

Në ŋö yennëke cieŋ në kɛm ke kɔc cɔk lɔ tueŋ apieth ku cɔk cath ë cök. Në kë ŋic ë ŋɛ nyin ye nyin de baai, në kuat yic, wut yic ku në jur yic. Paan de Tuïc acïnnë riëëu ku tiët de röt ye cath në kueer tök, aaye ke wääc në kɛm ke kɔc, raan ëbën ee root theek. Meth athek raan dït ku raan dït athek meth. Tik athek root ke mony de ku kɔi ruääi në keek kedhie. Baai ke baai, wut ke wut ku juur thiääk në Tuïc aa thek Tuïc keek ku ka ye ke lööm ku tïŋ keek ke ke thöŋ në yeen ku cït kë yeen. Ku na cït kë yeen, ke ka ye nhiaar bï ke theek agut cï kä kɛɛn ke pïïr cïmɛn de yɔ̈k ku kɔ̈k tɔ̈u në keek.

Në cieŋ de yic, ke Tuïc akën bï mïth de raan dë lööm në kueer ye gam ke cïï ye kueer pieth ku cïï ye yi kɔn yaath. Aɲi Tuïc apieth, ciën rïëëu në kɛm ke kɔc ee cieŋ cɔk lɔ yop, cɔk lɔ jɔmjɔm, cɔk lɔ döördöör ku cɔk daak nyin ka mëër cök abï liu. Rïëëu arɛ ke dhuëëŋ ku dhuëëŋ de piɔ̈u, në ŋö na ye piɔ̈u adhuëŋ ke yïn ye wänmuuth ku nyankuui nhiëër kë pieth de ku rïëu ë agut cï kä pïïr yen ke keek.

Rïu de röt, ayennë kä ye röt wuɔ̈ɔ̈c në cieŋ yic kuany cök apieth ke kɔc cï ke mïm tɔ̈ɔ̈u piny. Aye Tuïc gam man yennë rïëëu, nhiëër, kok de röt, dhuëëŋ de piɔ̈u, lei ku baliööth pieth juëi kɔ̈k ye ke yaath, kek ye cieŋ ku pïïr de baai tuëët ku ŋɔc kë abï ya kë pieth ë ŋoŋ ku cɔk kë we cɔk lëu kɔi kɔ̈k ke në nhiëër ku rïu kë week. Liɛɛr de piɔ̈u, ciën bɛɛr de cin ku ciën rɔ̈ɔ̈t në kë pieth de raan dë, ee cieŋ cɔk lɔ tueŋ apieth ku lee duäny. Ku cɔk dak de piɔ̈u, diu de yic, thööŋ de yic ku jam në wël kɔ̈th cɔk koor nyin. Ku cɔk nhiëër ku gäm de röt ŋuak ke yiic në kɛm ke kɔi ciëëŋ röt.

e) Nhiëër ku Rïëëu

Rïëëu ku nhiëër, aaye baliööth cïï ke ye tïŋ ku kaa ye lon den ke tï në abëër ke cieŋ yiic kedhie. Bï kɔc rëër apieth baai, kɛm ke bëi, dhiän, wuɔr -- ke kaa kɔɔr bï kë röt nhiaar ku rïu kë röt ku kuɛɛr wuɔi yiic ke pïïr kuany kë cök. Nhiëër ee kɔc cɔk kony röt ku lui kë röt kä juëc në thɛɛ thook kedhie, thɛɛ ke piath, badhɛɛl ku kɔk ye nuëën në pïïr yic. Nhiëër, pïëth ku gël de baai, ee kɔi ŋuën cɔk tïëët nyïn apieth në kɔi niɔu töu baai cïman de mïth ye nyoor, kɔi bec, kɔi cï dhiɔp ku kɔi nɔŋ kä loithook loi kë keek në kaam thiinnyɔt.

Në biäk de rïëëu, ke rïëëu anɔŋ ciin dït ëŋui në cieŋ de Tuïc yic. Në ŋö yennëke ŋɛ cɔk ŋic nyin ye nyin de cïman wën cïnnë ye lueel nhial ke Paan de Tuïc yennë rïëëu wääc në kɛm ke kɔi kor ku kɔi dïr, röör ku diäär ku kuɛi kɔk ke guïëër de röt. Yic thiek, muk tueŋ ku kuëny de cök de rïëëu ee root nyuɔɔth në thok yic ku kä thëny röt mëimëi de röt.

Cïman de Jiëëŋ ëbën, Apirika, ku piny mom ke paan de Tuïc ayennë röt cɔɔl në wël ye rïëëu, ruääi ku nyin töu ë ŋɛ thïn baai kunnë kuat yic nyuɔɔth. Wël cït man de wää/baba, wälën, wuwac/wacwaac, këkɔk/kɔkkɔɔk, kukuar/kuakuaar, maa, malën, nënër/nɔ̈nɔ̈ɔ̈r, dhiɔp, thu, wurɔ̈ɔ̈r, marɔ̈ɔ̈r, wënbaai, nyanbaai, mony de nyan dï, tiŋ de wën dï, mɛnh de wänmääth, mɛnh de nyankääi, mɛnh de (nyan dï, wën dï, ---) wënkääi/wänmääth, nyankääi, mɛnh de (wälën, wuwac, malën, nënër ---), mɛnhkääi, wun ë ŋɛk, man ë ŋɛk, tiŋdï/tiŋ paan dï, monydï/mony paan dï, tieŋmoi, wunëmïth, manëmïth, ku kuɛɛr juëi yennëke röt nyääl thïn ye riëëu nyuɔɔth.

Në cieŋ de Tuïc ku Jiëëŋ ëbën yic, ke kɔi riëëc në wuur kedhie ku kɔi ŋuën në yeen, aaye ke cɔɔl wälën ku, aka ye kɔi riëëc në wuur ku ka kor në kuat yic kek ka lëu ba ke cɔɔl në miöör ken ka rin ke ɣɔ̈k cï kë ke näk riɔŋ ku rin ke mïth tueeŋ ken (wun ë ŋɛ). Në kë yen root lööm cï dhääl në thɛɛ kɔ̈k të cɔɔl yïn raan ŋuëën ka raan riëëc ke wuur në rin ke. Yennëke cɔ̈ɔ̈k de diäär riëëc në moor ku diäär ŋuën cïï ruääi në yeen, aaye ke cɔɔl mär ku. Maa ku wälën, aaye wël yennë mïth ke kɔi ŋuën ruääi në keek ku kɔi ŋuën cïï ruääi në keek cɔɔl ke ye kueer de riëëu ku ŋïny de luɔɔi de cieŋ. Yennëke cɔ̈ɔ̈k de mɛnhkääi, mɛnh dï ku mɛnh de wänmääth aayennë kɔi ruääi në röt ku kɔi cïï ruääi në röt röt cɔɔl. Në kuɛɛr juëc, ke wël kɔ̈k kë, aaye wël ke kɔi ruääi në röt ke pëi. Në kë cïï yen root luäŋ ba tik ka mony cïï we ruaääi cɔɔl wu kukuar, këkɔk, wää, wuwac, mälën, nënër, monypaan dï, tiŋpaan dï ku rin kɔ̈k.

i) Aduek/Aŋuɛm ka riɛl de piɔu

Në aciëŋ den yic, ke ka mɛɛn kɔi juëi ke Paan de Tuïc bï raan kë dë gɔl në luɔi ku cïï thöl. Tuïc ee kë ye gam ke ye yi ku nɔŋ amitic të nɔŋ baai kuany cök apirth ke cïn adhär ku cïï kɔr wei thïn. Ke baliööth kë, ka nɔŋ baŋ dïït den në ŋiëi luɔɔi ku ŋiëi ŋɔ̈ɔ̈r de bäny ke Tuïc yic. Në ŋö kɔi juëi ke kek aman bï raan lëk ŋoth në kë ca gɔl në luɔi ku le dhueet. Bï kë ayäär ku ŋoth tiɛɛt wei, ee ke cɔk ŋom röt apieth në kä kuany kë ke cök yiic.

Riɛl de piɔu de Paan de Tuïc yennëka cieŋ yen piny de ka yennëka yennë riääk ëbën bën ku ŋoot ke cieŋ paan de. Ku yennëka yennë kɔi juëi keen cï riääk ke wɛɛr wei ŋot ke ke lɔ dhuk baai ku bï kë baai bën bɛɛr piny në yïk.

o) Ŋeeny/thɔɔn ka mɔɔc

Në Jiëëŋ yic ë bën, ke thɔɔn bï raan ya mathon athiek yic ë ŋoŋ ku ka ye yaath arët. Yennëke cöök de të nɔŋ Tuic Yiith, mïth aaye gɔl në piööc ke ke kor arët bï kë röt lëu në kuny, gël kë röt, ŋi kë kë loi kë ku bï kë baai ku kɔi nï thïn lëu në gël ku luui kë keek të le kek dïr. Riɛl de yic bï raan kë yɔŋ ye guum ke cï ye yic dïïl ku cïï päu, ee kïn töŋ ye mɔɔc ku thɔɔn nyuɔɔth.

Ee ŋeeny yennëke cɔk Tuïc kɔɔr ye piny ceŋ ë, yɛu, ceŋ ku ye ŋuö gël në kä ye ye kɔɔr bï kë ye thuɔ̈ny wei thïn. Kä juëi ye ke looi kɔɔr ajör, aaye ke looi në män de cin ku ŋeeny. Kä cït man de tɔŋ ke thär de tuɔi ku piny ceŋ ke baai, tɔŋ ye bën të nɔŋ kɔi ye Tuïc bën peec në mïïth ke ka kɔi ye ye kɔɔr bï kë baŋ de piny de löröm në riɛl. Yäu de läi ye ke yööp cït yï aköön, anyaar ku läi kɔ̈k.

Ee ŋeeny, pɛl de mom ku riɛl de nyin yenneke kɔi juëi ke Paan de Tuïc cɔk dɔc kë wäc root baai ŋuen ku luel kë, ret kë yi yic. Yennëke ke cɔk dɔc röt gam bï kë yi de baai ku momlääu de kuany cök në kuɛɛr lëu kë ke.

Raan cïï ye maŋeny acïï lëu bï root töɔu në kë ye tïŋ ke lëu bï wëi ke nyaai mom. Kë ye looi, ee bï ye nyin wɛl wei ku looi root ke kuc kë yɔŋ kɔï ken. Ku lööm kë ye jam ye "aluaak yennëke mïth ke mu(k)."⁶⁴ Në thɛɛ kɔ̈k, ke ke ye cin mar kennë kɔi yɔŋ kɔi ken ago yen ya raan pieth ku bï pïïr.

u) Dhuëëŋ/cuai de piɔ̈u ku lei

Në aciëŋ de yic, ke Tuïc ee jur adhuëŋ nhiëër raan dë kë pieth de, acïn guɔ̈u anyääk ku til wei de käŋ. Acïï kë pieth de raan dë ye dëëp piɔ̈u ë dëpdëp ku yïn kenyëkeny ku dhiɛɛu wei. Tuïc acïn guɔ̈u dhur, kok de root cïn ye yic ku ka kën tiɛɛl cï kum kɔ̈u në ŋiɛ̈i jam yaath.

Në cieŋ de Tuïc yic, ke dhuëëŋ ku lei kaa thieek yiic ëŋui. Dhuëëŋ ku lei aacïï ke ye tïŋ cïman de kä yennëke daai nɔŋ yï atïïp, kɔc ku läi. Ku kek kaa ye cieŋ ku pïïr de Tuïc cɔk cath apieth ku cɔk kë thiek yic të nɔŋ yeen ku kɔi kɔ̈k.

Kä juëi pieth ye ke looi paan de Tuïc, kä wën ye cieŋ de Tuïc ku pïïr de cɔk tiɛ̈i ku cɔk kë tör arët cïman de tïït

---

⁶⁴ Kääŋ de Areb. Yennë raan cï riɔ̈ɔ̈c ye mom gëëŋ.

yennë nyïn tïït në alɛi ye bën paan de Tuïc, ciɛɛŋ määth në kɛm ke kɔc, luëëŋ de ruëi në kɛm yiic, nyiëër de kuɔi lööm de kä lei ku jɔl ya kɔk, aaye ke looi në dhuëëŋ. Dhuëëŋ cï mar ke dhuëëŋ de piɔu, lei, nhiëër de röt ku nhiëër de baai.

Raan ye piɔu adhuëŋ nhiaar muɔɔm ku nɔŋ guɔu lɛi, acïï lëu bï kë de raan dë lööm në kueer ye gam ke cïï ye yi. Në ŋö këŋ de kɔu de kä lei, ee kuɔi pïŋ de röt, dak de piɔu ku män de röt cɔk gɔl röt në cieŋ yic.

Aye Tuïc gam man na rë ke dhuëëŋ ku nhiëër yïn raan dë tïŋ ke thöŋ kennë yïïn, yennëke kɔc cɔk rïu röt, ciëëŋ kë röt ku luɔi kë röt kä pieth. Yennëke alɛi ye bën baai ku kɔi ye köök paan de Tuïc cɔk tïŋ keek apieth ku ciëëŋ ë keek në piɔn cïn yic kë wään.

Dhuëëŋ aye yïn yi de raan dë dɔc ŋuen ku gäm ë yeen ku cïï kɔn them ba riëër wei ka ba til yic. Dhuëëŋ ku nhiëër acïï yïn mɛnh kuui ku kɔi thiääk në yïïn ye jiääm arac ku cäk kë ke köth kä cïï pieth. Ka nyuëër ë ke köth kä cïï ye yith në kɔ̈ɔ̈r kɔɔr yïn keek ba ke riɔɔk gu ku dhuɔth ë ke piny në tet ka dhur (Tiɛɛlanyääk).

Dhuëëŋ yennëka ye yïn kë cï wäi yïïn ëbën nyeeŋ thok, löm ke piɔl yic ku lɔ tueŋ wennë cieŋ. Yenneka yennë yïïn nyuëër kɔu ku gëm ë yï kɔu kïn cïï ye kïn du ku piŋ keek ku miɛɛm ë duɔk ke ke bï yïïn ɣooc dhöl de cieŋ du ku kueer ye gam ke yen ye kueer thiek yic në pïïr yic.

Dhuëëŋ ee kä juëi ye looi baai cɔk cath apieth ku ke mëimëi de röt cɔk kɔ̈c yic në cieŋ yic, në ŋö raan ye piɔu adhuëŋ acïï ye nhiaar bï naŋ kë wëëc yeen ke kɔi kɔ̈k. Ee root tiit apieth, rïu root, tïŋ të ye käi ku ka ye them arët bï root ya muɔk wei në kä juëi ye gam ke ke cïï ye yith yiic.

Në thök ka gur de ye cöök kë, ke baŋ thiin de cieŋ de Tuïc ku kä dïëëŋ ye ye cɔk cath ë cɔ̈k ku luui apieth acukku ke tïŋ. Cïman ë cïnnë ye kɔn lueel nhial wën man na rë ke cieŋ de Tuïc adït ku ka thuth ëŋoŋ ku ka lɔ ke ŋuak ye yic arët në kuɛɛr kedhie aka cïï lëu bï wuau ëbën në cöök töŋ de buk yic. Ke kä cï ke guiir ëcommom në ye cöök tueeŋ ë yic, aaye kä dïëëŋ thiek yiic në cieŋ de Tuïc yic cïman thiek kek yiic ayadëŋ në cieŋcieeŋ ke Jiëëŋ baŋ dër ë yiic ku në cieŋcieeŋ ke piny mom yiic.

Cieŋ ëbën, ee yic naŋ kä pieth ku kä rɛi ke. Kä dïëëŋ cï ke guiir ke ke cek yiic në ye cöök kë yic, aaye kä thiek yiic ye cieŋ de Tuïc cɔk cath apieth ku nyooth kë loi de thok de. Piath de cieŋ de Tuïc ku yic thieek de cïman cïnnë ye guiir nhial ë, aaye kɔi ke në pïëth yiic kedhie, piny de ku läi mac kë keek ku kɔ̈k ke pïïr ye piny ke bëi, ŋiɛ̈i rëër de ku ciɛɛŋ määth pieth de ke kɔi mat akɛɛth në yeen ku kɛm ke wuɔ̈r ke në röt, atïïp ke ku luɔɔi pieth de kɔi ke, dhuëëŋ, nhiëër ku riëëu, thɔɔn ku riɛl de piɔ̈u, ciën nhiëër de anyääk ku kën de kän köth ka "tëm de röt cïïn de Amac,"⁶⁵ ka kaŋkaŋ, ciën atollooŋ, ciën juëëth ku pëëc de root, ciën cum de ayöör yic ---.

Tuïc aciɛŋ paan de ë caŋɣɔn gɔl yen cieŋ ë piny ye cöl yeen ë, ku ke ril yic ë ŋui bï root dɔc jɔ̈r jur töŋ de juur thiɔ̈k në yeen bï lɔ peec ka bï diŋ guɔ̈u në cieŋ lɔ nyiɛunyiɛu ku lööm de kä thii niɔp ka bï ye cin bäär kë de raan dë.

Tuïc akën kɔn ya duɔ̈t thieek dïït lɔ dot ɣëëc ë raan dë. Alëu kä ke në luɔɔi ku ka mɛɛn bï kɔi kɔ̈k ɣoor gu në ciɛɛl yic. Ku ka cïï ye kɔɔr bï root dɛɛr në raan dë yeth ka bï root tai në kä lei yiic. Tɔŋ juëi cï Tuïc ke thɔɔr kennë jur kɔ̈k, juur thiääk në yeen, aaye tɔŋ yennëke ye bën deer paan de. Në ŋö Tuïc aŋic löŋ ku aguiɛɛr de të ye mäi röt ku riëëu ba rëër apieth wudï wennë raan de akeu mom

---

⁶⁵ Wër ye lueel paan de Tuïc bï nyuɔɔth man na rë ke tëm de yoot kë kuc, alëu bï yï cɔk lɔ root jɔ̈r kë näk yïïn. Cïïn de Amac, aye lueel ya bɔ̈ të nɔŋ raan ariäu, ë cï këroor ŋiɛ̈i dom apieth yɔn wäkɔ̈u në muɔ̈ɔ̈th yic ku jɔl ya caal ye ye ŋa nɔŋ ye cïïn deen në. Go raan dë nhiaar akaŋkaŋ root lɔ tööc thom root nhial ku lueel ye ke cïïn dï. Go lueel ye na ye kë du ke dï. Go bën ku lööm në ye cin, në lan töŋ ë dom yen yeen go ye kac cin nhial ë ɣak. Go ye yic päl yom ye ɣeei acï ya kai cin. Go ariäu lueel ku ye ŋö ye yïn lɔ ku tëm ë root cïïn de Amac. Jɔl yök.

ku ba theek. Aŋi Tuïc, "akeu mom cieŋ, acïnnë mëën."⁶⁶ Kɔc ka määth ku ciëŋ kë ku ŋɛ anɔŋ baŋ dɛɛn de piny ye cɔ̈l yeen ka paan de.⁶⁷

Tuïc aŋic yic thieek de ŋiëi tëk në cieŋ yic ku piath de kë pieth tɔ̈u në raan du cin, 'raan du peei.' Acïï piɔu ye lääny në kë pieth tɔ̈u ke raan dë. Ku ka kën kɔn mëën në mëën rac kennë kɔi thiääk kennnë yeen në kë yen ke tïŋ ke ke ye wëtamäth ke, ku ka cïn kë tëër ke keek. Aye Tuïc them bï ye piɔu thɔɔn, liir ye piɔu piny ku looi pïïr de në riɛɛl tɔ̈u ke yeen ku kä tɔ̈u në ye cin në ŋö kë thiin duɔ̈ɔ̈n tɔ̈u acïï cït kë dïït de raan dë liu.⁶⁸ Ku kë de raan dë në thɛɛ juëc ëŋui, acïï yïn ye mom aba jɔl ya lɔ dieu ku dhuëëŋ yïn në kaam bäär yic ë ŋui ke yï kën root piŋ ye yïn ye ŋa."⁶⁹

Aye Tuïc gam ke riääk ye bën ku ka bï thök, ku kä rɛi ye röt looi në riääk yic aaye bën dön piny. Paan de Tuïc cïman de bëi kɔ̈k ke piny mom, ayennë löŋ ku aguiɛɛr de mëimëi de röt lööm ke thiek yic në kë ye kek cieŋ ku pïïr cɔk cath ë warwar. Cïman yennë ye lueel ya "wëër cï

---

⁶⁶ Kääŋ de Jiëëŋ ye gueel arët paan de Tuïc. Atɔ̈u në lok ku tueŋ në Thuɔŋjäŋ yic.
⁶⁷ Kääŋ de Jiëëŋ ye akɛɛth ke cieŋ ku kä ye rɔm nyooth.
⁶⁸ Kääŋ de Jiëëŋ ku ka tɔ̈u në thoŋ de Yiŋgïlic yic ayadëŋ. Atɔ̈u në Lok ku tueŋ në Thuɔŋjäŋ yic.
⁶⁹ Kääŋ de Jiëëŋ tɔ̈u në Lok ku Tueŋ në Thuɔŋjäŋ yic. "Kë de raan dë cïnnë amok kɔ̈u piaat." Aye nyuɔɔth man rë ke yïn cïï lëu ba mom aba jɔl lɔ kop në kë de raan dë. Na cɔk dhuëŋ në yeen ye lɔ dieu ke ka nɔŋ kööl bïnnë raan nɔŋ mom kë de yï kɔ̈ɔ̈ŋ ku yɔɔr yïïn. Ka bï raan dë yï lar në yeen.

mɔ̈k nyin aaye rec mïm mum"[70] thïn ku wïk kë taŋ në kë cïnnë wëëi ka liir ke dak.

Yennëke cɔ̈ɔ̈k de cieŋ na kënnë guiir apieth bï lööŋ bïnnëke röt mai ku kuum ë ke röt tääu piny, bï guiir yee ŋa bï ŋö ya looi na, të nou ku ye kuany cök ya dï, ke cieŋ aliɛ̈ɛ̈p ë mïm thïn, mɛɛn ë röt, tïl ë röt thuëny thïn, piör ë thïn nɛ̈k kë röt tir ku thiɛi ë röt wei thïn. Ku cïï kɔi juëi cï thiɛi wei thïn cïï kë röt ber lɔ dhuɔ̈k ciɛ̈ɛ̈n në kë cï kek piɔth köök wei taiwei në cieŋ yic ku në piny den yic. Ku cïï kë ke piɔth ber lɔ lëu në kuëër bïkkë lɔ dhuk piny cï kë nyääŋ piny.

---

[70] Kääŋ de Jiëëŋ tɔ̈u në Lok ku tueŋ në Thuɔŋjäŋ yic.

Cöök de Diäk

Löŋ ku Aguiɛɛr de Mɛ̈imɛ̈i de röt

Kä ba ke wuau amääth ke ke cek yiic në ye cöök kë yic aaye käŋ ke reu; löŋ ku aguiɛɛr de mɛ̈imɛ̈i de röt de paan de Tuïc. Löŋ ku aguiɛɛr de mäny de röt, kaa thiek yiic në cieŋ ku pïïr de baai yic. Acïn paan lëu bï cath apieth, rëër ë duk në dɔ̈ɔ̈r yic, gɛm root, ciëëŋ root awaiyic ka baklɛɛi, tïït nyin në root në kuɛɛr kedhie ku luui root apieth ke cïn yic löŋ ku aguiɛɛr de të ye mäi röt ku dɔk kë röt thïn.

Löŋ ee waai ye kɔc thel, dɔk keek, ŋëër keek ku cök ke mïm piny në kä ke cieŋ ku mäny de röt ye ke looi baai yiic. Yennëke ye kiëët, thööŋ ku mɛi cök piny apieth, yee kä ŋö lëu bï ke ya looi ku ye kä ŋö cïï lëu bï ke looi në cieŋ yic.

Në kueer dë, ke ke löŋ në kuɛɛr juëc ë ŋui yennëke yee ŋö ye yi ku lueth në cieŋ yic cak, cuëëc, gël, kuem në kɔc mïm ku thɛny në kɔc gu në dhɔ̈l juëc ë ŋui. Yennëke ye ŋö pieth ka kë rac në cieŋ yic guiir ku gël. Löŋ yennëke kɔi ril ku cïï kë gu ye yäär në luɔɔi de kä rac dɔk, tiit ke nyïn thïn ku riëëc keek bïkkë kä ke kɔi niɔp cïï ye rum. Cïman ë yennë ye looi ɣɔn thɛɛr yen aŋok thok yennë cieŋ ë piny. Ana yee raan ril ke yïn në ke ya bäny të cɛk yïn käŋ kui cïï ye malöŋ.

Në ye cök, ke aguiɛɛr de mëimëi de röt, aaye kuɛɛr ke mäny de röt ku kuum ye baai ke guiir ku gɛm keek bï yen ke root dak thïn ku looi yen ke löŋ bii ku kɔ̈k pieth tɔu në cieŋ yic ye cieŋ ku pïïr cɔk nɔŋ ke yiic të nɔŋ yeen.

Dök ka aguiɛɛr de mëimëi de röt yennëke këriëëc ye looi baai, në macthok, dhiën, wur, juur ku kuɛi juëi kɔ̈k ke mäny de röt yiic cɔk kuany ke cök apieth. Ku cɔk rëër de kɔc ku kuɛɛr ke looi bii ke cieŋ cɔk ke köc yiic të nɔŋ raan ëbën nï baai ku kɔi kɔ̈k thiääk në keek. Në ŋö na lɔ baai duk cïn yic awuaau ku guem de röt, ke ke kɔi thiääk në yeen thiɔ̈ɔ̈r thook ayadëŋ.

Aguiɛɛr de mëimëi de röt, yennëke kä juëi ye gin në luɔi baai kä cït thär de tɔŋ, kɔ̈ɔ̈r ku tëŋ de mïïth, ciɛɛŋ määth në kɛm yiic, luɔi ku muŋ de ruääi - cɔk lëu röt në luɔi ku kuëny de cök cï të kɔ̈ɔ̈r ë baai keek.

Löŋ ku aguiɛɛr de mäny de röt, aaye baai cɔ̈k mom kuer yic, cɔk kë jim root ku cɔk kë kä juëi ke cieŋ ku pïïr ye ke looi baai rïu ë keek. Kek ka ye akɛɛth ke të yennë cieŋ thïn baai ku guinh ye kuany yic nyooth ku cök kë piny. Kek ka ye kɔi ye kɔc mai, kɔi ye löön luɔɔi bii cɔk kïït kuɛɛr ke të bï ya luɔi kä ye wuɔ̈ɔ̈c në cieŋ yic. Kä cït man de näŋ de raan, kɔ̈ɔ̈r, cuëër, rɛi de kä lei, rum ka këŋ de köu de kä lei ku jɔl ya kä juëi ye löŋ ku aguiɛɛr de dök kɔɔr. Aaye ke kiëët ye ŋö ye mom awäny cï root looi. Ye awäny kɔɔr kuum koor nyin ka kë lɔ thok ŋuäŋŋäŋ.

Löön ku wël yennëke röt dɔk, aaye guiir në kuɛɛr ke reu. Löön cï ke gär piny ku kä ye luɛɛl bii në kɔc thook ke ke kënnëke gär në buk yic. Ku ka ye ke riëu ku loi keek cïman de lööŋ cï gär piny. Lööŋ juëi ë ke luui ë ke keek paan de Tuïc, aake kënnë ke gär piny, aake ye muk në kɔc mïm ku luɛɛl ë ke bii në wël ke kɔc thook. Ku kuany ke cök ku rïu ë keek cï të ë cï gäm keek në cieŋ yic. Ee ŋi kɔc apieth yee ŋö cïï lëu bï looi në cieŋ yic ku yee ŋö pieth në luɔi ku kuëny de cök. Ku na cï awäc root looi ke ye looi ya dï.

Ee löŋ ka aguiɛɛr de mëinëi de röt, yennëke kä ye looi në cieŋ de baai yic cɔk kuany ke cök apieth. Yennëke kä ye ke guiir baai cɔk lɔ tueŋ ku ciɛth kë cï të köör ë keek. Kä cït man töu ë thiëëk ke kuɛɛr ke kedhie (keeny, jöt, liëc, mɛ --), luɔ̈k, köɔ̈r de käŋ, puk, rook, röm de mïïth ku kä kɔ̈k ke pïïr, loilooi ye ke looi baai ku jɔl ya kä juëi kɔɔr löŋ ku aguiɛɛr në cieŋ yic. Rïu de löŋ ku kuɛɛr ke dök, yennëka yennë loilooi ye kɔc ke looi theek ku yath keek. Loilooi töu cïman de luɔɔi de kɔi ye wïr, kɔi ye ket, kɔi ŋɛɛny ye tɔŋ ŋiëi thöör kɔi ye tuŋ dhoŋ, kɔi ye pur, ayiëëp, malööŋ, ayuɔ̈p löɔ̈r, dutuëëk ka kɔc ke welleny, dukïït ku jɔl ya loilooi juëi cïï ke lëu në kuën.

Në cieŋ de Tuïc yic ku në Jiëëŋ yic ku ɣän juëi ke Apirïka, ke bëi, mëithook, dhiän ku wuɔ̈r aacï ke guiir në kueer ye raan ëbën thɔ̈ŋ/röŋ ku cɔk nɔŋ mom të de ku kë ye looi.⁷¹ Acïn raan lëu bï yɔu ke cïn kë looi, raan ëbën anɔŋ mom luɔɔi ku ka nɔŋ mom raan de ruääi ka raan ciëŋ kennë yeen.⁷² Ana kɔɔr kuɔɔny, ke ka yök të nɔŋ yeen. Mïth aanɔŋ loilooi ken, tik ke lon de, moc ke lon de ku yen ye cöök de kɔc kedhie kɔi töu baai, ŋɛk anɔŋ mom kë ye looi.

Ku ke loilooi kë ku loilooi kɔ̈k ye ke looi paan de Tuïc, aaye guiir në röŋ röŋ kek ku le kë në löŋ ku aguiɛɛr de mäny de röt ku ye ŋö kuny kë baai ku kɔi nï thïn. Aguiɛɛr de mäny de röt paan de Tuïc acï wuɔi ku guiir cïmɛn de kë ye mom ŋɛk ku lëu në luɔɔi. Tëŋ de loilooi ye looi ku mëimëi de röt abukku tïŋ në ke akuut kë yiic ke diäk: (a) baai ku macthok; (e) dhiën ku wut; (i) jur. Kë yan ke akuut kë lööm ke diäk, kek kaa yennëke loilooi juëi ye ke looi paan de Tuïc looi në ke yiic.

Aŋoot ke ya kën ke akuut kë guɔ wuau, ke yan bï jam ë commom në thiek de yic de thok ku luɔɔi de në cieŋ yic ku në guiëër de mäny de röt yic. Në ŋö raan ee lën ye jam ku ka ye them në kuɛɛr kedhie bï naŋ të yen root pieŋ thïn ku bï ŋïc töɔu nyin në kuɛɛr kuɔr yiic. Ku kueer dïït yen ye raan cɔk cak ŋïc, yïk ku tëëu, piŋ root, dör ku deet

---

⁷¹ Jɔɔn Yɛnarik Kɛ̈lak (1993) Kɔc ke Apirïka në akököl de piny mom yic – A BCP Contemporary Lecture. Black Class Press. Baltimore.
⁷² Jɔɔn Yɛnarik Kɛ̈lak (1993) Kɔc ke Apirïka në akököl de piny mom yic ----

kä loi röt në ye lɔɔ̈m deet ke yiic ku luɛɛl täŋ de bii ku të ye yɔk root ee thok ku kïït de.Thok yennëke cieŋ ku kä thiek yiic ye ke looi thïn cïman de dök ku aguiɛɛr cɔk nɔŋ ke yiic ku kuem keek në kɔc mïm ku tëëu keek.

Thok yennëke kërïëëc ëbën në cieŋ ku pïïr de baai yic. Na cïn thok ku kït ke jam ye we ke röt piŋ, ke ka ril yic ëtör bak kë röt kɔn mar ku luɔi kë tök. Ku na cïn thok ku kït ke jam yennëke röt piŋ në kɛm ke kɔc, wuɔr ku juur ke akeu mom ke ka cïn cieŋ lëu bï root kɔn kuëëk ku kööm root, yïk root nhial, gɛm root ku gël root ku gël kä ye ke gam ke ke thiek yiic të nɔŋ yeen.

Thok yennëke kɔc cɔk lëu röt në mäc ku rïu kë löŋ ku aguiɛɛr deen de cieŋ ëbën në pïŋ ye kek röt piŋ ku ŋic kë kä loi röt në cieŋ yic. Ku cɔk ke lëu täŋ den ku të ye kë yök röt në lueel bii në kuɛɛr juëi kuɔr yiic. Kuɛɛr cït man de cäŋ de diɛr, pol, guïëër de akökööl, thäth de këŋ, cäŋ de mɛɛny, thööŋ/thuɔ̈ɔ̈r, gäär ku kuɛɛr juëi kɔ̈k yennëke ŋïc cak ku täu.

Thok yennëke raan cɔk piŋ root ke läi mɛi ke ku yennëke ye cɔk luäŋ läi yen ke riɔ̈ɔ̈c në thïër ku rïëëc keek. Të nɔŋ Tuïc ku Jiëëŋ ëbën ke yɔk ku jö, aaye yïën rin yennëke keek nyiɔ̈ɔ̈l ku cɔl keek në keek. Ku kuɛɛr juëi ye thok ke raan cɔk piŋ root ke läi mɛi ke ku kä töu yen ke thïn.

Thok yennëke kïn dïït töŋ tueeŋ yen ye kɔc dɔc nyuɔɔth ye kë të nooi. Yïn lëu ba raan de jur ë ŋic në jam de yic (Nuëër, Culuk ku Jiëëŋ). Yïn lëu ba kɔi ye jam në thoŋ tök ŋi ayadëŋ ne wuɔi de alooŋ keen ke jam. Yïn lëu ba Tuiëi/Tuiëc ŋi në alooŋ ke jam den man ye kek Tuiëi. Ku yen ye cɔ̈ɔk de Nyarweeŋ, Y̧äl, Buɔɔr, Padaaŋ ku kɔi kɔ̈k ke Jiëëŋ baŋ dër ë, aaye ŋi në alooŋ ke jam den. Ye wuɔi de alooŋ töu në thok yic ë yë, ee cuai de thok ku wuɔi de piiny töu ë kɔc ke thïn ka y̧än cieŋ kë ke nyuɔɔth.

Thok ee rin ke kɔc ku rin ke baai lɛɛr bii ku cɔk ke piŋ keek në y̧än kɔ̈k. Në kë yennë ye cäk në rin ke kɔi nɔŋ yeen cïman de thoŋ de Jiëëŋ/thuɔnjäŋ ka thoŋ de Tuïc/thuɔŋtuïc. Acïn thoŋ lëu bï yök në piny mom ke cï cäk në rin ke kɔi kɔ̈k kɔi cïï ye kek nɔŋ yeen.

Në kuɛɛr juëc, ke baŋ dïït de thok aye wuau bii në wël ye ke lëk röt në kɔc thook. Na nɔŋ kë kɔɔr ŋek bï lëk ŋɛk ke ka ye luɛɛl bii në wël, bï raan raan ë yɔ̈ɔk në ye thok ye loi kän. Kä juëi ye ke looi paan de Tuïc cïman de luɔɔi de löŋ ku aguiɛɛr de cieŋ ku mëimëi de röt, aaye ke wuau në wël. Na liu thok ku kït kɔ̈k ke jam yennëke röt piŋ, ke ka lëu bï nuëën në thɛɛ kɔk bï yï kuum, määth, thiëëk, ɣööc de käŋ (thajir) ku kä juëi kɔk ye ke wääc në kɛm yiic ke thook ruɔk të den. Jam yennë jam në röt, yennëke pïŋ de röt bëi, ku na cï pïŋ de röt tɔu ke ŋiëi cieŋ ayïk root. Ku na tɔu ŋiëi ciɛɛŋ ke riëëu, gäm de röt ku määth aa ŋuak ke nyïn. Ku kɔi ŋïc cieŋ kek ka ye löŋ ku aguiɛɛr de mëimëi de röt lööm ke thiek yic ku nɔŋ kä kuny kë ke keek. Löŋ ku aguiɛɛr de mäny de röt, aaye ke guiëër röt ku gër ë ke piny në wël.

Ɖïny de thok anɔŋ ciin dïït lɔ wai në ŋöör de baai ku looi bii de löŋ yic. Kɔi ye kɔc muk aaye ya kɔi ŋic thok apieth, kɔi ye kɔc lëu në wël ku yï kë jam apieth yï kë käŋ guiɛɛr në kɔc mïm në kuɛɛr bïnnë kɔc ke piŋ ku det kë ke yiic. Ɖiëi jam, ril de thok, ril de nyin, ŋeeny cï mar ke ŋïny de käŋ ku baliööth juëi kɔk, aathiek yiic në ŋöör yic. Kɔc ye ŋöör aaye ya kɔi pel mïm ku ŋic kë akökööl ke baai apieth ayadëŋ. Në ŋö ŋöör de baai në kuɛɛr juëc acïï kɔr në bäny kuc käŋ, bäny kuc piŋ ku kuc kë jam. Bäny kuc të yennë wël luɛɛl thin, wël thëny röt kuum de baai, aaye cieŋ de baai diɔɔŋ, tɔt kë ku dhuth kë piny.

Kueer dë yennë thok luui ke ye kïn de jam ye kɔc cɔk piŋ röt ku lëu kë röt në dök, ee kïït de jam ka këër bï käŋ käär në kɔc gu. Në cieŋ yic ëbën, ke kee naŋ kït ke jam yennëke jam ku yennëke röt piŋ cïmɛn de bï käŋ käär në kɔc cïn. Jam në kɔc nyïn, cuïn de nyin ka ba jam ke yï ɣoi raan jiɛɛm we nyin ë cök ka ba yï nyin guɔ̈r piny. Kuɛɛr ke thiëi yennëke röt thiëëc thïn cïmɛn de jɔr nhial de cin. Kuɛɛr ke cöt cïmɛn de ba ŋek ŋuaan, ba nieu ka ba gɔ̈ny ka mäŋ ë yï cin. Kuɛɛr ke piŋ cïmɛn de bï dupïŋ raan jiɛɛm kek piŋ ke cï root päl piny apieth ku tiit bï kɔn thök në jam ke cïï gut röl. Kït yennëke piath ku cïën piath ŋic cïmɛn de miɛr de piɔ̈u ku cïën miɛr de piɔ̈u, kuany de nyin, gɔ̈th ku jɔl ya kït juëi kɔ̈k kuɔ̈r yiic yennëke röt piŋ në cieŋ yic.

Ke kït kë ku kït kɔ̈k kënnëke gɔ̈ rin ye tënnë, aathiek yiic ë ŋui në cieŋ yic në kë ye kek piŋ de röt ku jam në kɛm ke kɔc cɔk kɔ̈c yic. Thöön de thok ka jam, ee kɔc ka juur kuc thok në röt, kɔi cïï lëu bïkkë röt piŋ në wël guel kë ke në ke thook cɔk piŋ röt. Abï kë kä juëi ke cieŋ ku pïïr luäaŋ në kɛm yiic cïman töu ë Nuëër kennë Jiëëŋ, Nyuaak ku Culluk.

Këër de wël yennëke jam cɔk luäŋ root në kaam de kɔi ye piŋ ku kɔi cïï ye piŋ/mïŋ. Këër de jam aye mar ke wël të jiɛɛmë bï wër lueel ë bii dɔc cɔk piŋ root. Kït ke jam aaye ke deet yiic cï të cïnnë ke guiɛɛr thïn ku gam keek në kɔi nɔŋ thok. Kït juëi ke këër de jam aa thöŋ në γän juëi ke piny mom. Aake të yennëke gɛɛr yiic thïn yennëka wuɔ̈i në ŋö cieŋ ëbën anɔŋ të yen wëtic de këër de jam gɛɛr yic thïn.

Kït ke jam kek ka ye kä tueeŋ ye kämaan ye bën baai kɔn nyuɔ̈th ŋiëi cieŋ ku piath de ye paan në. Kë tueeŋ ye käman dɔc ŋuen, ee kuduaal ku luɔ̈ɔ̈r cïnnë ye loor ka ruëët pieth cïnnë ye ruëët. Paan de Tuïc, ayennë luur thïn në luɔ̈ɔ̈r cïn diu de yic ka thööŋ de yic ba naŋ yï yic mɛn na rë ke raan cï bën të nɔŋ yïin ë, ee cïï bɔ̈ në bën pieth ka cï bën në bën nɔŋ cök aluath. Në ŋö aye Tuïc gam ke kɔi kɔ̈k kë ye cieŋ apieth ku rïu kë röt cïman de të ye Tuïc ye luɔɔi thïn.

Ee thok yennëke kä kë cɔk rok ke thook të den; kä cïit man de rïu de röt ku ŋiëi luɔɔi, atheek, rïu ku kuëny de löŋ cök, nhiëër de baai, ŋïny de yic thieek de kɔi töu baai ku jɔl ya kä juëi kɔ̈k ke cieŋ ku pïïr. Në ŋö ke baliööth kë, aaye ke piɔ̈ɔ̈c ku guiir ë ke në kɔc mïm në wël. Thok ee aguiɛɛr ku yic thieek de cieŋ, cuai de, ku luɔɔi de ku tïït yennë nyïn tïït në röt baai nyuɔɔth në wël yiic.

Në cieŋ de Tuïc yic cïmɛn de cieŋ juëi ke juur ke Apirika, ke tïït yennë nyïn tïït në röt acï tääu tueŋ ku kee root nyuɔɔth në wël tɔu në thok yic yic, wël cït mɛn de muth ka muthmuth ba raan tuaany ka ba täk kë dë. Wël thëny röt aguiɛɛr de cieŋ ku mäny de röt cïmɛn de kɔnköɔ̈c.

Pïïr de Tuïc ku mëimëi de röt de, aacï guiir në guïëër cïn raan ye tɛk wei në kë ye gam ka acieŋ de.[73] Wään thɛɛr në cieŋ de Tuïc yic ka në Jiëëŋ yic ëbën ku ɣän juëi ke Apirika, ke thok juëc aa cïn yiic wël ye kït ke kɔc (raan col ku raan ɣer) nyuɔɔth. Ee cïn ɣän yennëke kɔc mai thïn (thijiin), ɣän cï week yennëke kɔi cï dhiɔp, mïth ku diäär abɛɛr ku kɔi niɔp kɔ̈k mar mïm thïn, ɣän yee diäär ke röt ɣaac thïn[74] ku wël kɔ̈k ŋic ku keek tɔu në cieŋ kɔ̈k yiic liu në thuɔŋjäŋ ku thok juëi ke Apirïka yiic.

Mäny de röt acï guiir paan de Tuïc në guïëër ye nhiɛɛr, kok de röt ku thiek de yic de raan tääu tueŋ. Tïït de nyin në röt ee root gɔl baai ku leer në macthok, dhiën, wut alɔ gut në jur. Ku kë yennë yeen looi ya ya, ee bï dök cɔk köc yic. Ku bï kɔ̈k ye ke guiir në cieŋ yic cɔk cath apieth ku bï cɔk ŋi kɔc ke ke ye tök. Ana cɛk cïn kä juëi ye ke

---

[73] Jɔɔn Ẏënarik Këlak (1993) Kɔc ke Apirïka në akököl de mom yic -----
[74] Jɔɔn Ẏënarik Këlak (1993) Kɔc ke Apirïka në akököl de mom yic ----

mar në kɔi kɔ̈k ku cïï kë ye cak jam në thoŋ tök ke raan arɛ në piny mom.

Ba kuɔ̈ɔ̈t yic, ke thok ee löŋ ku aguiɛɛr de mäny de baai cɔk cath ë cök ku cɔk loilooi ye ke looi baai cɔk ke kɔ̈c yiic në pïŋ yennë röt piŋ. Ku ye män yennë mat në γän yennëke liääp thïn cɔk piɔl yic. Γän cït man de wuɔ̈r ke γɔ̈k, bur de rec, në rɔɔk yiic, thukul, luëk ke guëër ka luëŋ yaath, γän ke cäm, γän ke luɔi, γän ke pol, γöt ke kuën (laiberarïïth), γän ke γɔɔc ka thuk, γän ke cäth, në kuɛɛr yiic, në dum yiic ku jɔl ya γän juëi ye kɔc ke mïm määt thïn. Në ye mɛɛn ke wɔ bï ŋuëk wën ke diäk ka abëër ke mäny de röt jɔl wuau. Wɔ bï re den, yic thieek den ku lon dïït den në cieŋ yic ku aguiɛɛr de kä ye ke looi thïn tïŋ.

(a) Baai ku macthok

Në aguiɛɛr de cieŋ yic, ke kërkëër tueeŋ yen ye göl de aguiɛɛr de mëimëi de röt ee baai. Baai ee abër de mäny de röt thöŋ ë run ke kennë run cïnnë raan ke pïïr, cïëŋ ku guiir root në piny mom. Yennëke gɔl ë raan guiëër de kä ke cieŋ ku pïïr në luɔɔi thïn kä cït man de bï kɔc ke cin mar ku luui kë ke ke ye akur töŋ loi tök ka lɔ tueŋ den, kö̈r de mï̈th, gël de röt, tï̈t de nyïn në röt, bï̈ de kɔc në piny mom ku bï̈ nhial den në kuɛɛr juëi wuɔ̈i yiic, duö̈r de yath ku kä juëi loi ku keek në ye kööl ë baai ku abë̈r kö̈k ke mäny de röt yiic.

Baai ee wër töŋ de wël ke thuɔŋjäŋ ye gueel ku ye luui në kuɛɛr juëc ë ŋui. Alëu bï gueel ke ye paan cieŋ yï tik ke moc, mï̈th ken ku kɔi ruä̈äi në keek në kuɛɛt ku pië̈th juëi kuɔ̈r yiic. Baai aye gueel ke ye wër wuɔ̈i ke wut ku rɔk/peen/gɛɛu. Aye raan jiël wur ka rɔɔk lueel ye yan lɔ baai (paan de Jië̈ëŋ). Baai alëu bï ya dolla cïman tɔ̈u ë piny de Thö̈ö̈th Thudän ku jɔl ya kuɛi juëi kö̈k ke aguiɛɛr de më̈imë̈i de röt në cieŋ yic yennëke wër ye cɔl baai lö̈ö̈k në nyïn ken yiic. Bï yic cëk, ke baai ee të ye cieŋ ka të yennë rë̈ër thïn baai ku rɔɔk.

Ba lɔɔr piny, ke baai yennëke të yennë rïu, thëk ku kuëny de löŋ cök piɔ̈i röt thïn ku yennëka yennë aguiɛɛr de mäny de röt gɔl në ŋïc thïn. Në ŋö̈ kɔi ye nï baai aaye ŋɛ ke kë looi ŋɛ ŋi në kë ye kek lïk aka cïn raan lëu bï awan nyou ku cï̈ dɔc moth. Ku kä yï kë ke looi aaye kä ye pï̈ïr de kɔi tɔ̈u baai cɔk nɔŋ ye yic ku mir të nɔŋ keek aka cïn raan ye ye kɔɔr bï kɔ̈u dön wei ka bï γö̈ör cɔk bö̈ baai në kueer de tuut ku wuëŋ de root.

Ee baai yennëka yennë män de cin bakkë tök looi root gɔl thïn. Yennëka ye mïth kä juëi ke pïïr kɔɔr kë keek gɔl cök thïn man nɔŋ yiic thok. Aaye ke piö̈ö̈c ku kaa ye ke ŋuö thon mïm ku jiëëm ë keek bïkkë röt riëu ku bïkkë kɔi dïr në keek ya theek ku yï kë ke piëŋ wël.

Täu de riëëu ku atheek në kɛm ke kɔi töu baai yennëke ke cɔk mac röt apieth ku lëu kë kä kɔɔr kë keek në guiëër ku luɔɔi. Në ŋö paan cïnnë löŋ löc poot mom thïn ayennë aguiɛɛr de mäny de röt nuëën në kë cïn yen raan ye ye kɔɔr bï raan dër ë piŋ. Ku na cïn piŋ de röt në kaam de kɔi ŋuën, ke mïth aa lëu bïkkë kuö̈i cil ku dïr kë ë γauγau ke ke kuc të ye luö̈i ciɛɛŋ ku muk nyin.

Aŋic ku, mïth cï ke ŋiëi bëi nhial në bëi ken yiic kek kaa ye raan ëbën lö̈ö̈m ke thiek yic. Ku kek ka ye lö̈ö̈ŋ ku aguiɛɛr de mëimëi de röt de baai gam, rïu kë ku kuany kë cök apieth. Baai yennëka yennë bï ŋɛ nyin tïït në ŋɛ ka kɔi kö̈k piö̈ö̈c thïn. Ku yennëka yennë ba cieŋ apieth we në kɔi ke paan duɔn, kɔi ruääi në yïïn, kɔi määth në yïïn, jerëën ku jɔl ya kɔi mec kennë yïïn ŋi thïn. Kä juëi thiek yiic yennë raan ke pïïr jɔɔk, aaye ke yök ku ŋic keek baai.

Kä cït man tɔu ë thok, luɔɔi, kuɛɛr ke pïïr, cieŋ, yath, piöi ku kä juëi kɔ̈k. Të ye kɔc muɔ̈k röt ka të ye kek kä ken luɔɔi thïn ku tɛk kë ke thïn aye piɔ̈ɔ̈c baai ku jɔl lɔ ŋuak yic në ɣän kɔ̈k ɣän yennëke ŋïc yök ku juak yic thïn.

Ee baai yennëka yennë mïth piɔ̈i nhiëër ku tiɛɛl thïn, riëëu ku ciën riëëu, dhuëëŋ ku cɔɔk, miɔ̈i ku kuiiŋ/nyäŋ, käi de piɔu ku akaŋ de piɔu, päl de käŋ ku adhiilëthïn, luɔɔi arët ku däŋ de root ka ciën luɔɔi arët, ril de mom ku kɔ̈i de mom, ŋeeny ku riɔ̈ɔ̈c, jam de yith ku tör de lueth, ŋïny de käŋ ku kuny de käŋ, aduek ku adhär, nëëi ku män de anäi ku jɔl ya kä juëi kutëkut ye ke ŋi ku löm ke baai.

Baai yennëka yennë piöi thïn në luɔɔi ku yennëka yennë ŋɛ nyin de ku löny ye löny de ŋi thïn. Ye lon nou ye mom ŋɛ baai ku në kuat yic. Kɔi tɔu baai kedhie anoŋ ë ŋɛ ke mom lon ye looi ana cɔk kë röt jɔl ya kuɔny; moc ke lon de, tik ke lon de, mïth kennë loilooi ken ku kɔi kɔ̈k tɔu baai ka kɔi ke ruääi kennë loilooi ken.

Ba loilooi ye kɔc ke looi baai wuau ë commom, ke raan tueeŋ de kɔi ye baai cɔk cath ku luui apieth ee moc. Moc yennëke ya maŋɔr de baai, duyïŋ de ciɛɛŋmääth ku yennëke ya athook de baai në kuɛɛr juëc ë ŋoŋ. Në ŋö yennëkc tɔu në kä juëc yiic kä ye ke looi në kuat yic, wur, juur ku abëër kɔk ke mäny de röt yiic cïnnë mïth ku diäär ke ye tɔu thïn në ceŋ. Ee ye yic mar ku dɔm kë ke cin ke tik ku bïkkë baai keer, bïkkë röt kɔ̈ɔ̈c ku bïkkë mïth cï kë ke dhiëët piɔ̈ɔ̈c në baliööth thiek yiic ke wut ku jur den, lööŋ ku aguiɛɛr de të ye mäi röt baai, macthok, dhiën, wut alɔ gut tueŋ.

Luɔɔi de moc baai, ee bï paan de gël në kä näk keek ku kä lëu bï kë ke yɔŋ ku thiäŋ kë ke nyïn ka kä nuan keek ku bï ke yiɛ̈k mïm atïïp. Ee tɔu në nyin de paan de yic në akutmom yic të looi ë kä thiek yiic ye kuat mar mom kä cïï mïth ku diäär kɔɔr. Në thɛɛ juëc ë ŋui paan de Tuïc, ke yëm de tiim ke luak, kɔɔu ke ɣöt, cök ku thel ke jöŋ de rap, röŋ de baai ka dom, wëny de tiɔp, buth de pëëny ke atïïp, göl de dom, yum de ku tuër de, gun de bël, thɔi de baai ku mëk de të ye cieŋ ee lon de mony de baai ku jɔl ya rörthii tɔu baai lëu bïkkë ye kuɔny në lon de kekäkë të kɔɔr kek yeen.

Ee moc yennëke kɔi bï ye bën kuɔny në kuëi de luak ku ɣöt ku muŋ de kek mïm lɔ kur ku yennëke duyïk guik. Yennëke lɔ në nyin de paan de yic të looi ë kä kɔɔr röör cïman tɔu ë thië de thiek, luɔɔi de cäär ku kɔ̈k kɔɔr ajör yennë röör ke lɔ thïn ka ye kek ke röt kuɔny. Ee lon de mony de baai ayadëŋ bï mïïth lɔ kɔɔr në ɣän mec ɣän cït man tɔ̈u ë toc, lɔ̈k ku bëi kɔ̈k. Bï nyin tïït në pïïr de tiŋ de ku mïïth ke. Në kuɛɛr juëc ë ŋui, ke mäny de läi ye mai baai ku kɔ̈ɔ̈r den ka kɔ̈ɔ̈r de määl ee mom moc të cɔk kë diäär ke ya looi në thɛɛ kɔ̈k. Yennëke kɔi bï ye bën kuɔny në puɔ̈ɔ̈r de dom ku jön de noon ku tiim ke atïïp kur të kɔɔr kek cin juëc. Yennëke awëlëny wei ku looi kä juëi thëny röt yeen.

Täu de moc baai ee baai cɔk thiek yic ku cɔk rïëu ë yic. Täu de moc acïnnë baai ye dhöl yic ku ka cïnnë mïth ye kuɔ̈i tïŋ ku dhɔt ke yiic. Moc ee mïth ye wät piɔ̈ɔ̈c në kä juëi thëny röt loilooi ke röör, cïman de të ye kɔ̈ɔ̈r mïïth në ril yic ku në pïu yiic, të ye gël röt ku läi ye mai tɔ̈u baai. Të ye kɔ̈ɔ̈r ɣɔ̈k ku të yennë nyïn tïït thïn në keek. Moc ee mïth ye röör piɔ̈i kä juëi ke cieŋ ku pïïr de baai cïman tɔ̈u ë cieŋ de Tuïc ku baliɔ̈ɔ̈th juëi pieth ye Tuïc ke yaath ku theek keek. Baliɔ̈ɔ̈th tɔ̈u cïman de rïëëu, thɔɔn de piɔ̈u, luɛl de yi ku gël de, ŋeeny, ril de nyin, ril de yic, guɔ̈m, naŋ nyin waŋ ku jɔl ya kä juëi kɔ̈k ye mooc ku thɔɔn nyuɔɔth.

Ayadëŋ, moc yennëke kä juëi yaath ye ke looi baai looi cïman de näŋ de kuɔl, pok de rou ku kä thii kɔ̈k yaath cïï kör në tït ku akutmom. Ku yennëke kä kɔk yaath ku kä cieŋ loi keek në ɣän mec cou arët awär raan ëbën tɔu baai.

Moc ee ya kïn de yic thieek, riɛl de yic, muɔɔm, dhuëëŋ, lɛi ku aduk de baai. Moc ee ye cin mar ke tiŋ de ka diäär ke ku kɔi kɔk tɔu baai kennë keek ku bïkkë nyïn tïït në cil, pïïr ku wadëŋ de mïth ken. Ee lon de moc bï ye cin mar ke tiŋ de ku bïkkë kuɛɛr bïnnëke mïth bëi nhial thïn guiir, muk kë ke mïm ku luui kë keek. Në ŋö ŋiëi cil ka ŋiëi piöi de mïth anï aduŋ de cieŋ de baai yic.

Në kuɛɛr juëc ëjuëijuëi, ke kä juëi loithook ye looi baai kä kɔɔr wër ë thök cïman de weŋ bï ɣaac wei, diäär bï ke thiaak ku röör bï nyïïr thiaak, lën bï näk jɔk ku kä juëi kɔk, aaye thök në thoŋ de moc.

Yennëke mïth cï ke dhiëët yïën rin të cïn yen raan ŋuëën dë tɔu baai. Wäänthɛɛr, ke kaa ke ye kɔi dïr ke baai, ku në kuɛɛr juëc, ke kaa ye ya moc yennëke ye ye guiir ye mɛnh nou bï rëër baai, yee ŋa lëu bï cɔk lɔ wur bï lɔ mac në ɣɔk ku ye ŋa bï cɔk lɔ ɣön de gäär. Në thɛɛ tueeŋ cï lɔ, ke kaa ke cïï ye mïth kedhie kek kë ke ye lɔ ɣön de gäär, aake ye mïth lik diääk. Ba kuɔ̈ɔ̈t yic, ke moc ee kä juëc arët looi baai ku në akuut kɔk yiic akuut tɔu paan de Tuïc cïman de të cï guiëër mëimëi de röt.

Në yi pacɔk, ke moc acïï lëu bï ke kä juëi kë looi ye tök të cïn tik ku kɔi kɔk tɔu baai kennë yeen. Në ŋö, bï cäth de moc ku cum deen de kä mec yic pial, ke ka kɔɔr bï naŋ kɔi ye kä cï ke waan lök tïŋ. Ku raan yen ye nyin tïït arët në kä baai awär raan ëbën tɔu baai, ee man de baai man ye duguïïr, dutïŋ ku ye dupiööc në kuɛɛr juëc ë ŋui.

Në cieŋ ku pïïr de Tuïc yic cïman tɔu yen në cieŋcieeŋ ke Jiëëŋ baŋ dër ë yiic ku γän juëi ke Apirïka, ke tik ee mën dïït töŋ de mëën thiek yiic ë dot yen ye baai kɔɔc në yeen ku yen ye kuur ril yic ëtör yen këëc ë aguiɛɛr de cieŋ de paan de Tuïc në ye mom. Tiŋ de Tuïc cïman de nyïïr akäc keen kɔk nï në γän juëi ke Apirika ku piny mom, ke yennëke kïn tueeŋ ye moom, dhuëëŋ, lei, nhiëër, yic thieek de Tuïc ku yic thiek de tïït de nyïn në röt ku alei nyuɔɔth ku looi bii awär raan ëbën nï baai.

Në kuɛɛr juëc ë ŋoŋ, ke tiŋ de Tuïc, ee anyuuth ku ye kïn de kë pieth loithok nï në cieŋ yic ëbën. Yic thieek de tiŋ de Tuïc atɔu në nyin nï yen thïn yic baai, në kuat yic, wur ku jɔl ya kä juëi dïr kɔ̈k thiek yiic këëc yen ke keek në nyïn ken yiic.

Tik ee wiën ka acïwin rir ye cieŋ de baai nueet, re, duut ku muk apieth në liɛɛr de piön de, gɛm de root de në luui ku tïït de nyin në mïth, kɔi töu baai ku kɔ̈k ke pïïr, nhiëër deen de baai, kuur de piön de ku ciën adhär deen de piöu në looi bii de rin ke baai, piath de ku baliööth juëi pieth loithook ke.

Tik yennëke baai cɔk ye kë dë ku cɔk rïu ë yic cïman yennë ye lueel ya "dom du ku tiŋ du cïnnë ke yï dhäl."[75] Në yi pacɔ̈k, diäär ke Tuïc ku piny de aa cïnnëke paan de Tuïc dhäl. Në ŋö diäär ke Tuïc aaye piath de Tuïc jar nhial në luɔɔi arët den, ŋiëi bï nhial deen de mïth, tëëu tueŋ de luui de kɔi töu baai, ŋiëi tëŋ deen de mïïth ku nhiëër thuth yic den, kuɛɛny de nyin den, ŋeeny de piöth ken, bëër de mïm ken, guöm ka min piny de wël den, nhiëër deen de baai, ciën kok de röt den ku kä pieth kɔ̈k yï kë ke looi ye rin ke Tuïc wuɔ mïm nhial ku lɛɛr kë ke në ɣän mec. Ŋiëi piööc ku bï nhial yennë diäär ke Tuïc mïth ŋiëi bëi nhial yennëke Tuïc cɔk nɔŋ bäny ku kɔi juëi

---

[75] Kääŋ de Jiëëŋ tö në Lok ku Tueŋ në Thuɔŋjäŋ yic mɛn ye thiek de yic ku ril de yic de tik nyuɔɔth të nɔŋ Tuïc ku Jiëëŋ ëbën.

pieth ŋic keek paan de Tuïc ku në γän juëi ke Thɔɔ̈th Thudän ku piny mom ëbɛ̈n.

Ke kä pieth ye tik ka diäär ku nyïïr ke looi kë, aacï Tuïc ke diäär ku nyïïr ke yaath gueŋ ke mïm, nhiɛɛr keek ku thieek ke yiic. Nhiɛ̈ɛ̈r nhiɛɛr yen keek ku bï luɔɔi thiek yic yï kë looi thieek yic ku cuɛɛi, yennëka yennë bëi, mëithook, dhiän ku wur cäk në rin ke diäär ka nyïïr cïman töu ë Paan de Atɔɔr Abe, Paan de Akuɔɔt Adhiɔ, Paan de Awic Awulian, Paan de Alek Kɔŋöör, Paan de Adun de Cïmaan Dacue, Paan de Akuek Ayolial, Paan de Abul Anuɔɔk, Cir Amöu ke ye wut në akut/tuŋ de Pakëër yic ku jɔl ya mëithook ku dhiän juëi cï ke cäk në rin ke diäär paan de Tuïc.

Paan de Tuïc, acïnnë tik gam thïn ku löm ke ye raan töŋ de kɔi thiek yiic ëŋui në cieŋ ku aguiɛɛr de mäny de baai yic. Yennëke thel ciɛl yen ye cieŋ gu/gö yic ku muk nhial. Gäm cïnnë tik gam ku ŋïny ŋi ë ye piöu yennëka yen töu ke ye dumuk ku ye dutëŋ de mïïth ke baai. Aŋic ku, në piny mom ëbɛ̈n ke raan ye yiën mïïth bï ke tëk kɔc acïï ye ya raan köc yïc. Ee raan ŋic piöu apieth, raan cï caar apieth ku cï yök ke lëu kä juëi thëny röt ye lon ë. Raan koor piöu ku nɔŋ nyin waŋ ku cïï kok në root, cïn guɔu dhur ku kën thokduël, lurpiny, käiëkäi, kɔ̈ɔ̈ŋ, guɛɛm ku aliäp yaath.

Tik në cieŋ de Tuïc yic, yennëke nyin tïït në kä juëc juëiëjuëi ye cam ku kä ye pïïr cɔk nɔŋ amitic baai ku yennëke ke tɛk bii. Diäär juëi ke Tuïc aa ɣɔ̈r cin ë gut, aaye mïööc apieth, aacïï ye ŋuïïm. Aaye ke cin pɔ̈l në ŋö aakënnë cieŋ ku kuɛɛr ke pïïr ke kuen cin ku dɛɛr ke cin ciëën. Ee luɔɔi de mony de baai bï mïïth lɔ kɔɔr roor ku ɣän mei kɔ̈k. Ku na cï ke bëi baai ke ke luɔɔi de tik bï ke tek ku looi ke bii në kuɛɛr ye ke gam ke ke ye yith.

Paan de Tuïc ayennë tik cɔk lääu mom arët në tïc ku tëŋ de mïïth yiic ku kä juëi ye ke looi baai thëny röt diɔ̈ɔ̈r. Acïï ye guɔɔk ka nhiɛɛc ë, acïï ye jur guɔu, acïï ye rääm mom ku ka cïï lëu bï kuɔi thiëëc ya ca käŋ looi wu dï të leer ë mïïth thök. Na lueel tik, lëk mony de ye ka cï cïn kë ciɛm mïth, ke ka piŋ moc apieth ke cïn dak de piɔu ka diu de yic. Wään thɛɛr paan de Tuïc, ke mony ye ye cin mar në tëŋ de mïïth ye ke thaan yiic ka luɔɔi wën ye tik looi baai, ye mony ë, ee ye cɔl duguïk ka mɔnymaguïk në ŋö luɔɔi ku tëŋ de kä ye cam baai thëny röt töny kedhie ee luɔɔi de tik ka diäär.

Tik ke ye mëdhiër, ee mïth dhiëët ku tïït nyin në keek në thɛɛ kedhie kunnë kuɛɛr kedhie lëu keek. Ku ke nyin tïït në kɔi kɔ̈k kɔi tɔ̈u baai ayadën. Aaye ke tïŋ, yee ŋö bïkkë cam ku yee ŋa kɔɔr ŋö në thaa nou kunnë kueer nou. Yennëke ye dɔc ŋuen ye mɛnh nou cï cɔk, ye ŋa cï ca*k*/bɛi, ye ŋa kɔɔr kuɔɔny loithok ku kä juëi kɔ̈k ye ŋïny loithok de guik baai.

Cïman de moc, tik ee mïïth lɔ kɔɔr në ɣän kɔ̈k ɣän mec (pamëth ku bëi ke ruääi). Ee ye cin mar ke moc ku bïkkë kä baai looi në tök cïman de gɔ̈l ku tuër de dom, cum de ku puɔ̈ɔ̈r de ku kä juëi ye looi dom yic ku mäny de läi baai ku luɔɔi ye cuɔu në ɣän kɔ̈k ka ɣän mec bïnnë wëu yök. Aaye nyïn tïït në mïth ken, bïkkë ke bëi nhial apieth, bïkkë ke nyuɔ̈th kä thiek yiic ke pïïr, bïkkë ke piɔ̈c lööŋ ku kueer yennëke röt mai thïn në cieŋ yic ku bïkkë ke cɔ̈k mïm në kuɛɛr yï kë ke gam ku yï kë ke yök ke ke lëu bïkkë ke cɔk tiëm në pïïr den yic.

Tik yennëke baai cɔk cieŋ ë duk ku cɔk mac root apieth, në ŋö tik yennëke löc ku cɔ̈ny yennë cieŋ de baai mai piny. Paan cï tik löny de cieŋ dhɔ̈th bei thïn, ye paan ë ayennë cieŋ nuëën amääth. Ku ke cieŋ de cɔk gäk ke leuëleu të kënnë ye löny cï dhör ë dhuɔk cök piny në piëët apieth.

Tik ee tɔu ke ye kön de mony de, dubiöŋ de ku ye dujiëm de, ee moc kuɔny në luɔɔi, täk ku aguiɛɛr de të bï mäi baai ku të bïnnë pïïr kuany cök thïn. Ee kä kënnë moc ke ŋiëi tak cök piny ku tëëu keek të wën lëu bï kek pieth thïn. Tik ee kä pieth ye pïïr tiiŋ tak ku yiën ke mony de bï ke lɔ luɔɔi bii në nyin den yic. Kä juëi ye moc ke looi baai, aaye ke lëu në luɔɔi në ŋö tiŋ de ee köɔc ke yeen në luɔɔt. Cïman yennë ye lueel ya "raan ye tiëm ëbën ee raan nɔŋ köu tiŋ ril"[76] ku nɔŋ ŋïny loithok, adöt, aduek ku aŋuɛm, thɔɔn de piɔu, nhiëër de baai ku bëër mom cïman tɔu ë Nyandeeŋ de Col Atëm-Makuënrial ku jɔl ya diäär juëi kɔk ke paan de Tuïc ku Thɔɔth Thudän cï baai luɔɔi në kuɛɛr juëi kuɔr yiic cïï ke lëu në luɛl.

Diäär ke Tuïc kek ka ye göl deen de muɔɔm ku yï kë duɔk ka nɔŋ de dhuëëŋ de cieŋ de. Kek ka ye dupiööc, ducuum, dupïïth, dupiöök, dutïït ku yï kë dutëëu ke kä thiek yiic ke cieŋ ku kuɛɛr juëi loithook ke pïïr cï ke yaath paan de Tuïc Yiith.

---

[76] Kääŋ de ttoŋ lei ye ril de yic de lon ye tik looi baai nyuɔɔth.

Kek ka ye kɔi tueeŋ ye mïth ke thok ku kä thiek yiic ke pïïr kɔn ŋi të nɔŋ keek. Kek ka ye mïth ke kä juëi pieth ke cieŋ de Tuïc lööm të nɔŋ keek. Baliööth cït man töu ë luɛl de yi ku gël de, riëëu, mïm de wël, liɛɛr de piöu, ŋeeny, ŋiëi dök ka ŋiëi ŋöör, luɔɔi arët, nhiëër de luui de baai ku kɔi nï thïn, tïït de nyin në kɔi niɔp ku alɛi, nyin kuɛɛny ka ciën dhur, thɔɔn de piöu, ciën guëny piny ka kuöi lööm de kä lɛi, röm ku ŋiëi tëk ku jɔl ya kä juëi pieth kɔk ye cieŋ ku aguiɛɛr de mäny de paan de Tuïc cɔk cath apieth.

Riɛl ril ë tik yic ka thiɛk thieek yen yic të nɔŋ röör ke Tuïc ku të nɔŋ raan ëbën töu në piny mom, yennëka yennë ye dieny apieth ke cïn ajöŋjöŋ ka agɔpic. Aŋic ku apieth köör de man baai acïï ye lon köc yic ee thaa lɛɛr në ŋö aye raan ëbën kɔɔr bï tiŋ pieth thiaak, tiŋ nɔŋ ŋïc në kä juëi ke cieŋ ku pïïr, tiŋ ye luui arët ku pel mom. Në ŋö tiŋ ŋic käŋ ku nɔŋ adöt, tiŋ nɔŋ guöu riëëu ku ye piöu mathon ye jam apieth, ee paan de cɔk tiëi në luɔɔi pieth de ku cieŋ pieth cieŋ yen paan de.

Tik yennëke pïïr cɔk nɔŋ ye yic ku cɔk ye kë pieth lɔ yum nhiɛɛr raan ëbën raan töu baai. Cïman ŋi wɔ ye, na kuc tik baai cieŋ ka kui kɔc ciëëŋ baai ke pïïr ee ciën amitic ku cïn ye yic. Ku na cï pïïr ciën amitiny de, ke yennëka yennë ye lueel ya "kuɔi thiëëk aŋuëën thou" ka "raan cï kuɔi thiëëk ee lɔ löŋ rɛɛŋ."[77] Kë yennë ye lueel ya ya, ee cïn pieth dë de raan cï ber ya döŋ, në ŋö pïïr de baai yennëke baŋ dïït thiek yic në pïïr de raan yic në piny mom ye yïn run juëi kuun ke pïïr nɔ̈k thïn. Në cieŋ de Tuïc ka Jiëëŋ yic ku piny mom ëbën, ke raan anɔŋ abëër juëi thiek yiic në pïïr yic; ayennë liac në pëi lɔ ŋuäŋŋäŋ, dhiët, kuek nyin, rëëk kë, jööt, thiëëk, dhiɔɔp ku wɛɛn piny mom.

Në ke abëër ke pïïr kë yiic kedhie, ke diäär aaye lon dïït lɔ wai looi. Aaye liac ku dhiët kë mïth ku tïŋ kë keek ku gël kë keek në kä lëu bïkkë ke nɔ̈k kä cït man de mac, pïu, cɔk, kä piiny, aɣäɣää ku kä juëi kɔ̈k lëu bïkkë pïïr den cɔk ril yic. Diäär aa ŋot ke ke ye tɔ̈u kennë mïth në cil den yic agut thaa de rëëk den lɔ tueŋ. Aaye mïth guiir, piööc kë keek në lööŋ ku guiir kë keek bïkkë të ye Tuïc mäi root ku të yen cieŋ de luɔɔi thïn ŋi, rïu kë, yath kë ku yï kë röt leec në yeen. Diäär kek ka ye nyïïr piööc, guiir kë keek ku weei kë ke piɔ̈th bïkkë ya diäär ku madhiëët pieth ke aköl kɔ̈k. Ku bïkkë cieŋ de Tuïc ku muɔɔm de,

---

[77] Kääŋ de Jiëëŋ tɔ̈u në Lok ku tueŋ në Thuɔŋjäŋ yic.

dhuëëŋ de, yic thieek de, lööŋ ke ku aguiɛɛr de mëimëi de root de ŋot ke lɔ̈k kë muk nyin. Ku bïkkë ber lɔ̈k piɔ̈i mïth ken ku nyiëëŋ kë keek.

Në thɛɛ ke thiëëk, dhiɔɔp ku thuɔɔu, ke tik ka diäär aaye ŋot ke ke ŋäär në kä yï kë ke looi. Aaye nyïïr bï ke thiaak nyooth, aaye mïïth ke thiëëk guiir ku ka ye diäär thiak keek nyuɔ̈ɔ̈c ku piööc kë keek ku nyuth kë ke të ye ciëŋ baai ku kä juëi kɔ̈k. Diäär aaye nyin tïït arët në kɔi niɔp ku kɔi cï dhiɔp ku ka ye kä juëc looi në thɛɛ ke tuaany ku thuɔɔu ku kuɛɛr yennëke thuɔɔu kuany cök thïn kedhie.

Në cieŋ ku mäny de baai yic, ke ka cïn kë lëu bï looi ke liiu ë tik cin thïn. Tik yennëke päny ril yic ëtör yen ye këriëëc ëbën ye looi baai ye thok tuɔɔm ku geei root në yeen. Në yi pacɔk, na cïn tik ke ka cïn baai ku piïr de baai në guɔ̈u de alëu bï yic riɛl ë tör ka cïn ye mom taiwei. Në aköl riëëc thok ëbën në thɛɛ keen ke tiɛɛk yiic kedhie, ke yennëke ɣɔ̈t, guëër, thër, wɛɛk apäc, wɛɛk mïth, rɛɛk ɣɔ̈k, miɔɔk ca, kur baai yic, cuëëc töny, buth böör, thɔ̈r, cuëëc yir, yuk, abɛc/athïïn, lëth ku akup/akok, kɔɔr aduuk ke cäm ku gur ke ca, miëu ku kä ke pïu, tem rap ku këëm keek, kuɛny tiim ke thär, dï pïu, wɛɛk mïth, yennëke lɔ lau në gɔɔr, lee ŋuany në kei ku athɔn të yen thɛɛ ke cɔk, yennëke wɛl juëi kɔ̈k ye cam lɔ ter rokic ku jɔl ya kä juëi cïï ke lëu në kuën ye tik ke looi baai ye pial de guöu ku miɛr de cieŋ cɔk töu.

Loilooi juëi ye moc kɔɔr, aaye bën ë mïr në ruɔ̈ɔ̈n yic. Ku loilooi ke tik në thiërdhoŋuan ku kä diëëk në bɔɔt yic aaye looi në ceŋ. Cïmɛn cïn yen kööl töŋ lëu bï winy mom baai ke cïnnë cäm thïn në nyïn kedhie të pieth ë pïïr cïn cɔk. Tik yennëke *yinyjin* de baai man ye cieŋ de (baai) cɔk cath ëwarwar. Cïman ŋi wo yeen apieth, na cï *yinyjin* de riäi riääk ke riäi akääc ë cöt.

Aŋic ku cïman wën cïnnë ye kɔn lueel tueeŋ ke luɔɔi de atïïp ye mom kë de moc në ŋö moc yennëke baŋ ril yic looi cïman de yëm de tiim ku kɔ̈k kɔɔr riɛɛr de kö. Ku na cɔk kë mïm ya moc ye ya, ke tik aŋot ke ye lɔŋ dït looi në yïŋ de atïïp yiic. Tik ee thïth ŋɛɛr, wɛi keek, këër keek ku nɛi keek ke ke ye dëu bïnnëke kɔɔu, kuɛi ku noon bïnnë atïïp yïk duɔ̈ɔ̈t piny. Ee ye cin mar ke moc ku bïkkë noon lɔ ŋeer ku dhëët kë baai bïnnë bën yïk.

Në nyindhie, ke ka ye diäär kek ka ye yɔn athɛɛr yïk ku tëëu kë ayääl. Aaye atïïp dhuëëŋ tët kë keek ku tïït kë nyïn në keek cïman de yiu den ku gël den në käm cït man de yï dhiëi -. Ee tik yennëke yïk ka duyïk luɔ̈ɔi ku yennëke mïïth ye cam looi të wei ë tiɔp, të buth ë päny de luak ku kë de ɣöt, të ŋɛɛny ë keek, të kueec ë keek ku muk ke mïm ka të looi ë kä juëi ye atïïp ke kɔɔr baai. Yennëke miän bï dek në thaa de luɔɔi de atïïp dhiim kennë diäär cï ke cɔɔl bï ke ye bën kuɔny --.

Tik yennëke wuɔɔr töu ë thiek de yic, dhuëëŋ ku muɔɔm de cieŋ de Tuïc ku aguiɛɛr de mämy de root de në ye mom. Yennëke kuat määt mom në cieŋ pieth de, tïït de nyin pieth de ku gɛm yen root ŋuɔ̈ gam bï muɔɔm, lei ku piath de paan de luɔɔi bii ku lueel bii në kuɛɛr juëi kuɔ̈r yiic cïï ke lëu në luɛl. Yennëke kämaan loor ku gɔɔŋ keek, ku luɔ̈ɔ̈r ye tik kɔc ye bën baai alɛi ku kɔc ke ruäai luɔɔr thïn yennëke piath ku rëëc de baai lɛɛr bii.

Tik ee kä juëc looi arët baai awär raan ëbën raan töu baai. Ye luɔɔi thiek yic ye tik looi baai ë ku nyin nï yen thïn, yennëka ye moc lam ka wɛk root në thaa cïnnë tik bɛi në bëny kɔɔr bï ye nyaai nyin; ye nhialic aŋuëën jɔt yɛɛn ku cɔk tiŋ dï döŋ piny ago mïth lɔ̈k kuɛɛŋ muk kë nyin kuɛ den. Kë ye röör juëc ye kënnë lueel, ee ŋïny ŋi kek yeen, diäär kaa ril piɔ̈th ku ka ye gum ku ka nhiaar bëi ken ku rin ke röör ken. Cïman ŋi wɔ yeen, anɔŋ bëi juëi tɔu paan de Tuïc bëi ë ke lök kë diäär ke kɔ̈ɔ̈c ku dem kë ke nyïn aa bïkkë ya dhiän ŋic keek paan de Tuïc.

Thiɛk thieek ë tik yic në cieŋ de Tuïc ku në Jiëëŋ ëbën yic, yennëka yennë ye lueel ya "tik awär ɣɔk ë ke dhiët kee dhïc."⁷⁸ Ee kïït pieth bï tik thɔ̈ŋ ɣɔk ë ke dhiët ke dhïc. Aŋïc ku na cï ɣɔk ke raan dhiët në door tök ke ke juëc ke ka ye pïïr de cɔk lɔ pääu ku jɔt kë ye nyin. Ee yi ayadëŋ, weŋ ee pïïr cɔk nɔŋ ye yic të nɔŋ raan në kuɛɛr juëi kuɔ̈r yiic arët. Ku ka ya tak ke lon ye tik looi baai acïï mom cak ya ɣɔk ë ke dhiët ke thïërrou aka cïï ye ɣɔk ke dhïc. Ɣɔk aaye dhiët ku ber kë dëu ku ka acïn kööl töŋ ye tik kɔ̈ɔ̈c në luɔɔi baai ku në tïït yen nyin ŋuɔ̈ tïït në kɔc ku kä ke pïïr tɔu baai agut cï ɣɔk. Tik ee lɔ̈ŋ në thɛɛ niin yen ke keek ke pëi ku ɣɔk aaye ber dëu ku beer ë ke tiit në pëi juëc.

Ayadëŋ, ɣɔk aa nɔŋ yiic ɣɔk ye abïëëth ka weŋ abïu cïn nyɔu ca. Ku tïk ee tuu ŋuɔ̈ gin në kä pieth ye ke looi ye pïïr ku cieŋ de baai cɔk ye kë thiek yic ku lee duäny të nɔŋ kɔi tɔu baai. Ba kuɔ̈ɔ̈t yic ke tik ee kä juëi looi baai kä cïï ke lëu në gër piny kedhie ë tënnë. Na yïn ya, ke wɔ bï loilooi ke mïth ku kɔi ke ruääi tɔu cïman de yï kuar

---

⁷⁸ Kääŋ de Jiëëŋ tɔ̈ në Lok ku tueŋ në Thuɔŋjäŋ yic.

ken, kok ken, wälëën ku wac ken, när ken ku malëën ken ke mïth wuau amääth. Në kë thiek kë loilooi yï kë ke looi yiic ayadëŋ në aguiɛɛr de cieŋ ku mäny de baai yic.

Në aguiɛɛr de mäny de baai ku cieŋ de yic, ke mïth thii kor, mïth cï ŋuëën ka mïth ye jööt aa nɔŋ mïm loilooi ye mïm keek, yï kë ke looi baai. Mïth nɔŋ run ke dhïc lɔ tueŋ aaye yiën loilooi piɔl yiic lëu kë ke në luɔɔi bï ke piɔ̈ɔ̈c në luɔɔi ku löön mac keek. Mïth cï bɛr ŋuëën amääth aaye mär ken kuɔny në loilooi ye looi bii cïman de wɛk de aduuk, gëm de pïu të thiɔ̈k, kun de piny, dï de mac paan thiɔ̈k kë, thöö̈c de töny ku kɔ̈k. Aaye wɛr kuëny bei luaak, ber kë keek, geer kë ke yiic, kut kë ke-. Aaye dɛɛu ke ɣɔk ku thök biɔ̈ɔ̈k të thiääk ke baai. Aaye nyïn tïït në mïth kor në keek ku ka ye kɔi dïr kuɔny në cum de rap në thaa de cum aaye kɔ̈th kiɛɛr ɣör. Në thɛɛ kɔ̈k, ke ka ye rap tiit në diɛr ku thö ku jɔl ya kä juëi ye nyïn keek ye kek ke kɔi ken kuɔmy baai në luɔi.

Në ye akur ë yic, ke kɔi ye lon dït gö looi thïn, aaye mïth cï ŋuëën ciman de dhuɔ̈k ŋuën, nyïïr thöö̈ŋ röt ku nyïïr ye dhueec, rörthii ë ke piac ke rääk ku kɔi ye jööt. Ke kɔi kë në kuɛɛr ku thɛɛ juëc, ke kaa ye rëër wun de ɣɔk bïkkë ɣɔk mai ku köör kë ke wɛl tɔ̈c, pïu ku gël kë keek në läi ye ke cam ku kɔi ye pëëc në ɣɔ̈k. Aaye nyïn tïït ë ŋui në röt ku läi mac kë keek. Ku ye kë loilooi tɛ̈k röt ana cɔk kë röt jal ya kuɔny ke ŋɛ aŋic kë ye mom yeen dhiën mom.

Ee luɔɔi de dhuk bï wɛ̈r kuany, beer keek, geer ke yiic, kur ke ku tɔŋ keek në thɛɛ kɔ̈k. Ee dɛɛu akëël ŋot ke ke kënnë ke luɔ̈ny wal gɛ̈m pïu, guup keek ku looi kä juëi kɔ̈k ye ke luɔ̈i akëël. Ee ye cin mar ke raan dïït de dhiën den ku lony kë ɣɔ̈k ku mac kë ke. Ee wïïn ke ɣɔ̈k tɛk në löi ken yiic. Dhuk ee dɛɛu ke ɣɔ̈k biɔ̈ɔ̈k ku tïŋ keek duɔ̈k ke ke bï lɔ yök në mär ken në nyuäth yic ku thuat kë ke ka bï kë mëër wei. Dhuk ee ɣɔ̈k cï niin wei ka ɣɔ̈k ci määr lɔ guik ka lee ke kɔɔr në wuɔ̈r thiɔ̈k yiic. Ee nyïïr ka nyan de dhiën den kuɔny në räk de ɣɔ̈k ka bï ɣɔ̈k raak të yen dhiën cïn yic nya ka nyïïr ku jɔl ya kä juëi kɔ̈k ye dhuk ke looi dhiën mom.

Në biäk de nya, ke nya ee kä juëi thëny röt diäär ye ke looi wur looi. Ee ɣɔ̈k raak, ee thiɔ̈ɔ̈l cuëëc, ee gur ke ca cï kuɛɛm kɔɔc, ee adhɔrɔɔi ku ayik ke tɔ̈c cuëëc ku ke mïïth ye cam mïïth cïï ke ye dɔc yök wur mïïth cït man de kuïn ë diëi baai, ee miëu kueet ku bï laar baai ka bï yen kä ye ke looi ye cam dhiën mom ya tuëët, yennëke nyin tïït arët në mïththii cï nyuɛth wur awär raan ëbën nï dhiën mom ku kä juëi kɔ̈k ye nya ke looi dhiën.

Ayadëŋ, nya ku tɔu baai ka të cï yen jäl wur lee baai, ke ke man ka diäär tɔu baai lɔ kony në kä ye nyïn diäär yï kë ke looi baai. Cïmɛn tɔu ë dï de pïu në ɣän mec, ɣär ku kuëny de tiim/bel/wal, guär de awai, tïŋ de mïth kor, thär, nyiën de aduuk, puɔ̈ɔ̈r ku tëm de rap, ŋëër de noon ku jɔl ya kä juëi kɔ̈k ye looi baai ye nyïn diäär.

Në ye mɛɛn, në ke aköl kë yiic, ke nyïïr ku dhuɔ̈k juëc aaye lɔ në ɣöt ke gäär yiic ku yen ye lon dïït ye kë looi. Ku na cï pïïr root cak waar ye ya, ke ka ŋoot ke nɔŋ nyïïr ku dhuɔ̈k diëëŋ rek thukul kennë luɔɔi de kä thɛɛr ë ke ye ke looi paan de Tuïc. Ayadëŋ luɔɔi ye nyïïr looi baai aŋot ke kën root waar cïman de loilooi ke dhuɔ̈k. Nyïïr aaŋot ke ke thät, aa wak alëth, aa tiëët nyïn në mïth kor ---. Dhuɔ̈k rëër në thukuul yiic rɔɔk aacïn kä juëi ye kë ke dhiɛɛt në luɔɔi deen de thukul mom.

Në biäk de rorthii ë ke piac ke rääk ka agɔlŋook, ke loilooi juëi ken aaye tök kennë kä ke kɔi ŋuën ke dhiän ken ku kaa rɔm loilooi kɔ̈k kennë dhuɔ̈k. Kä juëi yï kë ke looi aaye kä thëny röt aguiɛɛr de kä ye cam. Kek ka ye rïŋ ke kɔi dïr nyou, kek ka ye riɔ̈ɔ̈ŋ yaaŋ, kek ka ye but në mäi të tɔu ë wuɔr tooc, kek ka ye yäp ku jɔl ya kä juëi yï kë ke looi wur ye mïm keek.

Në ke mïm kedhie, ke raan dïït de dhiën në kuɛɛr juëc ë ŋui, yennëke lon thëny root tïït de nyin në röt, dök, ŋɔ̈ɔ̈r, ku aguiɛɛr de mäny de röt looi. Në cieŋ de Tuïc ku Jiëëŋ yic ke tïït yennë nyïn tïït në röt ee cath cï dhiën cïnnë kɔc dhiëët ku aciëëk (dhuk ku nya) ke kɔc. Raan dït yennëke nyin tïït në mïth tɔu wur kennë yeen nyïïr, dhuɔ̈k ku rörthii ë ke piac ke rääk. Yennëke dhuɔ̈k ku nyïïr tɛk yɔ̈k bïkkë ke ruëëth ku kä bïkkë ke ya looi dhiën mom.

Në cieŋ de paan de Tuïc yic, ke yic thieek de raan, ŋiëi ŋɔ̈ɔ̈r ka ŋiëi döŋ de, dhuëëŋ de, piath de ëbën ku rëëc de, aye tïŋ ku ŋic në tïït yen nyin tïït në mɛnh ë nyueth tɔu dhiën mom, nyan de dhiën de, tiŋ thia cï bëi wur, dhuk ka dhuɔ̈k ke dhiën de, dɛɛu ke dhiën de ku jɔl ya jö të nɔŋ yen jöŋ tɔu dhiën mom. Ku na nɔŋ thon nɔŋ guɔ̈u biɔu mac dhiën, ke ke luɔɔi de raan de dhiën bï nyin tïït në yeen mɛr ke kɔ̈k wɛn lëu bï kë kɛ̈ɛ̈k dɔc bëi në kaam de kennë kɔi mac wut. Ee luɔɔi de raan dït bï yɔ̈k ruëëth nyïïr ku dhuɔ̈k keek ya but ë ke tïŋ keek man ŋoot kë ke ke tuu apieth. Në ŋö na cïï kë ber naŋ ciɛk juëc ke ke bï ke bɛr yiën yɔ̈k kɔ̈k juëi ë ca keek.

Në cieŋ de Tuïc yic, ke ke raan dït yennëke gum. Na cï weŋ de nya ka weŋ de dhuk thuar ke ka rë̈ ë weŋ de raan dït ku ka cïï root ye looi bï raan dït räk weŋ de dhuk ka weŋ de nya të cïnnë weŋ de thuar ka të cï yen yiën niin wei. Në kuɛɛr juëc ë ŋui, ke ka cïn raan töŋ de kek yiic ke kɔi ye nï dhiën mom yennë raan ke weŋ tök ruëëth. Raan tök ee naŋ ɣɔk ke reu lɔ tueŋ. Ee raan dïït töu dhiën mom yennëke weŋ bï kiëi nya ka tiŋ thia töu dhiën mom cäk. Kïïc ee weŋ ye week bïnnë nya ka tik ciɛk ke ya ruëëth të cï yen reec ka cïï cäm ë ca.

Yennëke ɣɔk ye ke rä raan cï riɔ̈ŋ nɔ̈k töu dhiën mom ku nyan bï ke ya raak week thook, ago ke yök ke ke ruëëth keek në kaam tiit ë yeen bï ciëë liääp ke kɔi cuet riɔ̈ŋ. Në ŋö ka ye kɔi kuɔ gam ë gut man na cuet rïŋ de riɔ̈ŋ du, ke yïn lëu ba käräk du yök. Yekënnë, yennëka yennë nyan ye raan cï riɔ̈ŋ nö̈ rääk ciëë ca jak rïŋ de riɔ̈ŋ në ye cin. Kë ë ye looi ago cuet në rïŋ de riɔ̈ŋ cï kɔi kɔ̈k kë, ke rïŋ aye thim ke kor nyin ë ŋoŋ ku jɔl ya toom yic në kɔu ka tim thiin dë ci ŋiëi pin kɔ̈u.

Në cieŋ theer de Tuïc yic, ke wun de ɣɔk yennëke të yennë löŋ ku aguiɛɛr de mäny de röt kuany cök thïn arët. Në ŋö cɛ töu ke ye të ye kɔi juëi wuɔ̈i yiic ke mïm lɔ mar thïn. Ku të nɔŋ yic kɔc juëc në thaa thok ëbën ee löŋ ku aguiɛɛr de mäny de röt kɔɔr. Wun de γɔ̈k ee naŋ lööŋ ye ye mai ku ke lööŋ kë, aaye kuany cök cï të cïnnë ke guiɛɛr thïn në kɔi mac wut ku kä ye ke looi thïn.

Kɔi cïï ke lööŋ kë ye looi, aaye ke kuum në kuum thöŋ nyin ke kë ye löŋ lueel bïnnë raan cï wuɔ̈i ya waai. Në aguiɛɛr de yic, ke wut ee yic naŋ bäny ke, bäny ye nyïn tïït në kä wur. Ku ke yic naŋ kɔi ke aguiɛɛr cïman de kɔi ye kɔc yuɔ̈p biöök ku kɔi ye loilooi kɔ̈k thiek yiic looi thïn.

Ku ke loilooi kë kedhie ku kɔ̈k thëny röt mäny de wut aaye ke thook tuɔɔm në thöny de bäny de wut yic ku kuɛi kɔ̈k ke kuum nï wur. Ee bäny de wut ku kɔi ye ye kuɔny kek ka ye nyïn tïït në kä wën lëu bïkkë cieŋ de wut riɔ̈ɔ̈k në root ku në kaam de kennë wuɔr kɔ̈k. Ee jam në nyin de kɔi mɛi ke yic të nɔŋ yen kë lueel wun de ke wun dë. Yennëke loilooi juëi ye looi wur tek cïman de yum de biöök ku kɔ̈k juëi kɔ̈k yen ke ya mëdök, dutëk, dudöör, duluk ku ye maŋɔ̈ɔ̈r thïn. Yennëke amar de wut cɔɔl të nɔŋ yen kë kɔɔr täŋ de kɔi ke wut cïman de të kɔɔr bïnnë kuɛɛth thin, bëny cï wut lɔ̈ny, të mɔŋ yen riɔ̈ɔ̈k ku jɔl ya kä juëi kɔ̈k kɔɔr täŋ de wut.

Në thɛɛ juëc ë ŋui, ke yennëke anëm ye të bï kuëëth lɔ tïŋ kuany ka kɔi bï wun dë kɔɔr bï wun de kuɛɛth thïn lɔ thïïc ka kɔi bï lɔ gɔny. Yennëke ŋiɛi cieŋ de wun de kennë wuɔr kɔ̈k kë looi në män yen ye cin mar ke bäny ke wuɔr kɔ̈k kë ku bï kë kë wën ye kë tïŋ ke lëu bï kɔc dɔc këëk duɔ̈m piny ke ŋot ke kën ɣai ku përyic në kɔc cin.

Në kuɛɛr juëc ë ŋui, ke ke bäny de wut kennë kɔi ye ye kuɔny kek ka ye rïŋ ke wut tek. Të cïnnë riɔ̈ŋ nɔ̈k, ke nyïïr aaye lɔ në cöu, dhuɔ̈k kennë yeth, akumpuuc kennë ayuɔ̈ubiöök, köu kennë bäny de wut, ɣäm ku rïŋ kɔ̈k thiek yiic kennë kɔi ke wuɔr kɔ̈k mat wut kennë keek.

Në loilooi juëi ye ke looi wur yiic, ke biöök de ɣɔ̈k aye looi në aköl thook kedhie, aköl mɛi ë ke wut. Biöök de ɣɔ̈k aye wëër në dhiän mïm, ana cï door de dhiën bën, ke ke ya luɔɔi de raan dït bï ɣɔ̈k lɔ biöök në nyin de dhiën de yic. Na liiu ke wënwuun ka raan ye kek rɔm de dhiën dë alök nyin de yic ka dhuŋ de dhiën de të yen dhuŋ cï thiɔ̈k bï rääk.

Ŋiɛi biöök bï raan ɣɔ̈k ŋiɛi lɔ tïŋ ayennë kɔc riëu ku ka yennë piath ku kok kook ë raan në kä wur ŋi. Kuɔi biöök bï raan ɣɔ̈k cɔk lɔ määr ka bï läi ke lɔ cäm yiic, ayennë raan kuɔi lööm ku ka yennë ye kuum në kë ye mom awäny cï wuɔɔc.

Ee lon de raan dïït de dhiën bï loilooi cïï nyïïr ku dhuɔk ke lëu në luɔɔi looi. Loilooi cït man de luɔɔi de gëëŋ ku kal, bï ɣɔ̈k cï määr lɔ kɔɔr në ɣän mec, por de ɣɔ̈k ku jɔl ya kä juëi kɔ̈k ye mïm yeen dhiën.

Në cieŋ de Tuïc ku Jiëëŋ yic, ke luɔɔi de kä ye thaan kedhie ee mom yaa diäär në ɣän juëc. Ku kä ye nyou në many de dhiën ka many de tiim cïman töu e rïŋ de riɔ̈ŋ man ye rörthii nyɔu, biɔl - ku rec, aaye mïm yaa röör në thɛɛ juëc. Në ŋö kɔi ye rëër ku yï kë kä juëc looi dhiën mom aaye röör. Dhiën athëny root riɛɛr den ku nyin töu kek thïn wur ka baai.

Të töŋ cïnnë löŋ de thär luuŋ thïn paan de Tuïc, ee toc ka bur de rec. Në aguiɛɛr de kɔi nï tooc yic, ke ka ye röör kek ka ye thät ku guiir kë këriëëc ëbën thëny root töny ke ke cïn riɔ̈ɔ̈c de guɔ̈u. Toc yennëke të töŋ yennë diäär mïïth liiu kek ke cin thïn cam. Ku yennëke të ye kek kä cïï röör ke ye luɔi keek në ɣän ke cieŋ kɔ̈k kë lɔ yök thïn cïman de jör de mom. Në ɣän kɔ̈k kë, cïman töu ë baai, wut - ke ka ye diäär kek ka ye röör jör mïm cäm.

Në cieŋ de baai yic, ke kɔi cï ŋuëën cïman töu ë kuar ken ku kok ken ke kɔc ku jɔl ya kɔi juëi ke ruääi thiök arët në ruääi yic, aaye kä juëc kuɔny kɔi ke baai nɔŋ yï tik ke moc ku mïth ken. Aaye kë ke jääm mïm, piööc kë ke ku nyuth kë ke të ye cïëŋ baai ku të ye mäc röt. Aaye kɔi ke baai nɔŋ yï tik ke mony de kuɔny në muŋ de mïth cïman yennë mïth nyuëth kok ken.

Kɔi cï ŋuëën aaye kɔi ɣap baai piɔ̈i kä ke cieŋ de baai, weei kë keek ku dut kë ke piɔ̈th, cök kë ke mïm piny ku kuëm kë ke mïm në thaa de momliääp, riääk ku të cï ariirriir de kuɔ̈i cieŋ root jar nhial baai. Kɔi ke ruääi aaye töu ke ke ye kön de yï moc ke tik. Yï kë të ye kek kä juëi kɔɔr kë ke bï ke kuɔ̈ny keek yök thïn.

Në cieŋ de Tuïc yic ku Jiëëŋ yic, ke ke lon de kɔi ruääi bïkkë nyïn tïït në röt ku bïkkë töu në tök në thɛɛ ke kä loi keek. Thɛɛ looi ë ke kä pieth ku thɛɛ ke riääk ka thɛɛ ke momliääp ku nuan. Tëŋ de mïïth ku kuëny de kä ke ruääi cök ee root gɔl në dhiëët de raan tök yic (baai), leer në macthok agut cï bï jɔl lɔ lɔ dhiën ku lee ɣet wur ku abëër kɔ̈k ke mëimëi de röt.

Aguiɛɛr de mäny de röt në cieŋ ku pïïr de paan de Tuïc yic ku në Jiëëŋ yic ëbën, ee root jɔɔk baai cïman thiin wën cï wɔ ye tïŋ nhial ë. Abër de reu lɔ në baai cök në aguiɛɛr de mëimëi de röt yic ee macthok ka dhiëët. Macthok ku baai ka paan de ŋɛ aaye wël ke Jiëëŋ ye abëër ku kuɛi ke cieŋ ku aguiɛɛr de mäny de röt nyuɔɔth ku tek kë ke thook. Aacïï wuɔi arët, në thɛɛ kɔ̈k ke ka ye ke gueel ke ke ye wër tök cïman de paan de Adut ka dhiëët de Adun de Cïmaan. Në kueer pial yic, ke macthok aaye kɔi ye mïth tök rɔm ka kɔi ye many tök ɣɔ̈ɔ̈c. Lëu ke ka cïï ke lëu ke ka tɔu në ye nyin ë tëën. Aaye nɔŋ bäny den ka raan yen ye kä ken thöl.

Macthok cïman de baai, ee ya dhiëët de raan tök wën cï kɛɛr ku cï dhiëët yic bëër amääth nɔŋ yic kuɛɛt ke reu, diäk lɔ tueŋ. Kɔi tɔu në many tök thok, aaye röt thiëk të thiɛɛk ë nyïïr ken ku ka ye röt kony të thiëëk ë wët ken. Në kueer juëc ë ŋui, ke ka ye dhiaau ku cieŋ kë acool ku nyiɛɛi kë keek në tök të cïnnëke thuɔ̈u.

Aaye nyïn tïït në röt në thɛɛ ke piath ku thɛɛ ke kä dhal kɔc ku ka ye röt kuɔny kä juëc në ŋö mëithook kek ka yennëke kä cïï ke lëu bï ke looi në bëi yiic bën looi thïn. Kek ka yennëke röl de bëi ku kä kɔɔr kë ke bï ke kuɔny keek lɛɛr dhiën. Ku ka ye mëithook kek ka ye röt määt bïkkë dhiën ku abëër kɔ̈k ke aguiɛɛr de mëimëi de röt në cieŋ yic lɔ bëi. Në kuɛɛr juëc, ke dhiän juëi tɔu paan de Tuïc aake gɔl röt ke ke ye mëithook ku jɔl kë bën për piny bï kë ya dhiän ku tuŋ ke wuɔr cïman tɔu ë Payaath Awulian ke ye tuŋ de wut Awulian, Röördiɔ̈ɔ̈r Ayuël, Thoi Dacue, Pakɔ̈i Adhiɔ, Paguɛŋ Abe, paan de Col Ayeliɛl, paan de Anyuɔɔn Anuɔɔk, Baaidiɔ̈ɔ̈r Akonycɔk ku jɔl ya dhiän juëi tɔu ke ke ye tuŋ ke wuɔr paan de Tuïc.

(e) dhiën ku wut

Në cieŋ de Tuïc ku Jiëëŋ yic, ke dhiën yennëke cök ka abër de diäk në aguiɛɛr de mäny de röt yic. Yennëke të yennë kä cïï röt lëu në wuau kunnë luɔi në bëi yiic ku në mëithook bën looi thïn. Dhiën alëu bï ya dhiëët de raan tök cïman tɔu ë Paan de Alëu Abe, Thoi Dacue, Paan de Biɔ̈ɔ̈r Kɔŋɔ̈ɔ̈r, Papiɔ Adhiɔ, paan de Yak Ayuël, Paan de Dum Anuɔɔk, paan de Awɛɛŋ Ciir, paan de Thiɔ̈ɔ̈ŋ Ɏɔ̈ɔ̈l ku dhiän juëi kɔ̈k tɔu paan de Tuïc ke ke ye dhiëët de raan tök. Në yi pacɔ̈k, ke mei de wër cɔl dhiën ee dhiëët ka kuat - acï kuät, acï kuet, acï kut -.

Dhiën ayadëŋ, alëu bï ya akutmom de dhiän cï ke yiic mar ke ke cïï ruääi ku nhiaar kë bïkkë cieŋ në tök ku luui kë röt cïman tɔu ë paan de Ayïïk në Nyɔpiny, Paanwïïr Ayuël ku dhiän kɔ̈k cït keek tɔu paan de Tuïc. Dhiän alëu bï yic naŋ bäny (alääma) tök ka bäny (alëëmaai) juëc ku jɔl kë naŋ bäny dïït töŋ mat ke mïm.

Ke bäny kë ku bäny thii kuany ke cök ku bäny dït tɔu në ke mïm tueeŋ, aaye lööŋ cak ku tïït kë nyïn në looi bii den. Kek kaa ye aguiɛɛr de mäny de baai guiir ku muk kë nyin në kuëny de löŋ cök. Aaye kä ye röt wuɔ̈ɔ̈c në cieŋ yic ku këëk kë kɔc caar yiic ku loi kë keek. Aaye kɔi niɔp në kuat yic ku wut yic gël duɔ̈k ke ke bï kɔi ril ku nɔŋ kë gu aduruk ke yaŋ ku nhiɛɛc kë keek.

Në kuɛɛr juëc, ke ka ye nyïn tïït bï cieŋ në kɛm ke dhiän, wuɔ̈r ku juur thiɔ̈k në Tuïc cath apieth ke cïn kë wëëc kɔc. Ku na nɔŋ kë cïï tɔu të de në cieŋ yic, ke ke lon den bïkkë ye kë cï root wuɔ̈ɔ̈c ë dɔc jaam yic ku nyiɛɛi kë ke ŋot ke kën wëi ku bï kɔc thɛl të cïï kɔɔr.

Aaye dudöör, yï kë mät ku cieŋ pieth në kɛm yiic wɛɛi ku luui kë në wëëc de kä ke cieŋ. Aaye kɔi mac kë keek wɛɛi, thɔn kë keek ku yïk kë ke, ku kaa cïï ye dɔc wer piny. Kek ka ye lööŋ ku të bï cieŋ macthok, dhiën ku wut guiir, lueel kë lööŋ bii, tëëu kë keek në luɔɔi yic ku gël kë ke.

Kek ka ye ciɛɛŋ määth ku ŋiëi rëër de Tuïc kë jerëën ke ɣoi cök ë tip apieth. Kunnë kuɛɛr juëc, ke kek ka ye ciɛɛŋ amääth piääu cök piny në kä pieth yï kë ke cɔk loi röt në kɛm yiic. Kä cït man de thiëëk, pol, thajir ku kɔ̈k ye ŋiëi ciɛɛŋ jɔɔl yic. Ba kuɔ̈ɔ̈t yic, ke ka ye dhiän cïman ŋi wɔ ye, kek ka ye ke mïm kuɔ̈ɔ̈t ku bïkkë ya wut. Acïn wun lëu bï ya wut ke cïn dhiän tɔu thïn cïman cïn yen akut lëu bï ya akut ke cïn yic wuɔ̈r.

Në cieŋ de Tuïc ku mëimëi de root de yic, ke ka nɔŋ kä juëi ye guiir ku loi keek në wut. Kä wën cïï macthok ku dhiën ke lëu në luɔɔi ke pëi. Ke ya kën guɔ ɣet, ke wut akutom de dhiän juëi cï röt kuëëk, piŋ kë röt ku gam kë röt bïkkë cieŋ në bakleei ku ye rin ke mar ku kɔ̈k juëi loithook ke cieŋ.

Kä ye kɔc kɔɔr kedhie, aye wut ke looi. Ee wut yennëke kä yaath ye wut mar mom piny looi cïman tɔu ë bïï bei ka bïï wur de lɔ̈ɔ̈r yaath ku nɛ̈k de jɔŋ de wut. Ee wut yennëke rïc teem ku yïn rin ke. Ee wut yennëke cieŋ ku rëër de ke wuɔ̈r kɔ̈k guiir, kuɛny cök ku looi bï piath. Ku yennëke kɔi ke gël ku kony keek në kä nuan keek.

Yennëke tɔŋ de kaam de ke wuɔr kɔ̈k thɔ̈ɔ̈r. Yennëke muɔɔm ku dhuëëŋ de kɔi ke ku rin ken cööc ku leer ke bii në diɛr pieth thiek yiic ke, wïr ku luɔɔi de kä pieth loithook kä ye yic thieek de ŋuak yic. Kä ye cieŋ de, täŋ de ku të ye gäm root ke ye wut luɛɛl bii. Ku jɔl ya kä juëi kɔ̈k cïï lëu ke në kuën ye wut ke looi në nyin de kɔi tɔ̈u në ye yic yiic. Në ŋö wut yennëke kä ye kɔc mar mïm piny kedhie looi. Wuɔr ke Tuïc kedhie anɔŋ ë ŋɛ ke mom piny de, yanh de ku kä juëi kɔ̈k ke cieŋ ye kä ke në root.

Wut ee abër de ŋuan në aguiɛɛr de mäny de röt yic. Në aguiɛɛr de mëimëi de root de yic, ke Tuïc acï root guiir cïman wën cïnnë ye lueel në göl de buk ke Tuïc ye mom diäk. Yennëke cɔ̈ɔ̈k de wuɔr ke, aacï ke wuɔ̈i ku guiir keek cï të ye wunnë cieŋ thïn ku të yen tɔŋ ke thäär thïn, ka të yen cieŋ, mïïth ku kɔ̈k tɛk thïn. Wuɔr kɔ̈k aaye mïm diäk ku kɔ̈k aaye mïm reu ku kɔ̈k juëc mïm. Cïï yic bï bëër arët, ke wɔ bï wuɔr ke Tuïc ku tuŋ ken tïŋ. Acaa ke bï wuau arët, kë ba looi yan bï wut ku tuŋ ke ya tääu piny ku yan cïï dhiän tɔ̈u në tuŋ yiic bï gär piny në ŋö akaar ba cɔk cek yic. Kekäkë, kek ka ye wuɔr ke Tuïc ku tuŋ ken:

1. Abe anɔŋ yic (a) Paan de Alëu (e) Paguɛŋ (i) Röördiɔ̈ɔ̈r

2. Adhiɔɔk anɔŋ yic (a) Pakɔ̈i (e) Rööṛdiɔ̈ɔ̈r (i) Nyanthith

3. Kɔŋɔ̈ɔ̈r anɔŋ yic (a) Apiöölöc/Apiëëtlöc (e) Padɔ̈ɔ̈l (i) Biöördït

4. Ayuääl anɔŋ yic (a) Rööṛdiɔ̈ɔ̈r (e) Paan de Yak (i) Pawïïr/paanwïïr (o) Pajiɛɛk

5. Dacueek anɔŋ yic (a) Thoi (e) Ɣöt

6. Awulian anɔŋ yic (a) Payaath (e) Ɣöt

7. Abiɔɔŋ anɔŋ yic (a) Juaralueeth (e) Abiɔŋdït

8. Nyɔpiny anɔŋ yic (a) Paan de Ayïïk (e) Paan de Geu

9. Ayoliel anɔŋ yic (a) Paan de Juac (e) Paan de Col (i) Paan de Akuek

10. Kuac anɔŋ yic (a) Payaath (e) Paawïïr/paanwïïr (i) Paan de Kɔ̈ɔ̈c (o) Päät (u) Paan de Aliau

11. Adiaŋ anɔŋ yic (a) Jɔɔr (e) Padeŋ

12. Anok anɔŋ yic (a) Paan de Anyuɔɔn (e) Paan de Dum (i) Pakuëi (o) Palau

13. Akonycɔk anɔŋ yic (a) Paan de Kuɔl (e) Paan de Nyaŋ (i) Paan de Lual (o) Ɣöt (Paan Aliääp, Paan de Bol ku Pathiääŋ).

14. Ɣɔ̈l anɔŋ yic (a) Atok (e) Awan

15. Cir anɔŋ yic (a) Paan de Anyaaŋ (e) Paan de Kuɔl

16. Bërë anɔŋ yic (a) Paan de Ayïïk (e) Paandiɔ̈ɔ̈r

17. Nɔ̈ɔ̈k anɔŋ yic (a) Paan de Dun de Col (a) Paan ë Dun de Col (e) Paan Apou (i) Paan ë Col ë Köör (o) Paan ë Guɔ̈r (u) Paan ë Anyaar (y) Paan ë Goŋ.

Acukku tïŋ, guiëër de mäny de röt athiek yic ëŋui të nɔŋ Tuïc, Jiëëŋ ku raan ëbën në ŋö ee cieŋ, tïït de nyin në röt. tëŋ de käŋ, loilooi ku kuëny de löŋ cök cɔk köc yic. Ee ŋɛ cɔk ŋic nyin de ku löny ye löny de në cieŋ yic. Ku na ŋic ŋɛ nyin de në cieŋ yic, ke rïu de löŋ ku aguiɛɛr de mäny de röt atɔu. Ku ke gäm de röt, män de cin, kok de röt në röt ku kä juëi ke cieŋ ku rëër cɔk lɔ tueŋ apieth.

Ke wuɔ̈r cukku ke tïŋ nhial kui aye ŋɛ ke ŋɛ kony, gël, luui, nhiëër täu pieth de ku kä pieth kɔ̈k thiek yiic tɔ̈u në cieŋ ku pïïr yic. Tuïc a nhiaar root, në ŋö na cïï root nhiaar ke ka cïï lëu bï rëër të tök në ke run juëi cï yen ke paan de cieŋ ë. Ku ka cïï lëu bï kɔi kɔ̈k kɔi thiɔ̈k në yeen ka cieŋ kɔ̈k lëu në nhiëër, ciëëŋ keek ku theek keek cïman yen ye looi.

Rïu rïu ë wuɔ̈r keTuïc löŋ ku aguiɛɛr de mäny de röt, yennëka ye kek ye them bïkkë bäny ken ya wɛɛi ku cooth kë ke piɔ̈th bïkkë ya ŋɔ̈ɔ̈r ku dök kë cï kë lëu kë ku ŋic kë. Ku cïï kë röt bï ya looi ke ke ye dukuëëny ke bäny ke kɔi kɔ̈k cök. Ku cïï ye miɛr de piɔ̈n de kɔi kɔ̈k yen yï kë tääu tueŋ arët awär miɛr de piɔ̈n de kɔi mac kë keek. Ku cïï kë röt bï ya puɔ̈l bï ke ya tɛk në kɔi kɔ̈th. Në ŋö na cɔk kë röt cɔk niɔp, bï ke tek në kɔi kɔ̈th ke kee yic ril ëtör bïkkë yi dɔc ŋic ku det kë yic në kë ye kek lɔ gäkgäk yee ŋa bïkkë theek ku luɔ̈ɔ̈i kë.[79]

Tuïc a nhiaar yi ku ke thou në yi kɔ̈u, aman yaaŋ bï luɔ̈i raan dë në dhur, aɣer piɔ̈u ku ke piɔ̈u ayääm. Ee jur adhuëŋ dïït lɔmälläny cïn guɔ̈u adiɛŋdiɛŋ, atemtem, adeerdeer, akuiinkuiin ku aŋerŋer ku ka cïï piɔ̈u ye niin në raan dë guɔ̈u. Ku ye dhuëëŋ ë në thaa dë, yennëka ye kɔi kɔ̈k lööm ke ye niööp de ku kɔɔr bï kek kööc në ye yeth ku them kë bï kë thany piny ë ŋoŋ në kuɛɛr kedhie lëu kë ke.[80] Ku ye kë them në thɛɛ thook kedhie bï kë cɔk gɛm kɔi diëëŋ keTuïc mɛn cïn yen kë lëu kë ku cïn kë ye kë tiiŋ në luɔɔi në gu ken ke pëi.

Në kuɛɛr juëi kuɔ̈r yiic në piny mom, na kɔɔr raan bï raan dërë thany piny ku pɛɛc në kä pieth ke cieŋ de, ke ka ye kɔn nyuëër kɔ̈u kä rac kedhie. Kä rɛi wën lëu bïkkë ye cɔk ye guɔ̈u riɔ̈ɔ̈c në kä thiek yiic ke cieŋ ku kuɛɛr ke pïïr

---

[79] Jɔɔn Ÿënrik Këlak (1993) Kɔc ke Apirïka në akököl de piny mom yic ---
[80] Jɔɔn Ÿenrik Këlak (1993) Kɔc ke Apirika në akököl de piny mom yic --

thëny röt yeen.[81] Cïman yennë Tuiëi juëi gu riɔ̈ɔ̈c ë nɔɔnnë në rin ken, alooŋ ke jam ye kä ken ku kä pieth kɔ̈k thëny röt pïïr den. Aaye kë looi ye ya, ke kɔi ye kɔc thany piny ago kä pieth loithook ke cieŋ du ku kuɛɛr kuɔ̈ɔ̈n ke pïïr ca ke yaath yuaŋ wei ku löm kä γ̈ɔr yiic keen ke cieŋ den. Ku na ca mom jɔl lɔ piörröu në kä ken yiic, ke ka jɔl yï luɔ̈ŋ yɔu ku jɔl kë kä pieth ke cieŋ du lööm ku jɔl kë yï ya lëër nyin në keek. Cïman ŋi wɔ ye ëmanthiɔ̈kkë, kɔi ke piny de Apirïka aaye wëu juëc ë juëijuëi yiën bëi kɔ̈k ago kë kä thɛɛr ke cieŋ ken lɔ tïŋ në γ̈än juëi cïnnëke tɔ̈ɔ̈u thïn në piny mom ku ka cï ke bën nyääŋ kä ŋon cïn ke yiic ye cool ke ke këëk keek.

Ku ka ŋic ku ayadëŋ, na cɔk kuɛɛr ke pïïr du, yic thieek de cieŋ du ku nhiëër de thoŋ du cɔk ke luɛɛŋ wei ku ric kë yï nyin ke yïn ye cök leuëleu aret në cieŋ yic ku ye gäk ke yï päu. Ku ye ciën yic ye ber dɔc lueel në ŋö raan cï yï dhoom ba kä ku rɛɛc në guiëër ku kuëny de cök ee nöök në yï mom në thaa thok ëbën. Yïn ye ciën të ye yïn dɔc lɔ rok piny thïn apieth ku yïn cïï root ye bɛr gam ke yïïn ye tak ku ye luui në kä pieth. Ee yï yiën kë ye yïn kë kɔɔr ba looi ëbën kɔn lɔ thiëi kɔi kɔ̈k, kɔi ye yïn ke

---

[81] Jɔɔn Yenrik Këlak (1993) ---------------

cieŋ den ku kuɛɛr keen ke pïïr lööm ke ke thiek yiic awär kä ku.

Të cï yïn kuɛɛr ke cieŋ ku pïïr du luɔ̈r yiic ku cɔk ke wïk yïïn në riɛ̈i de nyin, ke yïn ye lɔ ku pac kë ca yök yic. Na ber dër ye yam bën ke yïn wan ye kë wään ca pac yic ë ku lɔ ɣou në kë ye yam yic. Yïn ye jɔl gäk ke yï cop yom yic, ku ye yom ë, alëu bï yï lɔ lɛɛr pathɛuthɛu alee yï piɔ̈th mom kajaŋthith. Në ŋö muɔɔm de kë de raan dë acïï ye yuul ku ka cïnnë ye laath në kaam bäär yic ke yï kën root piŋ ye yïn ye ŋa. Cïman yennë ye lueel ya "kë de raan dë cïn amook kɔ̈u piaat"[82] ka cï yïn payiɛɛl tem kɔ̈u.

Të nɔŋ Tuïc ke ka cïï kɔɔr bï yïën ya, bukku cieŋ da, kuɛɛr ke pïïr ye kä kuɔ ku thuɔŋjäŋ baŋ thëny root wuɔɔk bukku ke yɔ̈ɔ̈ŋ yiic ku lee wɔ ke mïm läŋ thïn. Tuïc anɔŋ cieŋ pieth lɔ callak cuai arët ku aguiɛɛr de mäny de röt thiek yic ë dot. Aguiɛɛr pieth ye kɔi kɔ̈k nhiaar ku yï kë kɔɔr bï ya kë den.

Aŋic ku apieth, në piny mom ëbën ke paan cïnnë röt guiir thïn apieth, yennëka yennë cieŋ cath thïn ëwarwar, në ŋö kɔi juëi tɔu thïn aaye lööŋ theek ku kuany kë ke cök. Ku paan yennë lööŋ ku aguiɛɛr de të ye mäi röt cï

---

[82] Kääŋ de Jiëëŋ ye rëëc ku cïën yic thieek de geei de root në kë raan dë nyuɔɔth. Na cɔk dhuëŋ ku muɔɔm ë në kä lei ke yïn bï dhil kɔ̈ɔ̈ŋ në yeen ka lɛr yï thar wei në thaa dë të ye yïn raan ë buup root cï tak.

looi theek ku rïu ë cïman de paan de Tuïc, ee kɔi ril yiic, kɔi ŋïc ŋɔ̈ɔ̈r ku ŋï kë dɔk cuëëc ku cɔk ke cil apieth ke ke nhiaar luui de baai ku kɔi tɔ̈u thïn.

Cïman wën cïnnë ye kɔn lueel në cöök tueŋ yic man na rëk ke Tuïc kën kɔn ŋɔ̈ŋ në kɔi ŋäär yeen ku kɔi luui paan de Thɔ̈ɔ̈th Thudän. Ril de piɔu ku ŋiëi luɔɔi de ke bäny kë, atɔ̈u në tëëu ye Tuïc kuëny de yi cök tääu tueŋ. Ku tëëu tueŋ de riëëu, nhiëër de röt, tïït de nyin në röt ku gɛm de röt në luui de kɔc ku baai.

Ŋiëi ŋɔ̈ɔ̈r ku tïït de nyin ye bäny ke Tuïc nyïn tïït në kɔi mac kë keek ku kɔc në röt anï në yäth cï Tuïc ŋiëi tëk ku luui de kɔc yaath. Tön tueeŋ ye yäth de ŋiëi tëk ku luui de kɔc nyuɔɔth në cieŋ ku pïïr de Tuïc yic ee biöŋ. Biöŋ ee ciin de kɔi ye nyuc në akur tök yic ku bïkkë miëth tök rɔm cïman tɔ̈u ë rïŋ de rïc. Biöŋ anɔŋ lööŋ ke ku aguiɛɛr de röt loithok tɔ̈u thïn. Në biöŋ yic, ke raan tök aye yiën luɔɔi de tëk bï miëth tëk kɔc ka bï rïŋ thiɛ̈m kɔi cï nyuc në biöŋ yic. Në tëŋ de miëth yic, ke ye raan cï yiën ye luɔɔi ë alëu bï miëth tëk kɔc në piɔ̈n ɣer ka awaiyic, ana cïï kɔi tɔ̈u në biöŋ yic kennë yeen nyïn tiëët apieth, ke ye raan tek miëth ë alëu bï miëth tëk kɔc ku nyiëŋ root.

Ku na cɔk ciën kë yök në miëth yic yen raan wën tëk kɔc, ke ka cïï ye piɔ̈u ye dhiëu. Ee piɔ̈u miɛr në yic thieek cï yïën yeen ku gäm cï rïny de ye gam piɔ̈u bï ke tëk miëth den. Yennëke cöök de bäny juëi ye bën paan de Tuïc, aaye röt gam bïkkë baai ku kɔc luɔ̈ɔ̈i në piɔ̈n ɣer piɔ̈n cïn yic tiɛɛl anaa cɔk ciën kë yök kë në luui de kɔc yic ke ka ye piɔ̈th miɛr në lon cï kë luɔ̈i baai ku kɔi ken.

Ye pilothopï de tëŋ de mïïth në biöŋ yic ë yë, acït ke ye luɔɔi thiin kɔ̈c yic ye ya, ku yennëka cïnnë rïu de aguiɛɛr de mäny de röt ku luui de baai ku kɔi töu thïn guan në ye yic ku yennëka këëc yen ëbën.

Bï raan baai ku kɔi töu thïn luɔ̈ɔ̈i akɔɔr liɛɛr ku kuur de piɔ̈u, ciën kok de root, pɛl ku bëër de mom ku ŋeeny de piɔ̈u, aŋem ku aduek, adöt ku thɔɔn de piɔ̈u, kiir pieth ba ŋi ye na lëu bï yïn thöör ku ye na lëu bï yïn yï köu miɛɛt ciëën ku ba yï yic bɛr lɔ kuer ku bɛr ë lɔ kïïr apieth.[83] Ku ka kɔɔr bï raan naŋ ŋïny loithok, ŋïny ŋi yen kɔi mɛi keek, kɔi thiääk në keek ku kɔi mec në keek ciëŋ në ɣän juëi ke piny mom.

Abiök pieth ka maŋör ŋeeny piɔ̈u ee kä thiek ke kɔi ke ɣääc ku guum keek ku thou në nyin de kɔi ke yic cïman

---

[83] Thɔkɔrɔtïth kuɔt në buŋ de Bëturan Räthel yic (1946), akököl de wëthan pilothopï. Jɔɔc Allen ku Unwin. London.

ɣɔn cïnnë Kueer ë Bul nɔ̈k në akïrmom në nyin kɔc yic aŋoot näŋ de bäny wei. Ajäŋ de Duɔ̈ɔ̈t, Bul de Kɔ̈ɔ̈c, Mayen de Madiŋ de Majök ku bäny juëi ɣɔn cï nɔ̈k kennë keek në ruɔ̈n de näŋ de bäny (1967) bën thou në nyin de kɔi ken yic. Ku bï kë nyuɔɔth man ye piny ku kuëny de yi cök kɔc nɔ̈k. Ku cïï pieth ba kɔr wei në thaa de gël de yi, cieŋ ku kueer ke pïïr ye kä ku, ku ye ke gam ke ke ye yith lɔ jim.

Aake gɛm röt bïkkë thou në nyin de kɔc yic ku piny në kë ë ŋi ke yeen ku cï kë gam ke maŋɔ̈ɔ̈r ye ya dutït, dukuny, dugël de kɔi ke ku cït abëëkthiɔ̈ɔ̈ŋ. Ee kɔi ke bääk ku teem ke bii cïman de abëëkthiɔ̈ɔ̈ŋ. Abëëkthiɔ̈ɔ̈ŋ ee thiäŋ ye ŋɔ̈ɔ̈r ye nï tueeŋ në thiɔ̈ɔ̈k mïm. Lon de, ee bï thiɔ̈ɔ̈k bï ke bääk ku bï ke tɛɛm ayeer. Ku në bëëk de thiɔ̈ɔ̈k yic, ke yennëka lëu bï kɔn thou në ŋö të yen rëët ka të yen bak thïn ee yic naŋ kä juëi lëu bï ke ye kɔn nɔ̈k kä cïï lëu bï yen ke poth thïn.

Abëëkthiɔ̈ɔ̈ŋ acïï ye ya thiäŋ niɔp, ee ya thiäŋ ril ŋɛɛny, thiäŋ ril nyin, cïï kok në root ku ŋi yic thieek de pïïr ku wadëŋ de duut. Yennëke cɔ̈ɔ̈k de bäny ye röt gam bïkkë yic de kɔi ken kuany cök ku këëc kek thïn. Aaye ya kɔi ŋɛɛny piɔ̈th ku nhiaar kë wëi ke kɔi muk kë keek awär wëi ken cïman ë töu ë Gërëŋ de Mabiöör ku kɔi juëi ke piëth de cï röt gam në baai bïkkë yi de Thɔɔth Thudän kuany cök. Ago kɔi ken naŋ momlääu ku kä juëi cath kennë lääu de mom. Na cïï ye maŋeny ke yïn cïï lëu ba yï piɔu gur ba yi de kɔc kuany cök në thaa de kë yɔŋ keek. Maŋör ariɔc kok në root, ee jɔl bën ŋeeny të cïnnë kë näk kɔc mom lɔ piörröu bii ku ke kɔi ke cɔk yɔŋ keek në ye cin ku cïn kë lueel. Ku ke ye cin mar në yɔŋ de kɔi mai ke yiic ayadëŋ.

Ku ba kɔc ku bääk ku tɛɛm ë ke bii në thaa de kë yɔŋ keek ku kɔɔr bï ke nɔk acïï yic kɔc. Ku na cïï ye maŋeny ku nɔŋ ŋïc ayadëŋ, ke yïn cïï kä cï wäi yïïn ye dɔc päl. Ku na ye bäny yen cïï kä cï wäi yeen ye puɔl ke määth ku ŋiëi cieŋ në kaam de ke kɔi mɛi ke, ee lɔ ke meec ye yic wei në thaa thok ëbën. Bäny ariɔc kuc kë looi, yennëke kä cï wäi yeen kaak në ye mom thar ku muk ke. Ku muŋ yen ke muk ee ye mɛi roor të nɔŋ kɔi mɛi keek ku cɔk ye nääp ku yiɛɛi wei amääth në thööc yic ke kuc root.

Ba toot, bëëk de thiɔɔŋ acïï yic kɔc cïman ŋi ë abëëkthiɔɔŋ yeen. Yennëke cɔɔk de bëëk de kɔc, ba kɔc bääk ba ke lɛɛr ayeer akɔɔr ŋeeny de piɔu, ŋïny loithok, riɛl de nyin ku ŋiëi jam në ŋö na cïï ye ŋiëi jam ke yïn cïï lëu ba yi du ku kë kɔɔr ba looi lëu në wuɛu kɔi kɔ̈k abï lɔ rok në ke mïm apieth ku gam kë yïn ke yï luel yi. Kɔc aaye bäny kuany cök bäny yï kë ke gam ku ŋic kë ke, ke ke bï ke bääk ku teem kë ke bii.

Bäny juëi ke Tuïc aaye yaa abëëkthiɔ̈ɔ̈ŋ në nyïn ke kɔi ken yiic. Aacïï ye abiök ku dutïït ye kɔr wei të cïnnë kë cam thök ku kɔɔr bï wëi ken nyaai bën. Aaye thök gël në riɛl den ëbën ku kä tɔu në keek kedhie agut cï wëi ken të yen kë jɔt wëi. Aaye baai ku kɔi mac kë keek nhiaar awär wëi ken lueel Nyandeeŋ ë Col Atëm ye "mony dï, ee nhiaar Thɔ̈ɔ̈th Thudän ku Thudän ëbën awär wëi ke, yennëka cï yen thou në yeen. Ku yaan në guɔ̈u dï yan nhiaar Thɔ̈ɔ̈th Thudän ayadëŋ awär wëi kië ana tïŋ kë yɔŋ yeen ke yan cïï piɔ̈u ye miɛr."[84]

Ɖeeny ku thɔɔn de piɔ̈u de bäny ke Tuïc, aye kë cï Rëëc-Molmɛɛc, Rëëc de Deŋ de Lual looi nyuɔɔth. Në ruɔ̈ɔ̈n de timtök, bɔt ke dhoŋuan ku thiërdhoŋuan ku tök, men yennë cïnnë Nuëër tɔŋ jɔr baai, cou kɔc wei, nyiɛɛi weŋ ku jɔr mïth kor, mïth cï ŋuëën ku diäär. Rëëcdït acï Nuëër bën loor you dhiil root Nuëër bï lɔ piŋ apieth të nɔŋ bäny yennë ŋäär ye akur yɔn riäk baai ë. Yee ŋö näk

---

[84] Nyandeeŋ ë Col Atëm (2014) Jam de Nyandeeŋ ë Col Atëm kennë Ajak Deŋ Ciɛɛŋkɔ̈u në Ɣeth Bï Ɣeth Radioou në Bïtoria Athurelia.

kɔr niɔp kɔi cïn kë dïït ŋic kë në wël ke awanthar yiic ku cïn kë cin në looi bii den yic. Cïman de wëtmäth keen cï röt gam në gël de yi ku yic thieek de kɔi niɔp, Rëëc-Molmɛɛc akën bɛr lɔ dhuɔ̈k ciëën në Nuëër yic. Acï bën lɔ thou Kanuëër.

Në yi pacɔ̈k, ke kë cït ye kënnë, acïï lëu bï adubiöŋ niɔp piɔ̈u looi. Adubiöŋ ye thö biöök keek piɛ̈ në ye mom tueŋ ku wɛɛn root në ke cök të cïnnë lën kɔɔr bï ke cäm yiic bën. Ana cï lëi kë jɔr jɔr ke ka jɔl lɔ̈k pärëpär, yik root piny ku wïk räp, jɔr ye röl bï ŋeeny de nyuɔ̈th kɔi thiɔ̈k në yeen kɔi kuc kë ë cï root looi.

Maŋɔ̈r ariɔ̈c acïï yi ye dɔc lueel ku ka cïï kä juëi ye ke wuɔ̈ɔ̈c në guɔ̈u de ye dɔc gam ke ye yen ye ke wuɔ̈ɔ̈c. Ee but ke cëk kɔi kɔ̈k köth. Ku ka cïï ye bën ë gëk, ee gäk ke lur root në kɔi kɔ̈k yiic bï yen ke kë kɔɔr looi. Anhiaar wël thoi nyïn wën cïn kë kuny kë baai ku kɔi mei ke. Ee gäk ke tuum kɔc köth në kä cïï ye yith, ee nuɔ̈ɔ̈i cuar cï amool, ee kän ɣaak ku cook ke piiny në luɔɔŋ ku na lekkë tuɔ̈l ke ka ɣɛɛi keek, ɣëëk ke nyïn.

Në kuɛɛr juëc, ke ka cïï ye nhiaar yic bï kɔc tɔ̈u ë ruɔ̈uruɔ̈u loi kë tök në kë ye män de kɔc ku rëŋ de cin den ye yiën kenykeny ku ajethjeth. Ku ka cïn kaam ye yiën yeen bï yen ke bɛr lëu në këëk ago ke muɔ̈k mïm piny në ŋïny de yi yic. Acïï kä cï wäi yeen ye dɔc cuar wei, aaye ke cool ke ke bï ke nhial ago yen ke kɔc riääc ku yïn ke yiic adiɛɛr. Ku ke dhiɛɛu wei gin cï raan niɔɔp dë cïn mom riɛɛl në jur yic.

(i) jur

Abër de dhïc në aguiɛɛr de mäny de röt yic ku yen bï wo köɔ̈c thïn në ye cöök kë yic ee jur. Jur ee amatmom de wuɔ̈r cï röt gam, piŋ kë röt, kuëëk kë röt, mat kë röt ku ciëëŋ kë röt apieth ku nɔŋ kë baliööth juëi thiek yiic ke cieŋ ku pïïr rɔm kë keek ku cïk kë ke yaath ku luui kë keek. Baliööth cït mɛn de riëëu, nhiëër de röt ku baai, riɔ̈ɔ̈c de guɔ̈u, muŋ de yi, tïït de nyin në röt, muɔɔm de raan ku yic thiek de -. Ku nhiaar kë kä thiek yiic tɔ̈u të nɔŋ keek kä cït man tɔ̈u ë thok ku alooŋ ke jam ye kä ken, piny, kuɛɛr ke duɔ̈ɔ̈r, kuɛɛr ke cieŋ ku pïïr thëny röt keek ku jɔl ya kä juëi yï kë ke rɔm në tök. Kä ye ke mar mïm piny ke ke ye jur ka akur de jur dïït dë yennëke kuɛɛn thïn cïman tɔ̈u ë Jiëëŋ. Jur ee cieŋ piny tök, piny baŋ cï ke nhiaar, ɣap kë ku ye kë gël.

Tuïc ke ye jur, anɔŋ kä juëi ke cieŋ, pïïr, löŋ ku aguiɛɛr de mëimëi de röt rɔm wuɔ̈r tɔ̈u në ye yic keek ku kɔ̈k juëi rɔm keek ke juur thiääk në yeen. Juur cït yï Nyarweŋ, Ɣɔ̈l, Boor, Mundarï, Kiëi, Atuɔ̈r, Aliau, Jiëëŋ ëbën, Nuëër ku kɔi juëi tɔ̈u piny de Thɔ̈ɔ̈th Thudän, Apirïka ku në piny mom.

Jur ayadëŋ në thuɔŋjäŋ yic, aye gueel ke ye amatmom de juur wuɔ̈i yiic ye jam në thok wääc, nɔŋ aciëëk wuɔ̈i, yiëth ku kuɛɛr ke duɔ̈ɔ̈r wuɔ̈i yiic, baliɔ̈ɔ̈th wuɔ̈i ku kä juëi wëi kek ke keek ku ka cïëŋ paan tök cïman tɔ̈u ë Thɔ̈ɔ̈th Thudän ku bëi juëi ke piny mom. Jur alëu bï tɔ̈u ayadëŋ ke ye wun töŋ tɔ̈u cïman de Ayuääl, Abiɔɔŋ ku Nɔ̈ɔ̈k. Jur ee wër dë ye gueel në kuɛɛr kuɔ̈r yiic cïman de abëër kɔ̈k wën cï lɔ nɔŋ yiic baai, kuat, dhiën ku wut ku ka ye lɔ̈ɔ̈k në nyïn ken yiic ayadëŋ. Kë ye ye nyuɔɔth në jam yic ee të cïnnë ye guɛɛl thïn ye amatmom yïn dï yen lueel raan jam.

Tuïc ee amatmom de wuɔ̈r kuɔ̈r yiic lääu mïm nɔŋ ë ŋɛ ke piny de, yanh de, kuɛɛr thii keen ke cieŋ ku pïïr de ku kä juëi kɔ̈k. Ku kaa cï ke yiic kuɔ̈ɔ̈t, kuëëk kë röt, piŋ kë röt ku cï kë gam bïkkë röt ciëëŋ në nhiëër, lääu de piɔ̈u, yic ɣɛɛr, riëëu ku thëk de löŋ. Rïu de löŋ ku aguiɛɛr de mäny de röt. Aguiɛɛr de mäny de röt, ee töŋ de kä thiek yiic arët në cieŋ de Tuïc yic. Në kë yen kä juëi ye looi baai ye löŋ kɔɔr cɔk rok ke thook të den.

Rïu ë rïu ë löŋ ku nhiaar kɔc röt paan de Tuïc yennëke ye kɔc cath ke ke lääu ke cïn adiɛɛr ku riɔ̈ɔ̈c de raan bï raan deer ku pɛɛc kä ke, ka raan lëu bï raan dɛ̈ liiu ka guëny piny ke kuc. Kɔc aake ŋic të ë yennë röt ciëëŋ thïn ku tïït ë yennë nyïn tïït në röt. Ana yök mïeth de raan dɛ̈ të lɔ dhääŋäŋ ke ka cïï löm ke kënnë kɔn thiëëc. Ee ŋi kɔc arët na nɔŋ kë kɔɔr ŋɛ të nɔŋ ŋɛ ke ka ye thiëëc. Ee cïn kɔi juëi ee ke ye ke cin dɔc bäär kä ke kɔi kɔ̈k ka kɔi ë ke ye kɔc kaaŋ në kuɛɛr yiic cï ye man töu yen në ke aköl kë yiic ë. Aköl cïnnë ke löŋ ku aguiɛɛr de të ë cïeŋ piny ku mäny de röt dhɔɔt yiic ku cï ayäär liu, cïn kɔi juëi ye gu bɛr dɔc yäär në luɔɔi ku luɛl de kë rac.

Wään thɛɛr paan de Tuïc, ŋoot ë baai ke kën riääk, ke raan alëu bï jäl wur tooc ke cath ye tök ke lɔ baai ke cïn adiɛɛr de raan bï ye kaaŋ kuer yic ku peec yeen ka liiu wei. Akë ë lëu bï yeen yïen adiɛɛr, ee lën ye cam në kɔc bï yeen yïen kääk piny kuer yic ye tök.

Kueer dë, yennë ye rïu de löŋ ku ŋïny de käŋ nyuɔɔth, ee të ë ye döm tɔŋ. Wään thɛɛr paan de Tuïc, Nyarweŋ,

Ɣɔ̈l ku ɣän juëi ke Jiëëŋ ke tɔŋ ee ye dɔm ku cɔk kääc nɛ̈ kueer thiin lɔ buyuŋ, na ye ye thaa kënnë, ke ka cïï root dɔc lëu nɛ̈ luɔi. Ɣɔn thɛɛr na cï wuɔ̈r këëk, ke kueer piɔl yic ë yennëke dɔm, ee ye raan dïït de wun dɛ̈ ka bäny de wut ka raan dïït rïu ë guɔ̈u yennëke ye lɔ nɛ̈ kɛm ke kɔi thäär/piɔ̈t ku lɔ ku dhoŋ waai de tɔŋ kɔ̈u. Na cï ye looi ye ya, ke kɔi wën thäär nɛ̈ ɣän kedhie aa kääc ku puɔ̈k kë të cï kek kë cï root looi tïŋ. Nɛ̈ kë cïn yen raan ë ye ye nhiaar ku kɔɔr bï mël cï tääu dhoŋ kɔ̈u.

Ye kennë, ee ye ye nyuɔɔth ke kɔi ë ke tɔ̈u paan de Tuïc nɛ̈ thɛɛ cï lɔ, aake rïu löŋ ku aguiɛɛr de mëimëi de röt arët awär raan ëbën. Piny athën rïu ë löŋ ku nɔŋ kɔc gu riëëu yi, ee cïnnë raan ye cuëër ku ye kä ke kɔi niɔp kui löömy yaath cï man tɔ̈u yen nɛ̈ ke aköl kë yë, yen ya cuëër ku kɔi ye kä ke kɔi kɔ̈k ka kä ke baai guäny piny kek ye ke moom ku door keek ke ke ye mathön ku yennëke mïth wɛɛi ku cooth ë ke piɔ̈th bïkkë kïr nɛ̈ keek.

Tuïc ke ye jur, acï root guiir nɛ̈ mäny ye mäi root. Macthok anɔŋ mom raan mac yeen raan ye nyin tïït nɛ̈ kä ke, dhiën ke raan de ku wut ke raan de. Raan yen ye kä wur kedhie kä cï kɔc nuaan nɛ̈ dhiän yiic bën them nɛ̈ luɔɔi. Bï kë cï lëu nɛ̈ rɛ̈t rer ku leer kë cï ye göök tueŋ.

Kä cï kɔc dhal në wuɔ̈r yiic, aaye ke bëi në payam yic të nɔŋ kɔc ka raan yen muk payam. Në payɛɛm mïm kedhie ke ka nɔŋ raan töŋ yen ye payɛɛm kedhie mar mïm piny në mäc ka raan mac paan de Tuïc ëbën. Raan yen ye bäny dïït tɔ̈u në bäny mïm kedhie. Raan yen ye kä kënnë ke lëu në luk ka kä dɛk kë kɔc ke piɔ̈th në të cï luɔ̈k keek në payɛɛm yiic bën caar yiic ku bï ke bɛr nyɔk në luk.

Kɔi cï ye thöny ë muk paan de Tuïc aaye kɔc ke diäk. Raan tueeŋ den ee ye Biöör Aguën de Biöör, raan de rou ee ye Ajääŋ de Duɔ̈ɔ̈t de Biöör man ë cï juur ke ŋuan nɔŋ yiic Tuïc, Nyarweŋ, Y̆ɔ̈l ku Boor mar yiic në muk. Ku raan de diäk ee Manyoŋ Ajaŋ de Majök man yen tɔ̈u në ye thöny ë yic ëmɛnnë.

Ke bäny kë ku bäny cï lɔ në ke mïm tueeŋ, aa yukku ke leec ku ka rïu ku keek në döŋ pieth cï kek dɔk ku ŋiëi ŋɔ̈ɔ̈r cï kek kɔc ŋɔ̈ɔ̈r në thɛɛ wuɔ̈i yiic ku nɔŋ kë yiic kä dhal kɔc kä ye pïïr de paan de Tuïc kɔɔr bï kë nhiaac, rook kë nyin ku kɔɔr kë bïkkë many de Tuïc duɔ̈m nyin piny bï ciën miɛɛc thiin deen ber tɔ̈u.

Në thaa yennë muk ë Ajääŋ baai, yennëka cï paan de Tuïc bën riääk në riäŋ dïït ë kɔɔr bï pïïr de Tuïc ke ye jur dhuɔ̈th piny ku nyaai nyin piny de. Ku në ŋïny pieth ku pel de mom de bäny Ajääŋ ku bäny ë ke kuany ye cök yennëka nɔŋ ë Tuïc ye nyin në ye kööl ë. Aacï bën nyuc piiny ku kïït kë ke mïm ye ŋö lëu bï looi kë bï kɔc kony ku bï rin ke Tuïc ŋot ë ke cɔk ye ke lɔk cɔɔl në thɛɛ bï bën. Go kë mar bï nyïïr gam abac ku bï thiëk jɔl bɛr lɔ looi rial të cïnnë piny piath. Ku ŋoot Ajääŋ ku bäny kuany ye cök ŋoot kë ke ke ye kɔc jääm ku weei kë keek bï kë mïm ciëë bäth në baai, cieŋ loithok den, kuɛɛr ke pïïr ye kä ken ku baliööth juëi pieth kɔ̈k ke Tuïc. Bäny Ajääŋ në guɔu de ee ye lɔ në ɣän juëi ë ke cïnnë pawɛɛr ke kɔc thiäi thïn. Bï ŋot ke cɔk ŋi kɔc apieth paan den acï riääk yök ku ka bï piath në kaam cïï mec. Ku na cï riääk mom lɔ ɣöu bii ke ka bï dhuk piny ye cɔɔl në rin ken ku bï kë lɔ bɛɛr piny në yïk.

Ɖiëi ŋöör, nhiëër de kɔc ku ŋïny de käŋ de bäny Ajääŋ yennëka cï Tuïc bën cɔk tem riääk köu ku cɔk mëët ye yic në thök de pawɛɛr. Nhiëër ye bäny kɔi mɛi keek nhiaar alëu bï ye cɔk ɣëëc kä juëi thiek ke kɔi mɛi ke. Në ŋö maŋɔr pieth ye maŋeny ee kööc ë cök në yi yic. Ana cɔk ŋic ke bï bääny nyaai të nɔŋ yeen ka bï ye nɔ̈k.

Ye gël de yi yïn lë yë, yennëka cïnnë bäny juëi ke Tuɔ̈c bën nɔ̈k në ruɔ̈ɔ̈n (1967) de näŋ de bäny Paliau. Bï kë nyuɔɔth man thieek ë kë gël de yi ku piny yic awär kërïëëc ëbën. Ba kuɔ̈ɔ̈t yic, ke rin juëi ke bäny ku kɔi ë ke cï ke nɔ̈k në ruɔ̈ɔ̈n de näŋ de bäny në Tuïc akï:

1. Ajääŋ de Duɔ̈ɔ̈t de Biöör - bäny dïït de bäny mïm (grand paramount chief) man yennë muk Ɣɔ̈l, Nyarweŋ, Tuïc ku Boor (Kɔŋɔɔr).
2. Bul de Kɔ̈ny Atëm, Bul-Magaany - raan töŋ de bäny tueeŋ ke Tuïc ku Duk ë cï cök piny de lööŋ, aguiɛɛr de mäny de röt, yïŋ de ciɛɛŋ määth, looi bii de kä juëi ke thiɛɛththa tɔ̈ɔ̈u tueŋ arët. Ku ke cï luui arët në köɔ̈r de yi ku momlääu de kɔi ke Thɔ̈ɔ̈th Thudän yic (Kuac).
3. Mabiöör Mariɛɛr ë Kuir (Ayoliel)
4. Mayen de Madiŋ de Majök (Cir-Amɔ̈u)
5. Gërëŋ de Wuiɛɛu de Guɔ̈r (Abiɔɔŋ)
6. Kuɔl de Dun de Kuɔl (Cir-Amɔ̈u)
7. Akeny Aweeŋ de Deŋ (Cir-Amɔ̈u)
8. Anyiɛnh Atëm Ajiŋ (Cir-Amɔ̈u)
9. Madiŋ Arɔŋ Anyiɛth (Cir-Amɔ̈u)
10. Atëm Abuɔ̈ny Adiɛɛr (Acir-Amɔ̈u)
11. Atëm de Kuɔl Atëm (Cir-Amɔ̈u)
12. Arɔŋ Amɔ̈n Anyaaŋ (Cir-Amɔ̈u)

13. Manyɔŋ ë Yan de Dut (Acir-Amɔ̈u)

14. Ŋɔ̈ɔ̈r Atëm de Madöl (Acir-Amɔ̈u)

15. Kuɔl de Monyroor (Acir-Amɔ̈u)

16. Dän de Diiŋ Awëër (Ayoliel)

17. Ajaŋ de Majöŋ Ajak (Anok)

18. Ajaŋ Arɔŋ Ajak (Anok) --

Maŋɔ̈ɔ̈r pieth mïm, dudöök ka bäny ŋɛɛny piɔ̈th ku ŋic kë käŋ ku nhiaar kë kɔc, aaye döt ku ŋic keek në riääk yic. Ke wɔ ye Tuïc në yän töu wɔ ke thïn kedhie, ke raan ye cɔl Manyɔŋ Ajaŋ de Majök ku bäny lui në yeen ë manthiɔ̈kkë paan de Tuïc, aacï ŋiɛ̈i ŋɔ̈ɔ̈r den, ŋïny loithok de käŋ den, nhiëër nhiɛɛr kek kɔi mac kë keek ku piny nyuɔɔth në ye riäŋ ë yic (2013 -), riäŋ töu ëmɛnnë piny de Thɔ̈ɔ̈th Thudän. Na cïï ye ŋïny de käŋ, ŋiɛ̈i ŋɔ̈ɔ̈r, bëër de mom ku ŋɛɛny de piɔ̈u de bäny Manyɔŋ Ajaŋ de Majök ku bäny ke Tuïc lui në yeen në tök, ee ke dë cïn kɔi diëëŋ töu paan de Tuïc ë man jiɛɛm wɔ ë. Në ŋö na kën Manyɔŋdït kööc ë cäp kennë bäny ke alëth ke paan de Tuïc ku kɔi juëi ke Tuïc ŋic käŋ ku nhiaar kë Tuïc kɔc wɛɛi piɔ̈th ku liep kë ke nyïn bïkkë yi tïŋ ku ŋic kë, ee kee dë cï paan de Tuïc riääk në riäŋ dïït wär riɛk juëi cï tëëk.

Aye kɔi juëi gam man na rë ke ye kɔ̈ɔ̈c de bäny Manyɔk, bäny ke alëth ku kɔi kɔ̈k cï kek kɔ̈ɔ̈c në yi yic, yennëka cï riääk cɔk koor nyin paan de Tuïc. Ku yennëka cïnnë Tuïc ŋic ayadëŋ piny de Thɔ̈ɔ̈th Thudän ke ke ye kɔi nhiaar yi, ŋiëi ciɛɛŋ në kɛm ke kɔc, nhiëër de röt ba wänmuuth ka nyankuui nhiëër kë pieth de -. Ku ŋïny ŋic kek yeen man na rëk ke kɔi töu kedhie piny de Thɔ̈ɔ̈th Thudän aaye tök. Aaye ŋɛ ke kɔ̈n de ŋɛ, aka cïn kë lëu bïnnë röt kuɔ̈i ciëëŋ, yoŋ röt ku tïl ë röt thuëny. Në ŋö na yoŋ wänmuuth ku cuɔu ë wei ka riäär ë wei näk ka riëër ë piɔu wei në yï guɔ̈u, ee ke yïn ye lɔ̈k gum të lɔ̈k raan dë bën ke mënh ë ku dhur kë yïïn ku cïn raan töu raan bï cuɔi në yïïn.

Ee kë dïït ŋi raan ëbën, bäny (tök) pieth ka bäny (juëc) ril yiic aacïï ke ye këm në yök. Aaye cieŋ de kɔc ku kuɛɛr keen ke pïïr (baliɔ̈ɔ̈th) ke cuëëc ku yïk kë ke. Cieŋ pieth de Tuïc, aguiɛɛr pieth de mäny de root de ku baliɔ̈ɔ̈th thiek yiic ke, ke ka ye ye ŋuɔ̈ yïën duŋɔ̈ɔ̈r ye piɔth mathön. Duŋɔ̈ɔ̈r ye ya kë kɔɔr kɔc yen yï kë ŋäär tueŋ ku loi kë ku cïï ye kë de yëth ken ka kë bï ke kony ke pëc. Kɔi ye töu baai aaye cil, lok kë ku pïïr kë cï të töu ë cieŋ ku pïïr den thïn.

Aɲic ku, aŋoot aguiɛɛr de mäny de röt de juɔ̈ɔ̈r kɔ̈k ke kën guɔ liääp ke kuɛɛr kuɔɔn ke cieŋ ku dök, ke Tuïc ee tɔ̈u ke cï root guiir. Yennëke nɔŋ yen akuut (Lith. Ajuɔ̈ŋ ku Pakëër), wuɔ̈r, dhiän, mëithook ku bëi ke ke ye ŋuëk ka abëër ke aguiɛɛr de mëimëi de root de. Ku ke abëër ke tïït de nyïn në röt kë, aake nɔŋ kɔi ë ke ŋäär keek cïman de bäny ke wuɔ̈r ku bäny yaath ë ke ye kä yaath looi në nyin de kɔc yic.

Në bën de juɔ̈ɔ̈r kɔ̈k cïman de Areb, Tëkï/Turuk, Kemɛt/Yïjip ku Dïŋïlith/Yiŋïlic ke lon de bäny ku të ë ye kuëny keek akën bɛr bën tɔ̈u të de. Ke Alɛi ë ke cï bën në kɔc yiic kë, aacï kɔc bën ya cɔk kuany keek kɔi bï kä keen kɔɔr kë keek ya yiën keek. Kɔɔr kë (bäny ke baai) ka cïï kë kɔɔr ke ka dhil luui cï kë kɔɔr löŋ de alɛi në ŋö aa muk ë ke mïm tuɔɔr/dhëŋ. Ba cɔk cek yic, ke kɔi tueeŋ ë ke kɔn ke kuany paan de Tuïc bïkkë mac në kueer kɔɔr kuum de juɔ̈ɔ̈r kɔ̈k akï:

1. Wärabeŋ Ayuël de Wärabɛ (Nyɔpiny)
2. Biaar Abin Ayuääl (Awulian)
3. Biar Kueŋ de Biaar (Abek)
4. Dän de Lual de Deŋ (Dacueek)
5. Bul de Kueer ë Kɔ̈ɔ̈c (Ayuääl)

6. Biöör Aguën de Biöör (Kɔŋɔ̈ɔ̈r)

7. Ŋenh de Lual Akɔ̈i (Adhiɔɔk)

8. Madiŋ de Majök (Cir)

9. Majöŋ Ajaŋ de Majök (Anok)

10. Majöŋ Ajääŋ (Ɣɔ̈l)

11. Madul de Doŋ (Akonycɔk)

12. Deŋ de Kɔ̈ny Atëm (Kuac)

13. Mariɛɛr ë Kuir de Mariɛɛr (Ayoliel)

14. Gërëŋ de Wuiɛɛu ë Guör (Abiɔɔŋ)

15. Mayen de Kuɔɔt (Bërë)

16. Thuny Arɔŋ Aleer (Adiaŋ)

Bäny kuum ŋäär wuɔ̈r ëmannë:

1. Manyɔŋ Ajaŋ de Majök (Anok)

2. Aweeŋ ë Deŋ de Col (Cir)

3. Akuiɛɛn Ayiïk (Berë)

4. Mayɔm ë Majöŋ Ajääŋ (Ɣɔ̈l)

5. Kuɔl-Manyuɔ̈ɔ̈n ë Thon de Kuɔl (Akonycɔk)

6. Dhiën de Mabiöör ë Kuir (Ayoliel)

7. Ayuël de Wärabeŋ Ayuël (Nyɔpiny)

8. Ajïnh de Mabiöör Adöl (Abiɔɔŋ)

9. Maröldïït (Kɔ̈ɔ̈c) de Gërëŋ de Deŋ de Kɔ̈ɔ̈c (Kuac)

10. Thuc-Matuɔɔr de Kuir de Thuc (Adiaŋ)

11. Manyɔŋ de Deŋ de Biaar (Awulian)

12. Bol de Manyɔŋ de Duɔ̈ɔ̈t (Ayuääl)

13. Dän de Rëëc de Deŋ de Lual (Dacueek)

14. Duɔ̈ɔ̈t Ajääŋ de Duɔ̈ɔ̈t de Biöör (Kɔŋɔ̈ɔ̈r)

15. Awan Ajääŋ Awai (Adhiɔɔk)

16. Atëm de Kueŋ Atëm (Abek)

Bäny cï kuum në wuɔr mïm në run juëi wuɔ̈i yiic cï lɔ liu rin nhial ë të tui. Aba them ba rin ken gär piny ku na nɔŋ rin lɔ döŋ piny ke ke kënnë ke gär piny ke kaa ke caa ke wan ke ke ŋi keek. Tak dë kën ke yök ka kën raan ŋic keek yök. Rin ke kɔi juëc akï:

1. Bol de Göny de Ayïïk (Abek)

2. Dun de Kueŋ de Biaar

3. Kueŋ Atëm de Kuek

4. Ayïïk de Bol Arɔk

5. Ajääŋ Awan Ajääŋ (Adhiɔɔk)

6. Bul de Kuir de Bul

7. Wany Ajääŋ Awai

8. Ajääŋ Duɔ̈ɔ̈t Biöör (Kɔŋkɔ̈ɔ̈r)

9. Duɔ̈ɔ̈t de Biöör ë Duɔ̈ɔ̈t

10. Bul de Deŋ de Bul (Bul de Dɛŋ-acueek)
11. Ajaŋ de Biar Abit (Awulian)
12. Deŋ de Biar Abit
13. Dän de Macuur ë Biaar
14. Ajaŋ de Deŋ de Biaar (Ajak-agutdau)
15. Thɔn de Dän de Macuur
16. Ajïnh de Mabiöör ë Deŋ
17. Lualde Deŋ de Lual (Dacueek)
18. Rëëc de Deŋ de Lual
19. Lual de Gërëŋ de Lual
20. Dhiën de Thɔn de Lual
21. Kueer de Bul de Kueer (Ayuääl)
22. Bul-Malith de Kueer de Lual
23. Manyɔŋ de Duööt de Lual
24. Kueer de Manyɔŋ de Duööt (Kueer-Malɔu)
25. Gërëŋ de Deŋ de Duööt
26. Bul de Kueer de Manyɔk
27. Deŋ de Ayil de Adeer
28. Gen de Wärabɛk Ayuël (Nyɔpiny)
29. Deŋ de Wuiɛɛu de Guör (Abiɔɔŋ)
30. Mayen de Manyuöön
31. Amol de Mariɛɛr de Kuir (Ayoliel)

32. Kuir de Marieer de Kuir

33. Kuir de Mabiöör de Marieer

34. Malaŋ Amol de Marieer

35. Majöŋ Ajaŋ de Rëëc (Anok)

36. Ajaŋ de Majöŋ Ajak

37. Ayuël Atëm Ayuël (Kuac)

38. Mamër ë Kɔ̈ny Atëm

39. Gërëŋ de Deŋ de Kɔ̈ɔ̈c

40. Thuny Arɔŋ Aleer (Adiaŋ)

41. Kuir ë Thuny Arɔk

42. Mapiɔ̈ɔ̈r ë Thuny Arɔk

43. Deŋ Aleer ë Jɔk

44. Awan de Majöŋ Ajääŋ (Ɣɔ̈l)

45. Ajääŋ ë Majöŋ Awan

46. Arɔŋ de Majöŋ Ajääŋ

47. Gërëŋ Akuieen Akur

48. Majöŋ Ajääŋ de Majök

49. Manyɔŋ de Madiŋ de Majök (Cir)

50. Atëm de Wuieeu Atëm (Akonycɔk)

51. Awaŋ (magot) de Col Awaŋ

52. Atëm Adut Akoi

Në thök de ye cöök kë, ke wɔ cï abëër thiek yiic në aguiɛɛr de mëimëi de root de Tuïc yic ku rïu deen de löŋ tïŋ. Jɔɔk baai ye ŋa ye ŋö looi, macthok, dhiën, wut, jur alɔ gut në abëër kɔk ke mëimëi de röt kënnë ke wuau ye tënnë. Në kuɛɛr juëc, ke ka ŋic ku arët aguiɛɛr de mäny de röt ku kuëny de löŋ cök ee thöŋ ke pïïr de baai ka kaam de cieŋ yen cinnë kɔc rëër piny ye cɔɔl në rin ken. Acïn kɔi lëu bïkkë ke mïm mar ku rëër kë të tök ë duk ke ke cïn lööŋ cï kë ke tɔ̈ɔu piny ka lööŋ cïkkë ke gam bï kek ke röt ŋɔ̈ɔr ku mai kek ke röt. Run cï Tuïc ke rëër piny de cïman de juɔ̈ɔr kɔk tɔu piny de Thɔ̈ɔth Thudän aalɔ në tök në löŋ ku aguiɛɛr de mëimëi de root de. Aaye lööŋ thiek yiic ke ku aguiɛɛr pieth de mëimëi de root de yennëka ye wuɔr ke Tuïc röt boom, ciëëŋ kë röt apieth, nhiaar kë röt, pël kë röt kä cïkkë ke wäi röt, jɔ̈ɔc kë röt nhial ku kuny kë röt kä juëi lëu kë keek në lui röt.

Cïman wën cï wɔ ye tïŋ nhial ë, ŋïny de cieŋ, rïu de löŋ ku kuëny de yen cök ku nhiëër de aguiɛɛr de mäny de röt yennëke cɔk löŋ ku aguiɛɛr de mäny de röt de kawaja lɔ ke Tuïc ku Jiëëŋ ëbën. Cïman ŋi wɔ ye, acïn kuɛɛr juëi ke mëimëi ka dök ë ke cï kawaja ke dhiɛɛt ke ke cïï ke ye looi wën theer paan de Tuïc. Kä dïr ke kä ë ke cï röt ŋuak në luɔɔi de bäny yiic ke ke cïï tɔu wën thɛɛr; ee awatta ku të ë yennë wël lɛɛr thïn ku min de löŋ yic. Rïu de löŋ ku aguiɛɛr de mäny de röt, yennëke thɛ̈k de röt ku rïu de kä ke cieŋ ku pïїr cɔk cath ë cök ku kuany ke cök apieth.

Piath de aguiɛɛr de mëimëi de röt ku rïu de löŋ paan de Tuïc yennëke piath de kɔi ke. Kɔi ye löön pieth bɛi bei ku rïu kë keek, aaye kɔi pieth mïm ku lɛ̈ɛu kë. Ɖïny de käŋ ku nhiɛ̈ɛr de baai de Tuïc yennëke kɔi ke cɔk luui baai në piön den thok ebën. Ku gɛm kë röt në yeen ana cɔk ke nɔ̈k ke kaa cïï ye riɔ̈ɔc cïman cinnë piny de Thɔ̈ɔth Thudän kɔi juëi ke lɛɛr kɔi noŋ yiic kɔi diɛ̈ɛŋ cï ke gö rin në ye cöök kë yic ku cöök tueeŋ. Yic thiek de cieŋ de Tuïc, ŋïny de yi de, ŋiëi tïїt de nyïn në röt ku alɛi, liɛɛr de piön de, loi de thok de pïїr de ku dhuëëŋ de, arɛ kennë piath de lööŋ ke ku aguiɛɛr pieth lɔcäp de ŋiëi mëimëi de röt cï Tuïc yaath, gɛm, rïu ku ye luɔ̈ɔi.

Kɔi ye löŋ ku aguiɛɛr de mäny de baai kuany cök apieth, aaye yath theek ayadëŋ. Piath de kä ke Tuïc anï në thɛ̈k theek yen kä juëi yaath ye ke looi në wuɔ̈r ke yiic. Në ŋö luɔɔi ku kuëny de cök de kä yaath akɔɔr aguiɛɛr de mäny de röt ku löön thiek yiic ye kɔc cök mïm kueer yic. Löön ye kɔc cɔk ŋic kë loi kë, yee ŋa lëu ŋö në luɔɔi në thaa nou ku të nou. Yiëth ke Tuïc, në yi pacɔ̈k, aa nɔŋ mïm lon dït gö në aguiɛɛr de mëimëi de röt yic. Në kë ye kek kɔc wɛl mïm në yith yiic ku riëëc kë kɔc ago kɔc kä thëny röt löŋ ku aguiɛɛr de mäny de röt baai ya theek ku rïu kë. Në ye mɛɛn, ke yiëth ke wuɔ̈r keTuïc, aa bukku ke tïŋ në ye cöök bö yë yic. Ë Tuïc ye duur ye dï ku yee ŋö ë ye luɔɔi de yath të nɔŋ wuɔ̈r ke ku kɔi tɔ̈u paan de Tuïc kedhie.

Cöök de Ŋuan

Yiëth ke Tuïc

Në cök cï lɔ yiic ke reu, nɔŋ cieŋ ku kä ye ye cɔk cath apieth, löŋ ku aguiɛɛr de mëimëi de röt, ke ka cukku tïŋ kaa rɛ në yath aacath në tök. Ana wuau keek ku cïï luɔɔi de kä yaath wuau ke ka cïn kë dïït cï looi. Në kë ye yath thɔ̈n tɔ̈ŋ de thɔ̈r ye baai cɔk kääc ë cäp, jɔ̈ɔ̈c nhial, luui ku cɔk cieŋ de cath apieth. Ku ka nɔŋ ciin dïït lɔ wai në cäŋ de cieŋ yic, döm de yen nyin, kuät ku döc de. Cieŋ/kälca, löŋ ku aguiɛɛr de mäny de röt ku yath kek ka ye thɔ̈r dïr ye cieŋ de baai ɣääc ku tɔ̈u thok ke ye wïn ye ke nueet ka many yen ye tiim ke mac dëëp thook në töny thar.

Yath alui arët, në kë yen riëëu, luui de yi, riɔ̈ɔ̈c ku adiɛɛr de kë kuc kuɔɔth ku tëëu në kɔc mïm apieth. Ku ye riɔ̈ɔ̈c ku adiɛɛr de kë kuc kɔc cɔk rïu kueer ke mäny de röt, në kë cïn yen raan nhiaar yeen bï tïŋ ke kuc kë looi në cieŋ yic. Yath ee ariöp de ŋiëi luɔɔi wɛɛi ku coth kuɔi luɔɔi piny. Anɔŋ ciin dïït lɔwai në kä ye looi yiic, kä ke pïïr ku gël de röt. Kä cït köör de mïïth, tuɛny de deŋ ku liu de, bën ku nyiɛɛi de bëcbëëc-. Yath ɛe baliööth thiek yiic në cieŋ de baai yic cuaai ku kuem ke në kɔc mïm apieth. Baliööth cït man töu ë riëëu, jam de yith, nhiëër, tïït de nyïn në röt, liɛɛr de piɔu, kuur de piɔu, ŋiëi tëk, rïu de kë lei, ciën anyääk, luɔɔi arët ku kä juëi kɔk.

Ku na töu ke baliööth kë ku baliööth juëi kɔk në kɔc yiic, ke cieŋ ee piath. Ku na pieth cieŋ ke löŋ ku aguiɛɛr de mëimëi de röt de baai aaye ke riëu ku kuany ke cök apieth.

Në ye cöök kë yic, ke wo bï yath ka yiëth juëi ke wuɔr ke Tuïc wuau ë commom. Abukku tïŋ, ë wuɔr juëi ke Tuïc ye duur yï dï ka kuɛɛr ë ke ye kek ke jak ken luɔɔr thïn, door kë ke, miër kë ke piɔth ku muk kë ke thïn. Ku yee ŋa ë ye ŋö looi ku ë ye looi të nou ku në thaa nou.

Ke wɔ kën guo lɔ në wuau de yiëth juëi ke wuɔr ke Tuïc yiic, ke wɔ bï wër ye cɔl yath ka yiëth guiir ë commom. Ye luui ye dï ka ke ye luui yï dï? Aya ke cɔl yiëth ke Tuïc në ŋö Tuïc ee cïn yanh töŋ lɔ rïr yennë ye ye mar mom piny ke ye jur ciëŋ piny tök mïn ɣɔn wɛɛn ë kɔi juëi ɣɔn bɔ̈ në Padaaŋ wɛɛn kek luaŋdeeŋ. Kë ë rɔm kë, aake ye kuɛɛr ɣɔ̈r yiic ke duɔ̈ɔ̈r ku luɔ̈ɔ̈r de ja yaath cïman töu ë këët de mom de yath në yai ku tïïp, kuɛɛr ke läm ku cäär. Ku kä juëc arët, aake wuɔ̈i.

Wuɔ̈r ke Tuïc kedhie aake nɔŋ ë ŋɛ ke mom yanh de ku ka nɔŋ ë ŋɛ ke piny de, aguiɛɛr deen de mëimëi de root loithok amääth ke wuɔ̈r kɔ̈k kë, cieŋ thëny root të yen kä keen ke pïïr luɔɔi thïn, të yen tɛk thïn, të ye tïŋ root ku gɛm yen root thïn ke ye wut ku kä thii juëi ke cieŋ wëëc ë wuɔ̈r ke keek.

Ku na cɔk cïn jɔŋ töŋ dïït yennë ye ye mar mom piny cï ye mɛnnë, ke kee nɔŋ wuɔ̈r ëke ye duur në tök. Cïman töu ë Abiɔɔŋ, Ayoliel ku Nyɔpiny aake ye lɔ luaŋ de Deŋ Papäät bïkkë miɔ̈i den lɔ yiën Deŋ Papäät në tök ku röm kë në tök. Ku wuɔ̈r ë ke ye miɔ̈i den lɛɛr në luëk yaath ke jak ke wuɔ̈r ye kek ke rɔm yiic cïman wään yennë Ayuääl, Kɔŋɔ̈ɔ̈r ku wuɔ̈r kɔ̈k Liith miɔ̈i den lɛɛr Luaŋ-Atëëm. Ku jɔl ya wuɔ̈r kɔ̈k ë ke ye Atëmyath door në wuɔ̈r ken yiic (Kuac, Anok, Cir, Payaath kɔ̈ŋɔ̈ɔ̈r ku payiɛth kɔ̈k nï paan de Tuïc ku Nyarweŋ). Ku wuɔ̈r ku dhiän ye Deŋ door ku gɛm kë riëëu në kuɛɛr wuɔ̈i yiic në wuɔ̈r ken yiic (Abe, Adhiɔɔk, Abiɔɔŋ, Bërë, Dacueek, Ayoliel, Nyɔpiny, Nɔ̈ɔ̈k, Akonycɔk, Bërë ---).

Caa bï luaac, ke wɔ bï yath tïŋ luɛɛl de ku luɔɔi de në kɔc yiic. Yath të nɔŋ Jiëëŋ alëu bï ya yen ye jɔŋ ye kɔc door (yanh de kuar kuɔ - Dɛŋyath, Atëmyath, Gërëŋyath, Abuɔ̈ŋyath --) ku ke kueer cï guiir ku gam, kueer wën yennë duur thïn ku kuɛny ë kä thëny röt jak ku kuar ken ke kɔc cök thïn.

Në ye buŋ ë yic, ke yath aba wuau ke ye kueer yennë kä yaath guiir, kuɛny ë ke cök thïn ku tëk kë ke röt. Të yennë duur thïn ku gäm ye kɔc ye gam ke ducïëk ka madhɔl yen töu ë këriëëc ëbën në ye cin ku töu në kä cï ke cak yiic kedhie. Yath athiääk ke gäm yennë ye gam man na rë ke riir dïr nï alïïr yic, në yom yic, në pïu yiic, në piny yic, në nhial ciɛl yic ku riir juëi kɔ̈k cïï raan keek ye lëu në wuau ku deet ke yiic nɔŋ riɛl dït ëŋui awär riɛɛl töu ke raan ka täŋ de.

Na kuc yeen ë piny daannë ku kä pïr töu në ye mom ku ye yic bɔ̈ të nou? Ye ŋö ye yom cɔk put? Ye ŋö ye deŋ cɔk tueny ku kä ye cath në tueny de kä cït mɛn de giir, wuil, määr de ku yum yen yup? Ye ŋö ye kɔc cɔk wëëi të cï kek nin? Ye kä ye dhiëët röt cak yï dï ku pïïr kë yiëëc? Ka ye kä ye com ka kä ye cil në nyïn rokic bɛr cil yï dï? Ye ŋö ye akɔl, pɛɛi, piny ku kuɛl cɔk cath? Ka yee ŋö yen naŋ läi, diɛr, rec, käm - juëi kuɔr yiic pïr cieŋ piny mom në tök në raan ku kä juëi kɔk ë ke cïï raan ke ye deet yiic. Ke kaa lëu ba ke door cïman ë yennë ye looi thɛɛr në ɣän juëi ke piny mom.

Ee yi, kë cïï raan ye lëu në gëër de yic ku cïï ye lëu në dër de yic apieth ye ŋö yen yïën ya ka ye ŋö yen root looi në kueer mum ye mom (ee kë cï thar jɔk), yennëke ya jɔk të nɔŋ yeen ka yennëke ya yath. Të ye ŋïny de raan mom guut thïn yennëke të ye yanh de ka jɔŋ de root gɔɔc thïn. Ku na cï naŋ ŋïny cï töu ka cï naŋ të cïnnë ye kë wään ye kɔc muum bï deet yic ë bɛr dɛɛt yic thïn apieth, ke yäth yennë ye yaath awaar root ku mëër cök taiwei. Cïman töu ë akɔl ku kä juëi nhial ë ke ye ke door në ɣän juëi kuɔr yiic ke piny mom ku kaa cïï ke ye ber door ëmannë, në ŋö aa cïnnëke täu den ku të ye kek luui thïn ŋi.

Paan de Tuïc ee cïnnë kä juëc yaath thïn; kɔc, läi, tiim, pïu, kä wïïr, kä piny nɔŋ yiic käruɔɔr, kä nhial, kä ke luɔi, diɛr ye päär nhial, pɛl de mom de kɔc ku kä juëi kɔk ë töu baai.

Yath ee kueer yennë raan, kɔc, bëi, wuɔ̈r ke Tuïc ku Jiëëŋ ëbën piny ku kä tɔ̈u thïn tiëŋ thïn ku gëm kë ke wëtic (meaning) rɔ̈ŋ ke keek. Ku thööŋ ye kek ye thɔ̈ɔ̈ŋ ku gam kë ke këriëëc ëbën nɔŋ yic wëi ku cïï pïïr kɔ̈u ye tɛɛm në kaam de kɔi pïr ku kɔi cï nyïn liu në kɔc yiic.

Ye thöön ye kek ye thɔ̈ɔ̈ŋ ke pïïr rɛ ë, yennëka yennë kɔi cï nyïn liu në kɔc yiic cïman de kuar ken ke kɔc ku kɔi cï nyïn jäl baai riëu, door keek ku ciëk kë ke rin ka këëc ë keek, ago kë thiɔ̈k në kɔi ŋot ke ke pïr ku bï täŋ deen yennë tak në keek bï ŋot ke tɔ̈u në kɔc mïm ku në kuat yic.

Në cieŋ ku pïïr de raan yic, ke yath anɔŋ mom lon dït ë ŋoŋ në kë yen kä cïï raan ke ye lëu në döt ku ŋïc them bï ke wuau ku yiën ke wëtic. Yath ee riɛɛr ye kɔc bëi të tök ku cɔk ke loi kä cïï lëu bï kë röt looi të cïn yen yeen. Yath ee kɔi tɔ̈u në yaaŋ yic duut piɔ̈th, muk ke piɔ̈th ku yiën ke ŋäth. Kɔi cïnnëke awëër keen ke momlääu nhiaac nyïn. Yennëka cïï raan ye cɔk gäk root ku cɔk nɔŋ guɔ̈u awäny de nyiɛɛi de wëi ke läi, diɛr, käm ku kä juëi kɔ̈k yen ke wëi ken nyaai ago yen ke pïïr në piny mom. Cïï yic bï bëër arët, ke luɔɔi lɔ göiyöi de yath abukku tïŋ ë commom në ke kuɛɛr diëëŋ kë.

Në göl de, ke yath ee kɔc cɔk rëër ke ke lääu mïm ku yiën ke dɔ̈ɔ̈r në ŋö pïïr në piny mom anɔŋ yic kä juëi nuan raan në döt. Cïman de kuny kui ë raan kë bï root looi në thɛɛ bɔ̈ tueeŋ në ye mom. Në thɛɛ cï lɔ në ɣän kedhie në piny mom, ke ye adiɛɛr ë ku riɔ̈ɔ̈c aake töu në kuny ë kui ë raan täu töu ë piny cieŋ yen në ye mom ku kä thiääk në yeen cïman de kä nhial. Ye ŋö ye aköl ŋuɔ̈ bën bei tueeŋ ku lee riaar ciëën në ceŋ, yee ŋö yen naŋ cuɔl de aköl në thaa cïï ye thaa de riaar de, yee ŋö yen naŋ aluɛkluɛk ku many ye mui bei piiny (bolakäno) ku yak, ye ŋö ye bëc kɔc dɔm ku nɛ̈k ke ka yee ŋö yen naŋ dhiɔɔp ku thuɔɔu ku kɔ̈k juëi kɔ̈k ë ke nuan raan në döt në piny mom. Ku kë dïït de kek, acïï raan ye kɔɔr bï gam man yennë ye pïïr ë guut ye piny ë.

Bï raan ke kä kë lëu në wuau, deet ke yiic ku bï rëër ke cï ye mom päl piny ke cïn riɔ̈ɔ̈c, adiɛɛr ku jiɛth de piɔu. Ke ke bï ye piɔu kuëër dhuk ye piɔu ɣör ku luk root ye tök, thööŋ në ye mom ku gɛm man nɔŋ yen raan dïït dë nï të dë, raan lëu ke kä cïï ke ye deet yiic kë në ŋic. Ku ye yen nɔŋ riɛɛr në ke mïm. Raan dïït lëu bï ye ya gël ku kony yeen në kä lëu bïkkë ye thiɔ̈ɔ̈ŋ nyin ku nhiɛɛc kë pïïr de në piny mom.

Thëm ye raan ye them bï ke riir kui keek yen ke riööc kë yuum piöth ku wel ke nyïn wei në ye guöu, yennëke të ye yath göl root të noŋ raan ka kɔc. Në ŋö yath yennëke raan yiën duör de piɔu ka lääu de mom, yennëke pïïr cok noŋ ye yic ku yïn raan ŋäth në mom cööt yic ka riääk yic. Yath ee täŋ pieth, miɛr de piɔu, ɣöör ku pieth de mom cɔk nï në ŋö ee tɔu ke ye dugël ku ye adörkön ye raan ye mom gëëŋ ku kuëër yen ye piɔu ago kä nuan yeen në pïïr yic lëu në guɔ̈m ku tiɛɛm keek. Cïman yennë ye lueel ya "kaa bï nhialic ke dal"[85] ka, abï päl në nhialic cin të noŋ yen kë cï kɔc dhal në thaa dë.

Yath ee cieŋ ku ŋiëi rëër në kɛm ke kɔc wi, cuëëc, cööc ku cɔk cil në cil ye kä pieth ye pïïr cɔk mit ku noŋ ye yic cɔk tɔu. Ee yath yennëke nhiëër de röt, jam në yith, rïu de röt ku kä ke pïïr, luui de baai ku kɔc, riëëu ku atheek ku kä pieth juëi kök wën ye cieŋ, rïu de löŋ ku aguiɛɛr de mëimëi de röt cɔk lëu röt. Në kë ye yen luɔɔi apieth cööc arët ku yiɛɛth, ku coth kuɔi luɔɔi piny ku mër cök aciɛɛn, awiɛɛu ku awaai ka guɔ̈m cïn ye thok në ye mɛɛn alɔ gut.

Bï raan ke kä kë riic thook ku nɛɛk keek në ye mɛɛn ku aköl kök tɔu tueeŋ, ke ka kɔɔr bï kä pieth ya looi në

---

[85] Ee wët de Jiëëŋ ye gueel arët bï geei ye kɔc röt gɛɛi në riir kök ka kë ye kë gam ke ye duciëk nyooth.

nyindhie. Bï aguiɛɛr de të cï guiëër pïïr baai ku cieŋ de të cïëŋ ë yeen theek ku ye käŋ looi kä ye cien pieth ku ŋiëi rëër në kɛm ke kɔc jar nhial ku ŋuɛk yic.

Yath ee rëër në tök bï kɔc ke cin mar ke ke ye kuat, wut ku jur weei. Cïman ŋi wɔ ye, jɔŋ yaath alëu bï raan ka kɔi cï jäl wur lɔ dhuɔ̈k cïën të cï yen ke cɔɔl ku cïkkë piŋ thok. Në yi pacök, aŋic ku apieth wään paan de Tuïc, ke kë tueeŋ yennë ye wut mar ku bïï të tök ee luɔɔi de kä yaath ke wut. Nëk de jɔŋ yaath, jör wur de lɔ̈ɔ̈r yaath ku luɔ̈ɔ̈r de, tëm de rïc ku kä juëi kɔ̈k yaath ye wut ke looi kä ye ye mar mom piny.

Në ye kueer ë, ke yath ee män de wut ku cieŋ de cɔk ril, lueel bii, muk nyin, yïk nhial ku deem nyin. Aŋic ku aril yic ëtör, bï raan ka kɔc wër ka löŋ cï jɔk lueel rɛɛc në luɔi në ŋö reec de thok de jɔk anɔŋ cök aluath, aye gam ku thöön ë ke cath ke thuäŋthuäŋ.

Ku ye riɔ̈ɔ̈c riɔ̈ɔ̈c ë kɔc në jɔk kë, ee ke cɔk rïu röt ku thek kë löön ku aguiɛɛr de wut thëny root kä yaath. Ku ye ke cɔk lëu röt në kuëëk ku luui në nhiëër ku riëëu. Ku na tɔu riëëu ku riɔ̈ɔ̈c de guɔu në kɛm ke kɔc ke ŋiëi cieŋ ku tïït de nyïn në röt wur aŋuak ye yic.

Yath ee tïït yennë nyïn tïït në röt wɛɛi ku kony kök nhial. Në kë ye kɔi juëc ye gam ku thööŋ kë man na ye kä pieth luɔ̈i kɔc, ke duciëk ee lon pieth du ŋuen, nhiɛɛr ku dhuk yï mom kë pieth ye looi. Ku na ye kɔc yɔŋ ku luɔ̈i ë ke kä cïï pieth ke duciëk alëu bï yïïn waai. Ye gäm cït yekënnë yë, yennëka ye kɔi juëc ye them bïkkë kɔc ya luɔ̈ɔ̈i apieth në piɔ̈th ken kedhie ago kaam den piath kennë duciëk. Ku bï raan kɔc luɔ̈ɔ̈i ayadëŋ, ee ye yiën miɛr de piɔu ku täŋ pieth në ŋö aye kɔc leec ku nhiaar kë në kä pieth ye ke luɔ̈i keek. Ku ka ye gam man na rë ke ye piath ye luɔ̈i kɔc ë, ye ya kë cï luɔ̈i duciëk ayadëŋ.

Yath ee cöök töŋ dïït thiek yic ye ŋiëi cieŋ, rëër ë duk, mät ku aguiɛɛr de mäny de röt mai cök piny ku cɔk kɔ̈c yic baai. Riɔ̈ɔ̈c ku rïu rïu ë yath, ee kɔc cɔk guiir röt bï ŋi ye ŋa bï ŋö looi na, të nou ku bï ye cök kuany ye dï. Aŋic ku wään paan de Tuïc, aake ye kɔi ye kä yaath looi kek ka ke ye ye lueel, yee ŋa bï weŋ ka kë bï yiën yath yök. Ku na cïkkë raan cäk, ke ka ke ye ke piŋ thook apieth në kuɛɛr juëc ë ŋui, në ŋö kek ka ke töu në nyïn ke yiëth yiic. Ku ka ye gam ke ke ye jam kennë jak në nyin de kɔc yic. Ana reec ë ke thook ka yäŋ wël ken yiic ke jak aacï ke reec thook ayadëŋ.

Yath anɔŋ luɔɔi dït gö ë ŋoŋ në ciëkciëk ka gɔ̈l de wël në cil de thok yic. Dier juëi yennëke jak këët mïm ku leec ë ke keek, aaye thok yiëk nhial ku ciëk kë yic wël loithook. Wël ye thok tuëët ku ŋɔc kë cïman töu ë "aköu de mɛnh de jɔk,"[86] "nhialic luk luk…"[87] ku wël ku dier juëi kɔ̈k yennëke jak door ku mïr ë ke piɔ̈th paan de Tuïc.

Yath në kuɛɛr juëi kuɔr yiic, ke yennëke piath de kuat, wut ku jur dɔc luɛɛl bii ku cɔk rin ke kɔc cɔk ke piŋ keek në ɣän mec. Paan de Tuïc ee nɔŋ jak ril yiic ŋic keek arët në Tuïc ku në ɣän kɔ̈k cïman töu ë Atëmyath. Kei de Atëm ku tör de, ee root nyuɔɔth në thok yic, cïman yennë ye lueel ya ke "tuŋ cï Atëm wuɔ̈k." Ka "kä kuɔ ka dɛl Atëm keek."[88]

Yath ee dhuëëŋ, lei, yic thieek de wut, riɛl de yic de ku baliööth kɔ̈k thiek yiic ke wut lɛɛr bii. Kei de yanh de wut ayennë yeen riɛu ku riɔ̈ɔ̈c ë në yeen. Ku na ye yanh duɔ̈n yen yennë riɔ̈ɔ̈c ke we ye mom ku lei kë we mïm në yeen cïman ye wo ye piŋ në dier ku akökööl juëi ke wuɔr ke Tuïc yiic. Anɔŋ wuɔr ku dhiän ŋic keek apieth paan de Tuïc në kei de jak ken ku tïït loithok den. Wuɔr cït man töu ë Abe, Ayoliel, Dacueek ku wuɔr kɔ̈k ku jɔl ya dhiän

---
[86] Ee kë ye kë cïï ye thök nyuɔɔth
[87] Wët ye lueel të lɛm ë weŋ kä thök nëk kë jɔk.
[88] Ee wët ye lueel paan de Tuïc bï kuny ye jɔk ka Atëmyath kɔc kony në thaa kɔɔr ë kuɔɔny nyooth.

cït man de Palau në Anok, Paan de Yool Dacue, Paan de Juac Ayoliɛl, Paguɛŋ Abe, Paan de Biöör Kɔŋöör ku dhiän juëi kɔ̈k.

Kueer dë yennë yath luui thïn, ee luui ke ye kueer yennë mïïth tɛ̈k röt ku rɔm ë kä̈ŋ në kɛm ke kɔc. Ÿö ye ke näk jak yaath, aaye cath në bëi thook, aake ye wëër në yök ago yic pial të nɔŋ kɔc ku cïï yök den kɔc bï rer yiic të ë ye macthok ka dhiën root week ku nëk jɔŋ de ye tök. Wään paan de Tuïc ke kä yaath ye kä juëc kɔɔr ku jɔt kë kä̈ŋ në kɔc cin në wuu në door tök, aake cïï ke ye dɔc looi cïman töu ë jör wur de löör. Jör wur de löör yaath ee kä juëc nyaai në kɔc cin në ŋö ee raan ëbën kɔɔr bï dhil naŋ kë looi cïman de näŋ de riɔ̈ŋ ku mïïth loithook kɔ̈k. Löör juëi yaath aake ye jör wur ke ke cï naŋ run juëc në luëk yaath yiic.

Ba kuɔ̈ɔ̈t yic, ke yath athiek yic arët në cieŋ ku pïïr de Tuïc yic në kë yen mën töŋ de mëën mät ke cieŋ ku aguiɛɛr de mäny de röt ku yï kë baai guɔ̈k yic nhial. Ku ye kë pïïr de cɔk nɔŋ ye yic ku ye kë të wel yen ye mom thïn nyooth.

Na yïn ya, ke wɔ bï yiëth juëi ke wuɔ̈r ke Tuïc tïŋ. Wuɔ̈r ke Tuïc ka nɔŋ yiëth kuɔ̈r yiic, wuɔ̈r kɔ̈k ka cïn jɔŋ dïït töŋ yaath ye ke mar mïm. Aaye dhiënnë ke mom naŋ jɔŋ yaath de ku wun yaath de cïman töu ë Kuac acïn jɔŋ dïït töŋ yaath ye ye mar mom piny. Wuɔ̈r kɔ̈k ka nɔŋ jak yaath kee reu cïman töu ë Ayuäal ke Wiɛɛu ku Duɔɔŋ ku Abe ke Deŋ luaak ku Deŋ wur, Akonycɔk kennë Deŋ Pakëërdïit ku Deŋ Adubëër... Në ye baŋ de cök cï döŋ ë yic, ke ka ba them ba yiëth juëi ke wuɔ̈r ke Tuïc wuau ë commom ke ke cek yiic arët.

Yanh de Wut Adhiɔɔk

Wut Adhiɔɔk ka wut Amadhau ee wun dïït töŋ de wuɔ̈r ke Tuïc yiic ril yic ëtör të nɔŋ Tuïc. Adhiɔɔk aŋic apieth paan de Tuïc në kɔi ke, piny de, kä pieth ye ke looi, dhuëëŋ pieth de ku ciëkciëk de diɛr, këŋ ku wël loithook ke tuëëk ku welleny cï lɔ rɔc në thok yic cïman de "bal köör wun cɔk"[89] ka "kee riäŋ näk awën."[90]

---

[89] Kääŋ de raan töŋ Adhiɔk. Bën në bïï yen ka të ë lueel yen root thïn, ee raan ë cï nya rum rokic. Na yɔn ke rïŋ de rem de wut leer ë paan de yï nyan thiinnë bï lɔ thaan thïn. Naa lɔ rem de wut bën bïkkë rïŋ den bën cuer go kë bën ku nyuuc kë luaak. Aŋoot rïŋ ke kënnë guɔ bëi, go nyan thiinnë bën ke bïï pïu ke piny go bën ku ŋi raan yɔn ci ye rum. Go pïu kan piny amääth ku wel root ë wïc dhuk root bii. Go raan thiin yɔn cï nya peec ë go kë loi root moth yic. Ku yɔ̈ɔ̈k wëtamäth ke ye luiɛɛny kë ya bii. Go kë luak weet thar ku cɔk kë tëk ku bot kë të wën cï kë dhiɔ̈m bot kë yic. Në lan në leer yen bii ku lee guät në rap yiic go nyan thiinnë lɔ dhuk ciëën kennë wëtakäcken ke ke muk thiei/atueel në kë cï yen ye lɔ thiäl keek mɛn töu ë raan yɔn cï ye peec në kɔc yiic. Go nyan thiinnë bën ku ciɛɛth ye nyin në kɔc yiic go raan kɔɔr ciëë tïŋ. Go kë dhuk bii. Na yɔn cï rɛm de wut rïŋ de lɔ̈k thöl në cuët ke ke jɔl lɔ̈k bën wur. Go kë raan wën cï jäl kën cuet në rïŋ bën yök ke cï tɔ̈c në dhiën thar, go kɔc yɔn kën ye tïŋ në thaa de cuën de rïŋ thïïc ye ca bën ya riäär të nou ka mawää..Ye yïn liu në thaa wën cuet ë rïŋ. Go lueel ye cï ye "bal köör wun cɔk." yen cï ya cɔk wan rïŋ. Bal köör wun cɔk ë lannë lueel yen root yɔn agut cïmɛnnë

Adhiɔɔk atɔ̈u në akut de Lith (Linh thɛɛr) yic. Aciëŋ Wërnyöl kennë Abe, aaye kɔi ke Lith Payam cïman de aguiɛɛr yam de mëimëi de röt de Tuïc. Aa nɔŋ akeu ke Duɔ̈k ke reu në tuŋ töŋ de Tuïc thok. Në biän thɛɛr de cieŋ de ka baŋ tooc de, ke Adhiɔɔk anɔŋ akeu ke Ayuääl, Abe ku Kiëi.

Akën ku guɔ ɣet arët, ke kë ba ja nyin ë commom ee bën ka luɛɛl de rin ke Adhiɔɔk. Ke bö ye dï? Të nɔŋ Adhiɔ juëc, ke ka ye luɛɛl ya ke bö në kueer de thöör ë yennë Adhiɔɔk thöör kennë kɔi kök. Ye lueel ya ye ŋö yen raan gur ë dhiɔk ye ya.[91]

Në aguiɛɛr de mëimëi de root de yic, ke wut Adhiɔɔk ee mom diäk. Tuŋ de Pakɔ̈i man yen nɔŋ yic Paan de Alath (Paan Ayïïk ku Paan Awai) ku Paan de Lual (Paan de Deŋdït, Paan de Ŋeth ku Paan de Mac). Tuŋ de Röördiöör man nɔŋ yic Marajök, Paan Ayol ku Paluak. Ku tuŋ de Nyanthith man yen nɔŋ yic Papiɔ/Papiɔk, Pathiɛm ku Pajiëëŋ.

---

anɔŋ kuɛɛr juëc yennëke ye waar yic thïn. Cïmɛn de rok ye ke gam ke ke rook kë ke tiŋ cï raan kɔɔr. Aaye raan nyääŋ cɔk në kë ye rook de tiŋ cï kɔɔr yɔ̈k (6) juëc jɔr në raan cin.

[90] Kääŋ de raan töŋ Adhiɔk. Ye kääŋ ë, ee luel root në thaa yɔn yennë Turuk kɔc cɔk lui. Aaye kɔc kek kaa ke cï ke yïën riäi bïkkë pïk. Go raan tɔ̈k awan nyop ku ye awuɔɔu looi ciɛk root ke ye yen ye raan lui arët. Go raan awën yöök keek bïkkë riäi pïk, go bën ku yoi keek apieth. Go ye raan loi wuɔɔu arët ë yök ke cïï pïk go yup piɔ̈u ëtup. Go raan thiëëk kek thïïc ye yee ŋö loi root go lueel ye ke "riäŋ näk awën ye kënnë."

[91] Makuac Piok Deŋ.

Bën de rin ke Nyanthith, aye lueel ya ye nyan ë thith/aluɛɛl në duciëk de. Go kɔi ë ke ye bën wun den cimën de kɔi ë ke ye bën guik në ɣɔ̈k, kɔi ye bën gɔ̈k ku kɔi ye bën dier në lɔ̈ɔ̈r, na lɔ ke thïïc në ɣän në ke bïï kek ke thïn yiic, yaa we cï lɔ të nou? Ke ka ye kë lueel ya wɔ ë ke cï lɔ wun de yï nyanthith ka wɔ lɔ wun de yï nyanthith. Ye tënnë yennëke të ë ciëk ë rin ke nyanthith röt agut cï bï kë jɔl ya rin ke tuŋ töŋ de Adhiɔɔk.

Cïman de wuɔ̈r ke Tuïc kedhie, ke Adhiɔɔk anoŋ kä yaath ke. Wun yaath de, Lɔ̈ɔ̈r yaath de, luaŋ yaath de, jɔŋ yaath de ku kɔi ye nyïn tïït në kä yaath ke ku yï kë ke kuany cök. Wun yaath de Adhiɔɔk ee Pakëny, lɔ̈ɔ̈r yaath de ee Mayen ku luaŋ yaath yennë ye Mayen töu thïn, ee luaŋ de Paan de Ayïïk-Malek. Jɔŋ yaath de Adhiɔɔk ee Deŋ Pakëny ku kɔi ye nyïn tïït në kä ke Deŋ Pakëny aaye kɔi Paan Ayïïk-Malek. Ku kɔi ye kä yaath ke Deŋ Pakëny caar aaye kɔi ye Deŋ ke lɔi në guɔ̈u de në Pakɔ̈i yic kunnë Adhiɔɔk yic ëbën.

Kɔi ye nyïn tïït në kä yaath ke Adhiɔɔk kedhie, aaye Paan de Ayïïk. Dhiën den ku luaŋ den kek ka ye lɔ̈ɔ̈r ke töu thïn. Mayen aye lɛɛr wur të kɔɔr bïnnë ye kɔɔc. Jör wur de Mayen ayennë ɣɔk juëi cï kutëkut näk riɔŋ në luɔ̈ɔ̈r de yic ku ka yennë kä juëi yaath looi thïn.

Dë yaath ye Paan de Ayïïk-Malek looi në nyin de wut Adhiɔɔk yic ee miër de deŋ. Të cïnnë piny ciën deŋ ka të cï yen naŋ yak, ke kɔc aaye lɔ luaŋ de lɔ̈ɔ̈r ku bï Paan de Ayiik lɔ thïïc bïkkë deŋ miit (pïu aake ye ke tääu në gut yic ku tëëu ë keek në raan mom ku jɔl gut wir) ku na cï deŋ bɛr lɔ tuɛny arɛt abï piny boor ke ka ŋot ke ke ye keek, kek ka ye ye bɛr duut yic ka cɔk kë bɛr kɔ̈ɔ̈c.

Luɔɔi de kä yaath ke Deŋ Pakëny, aaye cath cï të kɔɔr Deŋ ke thïn. Miöör juëi ye näk Deŋ Pakëny aaye ke bëi ne bëi ke nyïïr cï ke thiaak yiic. Ku Deŋ ee lɔc në miöör wutic ayadëŋ ku yennëke kɔc lɔi kɔi bï miöör bëi në ye thaa bïnnë ye näk kë.

ɣɔk ke Deŋ Pakëny aa cïn atek thok ka apocthok. Aaye ke cuer aruaath në raan ëbën mïth ku kɔi dït. Aaye ke nyou ku than keek. Deŋ Pakëny aye näk ku puɔ̈k kɔc wutic lɔ ŋɛ të kɔɔr bï yen lɔ mäi thïn.

Deŋ Pakëny acïï ye näk në ruɔ̈ɔ̈n thok ëbën cïman de jak juëi yaath ke wuɔr ke Tuïc. Kä ë ke ye ke yiën Deŋ Pakëny në ruɔ̈ɔ̈n thok ëbën, aake ye ca. Kek ka ke ye ke lɔ bëi wur mɔi në pɛɛi de diäk bï ke bën miaac piny wur

Pakëny. Në ye thaa yennë ca lɔ bëi wur Pakëny ë, ee ke ye naŋ adiëŋ. Yennëka yennë ye lueel ya kaa ye adiëŋ ka luär ke Akɔ̈i.

Deŋ Pakëny ee nɔŋ luëk yaath ke kee reu. Luaŋ de lɔ̈ɔ̈r tɔ̈u baai ku luaŋ tɔ̈u wur Pakëny. Luaŋ de Deŋ Pakëny në thɛɛr ɣɔn kënnë pawɛɛr tiim juëc nyaai nyïn paan de Tuïc ke luaŋ de Deŋ Pakëny ee yennë tiim yennëke ye looi akɔ̈c ku rit (lɛn ke Deŋ Pakëny) lɔ bëi në Nɔ̈ɔ̈k. Ku në thaa wään cïï yen cïën rit paan de Tuïc ke rit acï bën ya lɔ bëi Madiŋ.

Bën ë bïï ë Deŋ Pakëny abï ya jɔŋ yaath de Adhiɔɔk yennë kä yaath ke looi Pakëny, ee loi root ye lë. Aye lueel ya bɔ̈ në thɔ̈ɔ̈r ë yennë Adhiɔɔk thɔ̈ɔ̈r ke Deŋ wutic Pakëny. Adhiɔɔk ee ye thɔ̈ɔ̈r ke deŋ bï deŋ gël wei wur ago wut cïï tuëny yic. Në ye thaa ɣɔn yen thɔ̈ɔ̈r ke deŋ ë, ke ka ye lueel ya deŋ, ee nɔŋ kɔi ë ke ye ke määr mëëŋ keek ku ka ye naŋ kɔi lëu bï ke nëk në kɔi yiic ayadëŋ.

Na ɣɔn jɔl raan ye cɔl Col de Lual mɛn yen nɔŋ Pajiëëŋ bën në Ŋɔɔk. Go bën ku yök Adhiɔɔk ke ye thɔ̈ɔ̈r ke deŋ wur Pakëny. Na ɣɔn cï naŋ kaam wur, go ke cɔɔl ku thïïc keek, "ye ŋiɛc kë ye kë ye thɔ̈ɔ̈r ke week kë?" Go kë dhuɔ̈k yeen "ye ka kuc ku." Go lueel "ye ke jɔk, we ye thɔɔ̈r në jɔk." Go kë thiɛc yeen "ya ka bï looi ya dï?" Go lueel "ye yïëk kë luak."[92]

Go Adhiɔɔk piŋ ku looi cï thoŋ de Col de Lual. Yïk Deŋ Pakëny yïk luaŋ yaath ku jɔl Deŋ Pakëny piäät ke ye jɔŋ yaath de ku ye door.

Col de Lual yennëke tek mëën ke luaŋ yaath de Deŋ Pakëny ayadëŋ. Të ë cï tëk keek akï: mën cuëëc ee kë de Pakɔ̈i, mën ciɛɛm ke Röördiɔ̈ɔ̈r ku mën jɔth yic (mën cilic) kennë Nyanthith.

Në lan në yïk kë Adhiɔɔk luaŋ de Deŋ, go nhiëër ku mëëth ke Deŋ. Ana nɔŋ kë thiek yic deen looi ke deŋ alëu bï dhil tuɛny.

Kïn de Deŋ Pakëny ee piël yennëke kïn de ku Abuk (Aruäi) man de Deŋ yennëka cï root jɔl bën wel ke ye yen ye cɔ̈l Adhiɔɔk (Adhiɔɔk de man ë Deŋ). Ku ka cïï ber ya män yɔn mɛɛn në Adhiɔɔk deŋ yen yennë ye bɛr cɔɔl (Adhiɔɔk man deŋ ka Adhiɔɔk deen man deŋ).

Aŋic ku, cieŋ de wut aye muk nyin ku mɛi ë cök piny apieth në röm yennë wut rɔm ka wëëc yennë mïïth ka rïŋ wääc në kɛm ke dhiän. Wut Amadhau ee rïŋ ke wääc në root cïmɛn yennë wuɔ̈r kɔ̈k ke Tuïc ye looi. Të cï tëk Rïŋ

---

[92] Jam de Col de Lual kennë wut Adhiɔɔk Pakëny.

ke wut Adhiɔɔk akï: Rööṛdiöör ee lɔ ke ɣäm, Pakɔ̈i ke ɣäm ku cöu kennë Nyanthïth. Ku ye cön töŋ ye döŋ piny ë, ee lɔ ke kɔc ë ke näk weŋ.

Në rëërëër de yic ka të cïëŋ paan de, ke Adhiɔɔk anɔŋ tony de nyanthith ku tony de Adhiɔŋdït. Adhiɔŋdït yennëka nɔŋ yic Pakɔ̈i ku Rööṛdiöör.

Bën yennë bïï ë baŋ dïït de Adhiɔɔk ye piny ye cöl yeen mɛnnë yë, ee loi root ye lë. Raan tueeŋ ë kɔn jäl në Nɔ̈ɔ̈k Pakëër ee Apiɔɔk, Apiɔŋ de Mïï mɛn yen nɔŋ Papiɔ/Papiɔk. Ku lɔ̈k kë wën dïït kënnë ye cɔl Akɔ̈i, Akɔ̈ny de Mïï lɔ̈k kuany cök kennë wët ke kee reu yï Alath kennë Lual.

Kë ë jɔt paan de Mïï në Nɔ̈ɔ̈k ee ye riir, ŋeeny ku näŋ ë ye Akɔ̈i kɔc nɔ̈k. Akɔ̈i ee ye näk ne kɔc arët go Apiɔɔk maan ku jiël cik ye mom wei. Na ɣɔn cï cop të yen ye tïŋ ke bï yen rëër thïn ke jɔl nyuc pamom yic ku cïëŋ thïn ëtëën.

Akën kaam lɔ ke Akɔ̈i ŋot ke lɔ̈k raan dë nɔ̈k, ku cï kɔi yen ke cool ke näk kɔc në ke yiic maan ye kë ye looi ë. Ku kɔɔr kë bïkkë nyuɔ̈th nyin kë ye ŋuɔ̈ looi. Go Akɔ̈i moth yic ke cïn kë cïkkë guɔ looi. Go root liɛɛp wei, jiël kennë wët ke kee reu yï Lual ku Alath ku kuany kë Apiɔɔk cök.

Aŋoot kë ke ke kën cop të cieŋ Apiɔɔk, go bɔ̈ ku näk Akɔ̈i kueer yic pamom yic. Man yen cï bën ya pamom de Akɔ̈i yen cïnnë yinh de Akɔ̈i (në Kuac man ye kë de Awulian mɛnthiɔ̈kkë) bën lɔ̈k cuëëc thïn.

Ɣɔn cïnnë wët ke Akɔ̈i wun den thiɔ̈k ku cï kë ŋi apieth ke cïn kë bï guɔ̈u de lɔ̈k kɔ̈ɔ̈th, go kë dhiac ke ke lɔ tueŋ në cäth den agut cï bï kë jɔl ɣëët të tɔ̈u ë wëlënnë den thïn.

Në lan tɔ̈ŋ ë cu ke, go wëlënnë ke thiëëc ye tɔ̈u wuɔ̈ɔ̈r ë duɔ̈n të nou? Go kë lueel ye wää acï nɔ̈k kueer yic. Go ke nyuɔ̈th pamom bï kek lɔ rëër thïn ku lueel ye lɔ nyuuc kë ye pamom tui ku we ba ke jal ya këny thïn (yekënnë, yennëke bën de rin ke Pakëny). Ku yan bï root wëël ye të diëënnë. Ye tënnë, yenneka cï bën ya Pawël de Nyanthith man yen ye Pawël de Bol de Col në ye mɛɛn.

Ɣɔn cï kek jɔl rëër në ke ɣän keen kë ku cï kë liɛk në ke yiic ku cath käŋ apieth. Go Apiɔɔk wët ke wënkënnë cɔɔl ku lueel ye bëi kë miɔɔr binnë ruääi pääk. Go kë miɔɔr bëi ku näk kë. Ku jɔl Apiɔɔk yuɔɔm de Ɣɔ̈l lööm ku cɔɔl wët ke wënkënnë ku lueel ye dam kë yuɔɔm lɔŋ duɔ̈n ku dɔm yuɔɔm baŋ de. Ku jɔl yuɔɔm lɔ yup të yen ye të cï mïth ke wënkënnë dɔm. Go yuɔɔm köu bën töör në dhuɔɔŋ në baŋ de ku lɔ baŋ yen dït leer döŋ ke wët ke wënkënnë. Go lueel ye "mïth ke wänmaääth lɛɛr kë dïr duɔ̈n acï ya **pɛl ŋi yuɔɔm**."[93] Ye kënnë, yennëka cinnë yï Papiɔ kennë Pakɔ̈i röt jɔl bën ya thiaak ku jɔl Pakɔ̈i lɔ ke dïr de ku ŋöör de wut agut cï awëllë.

Röördiɔ̈ɔ̈r ku baŋ töŋ de Marajök, aake bɔ̈ Pakɔu. Në jäl den yic Pakɔu ke kaa ke cï kɔn lɔ Kumɛɛr ku jɔl kë lɔ dhuk. Paan Ayol aake bɔ̈ në wëër aŋör tui ka aŋör de Kiɛ̈i. Ku bɔ̈ ku nyuuc kë Pakor. Na ɣon jɔl kë lɔ mër baai go kë bën ku mat kë ke yiic kennë Aguaaŋ de Kuur Ayuël. Män de Ajöŋ de Paan Ayol kennë Ajöŋ de Paan Aguaaŋ yennëka nɔŋ rin ke Marajök (mät-Ajɔ̈k). Paluak ee bɔ̈ ayadëŋ në wëër aŋör tui.

Wët ke Akɔ̈i (Alath ku Lual), ke ka ke nyui ë Ajak-Amot keek ɣon bïï yen Pakɔu. Na ɣon cï kë rëër në kaam bäär yic ke Ajak-Amot kɔɔr të bï yen root lɔ week ku bï lɔ rëër ke lääu thïn. Go wët ke Akɔ̈i nyuɔ̈th pamom ë yennë weel mor thïn ku ke nɔŋ yic wëër pieth në ŋö Ajak-Amot ee nɔŋ jɔŋ deen ë ye pïu kɔɔr go kë nyuɔ̈th ye

---

[93] Apiɔŋ de Mïï kennë wët ke wänmëëth ë në thaa de pëëk de ruääi ku lööm de dïr.

pamom ë në kë ë nɔŋ yen yic wëër nɔŋ yic pïu juëc. Ye pamom ë yennëka cï jɔl bën ya Pamor.

Në Pïir de Tuïc yic ke kä juëi ye ke looi thëny röt aguiɛɛr de mëimëi de röt, aaye guën cök yath. Kä cït man de tëm de rïc, tem tooc ku kɔ̈k ye wut mar mom aaye ke thieei në kɔi ye kä yaath looi.

Në aguiɛɛr de mëimëi de root de yic, ke wut Adhiɔɔk anɔŋ riëi ke. Ŋuë de riëi ee kueer töŋ de kuɛɛr thiek yiic yennë wut aguiɛɛr de mëimëi de root de ku rïu de röt ku löŋ kuany cök thïn ku tëëu të de. Këkäkë, kek kaa ye rin ke riëi ke wut Adhiɔɔk. Aakënnëke mai köth në kuëny kuɛny kek ke cök ka tëm yennëke teem. Aacï ke gär piny aruaath:

1. Aŋuɛɛt
2. Akactɔŋ
3. Awet
4. Kel
5. Acuïïl
6. Luil (Gol)
7. Ciaath
8. Lual
9. Yɔm

10. Thiäŋ

11. Ayau

12. Maŋök

13. Duiweŋ

14. Dumaguɔr

15. Colweŋlöc

16. Marɔl

17. Adëëkweŋ

18. Madiŋ

19. Malith

20. Rïny kënnë cäk.

Ye kë cï wuau ke cek yic arët ye tënnë yë, ee baŋ thiin de cieŋ, aguiɛɛr ku kä yaath ke Wut Adhiɔɔk. Cïmɛn cï yïn ye guɔ tïŋ në ke wïïn dïëëŋ ke jam kë yiic, yanh de Adhiɔɔk ku aguiɛɛr deen de root de adik arët. Jɔl yiënnë ke kënnë wuau arët ku na jɔl wuau ëbën ke jɔl yiën dï.

Yanh de Abe

Abe ee wun töŋ de wuɔr ke Tuïc yiic töu në akur de Lith yic. Aciëŋ Wërnyöl kennë Adhiɔɔk aaye kɔi ke Lith

Payam aa tɔ̈u në tuŋ tön de Tuïc thok ka tuŋ ciɛɛm de Tuïc. Në γän juëc, ke Abe acï liääp kennë Nyarweŋ aa cieŋ arët. Kɔi juëi Abe aake dhiët ke ajuëny, Wërjöök ka Jölöŋ ku jɔl ya bëi juëi kɔ̈k ke piny de Nyarweŋ. Ku ye ŋiëi rëër ë, aye cöl yennë kɔi Abe cöl bëi paan de Nyarweŋ nyuɔɔth cïman tɔ̈u ë Dhɔr de Kuir ë Kuɔl, Piom de Kuek-Malök (Kueŋ de Deŋ de Kuek) ku kɔ̈k pieth ye Nyarweŋ ku kɔi ke Duɔ̈k kedhie ke luɔ̈i kɔi ke Wërnyɔ̈l.

Në biäk de cieŋ thɛɛr de yic ku piny de, ke Abe anï në baai ciɛl yic anɔŋ akeu kennë Ajuɔŋ, Adhiɔɔk, Awulian, Ayuääl ku Kiëi në kiir agɔ̈rtui. Abe ee wun töŋ de wuɔ̈r ke Tuïc yiic, nɔŋ baŋ dïït de piny në biäk tooc. Tony de Abe cïman de tuɔi juëi ke wuɔ̈r ke Tuïc anɔŋ yic kä juëi thiek yiic ke pïïr ye cieŋ ku pïïr de kɔi nï thïn cɔk nɔŋ ye yic ka amitic.

Abe ke ye wut, aŋic arët paan de Tuïc në ŋiëi cien de ke wuɔ̈r ke Tuïc në kë nɔŋ yen kɔi juëi kɛɛn cien në piny ke wuɔ̈r kɔ̈k ke Tuïc yiic, tïït de cïman de riɛm de Abe, cän de pɛɛi ku kɔ̈k yaath ye ke kuën yeen, wël loithook cï lɔ rɔc në thok yic cïman de "yee ŋö bï cït diëër dï Pakɔu,[94]" ka "yee ŋö yen nyin cït dan de rɔn de

---

[94] Bol de Göc

Konkääi,"⁹⁵ akökööl loithook thëny röt yath cïman de löny nhial ku rieër piny de Mindaar ku kä juëi kɔ̈k ŋi ë ke Abe paan de Tuïc.

Në aguiɛɛr de mëimëi de root de yic, ka të cïnnë wut wuɔ̈i thïn, ke Abe ee mom diäk. Tuŋ de Paan de Alëu man nɔŋ yic diäär ke Alëu kee reu yï Ɖöŋ de Awëër kennë Ajok-Biaany ku wëtakäc ken Alëu nɔŋ Kɔ̈ɔ̈c ku Adiɛɛr ka Aduɔɔt. Wët ke Ɖöŋ de Wëër kaa ye dhïc, man yennë dïr den ke Deŋ-Adiɛɛrkëër ka Adiɛɛr de Këër, Jurkuc, Kuek-anɔ̈ɔ̈k, Aleer ku Acuɔ̈nh-Kul ku wët ke Ajok-biaany ke reu, yï Anyaŋ kennë Kueŋthi. Tuŋ de Paguɛŋ man nɔŋ yic Paan de Mabëny, Paan de Gɔ̈c ku Paan de Kuɔl ke ke ye kɔi ke Nyieer Abïï.. Ku tuŋ de Röördiɔ̈ɔ̈r man yen nɔŋ yic Paan de Ajak-Madit, Paan de Kacuɔɔl ku Röördiɔ̈ɔ̈r në guɔ̈u de.

Në yekënnë cök ke Abe anɔŋ mom ja dïr yaath ke, wun yaath de, lɔ̈ɔ̈r yaath de, luĕk yaath ke ku kɔi ye nyïn tïït në kä yaath ke. Wun yaath de Abe ee kɔn ya Palooi ku jɔl bën lɛɛr Waŋkaar man yen yennë kä juëi yaath ke wut Abe looi thïn.

---

⁹⁵ Kuany Duɔ̈ɔ̈m, ye wët ë aye lueel ya luel root ke ye kɔc Abe ke cï kɔc yök ke ke cï rɔn den nɔ̈k ku kɔɔr kë bï kë ye rɔnnë rum go raan tɔ̈ŋ de keek ye tak bï jam gɔl ya dï. Go lueel, ye kääc kë da, yee ŋö yen nyin cït dan de rɔn de Konkääi yen ca ke kë nɔ̈k. Ana ye kɔc kë ye gëi kë gup, ke ke yɔɔt në ke gup wïk kë në yup cou kë ke wei në rou yic. Ku jɔl kë rou lök tuɔ̈ɔ̈k ku jɔt kë.

Jak dïr yaath ke Abe, aaye yï Deŋ Waŋkaar ku Deŋ Luaŋ de Kɛɛc ka Kɛɛc, lɔ̈ɔ̈r yaath de, ee Malith, luaŋ yaath de Abe yen yennë lɔ̈ɔ̈r töu thin, ee luaŋ paan de Gäŋ de Awuɔ̈l Rördiɔ̈ɔ̈r. Ku dhiën yaath ye Malith töu thïn të cïnnë ye jɔr wur Waŋkaar ee dhiën rördiɔ̈ɔ̈r, dhiën de Gërëŋ-majöŋthith.

 Ku raan ë ye Malith kɔn yup mom ku jɔl kɔi juëi kɔ̈k kë bën yup mom, ee ye Gäŋ de Awuɔ̈l në guɔ̈u de. Tɔŋ ë yennë ɣɔ̈k ke Deŋ Waŋkaar nɔ̈k, ee ye kë paan de Bol, piɔm paan de Atɔɔr, piɔm paan de Bol de Arɔk. Të kɔɔr bïnnë Deŋ Waŋkaar näk, ke weŋ tueeŋ ë ye kɔn nɔ̈k ee miɔɔr de nhialic ku jɔl Deŋ lɔ näk në kööl kuany kööl de miɔɔr de nhialic cök.

Në luaŋ de lɔ̈ɔ̈r cök, ke Abe anɔŋ luaŋ de Kɛɛc man yennë paan de Arou paan de Göc nyin tïït në kä yaath ye looi thïn. Ɣɔ̈k ye ke näk Deŋluaak aaye ke bëi në bëi ke nyïïr yiic. Raan ë ye nyin tïït në kä ke Deŋluaak ë wäändɔ̈ɔ̈r ë, ee ye Mayɔm de Arɔk paan de Arou.

Kɔi ye nyïn tïït në kä juëi yaath ke wut Abe, aaye kɔi Pagueŋ paan de Göc. Ku kɔi ye kä yaath ke Deŋ Waŋkaar caar aaye bën në Abe yic ëbën ku në thɛɛ juëc, ke kaa ye ya kɔi ke Paan de Alëu.

Jɔŋ dë nï Abe ke nɔŋ ciin dïït de kɔi kuany ye cök ee Deŋkuɔɔt. Deŋkuɔɔt acïn aguiɛɛr dïït de kä yaath cï ke guiir cïmɛn de Dëŋ kɔ̈k kë. Acïn mom kɔi cï ke week ye kä yaath ke kuany cök ka kɔi ye nyïn tïït në keek, wun yaath ka luaŋ yaath yennë kä yaath ke looi thïn.

Kä yaath ke Deŋkuɔɔt aaye ke looi në bëi ke Paan de Alëu yiic në thaa kɔɔr yen keek. Kë töu të nɔŋ Deŋkuɔɔt aaye kɔi ye athook ke ka kɔi ye jam në nyin de yic. Ke kɔi kë, aake ye bën bei në Paan de Alëu yic ëbën cï löny cïnnë Deŋkuɔɔt ke lɔi.

Raan yennë ye athook de Deŋkuɔɔt ë wäändöör ë ka wään kënnë ayiɛɛrnyin kɔc jɔr bïkkë röt cɔk dhom keek bïkkë kuɛɛr thɛɛr ke kuar ken wël ke köth, ee ye Wëël de Atëm de Manyaŋ (Wäl-piööu de Maŋäär). Deŋkuɔɔt ee ye yath ku ke ye kueer loithok ë cï Paan de Alëu guiir bï kek kä ken ya rɔm në röt. Ku cï kek moom den, lei, dhuëëŋ, apiaany den ku kä juëi pieth ken yiëk në ye yic.

Pɛl de mom de athook ke Deŋkuɔɔt aye kë ë cï Wäl-piööu de Maŋäär looi në ruöön de Bilpääm nyuɔɔth. Aŋoot Kɔriɔm ke kën ɣëët paan de Tuïc, ke Deŋkuɔɔt acï bën jam ye ka nɔŋ kë dïït lɔ jöŋjöŋ bö, miöör ka adɔŋ kï ka kaar keek ënɔɔnnë ke rur kën bën. Go kɔc piŋ cï man

de të cinnë athook de Dɛŋkuɔɔt ye luɛɛl thïn ku loi kë.
Go miöör juëi ke Paan de Alëu näk Dɛŋkuɔɔt aŋoot rem de tɔŋ ke kën cop paan de Tuïc

Në röm de yic ka tëŋ de mïïth ke yiic, ke wut Abe ee rïŋ wääc në root. Të cïnnë rïŋ ke wut Abe tɛk thïn akï:

1. Pälëu ee lɔ ke ɣäm
2. Paguɛŋ ke ɣäm
3. Röördiöör ke cöu
4. Rïŋ kɔ̈k kë aaye ke ŋuak cï kë ye mom ŋɛk ku rïŋ kɔ̈k aaye döŋ në raan yennë nɛ̈k.

Rin ke riɛ̈i juëi ke wut Abe akï, aakënnë ke mai köth në tëm ë teem ë keek:

1. Maŋök
2. Mabuur
3. Gualadë
4. Adöl
5. Madiŋ
6. Lith
7. Matim
8. Marɔ̈l
9. Luäc
10. Jak

11. Maketh
12. Magɔɔk (man ŋot ke cïn rïny dɛ̈ cï bɛr teem në ye cök mïnnë teem yen në 1974).

Yanh de Kɔŋɔ̈ɔr

Kɔŋɔ̈ɔr ka Ŋɔ̈rdït ee wun töŋ de wuɔ̈r dïr ke Tuïc yiic ŋic apieth paan de Tuïc kunë yän juëi ke Thɔ̈ɔ̈th Thudän. Tör de rin ke Kɔŋɔ̈ɔr anï në kä juëi loithook ye kɔi ke ke looi ku kä ye ke looi ke ye wut. Kä cït man de ciëëŋ pieth ye kek kɔi ye röt mär keek ŋiëi ciëëŋ thïn, roŋ kë keek ku rooc kë keek apiöök yic lueel din den, cäŋ de diɛr, kä loithook thëny röt yath cïman de lɔ Payäär, pɛl de mom cïmɛn de thäth de këŋ cït man töu ë "acïn kë ye gäk ke kuɛny wun cök"[96] ku jɔl ya kɔ̈k juëi ŋi ë ke Kɔŋɔ̈ɔr paan de Tuïc.

Kɔŋɔ̈ɔr atöu në akur de Lith yic, aciëŋ në baai ciɛl yic kennë Ayuääl, Dacueek, Awulian, Kuac ku Adiaŋ. Kɔŋɔ̈ɔr anɔŋ cieŋ loithok ke Adhiɔɔk, Abe ku Nyarweŋ.

---

[96] Awuöl Cän, ye wët ë ee luel root në thaa looi Awuöldït luɛk ke reu në door tök ku ka töu ayadëŋ ke ye bäny de lööŋ ake lɔ cool rɔɔk në luɔ̈k yiic. Na ye thëëi të cï yen root jɔl dhuɔ̈k rɔɔk ke ka jɔl kä ke luɔi de luɛk bën looi. Na yɔn ke thïïc raan ye mɛnh wää ke kä jɔl ke rɛ mïm wu lë yë bïk kë mïm lɔ kedhie. Go lueel ye ka cïn kë ye gäk ke kuɛny cök.

Pamom deen de lööŋ ee Päwël ku Pänyagoor ke ye yen ye të töu ë akuma de Tuïc thïn ee paan de.

Cïman de wuɔr kɔ̈k kë, ke Kɔŋɔ̈ɔ̈r anɔŋ wun yaath de ka wuɔr yaath ke, jɔŋ yaath de, lɔ̈ɔ̈r yaath de, luaŋ yaath ku kɔi ye nyïn tïït në kä yaath ke.

Wun dïït yaath de Kɔŋɔ̈ɔ̈r ee Pabiɛɛc, jɔŋ yaath de ee Mayɔm ku yennëke lɔ̈ɔ̈r yaath de ku kɔi ye nyïn tïït në kä juëi yaath ke, aaye kɔi ke Apiölöc paan de Ŋuaŋkeec në Paan de Ajäŋ yic. Tim (kɛɛc) yennë kɔc ke ye lɔ̈ɔ̈r ee lɔ yep Ɣɔ̈ɔ̈l. Ku raan yennë ye tiër dïït yaath de Kɔŋɔ̈ɔ̈r ee ye Aläŋ de Goŋ de Kuɔl.

Në aguiɛɛr de mäny de root de yic, ke wut Aŋördït ee mom diäk. Tuŋ de Apiöllöc man nɔŋ yic paan de Ajääŋ ka wët/mïth ke Ajääŋ, Köörnyin ku Palek. Tuŋ de Padɔ̈ɔ̈l mɛn nɔŋ yic Padɔ̈ɔ̈l në guɔ̈u de, Pareŋ, Këbaar, Pawïïr ku Paan de Juac. Tuŋ de Biöördït mɛn nɔŋ yic Anyaŋ ku Payaath - kɔi keAjäŋ de Akɔ̈i, Ajäŋ-thi man ye wën de wun Ajäŋdïït de Akɔ̈i yen nɔŋ Payaath Awulian.

Në luɔɔi de kä yaath ke yiic, ke jɔŋ yaath de Köŋɔ̈ɔ̈r ee ye näk në thök de ruɔ̈ɔ̈n rur wur Pabiɛɛc. Ku na nëk kë yeen ke kɔc ke wuɔr kɔ̈k mäc wur aacïï röt ye ɣooc wur. Kuɛɛr yennëke ɣɔ̈k yaath ye nɔ̈k Pabiɛɛc ɣɔ̈k thïn akï:

Jɔk ee ye kɔc cäk kɔi bï yɔ̈k bëi, të cinnë nya thiaak ke raan de nya ee miɔɔr yïën jok ku kɔi kɔ̈k aake ye yɔ̈k ken yök ke pëi ke ke kënnë jok ke cäk.

Në röm de yic, ke rïŋ ke wut Kɔŋɔ̈ɔ̈r aacï ke tek cï kë ye mom ŋɛk. Apiölöc ee lɔ ke yäm, Padöldït ke yäm dërë, Biöördït ke cöu ku Nyïïr kennë kɛm. Në biäk de riëi ke;
1. Marɔl ee lɔ ke yeth, yɔu ku jɔl ya ayöndhiö.
2. Thuaar kennë Magɔɔk aaye lɔ në yäm.
3. Nyinriɛl ke yäm.
4. Manyaŋ ke cöu
5. Diɔ̈ɔ̈r aye yïën cöu ku yäc

Raan yennë ye rïŋ ke Kɔŋɔ̈ɔ̈r tek ee raan ye cɔl Jïbol de Kuir.

Në luɔɔi de kä ke jɔŋyaath cök, ke Kɔŋɔ̈ɔ̈r anɔŋ Mayɔm ke ye lɔ̈ɔ̈r yaath de cïman wën cïnnë ye baat nhial. Mayɔm ee ye tɔu luaŋyaath në kaam bäär yic ë ŋui acïï ye dɔc jör wur. Eye jör bei të cï yen jam man na rë ke kɔɔr bï lɛɛr wur. Kɔi ë ke ye nyïn në kä yaath ke wut Kɔŋɔ̈ɔ̈r:
 1. Aläŋ de Goŋ de Kuɔl
 2. Biöör ë Duɔ̈ɔ̈t Ajääŋ (Biöör-Jögëër)
 3. Atëm de Biöör (Atëm Aguek)

4. Deŋ de Gërëŋ (Deŋ-Aduɔ̈m)

Kä yaath ye Kɔŋɔ̈ɔ̈r ke looi në tök ke ye wut:

1. Nëk de jɔŋ yaath de wut
2. Luɔɔi de luaŋyaath
3. Jör wur de Mayɔm (ee ye mai köu në wïin ku jör ë wur ke ciëm ë yaidïït col yic).

Në guëër wur yic, ke kɔi töu Kɔŋɔ̈ɔ̈r aake bö në yän juëi wuɔ̈i yiic në Jiëëŋ yic në wëërgörtui ku agör thiɔ̈kkë në Padaaŋ yic.Në bën wur den yic ke kɔi tueeŋ ë ke kɔn bën aaye yï:

1. Ajak-Amot man nɔŋ Pawïir në tuŋ de Padɔ̈ɔ̈l yic
2. Leŋ de Liau yen nɔŋ Palɛk në tuŋ de Apiöllöc yic
3. Ŋön de Ken yen nɔŋ Anyaŋ në tuŋ de Biöördït yic
4. Deŋ-Adɔ̈ŋ ee bö në Padaaŋ paan ye cɔl Adɔŋ yen nɔŋ Aguën de Deŋ yen nɔŋ paan de Ajääŋ në tuŋ de Apiöllöc yic.
5. Ku jɔl ya kɔi juëi ë ke bö në wuɔ̈r kɔ̈k yiic në Tuïc ku në juɔ̈ɔ̈r thiääk kennë Tuïc. Kɔi cït man de Areŋ de Mïï yen nɔŋ Pareŋ në tuŋ de Padɔ̈ɔ̈l yiic. Areŋ ee bö Pakëër në Nɔ̈ɔ̈k. Areŋ de Mïï ee mɛnh kënnë de yï Aköny de Mïï, Apiɔŋ de Mïï, Col de Mïï … Col-Këbaar yen nɔŋ Këbaar në tuŋ de Padɔ̈ɔ̈l yic ee bö

në Jueet Boor ku jɔl ya kɔi juëi kɔ̈k tɔ̈u në tuŋ ke Kɔŋɔ̈ɔ̈r yiic ke ke bɔ̈ në wuɔ̈r kɔ̈k ke Tuïc yiic.

Në mäny de root de yic ke Kɔŋɔ̈ɔ̈r anɔŋ kɔi juëi cï ye mai në lannë gɔl yen rëër ke ye wut. Në kɔi juëi cï ye kuum yiic ke rin ke kɔi diääk akï:

1. Biɔ̈ɔ̈r Aguër (Biɔ̈ɔ̈r-Anyarëpɛɛi)
2. Ajäŋ de Duɔ̈ɔ̈t de Biɔ̈ɔ̈r
3. Duɔ̈ɔ̈t de Biɔ̈ɔ̈r
4. Bul ë Deŋ-Acueek
5. Duɔ̈ɔ̈t Ajäŋ de Duɔ̈ɔ̈t (Duɔ̈ɔ̈t-Maŋai man yen mac wut ë manthiɔ̈kkë).

Riëi ke Kɔŋɔ̈ɔ̈r:

1. Marɔ̈l
2. Thuaar
3. Magɔɔk
4. Nyinriɛl
5. Manyaŋ man ŋot ke cïn rïny dë cï bën në ye cök në kë kënnë riääk de baai kɔc gäm kaam pieth wën lëu bï kek ke mïm ber mar të tök ku tem kë rïny jör.

Yanh de Abiɔɔŋ

Abiɔɔŋ ka Wunagëër ee wun töŋ de wuɔ̈r ke Tuïc thiek yiic nɔŋ kä juëi loithook ŋi ë ke yeen paan de Tuïc. Kä nï cïman de cäŋ de diɛr, wël ke tuëëk, këŋ, löör kök arët paan de Tuïc (Abël de Kïïr-Majökathiëëk) ku kä pieth juëi kök ŋi ë ke yeen paan de Tuïc ku paan de Thööth Thudän.

Abiɔɔŋ atöu në akur de Ajuöŋ yic aciëŋ Paliau. Në aguiɛɛr de mëimëi de root de yic, ke Abiɔɔŋ ee mom reu Juaralueeth ku Abiɔŋdït. Abiɔɔŋ anɔŋ luaŋ yaath ku wuɔ̈r yaath ke cïman töu ë Pawuil ku wuɔ̈r kök. Ku wun töŋ yen kä juëi yaath ke jal looi thïn ee Pawel.

Jɔŋ dïït yaath de Abiɔɔŋ ee Deŋ Pakual ka Deŋ Pawel, aye näk rur ku ka cïï ye ya ruɔ̈ɔ̈n thok ëbën yen yennë ye näk. Të kɔɔr bïnnë Deŋ näk ke ɣɔ̈k aacïï ke ye kuëëth wur kedhie në ŋö wut ee kɔc bën dak. Kë ye looi ŋɛk ee ɣɔ̈k diääk lööm dhiën de ku bïï keek bï ke bën mar në ɣɔ̈k kök ke kɔi kë ago dhiän ku wut kɔc bën lëu.

Cïman de wuɔ̈r juëi ke Tuïc, ke Abiɔɔŋ anɔŋ löör yaath de. Löör yaath de Abiɔɔŋ aye cɔl Nyanroor. Ee ye töu luaŋ paan de Guör ku na jɔr ë wur ke ka ye lɛɛr Pawel.

Nyanroor aye door arët, na thiak tik ke kee luuŋ tääu në ye köu. Në ruɔ̈ɔ̈n thok ëbën të cïnnë rap luɔk ke baai ëbën ee kuänh de rap lɛɛr luaŋ de lɔ̈ɔ̈r ke ye kueer nyooth kek mir de piɔ̈n den ku gëm kë lɔ̈ɔ̈r lei.

Në leer de rap yic, ke diäär ke dhiën, aake ye ke mïm kɔn kuɔ̈ɔ̈t paan tök në kööl cï lueel bïnnë rap lɛɛr luaŋ de Lɔ̈ɔ̈r. Ku paan ë ye kek ke mïm kɔn mar thin, ee ye ya paan thiɔ̈k ke luaŋ de lɔ̈ɔ̈r bï kek röt guiir thïn agut cï thaa bïnnë löth mer yic.

Löth ee ye mer yic naa rou, door tök miäkduur ku door ë në thaa de luny de ɣɔ̈k. Ee ye looi aya, në ŋö na nɔŋ diäär cï lönh de miäkduur dääk ke ke bï rɛp ken bëi në mer de lönh ciëën. Të cï diɔ̈ɔ̈r lo luɛɛk ke ka ke ye pol agut cï gëŋ de akɔ̈l ku jɔl kë puɔ̈k bïk kë lo në ɣän wääc ë ke bïï kek ke thïn yiic. Ke rɛp ë ke ye ke gäm Nyanroor kë, aake yennëke kɔi nɔŋ kä nuan keek kuɔny në keek ku looi ë ke kɔ̈k wur.

Kɔi ë ke ye kä yaath ke Abiɔɔŋ looi ku kek ye nyïn tïït në keek aake ye Pabëtuïc. Kek ka ye lɔ̈ɔ̈r ke töu dhiën den të cïnnë ye jɔr wur ku luaŋ den yennëka ye lɔ̈ɔ̈r töu thïn ayadëŋ. Ba kuɔ̈ɔ̈t yic, ke Abiɔɔŋ ee nɔŋ kä juëi yaath ye ke looi cïman de tem tooc de wut, tëm de rïc ku kä juëi ye ke looi kɔɔr luɔɔi de kä yaath ye wut mar mom piny.

Yanh de Ayuääl

Ayuääl ee wun töŋ de wuɔ̈r ke Tuïc yiic ril yic ë gut. Aciëŋ në Waŋkulei kennë Dacueek ku Awulian. Kunnë biäk tooc de ke ka nɔŋ akeu kennë Adhiɔɔk, Kɔŋɔ̈ɔ̈r ku Kiεi. Ayuääl anɔŋ tuŋ ke ŋuan, tuŋ de Röördiɔ̈ɔ̈r, tuŋ de Paan de Yak, tuŋ de Paanwïïr ku tuŋ de Pajεεk. Ke tuŋ kë ka nɔŋ ë ŋεk ke kë ye looi të looi ë kä juëi thiek yiic yaath ke wut.

Ayuääl anɔŋ wut, jak, lɔ̈ɔ̈r ku luaŋ yaath de. Wun yaath de Ayuääl ee Pakɔu ku lɔ̈ɔ̈r yaath de ee Malual. Jak dïr yaath ke, aaye yï Wiεεu ke Duɔɔŋ (Duɔɔŋ de Beek). Në ke yiic, ke ke Wiεεu yennëka ye näk wur Pakɔu në ruɔ̈ɔ̈n thok ëbën në thök de ruɔ̈ɔ̈n.

Në luɔɔi de kä yaath ke yiic, ke kɔi ë ke ye kä yaath ke Ayuääl looi ku kek ye nyïn tïït në keek ee ye wut Röördiɔ̈ɔ̈r. Ku në Röördiɔ̈ɔ̈r yic ke ke ye Guetkëër (mεn nɔŋ yic Diaŋ, Pajëth ku Konbil) yennëke ye kä yaath ye ke looi Pakɔu looi kedhie. Ku në Guetkëër yic, ke ke ye paan de Pajëth. Luaŋ de lɔ̈ɔ̈r ee ye kë den ku dhiën den yennëke ye lɔ̈ɔ̈r tɔu thïn të cïnnë ye jɔ̈r wur Pakɔu. Ku kek ka ye kä yaath ke Ayuääl caar ayadëŋ cïmɛn tɔu ë Wiɛɛu ku kä yaath thëny röt yeen.

Aŋot ke lɔ̈ɔ̈r kënnë guɔ bëi wur, ke ka ke ye röör dïr ke Röördiɔ̈ɔ̈r në Guetkëër yic paan de Pajëth, kek ka ke ye raan cäk raan bï miɔɔr yök miɔɔr bïnnë lɔ̈ɔ̈r kɔɔc në biɔŋ de. Ku kek ka ke ye kɔi bï lɔ̈ɔ̈r kɔɔc cäk ayadëŋ, në ŋö lɔ̈ɔ̈r ee ye kɔn kɔɔc luaak ku jɔl bën jɔ̈r wur.

Na cï lɔ̈ɔ̈r cï bëi wur, ke ke ye paan de Yak yennëke ye lɔ̈ɔ̈r kɔn ŋuaaŋ ku yup mom ku jɔl raan ëbën jɔl dieer ku yup. Në paan de Yak yic, ke ke ye ya raan paan de Ciëŋ yennëke ye lɔ̈ɔ̈r kɔn ŋuaaŋ mom në kë yen Ciëŋ yen ye dïr de Yaŋ de Diiŋ.

Në luɔ̈ɔ̈r ku duɔ̈ɔ̈r de lɔ̈ɔ̈r yic, ke raan tueeŋ yennë ye riɔ̈ŋ kɔn nɔ̈k në rɛm de Ayuääl mom ëbën, ee ye ya raan paan de Kueer. Wäändɔ̈ɔ̈r, ke raan yennë ye rɛm de Ayuääl war mom piny në näŋ de riɔ̈ŋ, ee ye Bol ë Col ë Bul-Malith yennëkee ye löth kɔn mer yic ku yen kɔn riɔ̈ŋ nɔ̈k ku jɔl raan ëbën kuany cök jɔl weŋ cï kutëkut guɔ̈r piny. Jɔ̈r de Malual wur, ee naŋ kaam bäär yic ë ŋui. Ee ye jɔ̈r bei të cïnnë run juëc tëëk.

Në luɔɔi de kä yaath yiic, ke tuŋ de Paanwïïr man ë nɔŋ yic Pajɛɛk në ye thɛɛ rë, ee nɔŋ mom tëëm de kɔc të kɔɔr Ayuääl bï tem tooc. Ke ke ye Paanwïïr yennëke ye weŋ ka thö de Akoi kɔn luɔr wïïr ku looi kä juëi yaath wath thok ku jɔl Ayuääl ëbën jɔl bën tem tooc. Ku kek ka ke ye kä yaath ke Duɔɔŋ looi ayadëŋ.

Cïmɛn cï yïn ye tïŋ nhial ë, lɔɔr ee ye bëi wur të cïnnë run juëc tëëk. Ku në ruɔ̈ɔ̈n thok ëbën ke Wiɛɛu ee ye ŋuɔ̈ näk wur Pakɔu në thök de ruɔ̈ɔ̈n. Ayuääl ëbën ee ye guëër Pakɔu bï kä yaath ke Wiɛɛu bën looi. Ku na cï kë thök në luɔi ke raan ëbën, ee ye puɔ̈k lɔ ŋɛ të deen kɔɔr bï yen lɔ mäi thïn. Kɔi ë ke ye döŋ wur në kaam cek yic, aake ye röör dïr ke Guetkëër paan de Pajiëth. Ku kë ë ye kë lɔ̈k looi wur ee cïn raan ë ŋic yeen.

Ayuääl ee rɔm në root, të lueel në yeen në wër dë ke tuŋ ke Ayuääl kedhie anɔŋ ë ŋɛk ke mom rïŋ ye rïŋ de. Tëŋ de rïŋ ke wut Ayuääl, në të ë cï tëk keek, ke Röördiɔ̈ɔ̈r anɔŋ γäm tök, Paawïïr ke cön tök, paan de Yak ke γäm tök ku nyïïrakäc ken ke Yak yï Amon ke Anɔk në cön tök.

Raan yennë tek rïŋ ke wut Ayuääl ee ye Ajaŋ de Kuur Ayuël ku kɔi ë ke töu në yeen në tök cïmɛn de yï

Ajaŋ de Aŋuäc ku kɔi kɔ̈k ë ke tɔ̈u në yeen në ye thaa ɣɔn guëër ë wut yic ë. Në kë ye kek ë ke guëër ë ke kɔ̈th Pakɔu. Ajaŋ de Kuur ee tek rïŋ cï të ë ciëŋ ë wut ku bën ë bïï ë wur Pakɔu ku kë ë ye ŋek looi.

Në bën Pakɔu yic, ke kɔi ëke kɔn bën ku jɔl ke bën guëër kɔ̈th në raan ëbën aake ye yï Ajaŋ de Kuur Ayuël mɛn nɔŋ Röördiɔ̈ɔ̈r ku Ajaŋ de Aŋuäc mɛn nɔŋ Acath. Raan cï bën në wët Ajɛɛk cök ee Ayiik Madiŋ mɛn yen nɔŋ Diŋkuyɔ. Ee bö Kuai, ku bö Yaŋ de Diiŋ në ye cök, Yaŋ de Diiŋ e bö Ɣɔ̈ɔ̈l Pakëër ku bö Aläŋ de Gueer (Adiaŋ) mɛn yen cï bën ya mony de Amon de Diiŋ yen nɔŋ paan de Alääk ku bö Aŋun de Juc (Kuai) mony de Anɔŋ de Diiŋ mɛn nɔŋ paan Akɔ̈i. Ku bö Ajäŋ de Tiɔ̈k yen nɔŋ Paawïïr ku jɔl ya Dual de Yaak mɛn në bö Kɔŋɔ̈ɔ̈r mɛn yen nɔŋ Anyaŋ Ayuël. Ke kɔi kë, kek ka ye kɔi tueeŋ ë ke keer Ayuääl ku cɔk kë rëër apieth ke ye wut cïmɛn ŋi wɔ yeen ëmɛnnë.

Në biäk de nyuuc de kɔc yic, kɔi ci köök paan de Lith ke ke bö në ɣän mec, ke kɔi ɣɔn keer Ayuääl ke yï Ajaŋ de Kuur kë, aake cï baŋ dïït den looi. Ku ye luɔɔi pieth ë cï kë looi ë, yennëka yennë Ayuääl cɔl näär de wuɔ̈ɔ̈t. Në ŋö kɔi juëi tɔ̈u paan de Lith në ye mɛɛn aake cï kɔn nyuc

Pakɔu ku jɔl kë bën puɔk lɔ kënnë Pabiɛɛc, Pakëny, Panyaŋ ku ɣän juëi kɔk në Lith yic.

Në akököl de Tuïc yic, ke luɔɔi cï wut Ayuääl looi në biäk de nyuuc de kɔi cï köök paan de Lith aɲi Tuïc ëbën cïmɛn yennë ye lueel ya ye Ayuääl yennë rëët paan de Alëu bei në kuɔɔt yic Pagetgɛ ku nyuuc keek. Në luɔɔi pieth cï wut Ayuääl luɔi Paan de Alëu yennëka cï Paan de Alëu Ayuääl bën yiën Wiɛɛu ke ye athiɛɛi ku ye kueer ë nyooth kek miɛr de piɔ̈n den në kë pieth cï Ayuääl luɔi keek cïmɛn yennë ye lueel.

Ee Ayuääl ayadëŋ, yennëke dïï Awulian Akuur, bïï ku nyuuc, go Awulian kë pieth cï Ayuääl luɔi yeen në luɔ̈ɔ̈r pieth cï yen ye loor dhuk mom në athiɛɛi. Bïï nyɔŋ mayuääl bei ku yuul yen Ayuääl ku cɛ̈k në rin ke ye nyɔŋ ë bï ya cɔl Ayuääl. Yennëke të ë bïï ë rin ke Ayuääl thïn ë ka, ku Ayuääl ee ye cɔl Nyuak.

Ayuääl ke ye wun dïït töŋ de wuɔ̈r ke Tuïc yiic, anɔŋ kä juëi pieth cï ke looi paan de Tuïc kä cukku ke bï tääu piny ëtënnë. Kä yennë Tuïc ke ye cɔɔl ke ye näär de wuɔ̈ɔ̈t. Ku ka ŋic ku näär ee ruän töŋ de ruëi ril yiic ku thiek yic ëŋɔŋ në cieŋ de Jiëëŋ yic. Në aguiɛɛr deen de mäny de wut yic, ke wut Ayuääl anɔŋ riɛ̈i ke, ke kä töu piiny kë, kek ka ye rin juëi ke **riɛ̈i ke wut Ayuääl:**

1. Guaŋ Löc
2. Aweer Köt
3. Akiɛɛl
4. Aköön
5. Acuïïl de Cän
6. Acuïïl de Thiëth
7. Ayau
8. Mac
9. Duŋuëër
10. Mabuur
11. Bil
12. Yɔm
13. Makëër-luil
14. Mayen
15. ɣarken
16. Adhiëu weŋ
17. Makɔl
18. Col
19. Magɔɔk
20. Madiŋ

21. Matïrït

Yanh de Dacueek

Dacueek ee wun töŋ de wuɔ̈r ke Tuïc yiic nɔŋ kä juëi thiek yiic ŋi ë ke yeen paan de Tuïc. Acueek de Kaam aŋic në ŋeeny de cïman ye diɛr juëi ke ye nyuɔɔth. Aŋic në ŋiëi luɔɔi de root de ka ŋiëi luɔɔi de piïr cïman de puɔ̈ɔ̈r arët ku ŋiëi kɔ̈ɔ̈r de mïïth kɔ̈k. Ku ka ŋic ayadëŋ në tïït de ku jɔl ya kä juëi pieth kɔ̈k ye ke looi paan de Tuïc. Ŋeeny de Juɔ̈rmac, ril de nyin ku thɔɔn deen de piɔ̈u, ee ye cɔk loi kä loithook cï wuɔ̈r kɔ̈k kë ke ye dɔc looi. Kä cït man tɔ̈u ë ciëŋ në roor thok ku kuɛɛth lɔ̈k në thɛɛ nɔŋ ë piny ke riɔ̈ɔ̈c.[97] Dacueek atɔ̈u në akur de Lith yic, amat pamom de lɔ̈ɔ̈ŋ kennë Ayuääl ku Awulian aaye kɔi kë Nyuak Payam. Kek ka ye ciɛl yic ka cɔ̈r de Tuïc.

Në aguiɛɛr de mëimëi de root de yic, ke Dacuek anɔŋ tuŋ kee rou. Tuŋ tueeŋ, ee tuŋ de Thoi man nɔŋ yic wët ke Ajäŋ de Tiɔ̈k ke diäk; Ayuɔl de Ajääŋ yen nɔŋ Ajak-

---

[97] Yɛn ye maan guɔ̈p ku yɛn ye dɔc nhiaar të cïnnë piny naŋ awaamoor ke riɔ̈ɔ̈c. Baai aya cɔl kë dï të cieŋ ë ye. Lual Dääu Lual.

Wutjök man ye Paan de Wutjök, Adöör Ajääŋ yen nɔŋ Padöör ku Luɔ̈ɔ̈l de Ajääŋ yen nɔŋ Paan de Luɔ̈ɔ̈l.

Luɔ̈ɔ̈l de Ajääŋ ee nɔŋ diäär ke kee reu Awɛk ku Akuɔl. Awɛk yennëka nɔŋ Yak man yen nɔŋ Paan de Coldït ku Anɔk nyankënnë man yen nɔŋ Paan de Colthi. Akuɔl yennëke man de yï Nuul-Monycek kennë Aŋö. Nuul yennëka nɔŋ Paan de Nuul ku Aŋö acï mar në Nuul yic aaciëŋ në tök.

Tuŋ de reu ee tuŋ de Ɣöt man yen nɔŋ yic Paan de Yool, Payaath, Pakɔ̈i, Paan de Juac ku Paan de Athiääi (Ajak-Athiääi).

Në aguiɛɛr de mëimëi de root de cök, ke Dacuek anɔŋ mom kä yaath. Wun yaath de, luaŋ yaath, lɔ̈ɔ̈r yaath, jɔŋ yaath de ku kɔi ye nyïn tïït në kä yaath ke. Wun yaath de Dacueek ee Panyaŋ, lɔ̈ɔ̈r yaath de ee Mabiöör, jɔŋ yaath de ee Deŋ Panyaŋ ku kɔi ye nyïn tïït në kä yaath ke lɔ̈ɔ̈r aaye kɔi paan de Yool. Luaŋ den ku dhiën den kek ka ye Mabiöör ke tɔ̈u thïn.

Cïman de lɔ̈ɔ̈r juëi yaath ke wuɔr ke Tuïc, ke Mabiöör aye jɔr wur të cïnnë run tëëk. Kë ye näk në ruɔ̈ɔ̈n thok ëbën në thök ruɔ̈ɔ̈n ee Deŋ Panyaŋ. Aye näk miöör ke thiëër ku reu në pɛɛi de thiëërkureu. Deŋ aye näk ku puɔ̈k kɔc wur kuath wut yic. Kɔi ye kä yaath ke Deŋ looi aaye kɔi Thuɔɔi ku kek ka ye ye caar ayadën. Ë wäändöör ë, ke raan ë ye kä yaath ke Deŋ caar ee ye Akei-Macäär.

Në bën në bïï ë ye piny yen ye piny cieŋ Dacueek në ye mɛɛn, ee loi root ye lë. Aŋoot kë ke kën ɣëët paan de Dacueek ke kɔi tueeŋ ɣɔn kek keer wut kë,ke kaa ke cï kɔn nyuc Pakɔu në thɛɛ wääc yiic.

Kɔi tueeŋ ë ke kɔn bën paan de Dacueek, aaye wët ke Ayïïk yï Juac kennë Leek (wët ke Ayïïk de Leŋ de Kon Aliau). Aake cï bën ku nyuuc kë në Pënydeleek (Paan de Leek ka pamom de Leek). Leŋ de Ayïïk acï bën jäl në Pënydeleek le Kɔŋöör yennëka nɔŋ Palɛk Kɔŋöör.

Raan ë yök paan de Ayïïk ke thiök ke të ë cï kek nyuc thïn, ee raan ye cɔl Anyaaŋ go kë bën ku cou kë wei. Ye të ɣɔn cou ë Anyaaŋ wei thïn ë yennëke Panyaŋ man yen ye wun yaath de Dacueek. Anyaaŋ aluel ya cï bën jäl lee Duk, ayennëka nɔŋ Panyaŋ töu Duk.

Kɔi kuany yï Juac cök kennë wënkënnë, aaye Paan de Yool. Paan de Yool aake bö në Ŋɔŋ de Adɔŋ në Padaaŋ yic. Kɔi kuany Paan de Yool cök ke ke jiël Pakɔu ee Thoi. Thoi ee bö në Padaaŋ wun ye cɔl Thoi. Në rëër den yic, ke Paan de Juac ku Thoi aacï ŋiëi bën cieŋ ku gam kë röt.

Ye ŋiëi cieŋ kënnë, yennëka cïnnë Thoi tɔŋ yen ye cöl yeen në ye mɛɛn, ke ye tɔŋ de Thoi bɛ̈n lööm të nɔŋ paan de Juac ku cɔk ye kë de cï ye men töu yen në ye kööl ë yë. Raan cï bɛ̈n në Paan de Ajäŋ de Tiɔ̈k cök ee Ajak-Athiääi. Ajak-Athiääi ee bö Boor, Pakɔ̈i ee bö Adhiɔ ku Payaath ee bö Awualian.

Në röm deen de mïïth yiic, ke rïŋ ke Dacueek aacï ke tek ya lë; Thoi ke ɣäm, Paan de Yool, Pakɔ̈i ku Payaath (tuŋ de Paan de Yool) ke ɣäm tök. Paan de Juac ku Paan de Athiääi kennë cön tök ku cön dë kënnë ee lɔ ke Thoi.

Në biäk deen de guiëër de root, ke wut Acueek de Kaam anɔŋ riëi ke. Ke kä töu piiny ye tënnë yë kek ka ye rin juëi ke riëi ke Dacueek:

1. Nyieu
2. Thil
3. Adhoŋweŋrok.
4. Awaar
5. Mayɔm
6. Akuibaai
7. Acuit
8. Mabiöör
9. Rïïroor

10. Juɔ̈ɔ̈rmac

Në kë de tɔŋ ka riäŋ de baai, ke kaam acï tëëk ke wut Dacueek kën rïny de thiɛ̈ɛ̈rkutök cäk, riny lɔ në Juɔ̈ɔ̈rmac cök. Juɔ̈ɔ̈rmac akënnë Dacueek ye mom mar ku jɔl teem cïman de riɛ̈i kɔ̈kkë, man ë ke yennëke kä yaath kɔn looi ku jɔl ke bën cäk. Ku na cɔk yïn ya, ke rin ke Juɔ̈ɔ̈rmac acï ke gam bïkkë ya rin ke rïny lɔ në rïïroor cök. Kë de reu, ye mäny cïnnë rin ke riɛ̈i mai köth ë, yennëke tëm ë teem ë keek cïman cïnnë röördït ke wut Dacueek ye lueel (Kuany-wëërdït ku Arɔŋ Adöör de Manyiɛ̈ɛ̈l).

Në aguiɛɛr de mäny de root de yic, ke kɔi ë ke kɔn töu në bääny de wut mom, aaye Paan de Ajak-wutjök. Ku në wëër ye cieŋ de wut root waar ke bääny acï bën lɔ Paan de Nuul-Monycek.

Bï yic ciëk, ke ke kɔi kë, kek ka ye kɔi cï Dacueek muk në piëth wuɔ̈i ku në thɛɛ wuɔ̈i yiic.

1. Deŋ Ajaŋ Ayuɔl
2. Mayen de Nuul de Luɔ̈ɔ̈l
3. Deŋ de Mayen de Nuul
4. Lual de Deŋ de Mayen
5. Dän de Lual de Deŋ
6. Deŋ de Lual de Deŋ

7. Dhiën de Thɔn de Lual

8. Rëëc de Deŋ de Lual

9. Mayen de Deŋ de Biaar

10. Lual de Deŋ de Lual

11. Lual de Gërëŋ de Lual

12. Dän de Rëëc de Deŋ (man yen kuum ë manthiɔ̈kkë).

Kë ë jɔt bääny të nɔŋ wën dïït de Ajäŋ de Tiɔ̈k ku leer të nɔŋ wënthi. Ee bën de Mayen de Nuul de Luɔ̈ɔ̈l Ajäŋ de Tiɔ̈k. Në wët ke Ajääŋ yiic ke Luɔ̈ɔ̈l yennëke wën koor. Luɔ̈ɔ̈l acï wën deen Nuul dhiëët. Nuul-Monycek ee ye raan ë cek arët. Go ye cëk deen në root looi ke ye kë yennë ye wuɔi piny ku kuɔ̈i ë ye ciëëŋ.

Na yɔn ke thiak tiŋ deen Abuk, Abuk ee ye nyan Adhiɔ Pakɔ̈i. Go bën ku dhiëët wën deen Mayen. Mayen ee cï dhiëët ke ye raan dïït bëër pieth ku ke ril ëtör ku ke ŋɛɛny arët ku ke cïï yaaŋ ye luɔ̈i kɔi niɔp nhiaar. Go kɔi cïnnëke kä ken pɛɛc në kɔi kɔ̈k ril ya bën të nɔŋ yeen bï kë kuɔɔny de bën kɔɔr, ke ka lɔ ku lee kä ken dhuɔ̈k ciëën të nɔŋ kɔi cï ke jɔr. Go kɔi ë ke ye ke yɔŋ, kɔi cïn mïm riɛl nhiaar ku rïu ke.

Go raan ëbën riɔ̈ɔ̈c në yeen. Go tïŋ ke cïn raan dɛ̈ lëu bï ya bäny ke cïï ye yeen. Go yiën bääny, yekënnë, yennëke bën de bääny të nɔŋ Paan de Nuul ku ka kën yen bɛr dhuk të nɔŋ wëndïït de Ajäŋ de Tiɔ̈k.

Bën de Mayen de Nuul ayadëŋ yennëka cï kuɔ̈i ciëëŋ ë kui ë wun Nuul-Monycek ciëëŋ bën teem kɔ̈u ku yennëka cï athiɛɛi ku kur ka dïr de Paan de Nuul bën bëi. Dïr, ŋeeny ku riɛl de Mayen de Nuul, ee cï yen kä juëc looi.

Tɔ̈ŋ de kä ë ke cï ke looi në piɛɛr de yic, ee cï akɔ̈ɔ̈n keeth ke ŋoot ke ye meth arët. Go rïŋ thaan, na ɣɔn cï tua go Nuul-Monycek lɔ cɔɔl bï rïŋ kɔn bën miaac piny ku bï jɔl wïk në cuët në raan ëbën. Go jai tɛɛr ye yic. Go luk në raan ëbën ë nï wur. Ana ɣɔn jɔl lɔ gam, go bën ku miɔɔc rïŋ piny ku jɔl lam, lueel ye "yïn cëk caa yï bɛr tïŋ në ye kuan ë yic."[98] Ku jɔl kä juëi kɔ̈k ril yen ke keek jɔl ke lueel në ŋö Nuul-Macek ee nɔŋ guɔ̈u kë de yuɔɔm yic ɣɔn cï Guɔ̈r ë Tiɔ̈k thiëi Luɔ̈ɔ̈l de Ajääŋ wun de Nuul-Macek…..

Guɔ̈r de Tiɔ̈k (wänmëëth ë Ajäŋ de Tiɔ̈k) man yennë dhiët Luɔ̈ɔ̈l de Ajääŋ de Tiɔ̈k anɔŋ kɔi ke, kek nɔŋ yiic Luɔ̈ɔ̈l de Guɔ̈r de Tiɔ̈k man nɔŋ kɔi keen nï ë manthiɔ̈kkë paan Gɔ̈ɔ̈k Boor. Kɔi ke wët ke Luɔ̈ɔ̈l ka nï Anyidi,

---

[98] Nuul Luɔ̈ɔ̈l Ajääŋ

Kolnyaŋ në Juɔ̈ɔ̈r Abi yic, Makuach ku yän kɔ̈k cïnnë kuan de ke thiëi thïn Boor. Kë ë jɔt Guɔ̈r de Tiɔ̈k në Tuïc Dacue, aye lueel ya ye pïŋ ë kën yen root piŋ apieth kennë wët ke wënkënnë.

Deŋ Papäät

Deŋ Papäät ee jɔŋ yaath de wuɔ̈r ke diäk në wuɔ̈r ke Ajuɔŋ yiic. Wuɔ̈r ye Deŋ Papäät door ku nëk kë aaye yï Abiɔɔŋ, Ayoliel ku Nyɔpiny. Ke wuɔ̈r kë kedhie aye ŋɛk ke bën ke miɔɔr de të nëk ë Deŋ Papäät. Kä yaath ke Deŋ Papäät aaye ke looi wutic Papäät. Ku kɔi ye kä yaath ke Deŋ Papäät looi ku tïït kë nyïn në keek Ayoliel. Ku në Ayoliel yic ke ka ye kɔi paan de Juac ke ka ke ye ke looi.

Të cïnnë yɔ̈k ke Deŋ Papäät nɔ̈k ke ŋek në ke wuɔ̈r ye ye door kë aye yiën rïŋ ke. Të ë cïnnë rïŋ ke Deŋ Papäät tɛk thïn akï; Abiɔɔŋ ee ye yiën yɔ̈ɔ̈m ke diäk ku aÿöndhiöök ke diäk ku lɔ̈m, Nyɔpiny kennë ayiëŋ ke diäk ku yëth ke diäk ku jɔl Ayoliel döŋ ke baŋ dïït ë. Raan ë cɔk Deŋ Papäät yïk kë mom luak ee Wërabe.

Yanh Awulian

Awulian ee wun töŋ de wuɔ̈r ke Tuïc ril yic ku këëc në nyin de yic cïmɛn de wuɔ̈r kɔ̈k ke Tuïc ye ŋɛk ke kë ye lëu në luɔɔi paan de Tuïc looi në rin ke ku rin ke Tuïc. Awulian atɔ̈u në akut de Lith yic, atɔ̈u në Waŋkulei kennë Ayuääl ku Dacueek, aaye kɔi ke Nyuak Payam. Në guïïr cï yen root guiɛɛr thïn ke wut Awulian ee mom reu; tuŋ de Payaath ku tuŋ de Ɣöt. Awulian ke ye wut anɔŋ kä juëi ŋi ë ke yeen arët paan de Tuïc, kä cït man tɔ̈u ë yanh den, diɛr ku kä juëi kɔ̈k ye ke looi wuɔi yen ke keek ke wuɔ̈r kɔ̈k kë.

Cïmɛn de wuɔ̈r juëi ke Tuïc, ke Awulian anɔŋ kä yaath ke; lɔ̈ɔ̈r yaath, luaŋ yaath, wun yaath ku jɔŋ yaath de. Lɔ̈ɔ̈r yaath de Awulian ee ye Mapiɔ̈ɔ̈r, wun yaath de ee Pawuɔi ku jɔŋ yaath dïït de ee Atëmyath mɛn nɔŋ Luaŋ Atëëm.

Në luɔɔi de kä yaath ke yiic, ke kɔi ye nyïn tïït në kä yaath ke Awulian ee ye Payaath. Në Payaath yic, ke ke ye Payii yennëke muk kä yaath ke Awulian. Luaŋ den yennëke ye lɔ̈ɔ̈r tɔ̈u thïn ku kek kaa ke ye kä ke Atëmyath looi ayadëŋ. Të cïnnë lɔ̈ɔ̈r bëi wur, ke ka ye tääu dhiën paan de Akei. Kɔi ë ke ye kä yaath caar aake ye paan de Diiŋ ku në paan de Diiŋ yic, ke ka ke ye kɔi Paan de Ajäŋ, paan de Ayuääl. Kek ka ke ye lon kënnë looi. Kek ka nɔŋ Diiŋ-Abiɛɛrjök (Diiŋ-Magak) ku jɔl ya kɔi juëi ë ke ye kä yaath ke Awulian caar.

Në dhiëët/kuat yic, ke Payii aaye kɔi ke Ayii, Ayin de Liäu ku paan de Ajääŋ aaye kɔi ke Adëëp de Liäi, Adëëp de Liäi yennëka nɔŋ Akɔ̈i. Ku bɔ̈ Akɔ̈i ku dhiëët Ajääŋ. Ajääŋ de Akɔ̈i acï diäär ke kee reu thiaak Ajöŋ ku Awic. Ajöŋ yennëka nɔŋ Diiŋ de Ajäŋ de Akɔ̈i mɛn yen nɔŋ paan de Diiŋ ku Awiny de Acuɔ̈ɔ̈th yennëka nɔŋ paan de Awic. Wɛ̈t ke Awic aaye yï Akuiin Ajääŋ ku Dän Ajääŋ. Ye kënnë yennëke täu de Payaath ke ke ye kɔi ye kä yaath ke Awulian ŋɔ̈ɔ̈r ku tïït kë nyïn në keek.

Në biäk de naŋ lɔ̈ɔ̈r, ke Awulian ee cï tɔu në kaam bäär yic ke cïn lɔ̈ɔ̈r dïït töŋ yaath ë ye ye mar mom ke ye wut. Na ye 1979 mɛn yen ye ruɔ̈ɔ̈n de Mapiɔ̈ɔ̈r ke Awulian yep lɔ̈ɔ̈r, kɔɔc ku jör wur. Ruɔ̈ɔ̈n de Mapiɔ̈ɔ̈r ee ruɔ̈ɔ̈n töŋ de run thiek yiic në akököl de wut Awulian yic në kë yen Mapiɔ̈ɔ̈r yen ye lɔ̈ɔ̈r tueeŋ de. Ku në jör wur de Mapiɔ̈ɔ̈r yic ke Awulian ee cï weŋ (riɔ̈ŋ) gäk arët weŋ 130 guɔ̈r piny ku cɛk yen diɛr ŋic keek paan de Tuic agut cï ye mɛnnë. Diɛr cïtman töu ë "-- wun da ajɔl nyai në nyai de toc ee, ee jör ë Mapiöör bei bï ŋɛk lɔ kuɛth rɔŋ de."⁹⁹ Löör ee ye jör wur ruël të cïnnë thaa deen de jör wur tuööm ku ka ye bën kɔɔc wur.

Cïmɛn de löör yaath juëi ke Tuïc, Mapiöör ee ye jör wur Pawuɔi të cïnnë run juëi tëëk. Ku në ruöön thok ëbën ke Awulian ee ye kä yaath ke Atëmyath looi wur Pawuɔi. Atëmyath ee ye näk në rur thok ëbën, γök ke, aake ye ke nök wur Pawuɔi. Në kuëny ye kä yaath ke Atëmyath ke cök kuany thïn në thaa nëk kë yeen, ke miɔɔr de Nhialic ee ye nök në pɛɛi nïn 24 pɛɛi de thiëërkurou ku jɔl Atëmyath näk në pɛɛi nïn 25 ku na ye pɛɛi nïn 26 miäkduur ke wut a kuath yic, puök kɔc lɔ ŋɛk të deen nhiɛɛr bï yen lɔ mäi thïn.

Cï ŋiny ŋi wɔ ye, cieŋ ka ruääi të nɔŋ Jiëëŋ aye kuëëk ku muk nyin në röm ye kɔc rɔm në röt. Anɔŋ kä juëi ye wut ke rɔm ku wëëc keek në kaam yic kä cït man töu ë wël, cieŋ ... Ku kë dïït de kek, ee tëŋ de rïŋ ke wut ka mïïth, ye ŋa ye lɔ ke ŋö ku ye ŋö ye yen lɔ ke yeen. Në kuɛɛr juëc, ke rïŋ ke wut aaye tek cï të cï wut root guiɛɛr thïn. Ba toot, ke rïŋ ke wut Awulian aacï ke tek ya lë:

---

⁹⁹ Mawut Dääu-Majöŋdït ee jɔl ye dinnë bën cak ke ye në ruöön de Mapiöör cï tëëk.

Ɣäm cuëëc ee kë de Payaath

Cön cuëëc ee kë de Padiaŋ

Ɣäm ciɛɛm ee kë de paan de Akec

Cön ciɛɛm ee kë de Patem

Cimɛn wën cï wɔ ye tïŋ nhial ë, ke Awulian ye mom reu, ye aguiɛɛr de mäny de root de yë, yennëka cï root nyuɔɔth në tëŋ de rïŋ yiic. Baŋ cuëëc de weŋ ee lɔ ke tuŋ de Payaath ku lɔ baŋ ciɛɛm ke tuŋ de Ɣöt.

Në jön de root de yic Agïgim ke Awulian ee bö ke ye wun dït ë gut kunnë tëm de yic bï bën në wëër baŋ thiɔkkë ke baŋ dïït de acï bën döŋ wïric, baŋ cï döŋ agörtui ku baŋ cï lɔ në ɣän kök në Jɔŋgulei cïman de baŋ dïït deen töu Ɣɔ̈ɔ̈l Du. Ba cɔk cek yic ke ke kä töu piny ye tënnë yë, kek ka ye rin ke riëi ke wut Awulian:

1. Mameer
2. Makɔ̈l
3. Kuïny
4. Mapiɔ̈ɔ̈r
5. Akuëibaai
6. Akɔ̈l
7. Maketh
8. Mageŋ

9. Amom
10. Aweweŋ
11. Ayau
12. Cier
13. Thiaŋ
14. Apoor Mayen
15. Matim
16. Duŋuë
17. Ayiiwel Akuiɛɛn
18. Ken
19. Ayɔɔk
20. Aluakluak yennëke rïny ë tak jäl de Awulian në wëër aŋör tui ku ŋëër agut cï bï kë kiir bën teem bïï kë ye të tɔu kek thïn manthiinnë në Tuïc ku Ɣɔ̈l. Aluakluak yennëka nɔŋ baŋ dïït deen cï dön wïïr në thaa de tëm yic.

Yanh de Adiaŋ

Kë bukku tïŋ ëtënnë në ye mɛɛn ee yath ku luɔɔi de kä yaath ke wut Adiaŋ. Adiaŋ-Mayɔm ee wun töŋ de wuɔ̈r ke Tuïc ril yic arët. Adiaŋ aŋic paan de Tuïc në kä ye ke looi. Adiaŋ atɔu Paliau ee wun töŋ de akut de Ajuɔŋ-Näär yic.

Cïmɛn de wuɔr kɔ̈k ke Tuïc, ke Adiaŋ anɔŋ jɔŋ yaath, luaŋ yaath, lɔ̈ɔ̈r yaath de ku wun yaath yen kä juëi yaath ke looi thïn. Jɔŋ dïït yaath de Adiaŋ-Mayɔm ee Deŋ-Wiënbër. Luɛɛl de wiënbër, wiën ee ye yiëër ke ye cök tök ka nɔŋ cöny tök ku ye mom bër. Ke mïm kë ke bër aake ye kɔ̈ɔ̈c në nyïn ke wuɔr ke Lith yiic ke bër. Në thaa yɔn kënnë Kuac kennë Adiaŋ mër Ajuɔŋ në kä ë ke yï ke looi ke Lith ee ye mom bër ku ke wuɔr kë kedhie aake nɔŋ ŋɛk ke mom nyin de luaŋ yaath de Deŋ-Wiënbër.

Lɔ̈ɔ̈r yaath de Adiaŋ, ee ye Ayen Këlei. Ee ye tɔ̈u luaŋ paan de Thiɔ̈ŋ ë Jöknyaŋ ku na cï jɔr wur ke ke ye tɔ̈u dhiën den ayadën. Kɔi ë ke ye kä yaath ke Adiaŋ looi aake ye Paguɛɛr ku raan yennë ye kä yaath caar ee ye Majöŋ Aguër. Wun yaath de Adiaŋ ee Madiŋ-Adiaŋ yennëke të ë ye Adiaŋ-Mayɔm kä juëi yaath ye ke looi wutic looi thïn.

Në aguiɛɛr de mëimëi de root de yic, ke Adiaŋ ee nɔŋ të ë cï guiëër root. Ke dhiän kë kek ka ke ye dhiän thɛɛr ke wut Adiaŋ; Paguɛɛr, Acuetthon Mayɔm, Padeŋ ku

Aŋääc. Dhiän ke Adiaŋ kek töu ëmɛnnë; ee Jɔɔr, Paguɛɛr ku jɔl ya Padeŋ.

Adiaŋ ee ye wun ë dït ë ŋui ku raan yennë thöl ye nyin ku yennë cɔk kɔi juëc jiël Adiɛŋ, ee Leek, Leŋ de Jɔk. Leŋ de Jɔk, aluel ya cï muɔ̈ny thon de menh de go piɔ̈u riääk ku lueel wël cï yen ke piɔ̈u riääk. Ke wël kë kek ka ye ke gam në kɔi juëc ke ye kek nɔŋ deem piny ku puɔ̈k de Adiaŋ. Kɔi juëi Adiɛŋ aa töu në wuɔ̈r wääc yiic në Tuïc yic cïmɛn de Kɔ̈ŋɔ̈ɔ̈r, Ayuääl ku wuɔ̈r kɔ̈k kë.

Yanh de Kuac

Kuac ee wun töŋ de wuɔ̈r ke Tuïc töu në akut de Ajuɔ̈ŋ yic man ye pamom deen de lööŋ ku kuum Paliau. Kuac atöu në aken de Lïth kennë Ajuɔ̈ŋ nyin. Në aguiɛɛr de mëimëi de root de ku cieŋ de yic ke kuac ee mom ŋuan: Payaath, Paan de Kɔ̈ɔ̈c, Päät, Pawïïr ku Paan de Aliau.

Në aguiɛɛr de kä yaath ke yiic, ke Kuac acïn jɔŋ dïït töŋ yaath deen yen ye ye mar mom piny ke ye wut. Ɖek në tuŋ ke Kuac thook kedhie ke ŋuan anɔŋ mom jɔŋ yaath de ku wun yaath yen kä yaath ke looi thïn. Payaath anɔŋ Atëmyath ku wun yaath yen kä ke Atëmyath looi thïn ee Ŋawai. Päät anɔŋ Rualageer mɛn yennë kä yaath ke looi të thiëëk ke Padunduur ku Kuany de Jaŋdït. Jɔŋ yaath de Pawïïr ee Akoi. Ayennë kä yaath ke looi tooc në Wëërëkei. Thö ke Akoi aaye ke cuɔɔk wïric. Në gɛm de weŋ ka thö yaath de Akoi ke kɔc aaye ke thäär dɔm ku jɔl wiën cuɔɔk wïr ku jɔl Akoi dɔm ku miit thɔ̈k wïïr. Kɔc aaye ke thäär dɔm në ŋö na ye raan tök yen cuɔɔk wiën ke ka lëu bï Akoi miit mɛr ke weŋ ka thö. Cïmɛn de dhiän kɔ̈k kë, ke Paan de Kɔ̈ɔ̈c anɔŋ Deŋ Patunduur ke ye jɔŋ yaath de. Ku wun yaath yennë kä ke looi thïn ee Patunduur.

Në biäk de Lɔ̈ɔ̈r yaath ke Kuac acïn lɔ̈ɔ̈r yaath töu cïmɛn de lɔ̈ɔ̈r ke wuɔ̈r kɔ̈k ke Tuïc. Lɔ̈ɔ̈r nɔŋ mom luaŋ yaath de, dhiën yaath de ku kɔi ye kä yaath ke looi. Lɔ̈ɔ̈r yen töu ke Kuac ee lɔ̈ɔ̈r cïï ye jɔ̈r wur cï të ŋï ë yeen ku kä ye luɔ̈i lɔ̈ɔ̈r yaath. Lɔ̈ɔ̈r de Kuac töu ye kɔɔc ku dieer wur aye cɔɔl Makuëi. Dhiën yen ye nyin tïït në yeen ee pawïïr.

Në bɛ̈n në bïï ë Kuac paan de Tuïc, ke Kuac yennëke kɔn bɛ̈n Tuïc. Ee bö në wëër aŋör tui kennë wuɔ̈r kɔ̈k ke Ajuɔ̈ŋ cïman yennë rin ye nyuɔɔth nɔŋ yen kuëi kɔ̈k töu në KiëI, Tuïc Mayäärdït ku ɣän kɔ̈k në wëër agörtui. Në bën de yic ke Kuac acï bën ku nyuuc Padunduur. Ku ka ye gam ke ye yen në nyuuc Tuïc baŋ ɣɔn cï nyuc Patunduur. Tuŋ de Patunduur yennëka nɔŋ yic kɔi juëi ŋot ke ke cieŋ Ajuɔ̈ŋ ku Pakëër ë mannë.

Yanh de Nyɔpiny

Nyɔpiny ee wun de wuɔ̈r ke Tuïc yiic nɔŋ kä juëi loithook ŋi ë ke yeen paan de Tuïc. Kä nɔŋ yiic piny de, kɔi ke, yanh de ku jɔl ya kä juëi kɔ̈k. Në rëërrëër de yic ke Nyɔpiny atɔ̈u në tuŋ de Ajuɔ̈ŋ yic, aciëŋ Paliau kennë Abiɔɔŋ, Adiaŋ, Ayoliel ku Kuac. Ke ye wut, ke Nyɔpiny nɔŋ aguiɛɛr deen de mäny de root ku kuɛɛr yen ke kä yaath ke luɔɔi thïn.

Në aguiɛɛr yaath de yic, ke Nyɔpiny anɔŋ jɔŋyaath de, wunyaath ku kɔi ye nyïn tïït në kä yaath ke. Wunyaath de Nyɔpiny ee Paleeu ka Adubäär. Jɔŋyaath de Nyɔpiny aye cɔl Deŋ Paleeu. Deŋ Paleeu aye näk rur në thök ruɔ̈ɔ̈n. Yennëke yɔ̈k bï ke näk yeen cäk të nɔŋ kɔi kɔɔr yen ke miöör të nɔŋ keek në thɛɛ kɔ̈k. Ku kɔi kɔ̈k aaye miöör ken yök ke pëi. Wut acïï ye kuaath yic të cïnnë ye näk kɔc ka ye ŋot ke ke mac wut.

Na cï yɔ̈k ke nɔ̈k, ke kë tueeŋ ye kɔn looi, ee rïŋ yennëka ye thim ku than në töny de ye tök. Na cï tuak yen ye rïŋ ë, ke ka gëm ë raan thiin ye ŋiëi kar apieth bï wɛɛrpiny ke ye juɔɔr. Ke thïïm kë ka ye mïth thii kor ke kuany ku cuet kë ke. Të looi ë kä yaath ke Deŋ Paleeu ke alɛi mäc wur aacïï röt ye ɣooc.

Tëŋ de rïŋyaath ke Deŋ Paleeu aaye ke tek në dhiän. Paan de Ayïïk ee lɔ ke ɣäm tök, Paan de Geu ke ɣäm tök ku Paan de Yɔl ke cöu ku rïŋ kɔ̈k cï döŋ kë aayennë rïŋ kɔ̈k ke ya kä ke tiër. Raan ë ye rïŋyaath tek ee Luɛnh de Deŋ ku Luɛnh de Majuc Paan de Ayïïk ku yennëke ye cöör në kä yaath.

Kɔi ye nyïn tïït në kä yaath ke wut Nyɔpiny:

    1. Luɛnh de Wërabɛk

    2. Ajaŋ de Deŋ Ajak

    3. Luɛnh de Majuc

    4. Luɛnh de Deŋ

Kä ye Nyɔpiny ke looi në tök:

  1. Kuɛɛth wunyaath

  2. Näŋ de miɔɔr de Nhialic ku miöör yaath

3. Tëm de rïc

4. Yïŋ de luaŋyaath

Në aguieer deen de mëimëi de root de yic ka të yen tɔŋ ke thäär thïn, ke Nyɔpiny ee mom reu:

1. Tuŋ Paan de Ayïïk
2. Tuŋ Paan de Geu.

Kɔi juëi tɔ̈u në Nyɔpiny ë mamthiɔ̈kkë ku kɔi juëi kɔ̈k cï köök në ɣän kɔ̈k, aake bɔ̈ në wëër agɔ̈rtui. Në kuum de root de yic ke Nyɔpiny anɔŋ kɔi juëi cï ye ŋɔ̈ɔ̈r në theɛ juëi wuɔ̈i yiic. Rin juëi ke bäny cï ŋɔ̈ɔ̈r akï:

1. Gäŋ de Kuany
2. Wäraben Ayuël
3. Ayuël de Wäraben de Ayuël
4. Arɔŋ ë Makenh Arɔk
5. Ageer Arɔk
6. Makenh Arɔk
7. Ayuël de Wäraben Ayuël (Ayuël-Magär) man yen kuum ë manthiɔ̈kkë.

Rin ke riëi ke Nyɔpiny:

1. Riëc (Ageer)
2. Magɔɔk
3. Makuac

4. Yɔm

5. Majak man yen ŋoot ke kënnë luɔ̈ɔ̈p kɔu agut cï ye mannë.

Yanh de Anok

Anok ee wun töŋ de wuɔ̈r ke Tuïc thiek yiic nɔŋ kä juëi pieth ŋi ë ke yeen paan de Tuïc cïman de tɔŋ paan de Ajaŋ de Rëëc, tɔŋ cï thɔ̈ɔ̈r ke Kiëi në biäk de toc cïman tɔ̈u ë nyïn de Maiwaak ke ye nyooth de ye kënnë ku kä juëi kɔ̈k ŋi ë ke wut Anok.

Anok atɔ̈u në tuŋ de Pakëër yic, aciëŋ në Maar kennë Akonycɔk, Ɣɔ̈l, Bërë, Nɔ̈ɔ̈k ku Cir-Amɔ̈u aaye kɔi ke Maar Payam. Aa nɔŋ akeu kennë Boor në tuŋ cuëëc de Tuïc thok. Luɛɛl de Anok ka wëtic de ee anɔ̈ɔ̈k ba kë dë thiäi anɔ̈ɔ̈k.

Në aguiɛɛr theer de mëimëi de root de yic, ke Anok aaye mom reu. Tuŋ de paan de Dum ku tuŋ de paan Anyuɔɔn kunne ye mɛɛn ke ka nɔŋ yic tuŋ paan de Dum, tuŋ paan de Anyuɔɔn, tuŋ Pakuëi ku tuŋ Palau.

Në bën de Turuk ke raan ë kɔn alanh dïït de Anok muk ee Majöŋ Ajaŋ de Rëëc paan de Dum ku muk

Mayen Anyuɔɔn de Dääu Tuŋ paan de Anyuɔɔn ku töu Thon de Deŋ-ageer, Thon de Deŋ de Makuac man ë ye cɔ̈l wut në ye thaar ë, töu ke ye Buluŋ lɔ në Mayen Anyuɔɔn cök.

Në biäk de kä yaath ke, ke Anok anɔŋ wun yaath, jɔŋ yaath, löör yaath, luaŋ yaath de ku kɔi ye nyïn tïït në kä yaath ke. Wun yaath de Anok cïman wën cï yïn ye yök në cöök tueeŋ yic ee Waŋga. Jɔŋ yaath de wut Anok ee Atëm man yennë kä yaath ke looi wur Waŋgaa. Cïman de jak juëi ke wuɔ̈r ke Tuïc ke Atëm Waŋgaa aye näk në ruɔ̈ɔ̈n thok ëbën në thök ruɔ̈ɔ̈n.

Kɔi ye kä yaath ke Atëm caar aaye bën Anok yic ëbën kunë Pakëër yic në thɛɛ kɔ̈k. Löör yaath de Anok ee Mayɔm. Mayɔm aye jɔr wur Waŋga të kɔɔr bïnnë ye kɔɔc ka të nɔŋ yen kë kɔɔr bï looi në yeen. Kɔi ye nyïn tïït ku yï kë kä yaath ke Anok looi aaye kɔi Pakuëi paan de Alek. Luaŋ den ku dhiën den ke ka ye löör ke töu thïn.

Jɔŋ dë de Anok yennë kä yaath ke looi baai ee Lirpiɔ̈u ku kɔi ye kä yaath ke looi aaye kɔi Padɔ̈ŋ. Lirpiɔ̈u ee piac wië në duɔ̈ɔ̈r në ŋö ee lɔ bëi Boor ku ka cïï ye jɔŋ ë töu wënthɛɛr paan de Anok.

Në pɔ̈k yic Patunduur ke të ë cï kɔn gur yic ee ye Pakëërdït. Raan Tueeŋ de kɔi ë ke bɔ̈ Pakëërdït ee Doŋ Aŋö̈ŋ de Awaŋ de Juac. Kɔi ke Doŋ de Aŋö ke ka cï jɔl bën kɛɛr abï kë yaa baŋ dïït de Pakëër cïman ŋi wɔ ye në ye kööl ë yë. Në wët ke Doŋ yiic, ke Ayin de Doŋ yennëka nɔŋ Juany de Ayii man yen nɔŋ baŋ dïït de Anok ku Bol de Ayii man yen nɔŋ baŋ dïït de Cir. Dun de Doŋ yennëka nɔŋ Akonycɔk. Loŋör de Doŋ anɔŋ kɔi ke në Bërë yic ku Juɔ̈k de Doŋ yennëka nɔŋ baŋ dïït de Nɔ̈ɔ̈k. Juɔ̈k yennëke dhiët Pawɛɛi, Pawɛɛi yennëka cïnnë wun yaath de Nɔ̈ɔ̈k cäk në rin ke. Yen nɔŋ Deŋ Pawɛɛi ke ye jɔŋ yaath de Nɔ̈ɔ̈k. Pawɛɛi yennëka cï Mïï bën dhiëët. Mïï yennëke wun Akɔ̈i ku Apiɔɔk man kek nɔŋ baŋ dïït de Adhiɔɔk ku wëtmäth ken cï döŋ Nɔ̈ɔ̈k yï Col kennë Apou ku Areŋ man yen nɔŋ Pareŋ Kɔ̈ŋɔ̈ɔ̈r.

Col de Mïï anɔŋ kɔc në wuɔ̈r yiic ke reu Pakëër. Kɔi ke Ajaŋ de Col ë Mïï aatɔ̈u Ciɛɛr ku Köör ë Col anɔŋ kɔi ke Anuɔɔk man kek cï ya wut Nɔ̈ɔ̈k ëmanthiɔ̈kkë. Kɔi ke Apou de Mïï aatɔ̈u në Nɔ̈ɔ̈k ayadëŋ.

Në pɔ̈k yic Pakëërdït, ke kɔi cï bën döŋ wur Pakëërdït aaye kɔi ke Dun de Doŋ ku kek ka ŋot ke ke tɔ̈u thïn agut cï ye kööl ë. Ayin de Doŋ man nɔŋ yï Cir kennë Anok acï bën lɔ Waŋga. Kɔi ë ke cïkkë ke yök në Waŋga aaye paan de Akuëëi nɔŋ yiic Yai, Luäl, Biöör ku Nyaŋ. Yan de Akuëëi ku Luäl de Akuëëi kek ka nɔŋ Pakuëi ku kɔi cï lɔ yaa Mothmom aaye kɔi ke Biöör Akuëëi ku Nyaŋ Akuëëi.

Kë ë leer keek ëtë cieŋ kë në ye mɛɛn, ee ruääi në kueer de thiëëk. Biöör Akuëëi ee cï nyan Pajuŋ/paan de Garwɛl thiaak go yök ke lɔ rëër pathuööu de. Na γɔn ke Biöör acï köör ë γäp bën lɔ cam ku nyiëëŋ wën deen Atëm piny ke koor arët. Go Nyaŋ root lök mar bï lɔ lɔ γör në tiŋ de wënkënnë. Ku yekënnë yennëka cï guɔ bën ya lɔ liŋ de kudhiac le tɛɛm Cir agut cï ye köölë aakën bɛr lɔ dhuk Waŋga.

Në paan de Ayii yiic, ke Bol Ayii acï bën jäl në Waŋga bï lɔ γap Riän. Bol Ayii ee nɔŋ diäär ke ke diäk, kek ye Amɔ̈u man ye cɔ̈l wut në ye mɛɛn ke tiŋ de diäk në ke yiic. Amɔ̈u ee ye nyan Awulian Payii në Payaath yic. Γɔn thiɛɛk ë yeen ee cï Atëm paan den luëth kennë yeen. Yekënnë yennëke kueer ë bïï ë Atëm abï ya jɔŋ töŋ de jak ke cir yiic cï ye mɛnnë.

Juany de Ayii yen cï döŋ Waŋga kennë baŋ paan de Akuëëi yennëka nɔŋ Atem-Adöŋ yen nɔŋ rin ke Padööŋ

(Paan de Ajak-Ayɔcnɔk). Atëm yennëka aci Ajak-Ayɔcnɔk bën dhiëët. Ku dhiët Ajak dhiëët Dum man nɔŋ Paan de Dum, Ayaac yen nɔŋ paan de rëëc, Akuɔ̈ɔ̈c yen nɔŋ paan de Akuŋuet (tuŋ Paan de Dum), Anyuɔɔn, Kuɔɔt, Aŋö (tuŋ Paan de Anyuɔɔn). Wët ke Ajak-Ayɔcnɔk aaye wët ke Aluät, Aluän de Ayaac në Palau yic.

Në kee kä kë cök kedhie, ke kë dïït ye aguiɛɛr de mëimëi de root de wut Anok nyuɔɔth ee tëm de rïc. Anok cïman de wuɔ̈r kɔ̈k ke Tuïc anɔŋ riëi ke. Ke kä tɔu piiny ye tënnë yë kek ka ye rin ke riëi ke Anok ku kɔi ŋäär ke ka raan ye tɔu në rïc mom.

1. Thoor - Gërëŋ ë Makuany de Rek
2. Agɔɔk
3. Malual
4. Ameerjɔkaɣëëclëi
5. Kuac
6. Ayɔm
7. Apiëëtlöc - Magöt, Magön ë Dum
8. Agödhï
9. Yɔulual - Majöŋ Ajaŋ de Rëëc
10. Akueŋanok - Mayen Anyuɔɔn de Dääu
11. Marɔ̈l - Atëm de Manyaŋ de Kuɔɔt

12. Mabiöör

13. Manyaŋ - Macor Ajaŋ Atëm

14. Makuac

Në cieŋ de yic ke wut Anok ee rɔm në root, tuŋ ke ka dhiän ke aaye mïïth ka rïŋ wääc në röt. Na ye tuŋ Paan de Dun yen në(k) ke ka yiën tuŋ Paan de Anyuɔɔn ɣäm ku yen ye cɔ̈ɔ̈k de të nɔŋ Paan de Anyuɔɔn ee Paan de Dum yiën ɣäm. Ku na ye dhiën töŋ de dhiän töu në tuŋ ë yic yen në cïman de Palau ke ka gëm ɣäm Paan de Anyuɔɔn man yennë ke mar yiic ku yennëke cɔ̈ɔ̈k de dhiän ye ke mar në tuŋ de Paan de Dum yic ayï kë looi ye ya të nëk kek.

Ŋiëi täŋ de wut Anok, ŋiëi cieŋ de, pɛl de mom ku män de piön de, yennëke jɔr yen athiɛɛi të nɔŋ Nyaŋ de Lual. Ye athiɛɛi de Nyaŋdït ë yennëke cɔk cieŋ de Anok kennë Akonycɔk cɔk dït nyin awär ciɛɛŋ den kennë wëtamäthken kɔ̈k kë. Nyaŋ de Lual aluel ya cï pïïr arët, ee yennë pïëth ë bën ku thöök nyin ku döŋ piny. Baŋ dïït de kä ke Nyaŋ de Lual abukku yök në biäk de kä yaath ku aguiɛɛr de mëimëi de root de wut Akonycɔk yic. Në kë yen raan dïït töŋ de kɔi Akɔnyca ŋi ë kɛi de arët Pakëër ku Paan de Tuïc.

Yanh de Akonycɔk

Akonycɔk ee wun töŋ de wuɔ̈r ke thiëër ku dhorou yiic ke paan de Tuïc. Akonycɔk atɔu në akur de Pakëër yic man yennë pamom deen de löön Määr. Akonycɔk anɔŋ kä juëi pieth ŋi ë ke yeen paan de Pakëër ku paan de Tuïc ëbën cïman de riɛl de piɔ̈th ken, kei ka tïït den, pɛl de mïm ku tëët den cïman tɔu ë Arɔŋ de Dut ke yen ye raan tueeŋ yennë kɔn ya duthëth paan de Pakëër. Në aguiɛɛr deen de cieŋ de ku mëimëi de root de yic ke Akonycɔk ee mom dhetem, tïŋ keek në cöök de reu yic.

Në biäk de kä yaath, ke Akonycɔk anɔŋ jak dïr yaath kee diäk ku jak thiin kɔ̈k, Jɔŋdïït tueeŋ de; ee Rïŋ (köör), Deŋ Adubëër ku Deŋ Pakëërdït (Dɛŋamomwan), Deŋ Ajakbëkër (Dɛŋabuur/Dɛŋcolcol) ku Deŋ baai (Dɛŋamompiäär). Deŋ Adubëër ayennë kä yaath ke looi kedhie Adubäär. Aye näk në ruɔ̈ɔ̈n thok ëbën ku kɔi ye kä yaath ke looi ku ye kë nyïn tïït në keek aaye paan de Aliääp. Kek ka ye këriëëc ëbën ye luɔ̈i Deŋ Adubëër war mom ku jɔl Akonycɔk ëbën ke bën guëër kɔ̈th. Raan yennë ye kä ke Deŋ-Adubëër looi ee raan ye cɔl Weŋ de Lueeth.

Deŋ Pakëërdït ayennë kä yaath ke looi Pakëërdït. Aye näk ayadëŋ në ruɔ̈ɔ̈n thok ëbën ka të cïnnë run ke reu tëëk. Aye näk miöör ciëël ye ke bëi në thiëk ke nyïïr yiic. Aaye ke ruɔu mïm dhor ku jɔl ke bëi në yïk thar. Aaye ke kɔn lony në ɣɔk në tök ku jɔl ke bën nɔ̈k në kööl dër ë në wuaŋ de cïïr.

Ɣɔ̈k ke Deŋ Pakëërdït aaye ke nyoŋ cök ku wir ë ke piny ku jɔl ke riëëk yiic në kɔc cök agut bïkkë thou. Aacïï ke ye gur yëth ka tem ke röt. Në ŋö aye Deŋ lueel ye na gut miöör yëth ka tem ke röt ke ka cï gur yeth ka tem röl ayadëŋ. Aacïï ke ye thaan aye ke nyou, në ŋö na thaan keek ku lɔ cuaai mɛɛc ke Deŋyath ariääk piɔu.

Kɔi ye kä yaath ke Deŋ Pakëërdït looi ku tïït kë nyïn në keek aaye kɔi paan de Nyaŋ. Raan yennë ye Deŋ Pakëërdit caar aye bën në Pakëër yic ëbën. Të cïnnë kä yaath ke Deŋ Pakëërdït looi ke wut acïï ye waan yic aye ŋot ke mac. Deŋ anɔŋ yïïk kee reu yïk tök wur ku tök luaak.

Në biäk de Rïŋ, ke Rïŋ ayennë yïŋ de mar në yïŋ de Nyaŋ de Lual yic yen töu wur Pakëërdït. Ku ka mac në bëi ke Akɔnycɔk yiic kedhie. Ye mäny ë mɛi ë yeen në baai thok ëbën ë, yennëka yennë ye lueel ya "ye ŋa cïn rïŋ de."[100]

Të kɔɔr bïnnë Dɛŋyath nä(k), ke kë tueeŋ ye kɔn looi, ee Nhialic yennëka ye kɔn nä amäl ɣer (Bɔiamääl). Ayennë yɔl dhuny köu ku jɔl kɔn ca riŋ ke wïïn wut ku jɔl bën nö. Na cï nö ke raan ëbën nï wur aye ŋɛ thïm thiin de jɔr bï lɔ nyou dhiën de ago yök yëër gu. Ku na nɔŋ kɔi cïnnë rïŋ ke dak në keek ke ka ye miëm lööm bïkkë lɔ took në dhiän ken mïm.

Në jak dïr yaath ke cök ke Akonycɔk anɔŋ löör yaath deen ye cɔl Majök. Majök anɔŋ luaŋ yaath de në wun yaath thok ku ka ye jɔr wur Pakëërdit. Ku ka ye jɔr wur në thaa kɔɔr binnë yeen bën kɔɔc.

Na cï kɔɔc ku jɔl kɔɔr bï dieer ke raan tueeŋ ye Majök kɔn ŋuaaŋ mom, ee Kuɔl-Loorjök ka raan Paan de Kuɔl. Në kë yen Kuɔl-Loorjök yennë dïr. Të cïnnë raan Paan de Kuɔl ye ŋuaaŋ mom ke raan ye bën në ye cök, ee raan Paan ë Col ë Duööt, Ee bën ku ŋuɛɛŋ mom në adhär ku guur mom në ye cin ku cïï jak në thëët,

Na jɔl raan de diäk bën, raan de Paan de Col Awuaŋ ë Nyaŋ, ke ka jɔl ŋuaaŋ mom në diäk ku jɔl yup mom ku

---

[100] Deŋ-Anyonbiöök

jɔl dieer. Na cï dhäär ke raan bï ye waar ee raan Paan de Kuɔl. Ku na lɔ raan Paan de Kuɔl dhäär ke ka jel raan ëbën, raan ŋïc yup në lɔ̈ɔ̈r në Akonycɔk ku Pakëër yic yu, Raan yennë ye Majök yup mom arët, ee raan ye cɔl Apany de Col Awuaŋ.

Jör wur de lɔ̈ɔ̈r ayennë kä juëc looi në luɔ̈r de yic cïman de näŋ de riɔ̈ɔ̈ŋ ku kɔ̈k juëi yaath ye ke looi në ye thaa në. Tim ë kɔc ke ye Majök, ee ye kɛɛc. E lɔ yeu Agueknyin, Agueknyin atɔ̈u Acïjɔŋ lɔ̈ɔ̈m kennë Pamiaŋŋö.

Dë ŋic ë Akonycɔk paan de Tuïc, ee tïït de Nyaŋ de Lual. Tïït de acïï ye tïït ë nɔŋ yen jɔŋ ë ye caar ka kɔ̈k thëny röt jak ye tït ke looi. Tïït de ee ye tïït ë tɔ̈u në yuɔɔm yic ë ye yen kä dïr looi. Luɔɔi ë ye Nyaŋ ë Lual looi ka kei de, aaye wël tɔ̈u në ye din tɔ̈u piiny ë yic, ke nyuɔɔth:

"Deŋ de Riɛɛr,

Ducïëŋ de Nyaŋ wää,

Aye tɔŋ thok ariaau/abiɛɛr puɔ̈l.

Na bɔ̈ Turuk ke ka wuɔ̈ɔ̈u wei,

Të leer ë nyapec bën ke wuɔ̈ɔ̈u alɔ dum piny.

Kë dïït de Dun de Doŋ ee, kɔn ayen cɔk rak.

Alueel Gɔlou Ayɔmnɔk, ago dau root per në weŋ yic Deŋ de riɛɛr duciëŋ de Nyaŋ wää aye tɔŋ thok abiɛɛr puöl."

Nyaŋ de Lual man ë cëk ë në rin ke rïny töŋ de Akɔnycɔk ye cɔl Nyaŋ, ee ŋic arët në kei de. Yennëke cï Lual gäm tïït bï kä yaath ke wut ya looi ku gëm Kuɔlloorjök gëm kä ke wut ka mäny de wut. Yennëka nɔŋ kä ɣɔn ye ke cɔl alooŋ ke wël.

Nyaŋdït ee cï dhiɔp arët abï jɔl ya ɣääc në diöny. Na ɣɔn cï root yök ku gɛm ke thou cï mom määr në yeen. Ke jɔl dhiëët de Doŋ ku kɔi ciëŋ në keek cɔɔl bï kë bën thiööp. Go kë bën ɣɔn në gëëŋ ku bö ku dieer kë löör agut cï bï piny cuɔl. Na wën cï piny cuɔl go jal mar ke bï jɔl bën thiööp miäkduur në kööl dër ë. Go kɔc puɔ̈k lɔ yï ŋek wun den ku tëëu ë Nyaŋdït në köm yic, köm ë cï cuëëc ke nɔŋ awëër bï yen tïït thïn agut cï thaa bïnnë ye bën thiööp.

Në lannë dhuk kë kɔc röt në wuɔ̈r ken yiic go Anok lɔ ku duut wun de cïï kë wën cï mar cï bɛr tiit. Cïï kɔi kɔ̈k kë bï piŋ mɛn cï yen kuëëth, go löth ke kedhie cuɔ̈k yiic ku jɔl dïŋ agut cï bï ɣëët në wut thok në waŋ de ciëër. Ku jɔl löth rör yiic bei ku jɔl bën ku bö ku dɔm yai në Nyaŋdït mom.

Go Nyaŋdït ke thiïc ye cï kë bën ya yï ŋa ke kä kë. Go lueel ya ke Anok. Go kä keen ril yen keek lueel ku thieei Anok ku yöök ye yïn Anok wänmuuth Akonycɔk aka ye tïŋ apieth.

Yïnnëka cï tuŋ cuëëc lööm ë, ŋï muk apieth ku duɔ̈nnë Akɔnycɔk lök yɔŋ. Kööl bï yïn ke cɔu rial aba ke rër Pakëërdït yic, yennëke kööl bïnnë dïr du jäl ku ber root wël Akonycɔk. Ana wën cï thök në jam ke jɔl kë dhiɔ̈ɔ̈p. Ana ɣɔn lɔ piny run ke kɔi kɔ̈k kë jɔl bën go kë Anok yök ke cï luɔɔi looi wëntheer. Go kë jɔl lok ke ke dhuk në wuɔ̈r ken yiic. Ye athieei ɣɔn de Nyaŋ de Lual cï gäm Anok kë ku ruän nï në kem ken, yennëke ŋiëi cieŋ de Anok kënnë Akonycɔk agut cï ye mannë.

Në guëër wur de yic, ke Akɔnycɔk anɔŋ yic kɔi ë ke yök ke wur - Akuamar man nɔŋ kɔi juëi keen töu në Pakëër yic, kɔi ë ke bɔ̈ Patunduur ku kɔi ë ke bɔ̈ në Adɔŋ, kɔi ke Bul de Deŋ de Aguër wänmëëthë Aguën de Deŋ yen nɔŋ baŋ dïït de Apiölöc Kɔŋɔ̈ɔ̈r. Bul de Deŋ de Aguër yennëka nɔŋ Baaidiɔ̈ɔ̈r në Akonycɔk yic.

Në jäl den yic Amot, ke ka ke cï Pakɔu winy thok ku bɔ̈ ku winy kë Patunduur thok ku bɔ̈ ku nyuuc kë

Pakëërdït. Kɔi ë ke nyuuc kɔi ke Bul de Deŋ de Aguër Pakëërdït, ee ye Kuamar man ye kek ke cieŋ wut.

Kɔi cï bën në ke cök, aay kɔi juëi ye kek cï bën jɔl ya Ano, Nɔ̈ɔ̈k, Bërë ku Cir. Ɣɔn bïï ke, ke ka ke cï rou yök ke cï nɔ̈k. Go ke gɔɔŋ në yeen, go lëi ke thɔ̈ŋ apieth kedhie. Na jɔl kë aleec den gäm kɔi cï ke nyuuc ku gɔŋ kë keek apieth. Ke jɔl kë lueel ye we ye kɔi pieth ë ŋui, we cï wɔ kony në cɔk. Ye kënnë, yennëke bën de rin ke Akonycɔk. "Ke ka ke cë̈ wuɔɔk, acïï ye wɔ ë ke cëk röt.[101]"

Në kë ë yö kek Akuamar ku Baaidiɔ̈ɔ̈r ke ke cï wut thiɔ̈ɔ̈ŋ, go kë rëër në kaam cek yic ku jël kë, le kë Waŋga kedhie ku jɔl kë lɔ puɔ̈k Waŋga. Lɔ ŋɛ në keek të yen ye cɔ̈l yeen ë mɛnthiɔ̈kkë. Akuamar ee ye jur ë dït ë ŋoŋ, ee ye thɔ̈ɔ̈r ke Kiɛi, ayennëke noŋ piny baŋ dïït yennë nyuuc ë kɔc thïn cïman töu ë Riän ku jɔl ya wuɔr juëi kɔ̈k. Riän ee ye wun de Pathiäŋ.

Riän ee jɔt të noŋ Akonycɔk ke pu ë nyan de Ciɛɛr ye cɔl Awɛ. Awɛ ee biök yeth në tɔŋ yic, tɔŋ ë thäär në kaam de Cir kennë Akonycɔk. Na ɣɔn thou, ke lëk kɔi ken ye yan cï lökkë guɔ̈ɔ̈r ago kɔi kɔ̈k bɛr lök thou ku yan

---

[101] Kuɔl de Deŋ de Kuɔl

cïï puk në ɣɔk. Yan puk në ye pamom ë. Yekënnë, yennëke jön jɔr ë Cir Riän.

Kë ë yennë Awɛk ye lueel ye cïï ber ë lɔ̈k näk mom raan dë, ee cïï tɔŋ dë bï bɛr lɔ̈k rɔ̈m ke ye tɔŋ de guur de raan ë näk. Në ŋö tɔŋ yennë nëk kë yeen thïn ee tɔŋ de guur.

Kë ë këëk tɔŋ, ee Dun ë Kuɔl ë Yai yennëke cï Awuaŋ de Nyaŋ lɔ yu yeth në biöök yic. Go wët ke Nyaŋ Dun de Kuɔl lɔ kɔɔr ku nëk kë mom wënkënnë den. Ye guur cïnnë Awuaŋ ë Nyaŋ guɔ̈ɔ̈r ë, yenneka cï Ciir cuï Pakëërdït. Go Anok ke gëër mïm në nïn ke reu them bï tɔŋ dɔm. Go Cir ŋot ke ciëë gäm. Na ye kööl de diäk go Nok ke pär mïm ku jɔl tɔŋ ye mom dɔm.

Na ye kaam ye le, ke Cir dhoŋ tuŋ de Baaidiɔ̈ɔ̈r kɔɔr bï tiaac, bï deer në tuŋ de Akuamar köu. Raan ë gɔl tɔŋ aye raan de Akuamar. Na ɣɔn jɔl tuŋ de Baaidiɔ̈ɔ̈r dɛɛr në tuŋ de Akuamar köu, ke mïth jɔl jam wur ya ka cï tuŋ de Awulian-Anyarcïŋeeny dhoŋ, ya ka cï tiaac, adeer në tuŋ de Akuamar köu. Ya ka cop kɔc, ya maɣoou, Kuakuaar Nyaŋdït töu të nou? Awulian-Anyarcïŋeeny, Awulian de Nyaŋ yennëke töu në tuŋ thok kennë raan ye cɔl Gut, Gun Ayɔɔm ku Ayuääl, Ayuäl ë Nyaŋ.

Na wën ke lueel ye mïth, ya kë cɔɔl ke we dhiaau në lan wën. Kara bëi kë tɔŋ aka. Nyaŋdït ee nɔŋ tɔŋdïït deen bääny nɔŋ mom adugëër, ye mom reu ku ka cï yu kɔu ku miöth kɔu në ayöm. Bɔ̈ ku jɔl tɔŋ cuɔth ku jɔl ruany thok ku lueel ye "ye cool atɔŋ thok yen ye cool akëk në lan wën cïï ye bɛr ŋot në ŋɛu.

Ye tënnë, yennëka cï raan Ciɛɛr Tiir Akuŋuet lɔ wäi. Biök mom ale löny ë jɔŋjɔŋ thöök ë tereu. Na tïŋ Anok Tiir Akuŋuet piiny, go kar ku mar root në tuŋ de Akuamar kɔ̈u ku cop kë Cir. Në kar yic, ke yennëka cïnnë Awɛk jɔl biök ŋuik thin.

Rïŋ ke Akɔnycɔk

Në thaa wään yennë Akɔnycɔk yëëŋ kennë Anok ke ka ye Anok yiën Ɣäm, Ɣöt ke ɣäm ku Baaidiɔ̈ɔ̈r kennë acɔ̈r (ɣöi, kɔu, kɛm ---). Ku na ye wäändɔ̈ɔ̈r ë, ke ɣäm tök ee lɔ ke Nɔ̈ɔ̈k, Ɣäm dërë kennë ɣöt ku ye mɛɛn ke ye ɣäm wään ye yiën ɣöt ë, acï gäm remthi ku wut ëbën ee ye mom jal mar acɔ̈r yiic.

Riëi ke Akɔnycɔk:

    1. Mayen

    2. Maketh

    3. Aɣëëcgëër

4. Mabuur

5. Apiɛɛn

6. Thon

7. Nyaŋ

8. Thoor

9. Ŋuen

10. Acuïïlagakmiaac

Rin ke kɔi ë ke cï kä yaath ke Dɛŋyath caar

1. Anyɔt (Akuamar)

2. Acuɛɛi, Acuɛn ë Duöt ë Bul

3. Deŋ ë Yäär

4. Kuɔɔt-Magiir (Ciɛɛr)

5. Atëm ë Gäk

6. Kuaac-Maketh

7. Amol ë Ŋöör

Ye ŋö ë mat Akonycɔk kennë Anok. Kë ë mat keek ee cieŋ ku ruääi. Raan ye cɔl Lual Aguaaŋ (Lual-Nɔŋbëëŋ) ee cï nyan Nyapiɛny ye cɔl Acel ë Wärabɛ liaac ku lom thok bï ciëë luel ye ŋa cï ye liaac. Go Acel gam ke cïï ye piɔn de ku rëër ke mɛnh de paan den.

Na yɔn në kööl tök, ke raan ye cɔl Atëm-Adöŋ lɔ biöök go lɔ ku yö nyïïr burii, go ke thïïc bïkkë ye miɔɔc në pïu. Go nyan tueeŋ bën ke pïu, go lueel ye ka cïï ye yïin. Go nyan dër ë bɛr bën, go bɛr lueel ye ka cïï ye yïin. Go nyïïr kor bën kedhie, go ke jäi ku lueel ye cɔ̈l kë yaan ye nyan cï döŋ tui. Go Acel bën ke pïu go ke dɔm ku dek ke. Na wën cï thök në dëk, go thïïc rin. Go ye rin lueel. Go thïïc ku na ye mɛnhthiin cath ke yïin ë, ye mɛnhkuui? Go lueel ye ke mɛnh dï. Go thïïc, ye ye wun cɔl ŋa? Go lueel ye ka cïn mom wun ke mɛnh dï? Go puɔ̈l ku täŋ kë röt ku puɔ̈k kë.

Na ɣɔn dhuk wur go lɔ ku lëk kɔi ken ye yan cï nyan ba thiaak yök. Go kë lɔɔr piny ku kuany kë kä ke thiëëk cök. Na ɣɔn cï thiëëk thök, go Atëm-Adöŋ tiŋ de jɔr mɛr ke meth.

Na ɣɔn cï kë naŋ kaam baai ke bɛr thïïc bï ŋi ë gut ye ŋa nɔŋ meth. Go ŋot ke dhu ë të thɛɛr ɣɔn. Go dueek në thiëi. Go lueel ye ka pieth, aba lëk yïin ku ke cï lueel ye cïï bï kɔn lueel rin. Raan nɔŋ ye mɛnh ë, ee raan ye cɔl Lual Aguaaŋ, Lual-Nɔŋbëëŋ. Go leec ku lueel ye ka pieth ca ya lëk wun de meth rin. Ku jɔl kë cieŋ, loi kë kä keen ke pïïr ku kä ke cieŋ de baai.

Na ɣɔn ka Atëm-Adöŋ jɔt root ku lee të nɔŋ Lual-Nɔŋbëëŋ ku lɔ ku yöök ye "bäny yan cï nyan Nyapiɛny ye cɔl Acel Wäaabɛ thiaak ku ka nɔŋ mɛnh töu ke yeen ku ka ye lueel ye ye mɛnh du. Ye yi?" Go gam. Go Atëm-Adöŋ lueel ye "cï mɛnh du bï lööm bäny." Go lueel ye "töu we në yeen acaa kɔɔr." Go lueel ye "ka pieth bäny, na yïn ya, ke yïn bï mɛnh dï por." Go lueel ye "ka lëu root." Go root dhu ku lɔ ku lööm dan lanyyäär ku meth ku bï keek të nɔŋ Lualdït. Go bën ku por meth ku cï/yïn mom nɔk ku lueel ye yennëke Ajak-Ayɔcnɔk.

Ye kënnë, yennëka ye gam ke ye yen ye Anok cɔk thiɔ̈k arët kennë Akonycɔk në kë ye kek röt gam ke ke nɔŋ riɛmic ku jɔl mat kennë ŋiëi cieŋ cï kë yïk në run juëi cï kek ke rëër në tök. Ajak-Ayɔcnɔk yennëka nɔŋ baŋ dïït de Anok. Anɔŋ wët ke diäk akur de Paan de Dum yic ku wët ke diäk në akur Paan de Anyuɔɔn yic.

Yanh de Bërë

Bërë ee wun töŋ de wuɔ̈r ke Tuïc yiic töu në akut de Pakëër yic. Aciëŋ kennë Akonycɔk, Anok, Cir, Nɔ̈ɔ̈k ku Ɣɔ̈l aaye kɔi ke Maar payam ku ka jɔl bɛr ya kɔi ke Piööl kennë Cir. Në cieŋ de yic ku të mëi root ke Bërë ee mom reu Paandiɔ̈ɔ̈r ku Paan de Ayïïk. Anɔŋ kuɛɛr keen loi thook yen ke pïïr de luɔɔi thïn ke ye wut, piny de, tony de ku yanh de. Në kä yaath ke yiic ke ka nɔŋ jɔŋ yaath de, wun yaath de, lɔ̈ɔ̈r yaath ku kɔi ye nyïn tïït në kä yaath ke. Wun yaath de Bërë ee Kɔp

Jɔŋ dïït yaath de Bërë aye cɔl Dɛŋkɔp. Aye näk na tök në ruɔ̈ɔ̈n yic në pɛɛi de thiɛ̈ɛ̈r ku reu yic. Të nëk kë miɔɔr ka miöör ke, ke kaa cïï ke ye teem röt, aacïï ye yup yëth ku kaa cïï ke ye moi në dhaŋ, aaye cäm yai ku dɔm ke cök ku wit ë ke piny ku jɔl kɔc kɛɛc në ke yiic ku jɔl ke dieer yiic ka riëk ke yiic. Aye näk miöör ë ke dhiɛ̈ɛ̈t yɔ̈k keek wutic ku ka cïï ye miöör ë ke bï ë ke të peei. Wut acïï ye kuaath yic të cïnnë ye näk ku na nëk kë yeen ke nɔŋ kɔi kɔ̈k mäc wur ke kaa cïï ye jäl, aaye töu wutic.

Të cïnnë rïŋ yaath ke wut Bërë tɛk thïn acï ke tek në riëi ka të yennë ciɛm thïn;

Makuac ee lɔ ke ɣäm tök

Tuekluak ke ɣäm dërë

Mayen ke cöu

Rïŋ kɔ̈k cï döŋ kë, aaye lɔ ke tiër. Raan ë tek rïŋ yaath ke wut Bërë ee raan ye cɔl Waai de Ŋɔ̈ɔ̈r ë Waai.

Löör yaath de Bërë ee ye cɔl Akuɛɛŋwëër ku ka cï jɔl bën waar në ruaal. Aye jör wur në yai të kɔɔc ë yeen ku ka ye kɔɔc wur. Aaye loor në yai ku kɔi ë ke ye ye yup yic aake ye yï:

1. Waai de Ɖöör
2. Deŋ Aciëk

Akuɛɛŋwëër ka cïï ye këm në yup abac.

Kɔi ë ke ye nyïn tïït në kä yaath ke Bërë aake ye yï;

1. Apar Ajök
2. Arɔŋ ë Dän Ajök
3. Arɔŋ ë Malek
4. Waai de Ɖör de Waai
5. Deŋ Aciëk
6. Maleŋ Akuiɛɛn
7. Ariɛc
8. Titdiöör

Kä yaath ë ke ye wut ke looi në tök;

1. Näŋ de miɔɔr de nhialic
2. Köi de lööryaath ku jör wur de
3. Luɔɔi de luaŋyaath
4. Tëm de rïc

Luɛɛl de rin ke Bërë, ee berë bɛɛr ciëën. Ku raan yennë bï rin ke Bërë Ajuɔ̈ɔ̈t ee raan ye cɔl Col Atiu, man yennë yök thɔn majuɔ̈ɔ̈t. Në bën de paan de Tuïc, ke kɔi juëi ke wut Bërë aake bɔ̈ në wëër agɔ̈rtui. Ku kɔi ë ke kɔn kuëëŋ ka kɔc ë ke kɔn bën wur aaye:

1. Paweer
2. Pajɔ̈dier
3. Pamor
4. Paan de Kut
5. Paan de Yai

Në rëër de yic, ke ka nɔŋ kɔi juëi keen cï bën köök në ɣän kɔ̈k në dak cï kek piɔ̈th dɔk në cieŋ yic.

Tëm de rïc, rïc aye teem në raan ye mɛnh de tɔ̈u në rïc mom. Ku rïc aye teem ke kaam cï tëëk, na cï rïc yic ya dhïc ke ka jɔl bɛr teem. Rin juëi ke riëi ke Bërë akï:

1. Abuweŋtooc
2. Ŋuaŋkëi
3. Makuac
4. Tuekluaak
5. Mayɔm
6. Mayen
7. Rïïrroor man yen tɔ̈u ë manthiɔ̈kkë.

Në kuum de root de yic, ke Bërë ka nɔŋ kɔi juëi cï ye ŋɔ̈ɔ̈r në thɛɛ juëi wuɔi yiic në lannë bï ë Turuk. Rin ke kɔi cï ŋɔ̈ɔ̈r akï:

1. Mayen de Kuɔɔt
2. Maleŋ Akuiɛɛn
3. Akuiɛɛn Atëm
4. Akuiɛɛn ë Deŋ Atëm
5. Anyiɛnh Atëm
6. Paanthɛɛr Anyiɛnh Atëm
7. Gërëŋ de Mayɔm man yen ŋɔ̈ɔ̈r ë manthiɔ̈kkë.

Yanh De Ɣɔ̈l

Wut Ɣɔ̈l atɔ̈u paan de Tuïc në akut de Pakëër yic në Maar Payam. Ɣɔ̈l de Ajäŋ Majök cï të ŋï ë yeen në kɔi juëc anɔŋ kä piath loithook ku thiek kë yiic ŋi ë ke yeen paan de Tuïc ku juɔ̈ɔ̈r thiääk në Tuïc. Kä cït man de yath, dhuëëŋ bï kɔc ke mïm wuɔk në diɛr ku wël, kɔi pel mïm ye jam në kä kuɔ̈m, ŋeeny ku thɔɔn de piɔ̈u. Wut Ɣɔ̈l ee mom reu, Atok ku Awan. Ɣäl Awan anɔŋ Paan de

Thiɔ̈ɔ̈ŋ ku Paan de Dut. Paan de Dut anɔŋ yic Paduŋ. Paluaal ku Payaath.

Cïmɛn de wëtmäth ken në Tuïc yic, ke Ɣɔ̈l anɔŋ jɔŋ yaath de, wun yaath de, lɔ̈ɔ̈r yaath de, kɔi ye nyïn tïït në kä yaath ke ku jɔl ya kä juëi ye ke looi ye aguiɛɛr deen de mëimëi de root ku cieŋ de cɔk cath apieth.

Jɔŋ yaath de Ɣɔ̈l ee Wiɛɛu, lɔ̈ɔ̈r yaath de Akuɛɛŋwëër, wun yaath de ee Paguëëk mɛn yen yennë kä juëi yaath ke Ɣɔ̈l looi thïn. Kɔi ye nyïn tïït në kä yaath ke Ɣɔ̈l, aaye kɔi Paduŋ Paan de Dut. Kek ka ye kä yaath caar ayadëŋ, wäändɔ̈ɔ̈r ke raan ë ye tïr yaath, ee ye Atëm de Gäk.

Të cïnnë lɔ̈ɔ̈r jɔr wur Paguëëk ke ka ye tääu dhiën Paduŋ, ee ye tɔu dhiën de Payaŋ de Thok. Ku na tɔu baai ke ke ye tɔu luaŋ de Majöŋ de Akuiɛɛn Akur në baai baŋ Paan de Mabiɔ̈ɔ̈r ë Dun Awan. Lɔ̈ɔ̈r yaath aye jɔr bei të cïnnë run tëëk. Kë ë ye dɔc näk rur wur Paguëëk ee ye Wiɛɛu.

Në tëŋ de loilooi ku aguiɛɛr de mëimëi de kuat, ke kɔi ke Mabiɔ̈ɔ̈r ë Dun Awan anɔŋ mïm kä yaath ku kɔi ke Awan de Dut ke ŋɔ̈ɔ̈r de wut. Kɔi ye alanh dïït de Ɣɔ̈l muk aaye kɔi Paan de Awan de Dut paan de Dut. Në lannë bïï ë turuk alëth ke kek ka mac Ɣɔ̈l. Ke kä tɔu piiny ye tënnë yë, kek ka ye rin ke kɔi cï ye thöny ë ka ye alanh ë muk.

1. Majöŋ Ajääŋ-Akɔ̈i, Ajäŋ Awan de Dut
2. Ajäŋ-Këërjök, Ajäŋ de Majöŋ de Ajääŋ
3. Arɔ̈ŋ Ajääŋ-këërjök, Arɔŋ Ajäŋ de Majök
4. Mapiɔ̈u Majöŋthi Mabiöör Awan
5. Awan de Majöŋdït, Majöŋ Ajääŋ-Akɔ̈i
6. Mayɔm ë Majöŋ Ajääŋ

Në köök de Tuïc, ke Ɣɔ̈l ee bɔ̈ në Wëër Agörtui man yennë Bargadhäl ëmɛnthiɔ̈kkë. Në Wëër Agörtui ke Ɣɔ̈l ee bɔ̈ në ɣän ke reu; Kiɛi ku Tuïc Mayäärdit. Wanh ë tëm kek aake tëm në wanh de Gaakyɔɔm. Ku të tueeŋ ë kɔn kë gur në tëm den yic ee Dɛmdeer. Aacï bën rëër në kaam cek yic ë tëën ku jiël kë bɔ̈ ku nyuuc kë ë të yen cï bën ya Paguëëk ëmɛnthiɔ̈kkë yë. Cï të ye akököl den ye luɛɛl thïn, ke Ɣɔ̈l ee puɔk Paguëëk. Aluel ya nɔŋ baŋ ë cï të ë cï kek nyuc thïn nhiaar ku gam kë ke ye yen ye piny ë kɔɔr kë. Go kë piny weec luel kë ye wɔ bï jɔl guëëk piny ye tënnë ku wɔ cïï ber ɣet tueŋ. Ye baŋ ë yennëke Ɣɔ̈l Paguëëk ka Ɣɔ̈l de Ajäŋ de Majök.

Go baŋ kën ye të cï nyuɔ̈i ë nhiaar lueel ye wɔ bï röt thel tueŋ amääth ku lɔɔr kë piny jiël kë cieth kë agut cï bï kë të yen yï kë yök ku gam kë ke pieth ke ke lɔ yök. Ye baŋ ɣɔn cï Paguëëk waannë yennëke Ɣɔ̈l de Pathel ka Ɣɔ̈l Duk ë manthiɔ̈kkë.

Në tuɔc ke Pakëër yiic kedhie, ke Ɣɔ̈l yennëka nɔŋ Tony dït gö. Tony de ee tuɔc juëi ke Ajuɔ̈ŋ bën dhäŋ mïm thïn ku ɣeet abï lɔ mat ke Kiɛ̈i. Ku kɔi ë ke loi yeen ee Ɣäl Atok. Atok acï tɔŋ juëi ke toc ku piny thɔ̈ɔ̈r ke Kiɛ̈i ku wuɔ̈r kɔ̈k ke Pakëër wuɔ̈r cïmɛan tɔ̈u ë Nɔ̈ɔ̈k. Atok ee dït ku rir ku ye ŋiɛ̈i thɔ̈ɔ̈r apieth. Aake tiam Kiɛ̈i në ŋö baŋ dïït de Atok ee bɔ̈ në Kiɛ̈i aka ke ŋic të ye Kiɛ̈i tɔŋ ken thäär thïn.

Në aguiɛɛr de mëimëi de root de yic, cïmɛan cinnë yeen lueel nhial ë, ke Ɣɔ̈l anɔŋ kä juëi ye ke looi ye ye mar mom piny ke ye wut. Kä cït man de luɔɔi de kä yaath ke, gël de piny de ku kä keen ke pïïr, luɔɔi de kä ye rin ke, lɛi, dhuëëŋ ku muɔɔm de jar nhial cïmɛan de wïr, cäŋ de diɛr, këŋ, mɛny ku jɔl ya kä juëi cï kutëkut ye Ɣɔ̈l ke looi ke ye wut, kä ye ye bëi të tök.

Ku në ke yiic, ke tɔŋ de kä dïr ye Ɣɔ̈l mar mom ee tëm de rïc. Tëm de rïc të nɔŋ Tuïc, Jiëëŋ ku kɔi juëi tɔ̈u Apirïka ayennë kä juëi yaath looi thïn, mir ë piɔth thïn, weei ë röt, thöön në röt ---. Bï yic cëk ke wut Ɣɔ̈l anɔŋ abëër ke ka riɛi ke. Ke kä tɔu piiny ye tënnë yë, kek ka ye rïn ke riɛi ke Ɣɔl në lannë wïk yen root në guiɛër ke ye wun tök.

1. Thärariɛi
2. Madiŋ
3. Mayen

Yanh de Cir

Cir-Amɔu ee wun töŋ de wuɔr ke thiɛër ku dhorou yiic tɔu paan de Tuïc. Ee wun dïït de wuɔr ke dhetem në akut de Pakëër yic mɛan yennë Maar pamom deen de lööŋ. Në täu ka aguiɛɛr de cieŋ de Pakëër, ke Cir kennë Bërë aa cieŋ në Piööl ke ye yen ye të ye kek kä thii keen ke kuum kɔn guiir thïn ku jɔl kë röt bën mär Pakëër baŋ dër ë në Maar. Kek ka nɔŋ akeu në Boor në Tuŋ cuëëc de Tuïc thok. Ŋiɛi rëër den ku cieŋ pieth den në akeu mom ëtëën, ee ke cɔk ye athook ku yï kë dulëëk pieth në nyin de Tuïc yic. Cir aɲic arët paan de Tuïc në pɛl de mom de kɔi juëi ke, thɔɔn de piɔu ku ŋeeny ka gɛm de root në luui ku gël de baai.

Në aguiɛɛr de mëimëi de root de ka të ye thäär tɔŋ ke, ke Cir ee mom reu (tïŋ në cöök de reu yic). Në kä yaath ke yiic, ke Cir anɔŋ jɔŋ yaath de, lɔ̈ɔ̈r yaath de, luaŋ yaath de, wun yaath de, kɔi ye nyïn tïït në kä yaath ke ku jɔl ya kä juëi kɔ̈k ye ke kuany cök thëny röt yath ku aguiɛɛr de mëimëi de röt.

Jɔŋ dïït yaath de Cir, ee Atëmyath. Aye näk rur në thök ruɔ̈n në pɛɛi de thiëër ku reu yic. Wut acïï ye kuaath yic të cïnnë Atëm näk ku kɔi kɔ̈k ka kɔi ke wuɔ̈r kɔ̈k mäc wutic aacïï röt ye niɔɔp në thɛɛ ke nëk de jɔŋyaath.

Kueer yennë yɔ̈k ye ke näk Atëm yɔ̈k thïn, Atëm aye näk miɔ̈ɔ̈r ye ke bëi në nyïïr. Në cieŋ de yic ka röm de mïïth yaath yiic ke rïŋ aake cï ke tek në riëi;

a) Marɔ̈l ee ye lɔ ke ɣäm

b) Malith ke ɣäm dërë

c) Ameer ke cöu ku yeth

ku rïŋ cï döŋpiny aake ye lɔ në tiër ku kɔi kɔ̈k kë. Raan yennë tek rïŋ yaath ke Cir, ee tiër ye cɔl Ŋɔ̈r Atëm ë Kut (Ŋɔ̈ɔ̈r- kundït).

Në jɔŋyaath cök, ke Cir anɔŋ lɔ̈ɔ̈r yaath. Lɔ̈ɔ̈r yaath de Cir aye cɔl Mayen. Mayen aye jɔ̈r wur rur të cïnnë jɔ̈r bei de bën ku ka ye bën kɔɔc wur. Të dïï ë ye luɛɛk aye dië në yai ku cëm ë yai agut cï bï kɔc ɣëët wur. Raan yennë ye Mayen tööu ee raan cɔl Kuɔl de Juac. Ku kɔi ë ke ye nyïn tïït në kä ke jɔŋ yaath de wut akï;

    a. Ŋör Atëm

    e. Anyaŋ Amöu

    i. Atëm ë Malith

    o. Kuɔl de Juac

    u. Juany Atëm

Juany Atëm yennëke ye löör yaath yup yic ku ka cïï ye yup yic në raan abac. Ke ye wut, ke Cir anɔŋ kä juëi yääth ye ye mar mom në luɔi. Në ke yiic, ke Cir ee ye kekäkë looi;

    a) näŋ de miɔɔr de nhialic

    e) nyuuc de Atëm

    i) kɔi ku jör bei de löör yaath

    o) luɔi de luaŋ yaath

wun yaath de Cir ee ye cɔl Kolnyiɛɛŋ ku ka cï jɔl bën waar në Riän.

    Në kä yaath cök, ke Cir anɔŋ aguiɛɛr de të cï yen root guiɛɛr thïn ke ye wut. Në mëimëi de root de yic ke ke mom reu/rou; Paan de Kuɔl ku Paan de Aweeŋ. Ba baat ë commom ke ciin dïït de kɔi ciëŋ Ciɛɛr ë manthiökkë, ee bö në wëër agörtui. Raan yennë yök wur ee raan ye cɔl Kuɔl de Bol man yen nɔŋ Paan de Kuɔl.

Raan ë cëk Cir ee raan ye cɔl Lual ku ke bö në wëër lɔŋ tï. Ee ye wun Acieŋaak man yennë ye tiŋ de Ayii. Wët ke nyan de Lual aake ye reu, yï Juac kennë Bol Ayii. Yeen, yen mony dïït ye cɔl Lual ë, ee cï aciëëk ke mïth ke nyan de ŋuen apieth.

Na ɣon në kööl tök ke ke leŋ kennë mony de nyan de, go lueel ye Ayii, wën duöön Juac ku cï deer ke ke nöök në tɔŋ yic. yennëke të ë bïï ë rin ke Anok thïn aka. Ku ber lueel ye mɛnh duun Bol na jak yeen ke ke riir abï cïr cir cïï bat.

Cïman de wëtamäth keen kɔ̈k töu paan de Pakëër ku paan de Tuïc, ke Cir-Amɔu anɔŋ rïëi. Rïc aye teem të cïnne run lɔ ŋuäŋŋäŋ tëëk. Ku raan ye rïc teem ee raan cï mɛnh de dïr aka kɔɔr bï thöŋ ke ye. Yennëke miɔɔr bëi bei ku jɔl ë rïc teem bï jɔl ya rïny de mɛnh de. Ba kuööt yic, ke ke kä biöth kë, kek ka ye rin ke rïëi ke Cir.

1. Ayau de rïëi adhëŋ
2. Akum thɔn
3. Acouweŋ
4. Makuac

5. Maketh

6. Ameer

7. Marɔ̈r

8. Malith

Në thök de, ke ke kɔi kë, kek ka ye kɔi cï wut Cir mai/kuum;

1. Jɔŋ de Deŋ

2. Madiŋ de Majök

3. Mayen de Madiŋ de Majök

4. Manyɔŋ ë Madiŋ ë Majök (Manyɔk-Alinhdït)

5. Aweeŋ ë Deŋ ë Col man kuum agut cï ye mannë.

Në gur de ye cöök kë, ke ka cukku tïŋ yiëth ke Tuïc aake ye kuɛɛr pieth loithook ë ke cï ke guiɛɛr, yath keek ku gam keek bïnnëke kä thiek yiic ke cieŋ, kä ke pïïr, kuɛɛr ke dök, duɔ̈ɔ̈r, yäp ku kä juëi kɔ̈k ya tëk röt. Liu Nhialic ka tɔu acïï ye thïc nï në Tuïc ka Jiëëŋ mom. Ayukku gam ke Nhialic ye duciëk man yennë cak këriëëc ëbën ku tɔu ka tɔu ë wëëi de në kä cï ke cak yiic kedhie. Yekënnë, yennëka ye Tuïc ku Jiëëŋ ëbën käŋ kedhie yaath, theek keek ku lööm keek ke ke ye kït ke yiëth ken man tɔu në kɛm ken kennë Duciëŋ dïïtë. Aake yï kë ke gam ke ke ye lɔ löŋ në nyin den yic në Duciëk mom, ago ke yiën kä ye kë ke kɔɔr në ceŋ. Kä cït man de tuɛny de deŋ, nyiɛɛi de tuanytuɛɛny ka bëcbëëc, kɔ̈ɔ̈c de röt, kɔ̈ɔ̈r de mïïth ye cam në γän juëi yennëke guiɛk thin yiic, gël de röt ku jɔl ya kä juëi kutëkut yennëke kuɔɔny de Duciëk kɔɔr.

Ayukku gam ayadëŋ, ke ye Nhialic yennë tëëu löŋ ke të yennë piny röt wiëëc thïn në aköl kɔ̈u, pëi në piny kɔ̈th, cäth de aköl, kuɛl ku kä juëi nï nhial ŋic keek ku kɔ̈k ŋoot ke ke kën raan ke lëu në ŋuën. Ba kuɔ̈ɔ̈t yic, ke luɔɔi de kä yaath acï nai në cieŋ de Tuïc Yiith yic ku kuɛɛr keen loithook yen ke pïïr luɔɔi thïn ku kuɛny cök thïn. Yath yennëke këriëëc ye looi paan de Tuïc ku Jiëëŋ ëbën geer ku kuɛɛth.

Cöök de Dhïc

Yiɛth ke Juɔɔr kɔk cïnnë Tuïc ke yiɛth ke waar.

Në cöök de ŋuan yic, ke wɔ cï të ë ye Tuïc yiëth ke duɔɔr thïn tïŋ, thëk ë yennëke thɛɛk thïn ku të ë ye wuɔ̈r ke kä juëi yaath ken kuany cök thïn ku looi kë ke thïn.

Në ye cöök kë yic, ke wɔ bï yiëth ke juur kɔ̈k cï Tuïc ke lɔ̈ɔ̈k në nyïn ke yiëth thɛɛr ke yiic tïŋ.

Akën ku guɔ lɔ në wuau den yic, ke ye ŋö ye luɛɛl de yanh lei ka yiëth lei? Yanh lei ka yiëth lei, aaye yiëth ke juɔ̈ɔ̈r kɔ̈k ë ke gɔl röt në duɔ̈ɔ̈r në ɣän peei ke piny mom ke ke cïï ye ɣän nï piny de Thɔ̈ɔ̈th Thudän. Aaye yiëth ye kuɛɛr ke pïïr ke alɛi, duɔ̈ɔ̈r de kuar ken ku nhiëlliic ken cööc ku riit kë ke në kɔc mïm ku ye kë päl de kä thëny röt cieŋ da ku kuɛɛr kuɔɔn ke pïïr wɛɛi. Ku yï kë piööc ku baliööth juëi kɔ̈k ɣɔ̈r yiic ke bëi ken cï ke tɔi kɔ̈th në yiëth ken yaath.

Ba cɔk cek yic, ke Tuïc cïman de juur juëi tɔ̈u në piny mom ke ke cï ke kɔn guɔɔk ku thɛny ë ke piny, acïnnë cieŋ de, kuɛɛr keen ke pïïr, të ë ye mäi root ku kuɛɛr keen ke duɔ̈ɔ̈r lur yiic. Ku them bï cieŋ de ku kä thiek yiic keen thëny röt pïïr de, bï ke cuɔth piny ku riëër ë ke wei duɔ̈k ke bï root bɛr dhuɔ̈k root ka yith ke. Bï apiaany de root de, lei de, muɔɔm de, dhuëëŋ de, ciëkciëk de käŋ de - ŋot ke kuɛny cök në kuɛɛr thɛɛr ke. Kɔi coth Tuïc mom ku wel kë mom wei në kä thɛɛr ke yiic, aaye kɔi ye röt yök ku yï kë röt gam ke cieŋ den, kuɛɛr keen ke pïïr ku yiëth ken kek thiek yiic ëŋoŋ awär kë yiëth töu në kɔi kɔ̈k në piny mom.

Në yiëth ke juur kɔ̈k cï Tuïc ke lɔ̈ɔ̈k në nyïn ke yiëth ke yiic, ke këröthanuɔɔi ku yïthïläm kaa ŋäär në ŋö kek kaa nɔŋ cin dïït de kɔi kuany ke cök ku cï kë ke gam ke ye kek ye yith ku nɔŋ kë kony të nɔŋ keek.

Ke yiëth kë, ka nɔŋ kä juëi rɔm kë keek në kɛm ken në ŋö aake bö cök bei të tök në Yïthërɛl ka Palethtïïn. Aaye yiëth ke mïth ke Abërɛm cï thööŋ yennë ye thɔ̈ɔ̈ŋ ku të ye buɔ̈k yaath ken ye luɛɛl thïn. Aye kë gam kedhie ke Nhialiny den yen dït ku cï dulëëk yith (Yecu ku Mammet) tuɔ̈ɔ̈c në piny mom, ku yeen në guɔ̈u de, yennëke yi ku yennë cak këriëëc ëbën.

Aye kë gam ke nɔŋ pïïr de aköl dë bï Nhialic yiën kɔi ye ye gam ke ye ariöp den në pïŋ cï kek röl de piŋ ku rïu ye kek wël ye ke lueel ya ye kë wël ke riëu. Aye kë gam ayadëŋ ke nɔŋ jön de röt de kɔi ye thou röt jɔr në kööl ciëëm, kööl de luk bïnnë kɔi ye gam ka kɔi ke piny mom luk, Diɛr nhial ka Maläikaai, nyiɛɛi de piny mom ku löök kë piny jör në nyin de yic, wëi de kɔi rac, lëk de kɔi yï kë ke gam ke ke kuc Nhialiny yi ku kä juëi kɔ̈k rɔm kë keek në tök.

Aacï piïr ye thɔ̈ɔ̈ŋ de paan nhial buɔu arët kedhie aka ye dukuëëny ke kek cök piɔ̈ɔ̈c ku weei kë keek bïkkë kä ke ye piïr ë yic däk ke mïm, γoi kë ke wei ku dhɔt kë ke yiic ku riäk kë keek në thɛɛ kɔ̈k në rin ke yiëth ken.

Bï yic ciëk, ke kë bï yan jam thïn amääth ee kërethanuɔɔi në ŋö yennëka cï kɔi juëi ke paan de Tuïc lööm ku yennëka cï kë gam arët ke ye yen ye yanh yam den cï të ye kë gäm yeen ku cï kek ye lɔ̈ɔ̈m thïn. Yïthëläm aba ja nyin ë commom në biäk thëny root kä cï ke ŋuak ka rai keek në cieŋ yic ku wël juëi cï ke ŋuak në thok yic.

Ba lɔ thïn, ke Kërëthanuɔɔi në këër ke yiic kedhie, ee yanh de kɔi ye raan ye cɔl Yecu wën de Jothep ku Meerï gam ke ye wën de Nhialic ku ye Nhialic në guɔu de. Man ë cï Nhialic tuɔ̈ɔ̈c në piny mom në kueer gëi ë. Bï dhiëët në guɔu de raan, cieŋ në kɔc yiic ku ke ye kɔc piɔ̈ɔ̈c në kä nhial ku kä piny të ye gäm yeen. Ku ka ye kë gam ke ye lɔ̈ŋ në nyin den yic të nɔŋ Nhialic ka duciëk në nyindhie. Aye kë gam ke ye duwëër ku ye duluëŋ den, man ë cï bën në piny mom në guɔu de raan.

Bïï ku thou në nyin den yic ku jɔr root në thou yic ku leer paan nhial ku ka bï bɛr lɔ dhuk në piny mom bï kɔi pïr ku kɔi cï thou bën luk. Aye kë gam ke cï ke nyääŋ Wëëi diït Lɔgɔk ka Wëëi Ɣer bï ke ya dɔk, kony keek, nyuuth keek, tiït nyin në keek ku ŋëër keek në kä juëi ye kë ke looi yiic në rin ke Yecu Kërëtho duluëŋ den ku ye ke duut piöth në ceŋ.[102]

Cïman ŋi wɔ yeen wɔdhie, yath ëbën në piny mom, ee naŋ të yen root gɔl thïn ka kɔi kek nɔŋ mïm yeen. Kɔi yen ke täŋ deen loithok ka pilothopï den, kuɛɛr keen ke piïr, kuɛɛr ke kuum ku cieŋ den luɛɛl bii ku coth në kɔi kɔk yïth abï kë gam, löm kë, guen kë në ke yiic ku nhiaar kë awär kä yaath ye kä ken. Acïn yanh nï në piny mom ke cïn mom wun ku piny ë gɔl yen root thïn.

Na yïn ya, ke kërëthanuɔɔi ee gɔl root në kiëër, tër, wuau ku piööc piny de Yïthërɛl në kɔi ke Yïburu yiic ke ye biäk de yanh den ŋuɛk täŋ jör në kä thɛɛr ken yiic. Ku bï nyuɔɔth man na rë ke kä ë ke cï tïr ke nhialic ke lueel kedhie aacï Yecu ke thiöök yiic ku nyooth ke ke ye yith në kë ye yen ye Mathäya ka Mathiëëi yennë tiit Judaai ku Yïthërel. Ana kuen baibol de Juuth ka Judaai ke ka yök ke Yecu ee dhiët ke ye Juuth, lui ë kä juëi ye ke luɔi mïth ke Juuth në mɛɛth den yic ku bï ë nhial ke ye

---

[102] Gäm de Nathiin (325 kɔmmɔn ɣera) në buŋ de duɔ̈ɔ̈r yic

Juuth. Ee ye kuen në baibol de Juuth ku yennëke gɔl yen piööc de thïn, ee ye lɔ̈ŋ në yakalu yic, theek lööŋ juɛi ke Juuth ku jɔl ya kä juëi kɔ̈k thiek yiic ke cieŋ de Judaai.

Ba cuɔ̈ɔ̈t yic, ke kërëthanuɔɔi ee bɔ bei në yanh thɛɛr de Judaai yic ye cɔl judïdhiöm ka judeeiyïdhiöm.[103] Në lan në pui yen bei në run de 88 në dhiën de Yecu cök,[104] ke kërëthanuɔɔi aci bën dïr ku juɛk root abï ya yanh kääc ye tök ku ye yanh kuɛny kɔi juëc cök në piny mom ë bën cï ye man ŋi wɔ yeen në ye kööl ë yë.

Kɔi ye ye yanh ë gam, aaye ke piɔth gur ku gam kë ke kueer yen kuany kë yic ka kë cïkkë gam, ke ye yen ye kueer pieth ku yen ye kueer töŋ yi yen nɔŋ yic luäk ku wadëŋ de raan në piny mom. Ku kɔc kedhie kɔi kën bën në kërëthanuɔɔi yic aacï kueer yi ku yen ye kueer de luäk baai cïman ye Yecu ye lueel ye ye yen ye "kueer, yi ku pïïr"[105] ku raan ye ye "gam abï ya naŋ pïïr ë wadëŋ."[106] Pïïr cïn yic gum, atek thok, thɛny de röt piny ku jɔl ya kä

---

[103] Judeiëdhiöm ee Yanh de Judaai, Judaai ka Juuth aaye kɔi ke Yïburu ke kuan de Juda wën de Jakop (Yïtherel). Në ye yanh ë yic, ke Mathiëëi aŋot ke kën bën në piny nom, aŋot ke tit kë ke kënnë dhiëët. Ku të nɔŋ kërëthanooi, ke bën de Mathiëëi yennëka nɔŋ kërëthanuɔɔi në ŋö aye kërëthanooi gam ke Mathiëëi cï bën në bën tueeŋ. Akë tit kë, kee bën deen de reu. Të nɔŋ Judaai ke Mathiëëi/mathäya acïï ye raan de wëi ka duluëŋ de wëi cïman ye kërëthanooi ye gam. Mathiëëi/mathäya abï dhiëët ke ye raan, raan cïï kɔn thiääk ke kä yaath. Abï ya maŋör de tɔŋ bï kɔi ke ater de Yïtherel tiaam ku bï Yïthërel dhuɔ̈k dhuëëŋ ku muɔɔm thɛɛr yɔn de thɛɛ ke Debit Mëlëk ku Tholomon Mëlëk.
[104] Jɔɔn Celbï Yïthpɔŋ (2016) Bïbïkol Litɔrɔlïdhiöm: Kuɔ̈cpiŋ ka luenh de Juurkɔ̈k.
[105] Jɔɔn 14:6
[106] Jɔɔn 11: 25

juëi rɛi yɔŋ raan ku guum keek në pïïr de yic në piny mom.

Ku bï kɔi cï kueer baai bën në kueer lɔgɔk yic, kueer yen cï Nhialic nyuɔ̈th kɔi keen cï ke lɔi, ke ka kɔɔr luɔɔi ku gɛm de root në biäk de kërëthanooi. Bïkkë ye miɔ̈i pieth thiek yic de pïïr cï Nhialic nyuɔ̈th keek kë, në wën deen nhiɛɛr lëk piny mom. Bïkkë wël pieth ke Nhialic cï nyuɔ̈th keek në Wëëi dïït ɣer cï thööŋ ye ke ye thööŋ luɛɛl bii ku thiëi kë ke piny në kuɛɛr kedhie lëu kë ke, wël cï ke muɔ̈ny kɔi kënnë ke lɔi.

Ye kënnë, yennëke kë ye kërëthanuɔɔi piɔ̈ɔ̈c man na rɛ̈ ke ye yen ye yanh töŋ yi ë nyuth ë Nhialic raan në piny mom. Ku raan cïï ye ye gam, acï root ya luɔ̈k wei në pïïr atheer yic në gäm kën yen ye yanh yi cï Nhialic yiën raan në piny mom ë gam.[107] Bï yic ciëk, ke kërëthanuɔɔi anɔŋ kä juëi yen ke ye mom wuɔ në keek, leŋ ye mom, beŋ ye mom ku miit yen ke root nhial arët.

Në yi pacɔ̈k, ke ka cïn kë cït ye kënnë töu. Acïn yanh töŋ yi yennë nyuth ë duciëk raan. Yïëth kedhie nï në piny mom, aaye kuɛɛr ye raan ke ye them bï piny ciëŋ yen thïn ku kä cï ye gɔ̈ɔ̈l piny töu në ye lɔ̈ɔ̈m ku nhial them bï

---

[107] Jɔɔn 3: 36

ke deet yiic ku yïn ke wëtic. Në kë ye raan lën man rëër ke kuc wëtic de kä töu yen ke thïn ku kä ye ke tïŋ.

Na yïn ya, ke kuɛɛr ke duöör kedhie aacïn yiic kueer yi yen ye kueer ë bïï ë duciëk ku ka cïn wër de wël töu në buɔ̈k yaath yiic ë bɔ̈ bei ë dëi në duciëk thok ke ke cï ye thööŋ ku täŋ de raan.[108]

Yi dïït lɔ dëi ŋi kɔi juëi cï kuen në të ye yath göl root, yïŋ yen root yiëk nhial thïn, të ye muɔ̈k yeen ku të ye kuëny luɔɔi de kä yaath ke cök, acïï thiääk ke riɛɛr dïït dë ŋon wär ŋïny de raan ku ciëkciëk de käŋ de. Aŋic ku acïn yanh ë jɔl jɔk ka duciëk yiën raan ke cïï ye kë ë ŋi raan wënthɛɛr.

Yath ëbën aye cak, yïk ku kuëi ë cök kä ye raan ke tïŋ cïman de kä nï nhial (deŋ, akɔ̈l, pɛɛi, kuɛl ku ciëër thii kɔ̈k), kä kɔɔr keek kä yen ke pïïr ku kä ye ke looi (pïu, yäp, puöör, dëp -), kɔi ril yiic (maŋöör, kuar ken ke kɔc, matɔɔŋ ku kɔi juëi kɔ̈k ye käŋ looi kä cïï kɔi juëc ke ye dɔc lëu në döt), läi ku kä piiny yen ke riɔ̈ɔ̈c (köör, aŋui, nyaŋ, käruɔɔr -) ku kä juëi ŋi keek kä cï yeen gööl piny. Kä yen ke riɔ̈ɔ̈c, kä mum yeen në döt, kä ye piŋ, kä ye nyuäth ku kä yen ke root luääŋ në ke yiic në ceŋ -.

---

[108] Robet Kagil (Robert R. Gargill) (2016) Bëi ë ke yïk Baibol (The Cities that built the Bible).

Na yïn ya, ke ke yiëth ke juur kɔk cukku ke lööm kë, aacïï wuɔi pacɔk në yiëth kuɔ. Në ŋö aake gɔl röt në kuɛɛr thöŋ ke kuɛɛr ë ke gɔl ë yiëth kuɔ ke röt. Ku në yi pacɔk, ke kaa ke löm akökööl juëi tɔu në buɔk yaath ken yiic të nɔŋ yiëth ke Apirïka ku yiëth kɔk ke piny thiääk në keek.[109]

Ke kä yaath ye raan ke kuany cök kë, cïman tɔu ë duöör de kuar ken ke kɔc, yäth de wël ke kɔi pel mïm, lööm de akökööl loithook ke yiëth kɔk, kä ye raan ke riɔɔc cïman de läi ku kä ke yom yic ka tuanytuɛɛny, kä tɔu nhial ku kä juëi kɔk ye raan diir në pïïr yic, aa thöŋ në piny mom. Kë ye root looi aaye rin, kek ka ye gäk ë ke waar röt ka kä yennëke gäm tääu thïn. Ku kuɛɛr juëi yennëke duur ku kuɛny ë ke kä yaath cök thïn aaye dhiac ke ke ye tök.

Kuɛɛr juëi yennë duŋöör ke yiëth kɔk yiëth theer kuɔ wuau thïn ku nyooth ye kek ke nyuɔɔth aacïï ye yith ëgut. Aayï kë ke nyuɔɔth ku wuau kë keek, ke ke ye yiëth ë ke cïn lɔ tueŋ ku cïn kë kë ë kuny kë kɔi ë ke nɔŋ keek.

Ku kë ye kë kath mom ë käk, cïï kë kɔɔr bï kë gam, ee man na rë ke lon dïït de yath cïman wën cïnnë ye kɔn

---

[109] Yothep Bën-Jochannon (1992) Piööc/lekca në Jamya de Penthilbenia.

lueel nhial ë, ee bï kɔc yiën ŋäth, duɔ̈r de piɔ̈u, piath de mom, rïu de kë de raan dë, ŋiëi ciëëŋ de röt, bï adiɛɛr, alɔjeth, mum de mom ku riɔ̈ɔ̈c de kä kuc ke tek yic, ku bï riëëu ku kuëny de löŋ cök cɔk cök ye cök piny ku cɔk ŋot ke ye looi ku bï kä juëi mum kɔc në döt ku dër de yic yiën wëtic. Ku bï aguiɛɛr de cieŋ, rëër ë tök ku kä ye looi baai cɔk kuany ke köth cï të köör ë kɔi juëc keek. Ku ke kä kë kedhie ku kɔ̈k juëi kɔ̈k, aake ye yiëth thɛɛr ke Tuïc ku Jiëëŋ ë bën ke yiën kɔi ë ke nɔŋ keek në kuɛɛr loithook wuɔ̈i yiic ë ŋui.

Cil de yath ka dïr de, anɔŋ abëër ku kuei ke. Yath ëbën ee root kɔn gɔl ke ke ye yiëth juëi lɔ reekkek riëëm në pïŋ bïnnëke piŋ, gam keek ku döc keek. Në ye riëëm ë yic, ke ka ye röt jɔl bën nhiaac, tiam kë röt ku mëët kë röt abïkkë ya yanh tök ciman tɔ̈u ë kërëthaanuɔɔi ke këër ke (këër de Jeruthëlem man ë ŋëër Pïtoro ku këër de Atiök man ë ŋëër Pool/Paulo - yen nï ë nɔɔnnë) ku Yïthïläm ke këër ke (thunï, ciäät -).

Ku bï naŋ täk ku gäm ka jɔŋ töŋ yaath tiëm në ja (gäm) yaath mïm kedhie, ke ka kɔɔr bï naŋ kɔi cï ke mïm kuɔ̈ɔ̈t, guiir kë röt ku cï kë röt gam ku cï kë ke piɔ̈th gur bïkkë yath ka këër yaath yï kë gam ke ye yen ye yi thiäi piny në kuɛɛr kedhie lëu kë keek. Ku yï kë gam ke tiëm de täŋ den ka yanh cï kek täŋ den, kuɛɛr keen ke cieŋ ku kuum guan në ye yic bï ke yiën amitiny lɔ thiɔyɔk në kuɛɛr juëi kuɔ̈r yiic man nɔŋ yiic naŋ käŋ ka jɛɛk, riɛɛr de kuum, lëi de röt, muɔɔm në kɔi kɔ̈k mïm -.

Kuɛɛr ë ke thiëi ë ke këröthanuɔɔi ku yïthïläm piny, aanɔŋ yiic lëk de kɔi kën ke piŋ ku gam kë ke, luɔɔi de kä pieth cïman de yïŋ de thukuul, paan de akïm ku kä juëi kɔ̈k rɛ në keek. Ku kueer dïït yennë thiëi ë ke piny arët ee riëëc, thiër, mik de yic thïn ku näŋ de kɔc, kɔi reec keek. Thiër ku riëëc yennë kɔc riääc yiic, ee kɔi juëc ŋeer yiic piny ku cɔk ke wup yiic të thöön kek guöm cïn aŋuek bïnnë kɔi kën ke yiëth kë gam gum në kööl ciëën. Thiër, aye lueel ya na cïï ye wër ë gam ke yïn bï cuar mɛɛc në kööl ciëën kööl lennë luk looi. Ku na kënnë gam në thiër ku riëëc de yic, ke yïn lëu bï yï nyaai nyin ago kɔi kɔ̈k kɔi tɔ̈u kennë yïïn riääc yiic ku bïkkë gam në kë cï kë tïŋ në ke nyïn lueel Col de Muɔɔŋ ye "kɔ̈m yiën abï tïŋ ku kɔ̈m nin abï piŋ."[110]

Ba cuɔɔ̈t yic, ke yɛn bï lɔ në thiëi kek kɔɔr ba ke bëër në ye cöök kë yic. Ba nyuɔɔth nyin ë commom ye kä

---

[110] Wët de pel de nom de Col de Muɔɔŋ. Col ë Muɔɔŋ ee tön de kɔc nɔŋ wël juëc ke pel de nom cï ke lueel nɔŋ yiic "ŋek ee nyuc atïm de kë ë bï yen cök, apieth ku ka cïï ber ë nyok –".

piath ka ŋö cï bën kennë ke yiëth ye ke thööŋ ku gam keek ke ke ye yam kë, ku ye kä rɛi ka ŋö cï bën kennë keek ayadëŋ. Ku cï kë kuɛɛr ë ke yennëke kä ke cieŋ luɔɔi thïn paan de Tuïc waar në kuɛɛr kou.

Nɔŋ awëër cïkkë ke puɔ̈l ke ke ɣɔ̈r, awëër lëu bïnnë wuɔ̈r ke Tuïc ka kɔi tɔu paan de Tuïc ke mïm bɛr dhuɔ̈k kä thɛɛr ken ago kë ŋïny de kä ke cieŋ den cï piëth juëi cï lɔ ke kueet ŋot ke ke muk kë nyin, ku loi kë keek, mat kë keek kënnë gäm de yiëth lei yen loi kë ye mɛnthiɔ̈kkë yë?

Ŋi bäny ke kä yaath ke yiëth lei ku dukuëëny ke kek cök, man cïn yen kë dïït ye yam cï bën kennëkee yiëth cï ke kuɔth keek kë?[111] Ŋi dukuëëny ke yiëth lei cök ayadëŋ man na rɛ̈ ke kee yiëth lei cïkkë ke dhuɔ̈l röt ë, ye luɛɛk de mom, lëët de röt, ɣoi wei de baliɔ̈ɔ̈th thiek yiic ke cieŋ, tɔr de röt piny, atek thok cïn ye yic ku yuur ŋot ke coth kë në kɔi mïm në kuɛɛr juëi dɛɛi ë ke ke ku kä muɔɔny tɔu në piööc ken yiic? Ku ŋic kë man ye kek kuɛɛr ke duɔ̈ɔ̈r ke kuar ken kek dït ku ye kek thiääk thook amääth në yi awär kuɛɛr ke duɔ̈ɔ̈r ke yiëth lei moom kek ke keek në rin ken mɛnnë yë? Kekäkë ku kɔ̈k, aba ke them ba ke bëër ë commom në ye baŋ de cök cï dön ë yic.

---

[111] Robet Kägil (2004) Pagän Kërëtho: riäk gäm cöör riëëk kërëthanuɔɔi?

a) Nɔŋ kë cï ke yiëth kë ŋuak në të ë ŋïc ë Tuïc yath thïn wëntheɛr?

Wuɔ̈r ke Tuïc cïman de kɔi juëi tɔu piny de Thɔ̈ɔ̈th Thudän ku Apirïka nɔŋ yiëth ken, aake ŋic të ë ye duɔ̈ɔ̈r jɔk, mïr ë piɔu ku mɛi ë thïn. Ɲïny de run juëi cï kek ke kä yaath looi ku kuany kë ke cök, acï ke yiën ŋïny dïït lɔwai, ŋïny loithok ŋi kek röt ku kä thëny röt yiëth ken ku jɔl ya Duciëk man ye Nhialic.

Ba toot, ke ka cïn kë dïït cï yiëth ke juur kɔ̈k ŋuak në të ë ŋï ë Tuïc ka Jiëëŋ yath thïn wëntheɛr. Në ŋö Tuïc ee ye juɔ̈ɔ̈r dugëm cït kɔc kedhie kɔi tɔu në piny mom. Ku ke ye ye mom wuɔ ku muk ye mom nhial arët në yiëth ke ku kuɛɛr keen ke duɔ̈ɔ̈r ku luɔɔi de kä yaath ke cïman ye diɛr ku wël loithook thëny röt kä yaath ye nyuɔɔth ku luel kë bii.

Ba gɔl, ke kë tueeŋ, kɔi ke paan de Tuïc, Jiëëŋ ku wëtamäth keen nï kennë keek piny de Apirïka, aa ŋic duciëk ku ka yï kë gam ke ye yennë cak piny ku nhial ku kä tɔu në ke yiic cïman ye akökööl keen ke cäk ye nyuɔɔth (Bäcjï/Budge ku Lit 1904).[112] Ku ka yï kë gam ke ye yen nɔŋ riɛl në kä cï ke cak mïm kedhie. Ku ye yen ye miööc ku tëët, ku nɔŋ riɛɛl yen deŋ cɔk tueny ku kä pieth ye röt looi në pïïr yic në piny mom. Ku nɔŋ riɛɛl yen badhɛɛl ku kä kɔ̈k ye pïïr kuɔɔr nyin në piny mom bëi ku nyiɛɛi keek cï kë kɔɔr.

Në thɛɛ thook kedhie, ke kaa ŋic yath ke ye wïn ye kɔi pïr ku kɔi cï nyïn liu ka kuar ken ke kɔc re ku ŋot ke ke cɔk ke nɔŋ kuɛɛr loithook ye kek ke röt pieŋ thïn cïman töu ë nyuöth ku kɔi ye mëdöör kɔi ye cöör. Aye kë gam ke kɔi cï nyïn liu në kɔc yiic ye nyïn ŋuö tïït në kɔi keen pïr. Gël kë keek ku luïïny kë keek në kä ye pïïr dɔc teem köu yiic.

Aake ŋic kä juëi yaath ŋic keek në ye mɛɛn në kë yiëth cukku ke lööm kë yiic ke akököl de Adem, Abërɛm ku kuan den ëbën ke ŋoot ke kënnë cak ku cöc agut cï bï kɔi juëc gam cï ye mɛnnë.[113] Man na rë ke yen ye akököl de nhialiny yi ku yen nɔŋ yic luäŋ de raan ë bën në piny mom.

Duöör de kuar ken ke kɔc ku jɔŋ cï we kuɛɛr kuöön ke cieŋ, pïïr ku kuum duön yïëk në duöör de yic, acïï ye kän

---

[112] E. A. Bäcjï & M. A Lit (1904) Nhiëliic ke Yïjipcon ka kuën në mitholojï de Yïjip. Methuen & Ko. London.
[113] Rïdha Yathlan (2017) Nhialic: akököl de raan - Bëntäm Perëth.

jör në piny mom. Yennëke kueer yennë yiëth kedhie röt gal thïn agut cï ye yanh de Yïthërɛl yen cï wo yiëth kuɔ waar ë. Ee gɔl root në duɔ̈ɔ̈r de kuar ken (Abërɛm, Yïthak, Jakop, Jothep, Ruben, Juda, Bɛnyjimin, Motheth, Thämiɔl, Debit, Yidhëra -) ku jɔŋ den Yauwe/Yekoba.[114] Ana yuku kuar kuɔ cɔɔl ku door ku keek cïman wään yennë ye looi paan de Tuïc ku ŋot ke loi ku ë manthiɔ̈kkë në ciëk de rin ke kuar kuɔ, ke kaa cïn kë ë cukku looi ke ye kë ë cïï ye looi në ɣän kedhie ke piny mom.

Në ɣän juëi ke piny mom, ke atïpa de jɔŋ du ee thöŋ ke yiïn ka ke thöŋ ke dël du. Raan ɣer adoor atïpa ka atïm de, Yinduth kaa door jɔŋ thöŋ guɔ̈u ke keek. Yennëke cɔ̈ɔ̈k de Chainïth ku kɔi juëi kɔ̈k nï në piny mom kaa door atïpaai ken.[115] Kɔi juëi door jɔŋ cïï guɔ̈u thök ke keek ku cïï wël ke lɔ në cieŋcieeŋ ku baliɔ̈öth ken, aaye wuɔɔk wo kɔi töu Apïrïka wo pëi, wo kaa door atïpa lei, atïpa cï lɔ lɔ̈ɔ̈k në nyin de atïpa de nhialiny da yic.[116] Ku yëkënnë, ka cï wo cɔk lɔ mïm tiätpiny bukku duɔ̈ɔ̈r de kuar kuɔ ku ŋïny thɛɛr da lööm ke thiek yic ë ŋui ku guiir ku apieth.

---

[114] Baibol
[115] Jɔɔn Ɣënarik Këlak (1993) Kɔi ke Apirika në kɔi ke piny mom yiic.
[116] Jɔɔn Ɣënaeik Këlak (1993) Kɔi ke Apïrïka në kɔi ke piny mom yiic.

Në ŋö ke yiëth ŋon kë ka kërëthanuɔɔi yen cï kɔi juëi ke paan de Tuïc lööm ë, acï duɔ̈ɔ̈r de kuar ken ke kɔi nɔŋ yeen yaath ku cuɛɛi ë ŋui. Cïman yennë ye cool ke luel në lɔŋ ka läm de kërëthanooi yic, ya Nhialiny de Abërɛm, Yïthak ku Jakop ka Nhialiny de Yïthërɛl wɔ läŋ në yï mom wääkääi. Yï Abërɛm, Yïthak, Jakop, Juda, Jothep, Motheth, Yecu ku kɔi juëi kɔ̈k ye kërëthanooi ke gam ke ke ye kuar ken në gäm yic, aa nɔŋ mïm kɔi ye kek ke kuar ken në dhiëët de riɛm yic yic.

Ana yïn ya, ke ye ŋö rac bukku kuar ka kuɛɛr loithook kuɔ yaath, riëu ku keek ku pith ku ke mïm nhial cïman wäänthɛɛr ye wɔ ye looi në wuɔ̈r kuɔ yiic? Në nyin bï wɔ kuar ken ke kɔi kɔ̈k lɔ piɛth mïm nhial arët awär kuar kuɔɔn nɔŋ wɔ ke riɛm yic, mɛr wɔ ke dël, thok, akökööl ke cieŋ, kuɛɛr juëi ke pïïr, guɔ̈m ku kä juëi kɔ̈k ye kä kuɔ në keek.

Kë de reu, ee ŋi Tuïc, Jiëëŋ ku Apirïka ëbën ke luɔɔi de kä pieth ye kaam de raan ke duciëk cɔk pieth. Aye kë gam man na ye duciëk tiiŋ piɔu ke kä ku aaye cath ëwarwar në ŋö duciëk ee piɔu ŋuɔ̈ miɛr në yï guɔ̈u. Ku na ye kä cïï pieth looi ke kaa ye röt lɔ dhuɔ̈k yïïn ke kä rɛi ye ke looi kë. Gäm ye kek ye gam ke piath ye duciëk dhuk mom në piath ku dhuk rëëc mom në rëëc yennëka ye kɔi juëc ye them paan de Tuïc ku piny mom ë bën bïkkë kä ye yath ke kɔɔr theek ku rïu kë keek.

Në kërëthanuɔɔi, yïthëläm ku yïeth kɔ̈k kë yiic, ke ke ye tön ë. Kɔi ye kä pieth looi aye lueel ya bïkkë piath tem në kööl ciëën ku kɔi ye kä rac looi ka kɔi reec wël ke duciëk aabï ariöp de kë ë ye kë looi lööm në kööl de luk.[117] Kööl bïnnë buɔɔth tëk bei amël yiic.[118] Cï thööŋ yenë ye yïeth kë ye thɔ̈ɔ̈ŋ.

Kë de diäk, ee ŋi Tuïc apieth yath ee mom naŋ të de. Të yen töu thïn ku të yennë kä yaath ke guiir ku loi ke thïn cïman de luaŋ yaath ku të rïu ë nï thïn (yïk, buc - të lɔgɔk), wun yaath ku kɔi ye kä yaath ke looi ku tïït kë nyïn në keek. Kɔi ye kä yaath caar ka kɔi ye jam kennë jɔŋ yaath në nyin de kɔc ka wut yic. Kekäkë kedhie, aanï në kërëthanuɔɔi ku yïthëläm yic ayadëŋ. Kërëthanooi aa nɔŋ mïm luëk keen ke guëër ye kek ke lɔ̈ŋ thïn ku ye kek kä juëi yaath ken looi thïn. Aa nɔŋ kanithaai juëi wääc yiic nɔŋ rin wuɔ̈i cïman töu ë Romɛn Katholik, Rïpɔ̈m, Joɣöpawitëneth, Paräthbaaitïrian, Pentïkɔ̈th ka

---

[117] Mathäya 25: 46
[118] Mathäya 25:32.

Pentïköthtol, Ɣaŋgellïken/Yïthpïthkapo, Thebethdeei, Lutherɛn ku kanithaai juëi kök.

Kërëthanooi aa nɔŋ mïm kɔi ye kä yaath ken looi cïman në ye bäny ke kä yaath ke Tuïc kä ke yiëth ke wuɔr ke Tuïc looi. Në kueer dë, ke ka cïn kä jör/jïdit looi bäny ke yiëth lei ke, ke ke ye kä ë ke cïï bäny ke yiëth thɛɛr kuɔ keek ye looi wäänthɛɛr. Bäny ke kä yaath ke wuɔr ke Tuïc, aake ye kɔi thieei, yïn kë ke ŋäth muk kë ke piɔth ku lëk kë kɔc kä kɔɔr jak keek. Yee ŋö nhiaar kë, yee ŋö man kë, ye kä ŋö cath në reec de jɔk thok ku gäm de wël ke. Aake ye kɔc piöi kä thiek yiic ke cieŋ ye ŋiëi rëër ku läk de cieŋ cɔk töu cïman de bï kɔc nyïn tïït në röt ku nhiaar kë röt. Aake ye kɔc lëk kä bï bën në aköl bɔ tueeŋ kä cï jak ke nyuɔth keek në tïït den ka pɛl de mom den. Aake ye kɔc määt ku döör kë ke ku ye kë kä pieth ke cieŋ muɔk tueŋ ku loi kë kä juëi kök ye cieŋ ku rëër ë tök cɔk töu në kɛm ke kɔc. Ku kä juëi ke kekäkë, kek ka ŋot ke ke loi bäny ke kanithaai ka bäny ke yiëth lei keek ëmɛnthiɔkkë.

Ke de ŋuan, ee ŋi Tuïc ku Jiëëŋ ëbën apieth, man na kɔɔr bï jɔk miɛr piɔu ku bï duɔ̈ɔ̈r cath apieth, ke jɔk aye këët mom në diɛr pieth loithook ku thëny kë röt baliööth lɔ në yeen. Diɛr ye kɔc tuɔ̈ɔ̈c gu ku bï kë jɔk cɔk dɔc kɔc piŋ ku këëc në ducëër guɔ̈u. Këët de mom de duciëk paan de Tuïc ku në Jiëëŋ yic ëbën athöŋ kennë kaam ë wïk kë Tuïc yiëth ke në duɔ̈ɔ̈r. Yeen, yen ye cöök thiek yic në duɔ̈ɔ̈r de Tuïc yic ë yë, atɔ̈u në kërëthanuɔɔi yic ku yiëth ruääi në yeen ayadëŋ. Kërëthanooi aaye jɔŋ den këët mom cïmɛn wään yennë Tuïc ye looi në luëk ku wuɔ̈r yaath ke yiic. Diɛr ye ket ë mɛnthiɔ̈kkë në luëk ke kërëthanooi yiic, aaye kïït ke kuɛɛr wään yennëke jɔk miɛr piɔu ku door ë thïn. Cïmɛn de diɛr ke Jiëëŋ ye ke ker në kaam ŋoot ë lɔ̈ŋ ke kënnë guɔ wïk aaye riem de diɛr wään yennëke jɔk cɔ̈ɔ̈l në tïr guɔ̈u në kaam ŋoot yen ke kën guɔ miɔl ku bï cɔ̈ɔ̈r.

Kë de dhïc de ciën kë cï yiëth ke juur kɔ̈k ŋuak në të ë ŋï ë Tuïc yath thïn wënthɛɛr, ee luɔɔi de pïu në lon de kä yaath yiic. Pïu aayennëke kɔc yoor ku poor ë ke keek të looi ë kä yaath paan de Tuïc. Në kë ŋi ë keek, ke ye kek geei ë pïïr ke root në piny mom. Ku yennëke cɔ̈ɔ̈k de në kanitha yic, pïu aa yennëke kɔc yoor mïm ku gath keek në keek. Aŋi Tuïc apieth ke Deŋ ka Nhialic yennëke bäny de pïu yennëka yennë ye lam në thaa de yak bï deŋ cɔk tueny. Ye luɔɔi yë, alooi bäny ke kërëthanuɔɔi në ye mɛɛn në nyin thɛɛr de tïr ke kä yaath ke Tuïc ka Jiëëŋ yiic. Kërëthanooi aaye lɔ̈ŋ gin bï Nhialic deŋ cɔk tueny apieth ago kɔc yïen wɛl ke yɔ̈k ku mïïth juëi ye cam.[119]

Kë de dhetem, Tuïc ee nɔŋ kueer yen kä wën cï luɔɔi dïït yaath kɔɔr luɔɔi thïn. Cïman de bëcbëëc kor ku kɔ̈k thii wën ye looi në bëi yiic cïï kör në cäär ka akutmom, Kekäkë, aake ye näk kuɔljɔɔk. Raan kɔɔr bï rial ke lɔ të bï yen yök ke lɔ gääu thïn amääth, aye puɔ̈k cök arou ku jɔl ya kɔ̈k thii yaath yennëke lɔ̈ŋ në bëi ke Tuïc yiic. Kunnë kanitha yic, ke ye kënnë aye looi cïmɛn ye kërëthanooi ye ker në din den yic ya "but ë lɔ̈ŋ yennëke ya näŋ de kuɔl de raan cï gam."[120]

Kë de dhorou, Tuïc ku kɔi juëi tɔu Apirïka, aa ŋic thiɛk de yic de köi në luɔɔi de kä yaath yiic. Köi aye looi bïnnë röt köi ago kaam de kɔc kennë duciëk läk, ayennë röt waar ka bïnnë jɔk miër piɔu ka bï wel nyin wei të nɔŋ kɔc. Në yi pacɔ̈k, ke ka ŋoot ke ye ye tɔ̈ŋ ë të nɔŋ kërëthanuɔɔi ku yïeth kɔ̈k ruääi në yeen cïmɛn tɔu ë Judeeiëdhiöm ku Yïthëläm. Të nɔŋ kërëthanooi ke köi cï Yecu ke köi wëër ke bei në rëëc yic cï të ye kek ye thɔ̈ɔ̈ŋ ku gɛm kek ye thïn, yennëke mën dïït këëc gäm den në

---

[119] Kueer Dut Ajääŋ (1993) Wɔ ye gam ë liep, ku reec ku dɔ̈ɔ̈r.Dit 482. Duɔ̈ɔ̈r malual yic.
[120] Aluɛɛl Gërëŋ Anyuɔɔn (1993) Wää dɔm wai da mom; Dit 396 në duɔ̈ɔ̈r malual yic.

ye mom. Aye kë gam ke Yecu cï köi looi naa tök ago ciën köi kuɔr yic bï ya cool ke loi, cïman yennë Jiɛɛŋ, Yïburu ku juur kɔk ye looi.

Kë de bër, ee ŋi Tuïc arët man yennë ciɛɛŋ määth, pïŋ de röt ku kuɛɛr loithook yennëke röt pieŋ thïn në jak luɔɔi bii ku muk ke nyïn në miɔi yaath ye yiën keek ku läm yennëke lam. Miɔi yaath yennëke cöök dïït ë geei ë kä juëi yaath ëke ye ke looi paan de Tuïc röt. Miɔi yaath ee ye gam në kuɛɛr kuɔr yiic kunnë kä wuɔi yiic. Aye gam ke ye rap të cïnnë rap luɔk apieth, kɔi juëc aake ye kuëëth ke rap lɛɛr në luëk yaath yiic ke ke ye kït ke lei leec kek ke duciëk në kë cï yen rap cɔk lok apieth. Ee ye gam ayadëŋ ke ke ye läi (yɔk ku thök), diɛr (ajïth) ku mïïth (ca, kuïn ---) ku kä juëi kɔk.

Miɔi yaath cïman ŋi wɔ yeen, adït nyin ëŋui në ke yiëth ŋon kë yiic. Në kanitha yic, ke ye kënnë aye looi në nïn ke lɔŋ thook kedhie, nïn cï kanitha ke week bïnnëke ya lɔŋ. Ana yup miɔi yaath ye kërëthano gam në ruɔɔn yic, yup yic, ke ka dït arët dïïtë të thööŋ ë yeen kennë miɔi yaath ë ye raan tök gam wäänthɛɛr.

Në ŋö miɔi juëi yaath aake ye ke wëër në kɛm ke kɔc ka bëi. A raan dë alëu bï rëër në run juëc ke cïn miɔi dïït yaath cï bɛr yök. Kunnë kanitha yic, ke ka ril yic ëtör ba rëër në pɛɛi ke cïn kë thiinnyɔɔt ca miaac të ye yïn but në lɔ luɛɛk. Miɔ̈i yaath ye gam në kanitha yic atɔu nyin nhial arët awär miɔ̈i yaath wäänthɛɛr ë ye yiën yiëth kuɔ. Akë ye kërëthanooi juëc cool ke luel kë ya yiëth thɛɛr aake cï käŋ thöl në kɔc cin acïï tɔu të de.

Miɔ̈i yaath ee ye Tuïc gam ayadëŋ ke ye nëm ku ciɛɛth de ɣän yaath bï kɔi ke wuɔ̈r ku juur kɔ̈k lɔ në wuɔ̈r ku luëk yaath ke jak ŋi ë ke kei den yiic. Bïkkë keek lɔ caath ku bïkkë ŋïny jör ku täŋ yam në biäk de kä yaath lɔ ŋuak në täŋ den yic. Ɣän ku luëk yaath ë ke yennëke lɔ thïn anoŋ yiic Luaŋatëëm, luëk kë lä̈är, luaŋdeeŋ (luaŋ de Ayuëldït) ka luaŋrur ku jɔl ya ɣän juëi yaath ye Tuiëi ke neem në thaa kɔɔr kek yeen. Ye nëm ku ciɛɛth yennë lɔ në ɣän yaath yiic ë, anï në ke yiëth ŋon kë yiic ayadëŋ. Në ruɔ̈ɔ̈n thok ëbën, ke ka nɔŋ ciin de kɔi ye lɔ Yïthërel, Thodï Arebiɛ bïkkë ɣän yaath yï kë ke gam ke ke thiek yiic në gäm den yic lɔ neem ku bïkkë lɔ thiɔ̈k kennë të cïnnë maŋɔ̈ɔ̈r ka bäny ke gäm den thiɔ̈k thïn.

Kë de dhoŋuan, ee ŋi Tuïc apieth man na rë ke ye jak yï kë ke door kë, man nɔŋ yiic yï Gërëŋ-Madiëëŋ, Abuk mandïït de Jiëëŋ, Dɛŋyath, Atëmyath, Wiɛɛu, Akoi,

Aruäi, Duɔɔŋ ku jak juëi kɔ̈k, ke cïï ye kek ye Nhialic në gu ken. Aake ŋic kë keek, ke ke ye dudöör tɔ̈u në kaam den në Nhialic ku yï kë lɔ löŋ në nyin den yic në Nhialic mom. Në kë ye kek ye gam ke raan ye acuuk në Nhialic nyin aka cïï lëu bï lɔ në ye mom në guɔ̈u de ke cïn raan nuëët yeen kennë ducïëk. Në kërëthanuɔɔi yic, ke Yecu ku Wëëi dïït lɔgɔk aatɔ̈u në kaam de kɔi ye Nhialic gam ku Nhialic. Kek ka ye kuɛɛr ye kërëthanooi ke jam kennë Nhialic ku gueel kek ke kä keen ye ke nuaan të nɔŋ Nhialic. Ku kek ka ye kuɛɛr ye Nhialic ke kërëthanooi piŋ ku lui ke kä kɔɔr kë keek.

Kë de thiëër, Tuïc ka Jiëëŋ ee ye lam ke wël ye mom yïk kannë yïk cök. Në kuɛɛr juëc ë juëijuëi, ke yïk, aye yïk në tiim ka wei ë piny ke ye tim töŋ kääc në root. Ke tiim yennëke yïk kal kë, aacïï ye kek ye ya jɔk në gu ken. Lon dïït den ee bï kë ye tënnë week ke ye të lɔgɔk yennë kä yaath looi thïn. Në kathina yic, ke tiɛm ageer kääc ye tök ka cï kaac alath kɔ̈u atɔ̈u në ye nyin ë yic. Kërëthanooi ka ye löŋ ke ke wël ke mïm tiɛm ageer tɔ̈u të lɔgɔk ka atïpa/thura de yecu man ye kë gam ke tɔ̈u në nyin de duluëŋ den yic.

Na yïn ya, ke lëi dïït ye kërëthanooi röt leec ke ke cïï ye ber duur në tïïm ku yɔm alëu bï tïŋ ke cïï töu të ë gut. Në ŋö, tiim ke yïk ku tiɛm ageer ku thura de raan (ɣer) aaye kït töu në nyin yic jɔŋ yaath yic. Cïman ŋi wɔ yeen ë manthiɔ̈kkë në Thɔ̈ɔ̈th Thudän tuŋ akɔ̈ɔ̈n aye guaŋ ke ye tiɛmageer ku ke yuɔɔm äcïn aŋuek/päräk ke tuŋ ku yom ke yɔ̈k ye ke tääu në yïk mom ku nök keek në luɛ̈k mïm paan de Tuïc.

Kë de thiëër ku tök ku yen bï wɔ kɔ̈ɔ̈c thïn, Tuïc ee ye kä juëi yaath ke looi në thök ruɔ̈ɔ̈n. Ee thök ruɔ̈ɔ̈n yennëke yennë jak juëi yaath näk në wuɔ̈r yiic. Ku yennëke yennë lɔr juëi yaath bëi bei në thaa cïnnë jör wur den tim ku looi ë kä juëi yaath në bëi yiic baai. Të nɔŋ kɔi ke kanitha, ke ke thök ruɔ̈ɔ̈n ayadëŋ yennëka yennë kä juëc looi thïn cïman de rëër ku kä juëi kɔ̈k ye kanitha ke looi në thök ruɔ̈ɔ̈n yic. E loi kë ye ya, duɔ̈k ke kɔi keen ë ke piac bën në gäm yic, dugëëm kën guo naŋ mei ril në kanitha yic bï them ku len keek ku bïkkë röt dhuɔ̈k në jak cök. Ku bïkkë bɛr lɔ nyaap lek kë cuet në rïŋ ke yɔ̈k ke jak ka mïïth yaath ye për piny në thɛɛ aruɔ̈r ka thɛɛ ke nɛ̈k de jak. Ee tëëu ë në ye thaa në, në ŋö ana kɔɔr kërëthanooi rïŋ ka cï tuil/nueer de rïŋ ke nɔ̈k ke ka ye rïŋ ku kä juëi kɔ̈k yaath ke miɛr de piɔ̈u guɔ yök në kanitha yic.

Në ke kä diëëŋ cukku ke tïŋ kë yiic ku kɔ̈k kën wɔ ke naŋ thaa bukku ke gär piny, ke ka cukku tïŋ acïn kë dïït cï ke yiëth kë juak në të thɛɛr ë ŋï ë Tuïc ka Jiëëŋ kä yaath thïn. Duɔ̈ɔ̈r yennë duur, lɔ̈ŋ yennë lɔ̈ŋ, kuɛɛr ke diëër yennëke dier ku kä juëi ye looi në kanitha yic, aake ye kä ke Jiëëŋ. Ku kek ka cï kërëthanuɔɔi ke lɔ yör në keek ku cöl root mïth ku coth rin ke raan yennë nɔŋ baai coth ke wei. Kë wuɔ̈i ye tök, aaye rin duur ë ke keek ku lëm ëke keek, ke ka ye yam. Ke rin kë, ke ka ye miëu thiin cï dugëëm ke yiëth kɔ̈k ke nyuɛn në kuïn mom bï root ya looi cï ke nɔŋ kë ye yam cï bën ke keek, ku kuïn (man ye cieŋ de Jiëëŋ) aŋot ke tɔ̈u ke atuëët/aŋɔc ke.

Ku në kueer dë, ke kä juëi ye kërëthanuɔɔi ke cööc ku wuɛu ke ke ke ye kä ke, aake ye kä ke kɔi ke Apirïka ë ke tɔ̈u në Rip/Kemet/Yijip ku Kuc në run juëc arët (3,500) aŋoot Judeeiëdhiöm, kërëthanuɔɔi ku yïthïläm ŋoot kë wei në pinymom.[121] Kä cït man de akutmom de nhiëliic ka diäŋ dït (Othäräth, Ɣaithith ku Ɣöruth --), Othäräth të nɔŋ kɔi thɛɛr ke Rip/Kemet, ke yennëke liep kueer ye lɔ

---

[121] Tom Ɣäpar (2004) Pagän Kërëtho: Näk gäm cöör nëk kërëthanuɔɔi?

nhial thok, yennëke Nhialiny de jön de röt në kë cï yen thou tiaam, yennëke liep rëŋ thook ku cɔk kɔc cï thou cɔk ke jɔt röt ku ye kë gam ke ye yennë cï bën në piny mom ke ye bäny de pïïr ku momlääu ku ye duluny de kɔi cï badhaal ke ye piny ë ke duut rek ke ku ye kïn de kë cï lɔi ku yen ye ɣɛɛr de piny mom -.[122]

Kä juëi ke Othäräth/Ɣöruth kek ka cï ke bën yïn Yecu ke ye kek ye kït ye riɛɛr de, loi de thok de lon de ku lönydy cïnnë ye lɔi në Nhialic nyuɔɔth.[123] Në kueer dë, ke ka cïï ye kë de gäi të nɔŋ kɔi juëc cï kuen akökööl ke cieŋ thɛɛr man na rëk ke akökööl juëi tɔu në baibol yic, lëk thɛɛr ku lëk yam aa nɔŋ yiic kä ke cieŋ kɔk cït man de (Kemet, Kuc, Bapbolonia, Athirian, Akadiɛn, Gïrïk, Päcien --)[124]. Bï yic cëk, ke kë bï yan root wɛl thïn, aaye kä cï ke yiëth kë ke dhiɛɛt ke ke liu në të ë ŋï ë Tuïc ka Jiëëŋ yath thïn wɛnthɛɛr ku të ë ye yen kä yaath ke guiɛɛr thïn ku looi ke thïn ke ye jur cieŋ paan de në run juëi cï kutëkut.

---

[122] Buŋ de bën de nyin de aköl ku riaar de, ka buŋ de thuɔɔu (E. A. Wällïïth Bäc, M. A, Litt.D, D.Lit.) Jɔɔn Ɣënnarik Këlak (1993) Kɔc ke Apirïka në akököl de piny mom yic (African People in World History); Black Classic Press; Baltimore.
Ɣaiban Bëën Thëtimma (1994) Yijip: mɛnh de Apirïka – Ivan Van Sertima (1994) Egypt:Child of Africa (Journal of African Civilizations, V.12)..
[123] Tom Ɣäpär (2004) Pagän Kërëtho: Näk gäm cöör nëk kërëthanuɔɔi?
[124] Yan Cau (2000) Ɣothïpot Akököl Thɛɛr de Yïjip: Ɣothïpot Yunïbëthïtï Përëth.

e) Nɔŋ kä cï kë ke dhiɛɛt, ku na nɔŋ käŋ, ke ke ye kä ŋö?

Acï root lueel nhial ke cïn kä juëi cï ke yïëth kë ke ŋuak në të ë yennë kä yaath kuany cök thïn ku guiir keek. Në ŋö kä juëi ë ke ye Tuïc ke looi në ɣän yaath ke yiic kaa thöŋ kennë kä juëi yaath ke këröthanuɔɔi, yïthëläm ku yïëth kɔ̈k tɔ̈u në piny mom. Ku na cok kë thöŋ cï ye mɛnnë, ke ka ŋoot ke nɔŋ kä diëëŋ wuɔi në të ye wuëu keek, të ye guiëër keek ku geer ë ke yiic thïn, të yennëke tak thïn, të yennë ye tiëŋ keek ku gɛm ë keek thïn. Caa bï cuaat, ke wɔ bï kä cï röt juak në të ë ŋï ë Tuïc yath thïn athën ŋoot yen ke kën yïëth ke yuaŋ wei ku wël ke ye köu tïŋ ë nɔɔnnë.

Kë tueeŋ lɔ gëllëk cï root dhiɛɛt, aguiɛɛr de duɔ̈ör ku aken de luɔɔi de kä yaath. Në aguiɛɛr de luɔɔi de kä yaath yiic wään paan de Tuïc, ke ka nɔŋ akeu. Wut ee ye kä yaath ke looi ye tök në ɣän yaath ke yiic. Ee cïn yanh dïït töŋ ë tɔ̈u ye Tuïc ku kɔi thiääk në yeen mar mïm piny kedhie cï ye man thiinnë. Këröthanuɔɔi ku Yïthïläm aaye kɔi ke juur wuɔi mec yiic, kuɛɛt cïï ruääi, kɔi cïï thok rɔm, kɔi nɔŋ kït ka aciëëk wuɔ̈i yiic, kɔi cïï riëëc ku kɔi nɔŋ kä juëi wëi kek keek bëi të tök. Kërëthanuɔɔi, acïn aken de raan dït ku meth, diäär ku röör, kɔi baai ku alɛi ku jɔl ya kä juëi ë ke ye yïëth thɛɛr ke wuɔ̈r ke kɔi kɔ̈k gël ku tek kë ke wei në kaam koor.

Wäänthɛɛr, ke mïth aake cïï ye tɔ̈u në luɔɔi de kä yaath yiic ku ka ye lɔ̈ŋ në kanitha yic ë manthiɔ̈kkë. Diäär ayadëŋ, aake nɔŋ kä juëi yaath ë ke cïï kek ke ye dɔc tɔ̈u thïn. Bï yic ciëk, ke kërëthanuɔɔi acï kɔi wääc në kuɛɛr juëc ëŋui bëi të tök ku cɔk ke ye Nhialiny tök kuany cök, gam kë ku door kë. Kɔi wuɔ̈i në ciëëk den, run ken, piny ken, juur ken, nyïn ë ke tɔ̈u kek ke thïn ku jɔl ya kä juëi ye kɔc ke gam ke ke wëër kek ke röt në wuɔ̈r ku bëi ken yiic. Ee ke cɔk gam röt ke ke ye kuan tök, kuan de gäm ye Nhialic gam ke ye yen ye wun tɔ̈ŋ den kedhie.

Kë de reu cï kërëthanuɔɔi juak në luɔɔi de kä yaath yiic, ee bën yennë bën thïn. Aye lɔ̈ŋ de kërëthanuɔɔi de gäm lueel, na kɔɔr ba ya kërëthano, ke yïn dhil ë kɔn yoor mom ku ba jɔl mɛr në akut de kërëthanooi yic. Wäänthɛɛr në lon de kä yaath ke Tuïc yiic, e ke cïn yoor de mom ë ye kɔn looi ago raan jɔl ya raan de akut de kä yaath. Na cɔk naŋ kuɛɛr kɔ̈k ë ke ye Tuïc ke kuany yiic cïman de rëëk, tëm de rïc ku kɔ̈k. Ke kaa ke cïï ke ye looi ke ke ye kuɛɛr bï raan ke ya raan de akutmom ka wut. Në pïïr ku cieŋ de Tuïc yic, ke yïn ye ya raan de akutmom ku kä ye ke looi thïn në dhiën cïnnë yïïn dhiëët ë wun ë.

Bï raan mɛr në luɔɔi de kä yaath yiic, ee lɔ ke run ke raan, na lik run ku ke yïn cïï lëu ba mɛr në luɔɔi de kä yaath yiic agut cï ba dïr. Yoor de mom në kërëthanuɔɔi yic cïman ŋi wɔ yeen acïn run. Raan ëbën aaye yoor mom, ye raan koor ka ye raan dït në ŋö na kënnë yï yoor mom ke ka cïn kë ye yïn ya kërëthano. Ku na cïï ye kërëthano ke yïn liu në pïïr athɛɛr yic, pïïr ye thɔ̈ɔ̈ŋ ku gam ke bï Nhialic yiën kɔi ye rin ke wën de gam.

Kë de diäk, kërëthanuɔɔi acï kueny dë ŋuak në täŋ de Tuïc yic. Ana cɔk ya man yen täŋ ë ŋi Apirïkïïn në kaam bäär yic aŋoot Judeeiëdhïm, kërëthanuɔɔi ku Yïthëläm ke ke kën kɔn töu në piny mom.[125] Ke ka cï kërëthanuɔɔi bɛr bën jɔr kɔ̈u ku wel abï cït kän jör ë bɔ ke Yecu. Ba toot, ke ka ye kanitha piɔ̈ɔ̈c man na rë ke kɔi ye thou bï röt bɛr jɔr në kööl ciëën ku bï kë bɛr mat në kɔi cï döŋ pïr.

---

[125] Rïdha Yathlan (2017) Nhialic: Akököl de raan. Bantan Përëth.

Pïïr athɛɛr bï kɔc naŋ pïïr athɛɛr, yennëke mën dïït lɔwai yen këëc ë këröthanuɔɔi ku yen ye kɔc kedhie kɔi ye këröthanooi cɔk gäm, ŋom kë ke piɔth ku weei kë röt në ŋath ŋëëth kek ariöu bikkë lɔ yök rial në kööl de jön de röt, kööl bïnnë tiɛp bɛr mat ke guɔu. Në thööŋ ye këröthanuɔɔi ye thööŋ ke nɔŋ pïïr pieth dë lɔwai cïn yic guɔm töu në ye pïïr ë cök. Ye gäm ye kek ye gam ë, ee ke cɔk gum kä juëc në ye pïïr ë yic. Ana cïn jön de root ye dugëëm ŋɔɔth ke ka cïn raan lëu bï ye mom rääm ku jur ye guɔu në bën në ke yiëth lei kë yiic.

Na cïn ŋath ku thööŋ yennë ye thööŋ ke pïïr athɛɛr töu, ee ke dë cïn kɔi juëi cï ya këröthanooi. Ku gäm ye kɔi juëc ye gam ke nɔŋ pïïr dë në ye pïïr ë cök, yennëka cï ke cɔk wan yiëth ken ku bïï kë luɛɛk, të de yanh yï kë yök ku gam kë ke ye yen ye yanh yic ku wëër yiëth thɛɛr ken në piath. Gäm yennë ye gam man töu ë pïïr athɛɛr ku bï kɔc röt bɛr jɔr në gu alëu bï ya kän jör të nɔŋ kɔi juëi ke Tuïc ku Jiëëŋ ëbën në kueer dë. Në ŋö aaye kɔi kuɔ gam ke kɔi ye thou ye pïïr ke ke ye atïïp ku yï kë thiɔk kennë kɔi pïr. Ku yï kë nyïn tïït në kɔi ke bëi ken ŋot ke ke pïr në kuɛɛr loithook kuɔr yiic. Yï kë ke tïŋ në piath yic ku në riääk yic. Yï kë ke kony ku gël kë keek në kä yɔŋ ke ku kä kɔɔr bïkkë ke thiɔ̈ɔ̈ŋ nyïn. Ye kënnë, yennëka yennë kuar ken ke kɔc ku kɔi juëi kɔ̈k cï nyïn liu në kɔc yiic theek, riëu ë keek, door keek ku ciëk kë ke rin.

Kë de ŋuan, cï yïëth ke juur kɔ̈k juak në pïïr ku cieŋ de Tuïc yic, ee aguiɛɛr ka gäär de thok. Në thɛɛ ŋoot ë yïëth ke kɔi kɔ̈k ke ke kën bën, ke Tuïc ku Jiëëŋ ëbën ee cïn akeer ke thuɔŋjäŋ ë ke cï ke guiir. Ku në bën de kërëthanuɔɔi ka dulëëk ke, ke yennëka cï thuɔŋjäŋ root bën lëu ne guïir ku gëër root. Dulëëk ke kërëthanuɔɔi aake guiir thoŋ de Jiëëŋ ago kɔc ya kuen ku gër kë në thoŋ den. Ku na yï kë kuen ku gër kë në thoŋ den, ke ka bï yic pial bïkkë wër de Nhialic dɔc piŋ. Ku na cïkkë wër de Nhialic piŋ ke kaa bï kuɛɛr ke pïïr thëny röt dulëëk ka mïconarïth ke kërëthanuɔɔi lööm ku yueŋ kë kä ke cieŋ den wei.

Kɔi juëi ke paan de Tuïc ku Jiëëŋ ëbën, aaye kuen ku kaa ye gär ë mɛnthiɔ̈kkë në thoŋ den. Ye kënnë, ee kë dïït cï kërëthanuɔɔi juak në pïïr ku cieŋ de Tuïc ku Jiëëŋ ëbën yic. Ŋïny de gäär de thuɔŋjäŋ ku thok kɔ̈k, aci kɔi juëi ke paan de Tuïc liëu awëër juëi lëu bï kek röt ŋi kennë kɔi kɔ̈k kɔi mɛc në keek ku ŋic kë ye ŋö loi root në piny mom. Ku ka cï kuɛɛr ke tɔ̈ɔ̈u de ŋïc ŋuak yic ku cɔk köör de ŋïc në mom yic kɔ̈c yic, në kë yennë buɔ̈k ku kuɛɛr juëi kɔ̈k ke tɔ̈u de ŋïc ye cɔk kɔ̈c yic në yök të kɔɔr ë yeen.

Kë de dhïc de kä cï yiëth lei ŋuak në cieŋ ku täŋ de Jiëëŋ yic ana cak ka man ë lööm ë keek në Kemet/Rip, ee lon de lööŋ yaath në aguiɛɛr de mäny de röt yic. Lööŋ cït man de lööŋ ye jam në buɔ̈k yaath ken yiic, ya "- thek wuur ku moor, duɔ̈nnë tir näk, duɔ̈nnë ye kual, duɔ̈nne ye wak, duɔ̈nnë ye kör -."[126] Ke lööŋ kë ku piööc juëi kɔ̈k tɔ̈u në buɔ̈k yaath ken yiic ye kuɔ̈i luɔɔi cuɔth piny, Aacï rïu de löŋ ku kuɛɛr ke mäny de röt cɔk ŋuak ye nyin të nɔŋ kɔi juëi nhiaar piath ku aduŋ de baai.

Ayadëŋ, täk ka konthëp de nhialiny tök ku mëlëŋ tök ka bäny tɔ̈ŋ yaath në kä yaath ku bäny yaath mïm ee täŋ jör të nɔŋ Jiëëŋ. Yanh de Jiëëŋ ee kënnë cɔk lɔ cot arët në kä ke kuum de baai yiic. Ee ye bën tueŋ në luɔɔi de kä baai yiic në thaa looi kä yaath ke baai ka thɛɛ tueeŋ ë yɔn kënnë löŋ de mäny de baai tek thok kennë kä yaath.

Yök de Tuïc ka Jiëëŋ kennë ke yiëth kë ku thok ken, acï wël ku kä pieth kɔ̈k ke cieŋ ken ŋuak në cieŋ ku në thuɔŋjäŋ yic. Wël juëi cï lɔ rɔc në thuɔŋjäŋ yic ke ke bɔ

---

[126] Baibol

në thok thëny röt yiëth lɛi yiic, kaa cï thuɔŋjäŋ tuëët ku cɔk kë kä juëi ke luɔi ëke liu ku cïn kë rin në thuɔŋjäŋ yic bëi kennë rin ken ka të yennëke caal thïn. Wël cït man de aleluya, yïcalla, thäläm alekkum, kawacja, yïbɛnygïlith, dïkon, abuna, bëcip, kolla, alääma, miiric, mapäth, mapätic, mamuur, baaigɔ̈ɔ̈t, maräya, malakaai, kanitha, dïïn, Mathiëëi, Kërëtho, Yecu, Yekoba, cäär, jec, dokka, ɣec/ajuräi, legämät, thaa, kubäi, thura, gaac, thanduuk, amäm, maläiya, ganuun, mëllëk, dheet, jaath, pɛɛthbuk, bolith/polith, dääp, yakkalu, cän, buk, kïtap, geecäi, cuga/thukar, cäi, kudhura, kubur, këthëra, yïthpɛɛth, yintänet, teknolonajï, yïdhaa, baibol, thoda, kɔmmïconna, gabënna, reeth ka përethïden, tellapuun, netwëk, bääth, gɔttɔr, ajilla, rädiɛɛu/rädiou, tellabïcon, bïtdio, mubbï, curap/curɛɛp, maikaropoon, kɔmputä, athiir, lemun, turmuth, bërät, kurra, raakup, ɣoc, bap, talacca, maikoroweb, bɛk, adiit, bakkänna, banäna, wathak, bithkit/bithkuwit, aläwa, pïthdha, thïtäära ku jɔl ya wël juëc ë juëijuëi cï lɔ gɔc ka liŋliŋ në thuɔŋjäŋ yic taitai.

Në yi pacɔ̈k, ke kä cï yiëth peei ke dhiɛɛt në të ë ŋï ë Tuïc yath thïn wëntheɛr ë yic, aa thiek yiic. Në ŋö aaye cieŋ, pïïr ku ŋïny de kɔi tɔ̈u paan de Tuïc jɔɔl yic ku cɔk kë cuai. Ke kä cï ke gär piny nhial kui, aaye kä lɔ gɔllɔk lɔ gëk ŋic keek ku kɔ̈k thii kɔ̈k kaa nï ku ka caa ke bï bɛr wuau yetënnë. Wɔ̈ cï nɔŋ kä cï yiëth ke juur kɔ̈k ke dhiɛɛt ka cïn kä cï kë ke dhiɛɛt në të ë ŋï ë Tuïc yath thïn tïŋ. Ku kë bukku bɛr tïŋ ëmɛnthiɔ̈kkë, ee man nɔŋ yen kä cï ke yiëth kë ke riɔ̈ɔ̈k në cieŋ yic ka cïn käŋ.

i) Nɔŋ kä cï ke yiëth kë ke riɔ̈ɔ̈k në cieŋ yic ka cïn käŋ?

Na luɛɛl yeen ya ka cïn kä cï ke yiëth lei kë ke riɔ̈ɔ̈k ke yɛn mɛth root, në ŋö kë ye kɔc lööm ëbën të nɔŋ kɔi kɔ̈k ke cïï ye kë ë tɔ̈u ke keek wëntheɛr, ee naŋ kë ye waar në pïïr, cieŋ, aciëk, cɔ̈ɔ̈k ku täŋ den yic. Ku na luɛɛl yeen ya ka nɔŋ kä cïkkë ke riɔ̈ɔ̈k në cieŋ yic ke ke ye kä ŋö? Ku na nɔŋ kä cïkkë ke waar ka cïkkë ke riɔ̈ɔ̈k, ke ke cïkkë ke riɔ̈ɔ̈k ku waar kë keek në kuɛɛr kou? Ba ye thiëi kënnë dhuk mom ke cek yic, ke yɛn bï kä lɔgöiyöi ka kä lɔlunyluny dhɔr ayeer ë tenynyeny ya ke tïŋ ke ke cï yiëth kɔ̈k ke riɔ̈ɔ̈k në cieŋ ku pïïr de Tuïc yic ku Jiëëŋ ëbën yic nyuɔɔth nyïn amääth.

Në göl de, të nɔŋ yen ke cï root waar në cieŋ de kɔc yic, në pïïr den yic, kuɛɛr keen ke mäny de röt ku në kuɛɛr keen ke duɔ̈ɔ̈r yiic, ke kë tueeŋ ye root kɔn waar ee të ë ye kek röt tiëŋ thïn ka cɔ̈ɔ̈k den, të ye kek röt gam thïn, të ë ye kek kä keen thiek yiic luɔɔi thïn ku aciëëk ken.

Ɣɔn ŋoot ë yiëth ke juur kɔ̈k wei ke wuɔ̈r ke Tuïc cïman de wëtmäth ken në Jiëëŋ yic ku në Apirïka, aake ye kɔi thiek yiic ëŋui ku kaa ke ye ke mïm lɛi, ɣok kë röt nhial arët ku moom kë në cieŋ den, yï kë röt gam ke ke ye mathön ë ŋui, nhiaar kë piny den, rin ken, kuɛɛr ke pïïr thëny röt keek, yiëth ken ku kuɛɛt ken, ku ka ke nɔŋ gäm de röt ril ë tör në kä yï kë ke looi yiic kedhie.

Ku në bën ku lɔm de yiëth kɔ̈k, ke ye thiek de yic de cieŋ den ë, riëëu ku thëk de kuar ken, thiek de yic de rin ken ku kɔ̈k pieth juëi thiek yiic ëke tɔu në pïïr yic, aacïï bɛr tɔu të den. Në ŋö dulëëk (mïconarïth) ke yiëth lei, aacï bën ku juk kë cieŋ ku yiëth ke Tuïc ku Jiëëŋ ëbën juk kë ke kɔ̈th këriëëc rac ëbën ku wuau kë yiëth ken ke ye kek pieth ku kek tɔu ë ŋath de raan ëbën tɔu në piny mom në ke yiic. Go kɔi juëi ë ke ye kuɛɛr ke yiëth ke wuɔ̈r ken theek thëk den puɔ̈l ku löm kë yiëth lei ku wïk kë riɔ̈ɔ̈c de gu në kuɛɛr ke pïïr ë ke ye kä ke kuar ken. Ku na ye yïn cï guɔu ya riɔ̈ɔc në yoot/root ku kä ke cieŋ thëny röt yïïn. Ke ka cïï ye dɔc kɔɔr bï naŋ kë bɛr yïïn re wennë keek ka kë ye yïn bɛr cɔk täk ku kiëët ë yï mom në keek.

Aŋic ku wɔ ye cool ke wɔ piŋ rëëc, yuur ku niɔ̈ɔp de cieŋ da në luëk ke guiëër yiic. Duwëët ke yiëth lei aaye wɔ but në thön rëëc de kuɛɛr ke pïïr ë ke thëny röt kuar kuɔ në aköl ke cäär thook kedhie ku yän juëi yennëke baibol kueen thïn kunnë diɛr yiic diɛr juëi cï kërëthanooi ke cak coth kek ke kä thɛɛr wei në dugëëm mïm ku rɛi kek ke cieŋ thɛɛr da guɔu.

Kërëthanuɔɔi ee wɔ cɔk lëët röt ku gam ku ke wɔ ye kɔi ë ke rac, kɔi ë ke cïn kë ë ŋic kë në pïïr yic ku ë ke tɔu ke ke ye amuum ë ke rëër ne cuɔl yic. Cïman yennë ye gin në luɛl ya wään tɔu wɔ në cuɔl yic wɔ ëke kuc kë ë loi ku. Kunnë yi pacɔk, wɔ kën kɔn tɔu në cuɔl de kuny de käŋ yic. Në ŋö kuar kuɔ piny de Apïrïka, aacï ke kä thiek yiic ye ke yiëth lei kë ke cɔɔl kä yam kë ku kɔ̈k liu në yiëth lei yiic dɔc ŋi ku yï kë ke looi. Aake rïu kuɛɛr keen ke kuum, duɔ̈ɔr ku tïït yennë nyïn tïït në röt. Aake ŋic geei geei ë käŋ kedhie kä tɔu në piny mom geei kek röt në aköl ku atuɔi de, piny ku geei kë röt në röt ken.

Cïman ŋi wɔ ye, anɔŋ kɔi ye akɔ̈l ku kɔ̈k nï nhial door paan de Tuïc, në Jiëëŋ yic kunnë ɣän juëi ke piny de Apirïka. Yennë kɔi ke Rip ke nyooth den.

Aake ŋic ke kä kë ayadëŋ, në ŋö kek ka ke cak keek, kä cït man de 'baptïth, këroor de maläŋ, tiɛmageer (man ye kïn de pïïr të nɔŋ kɔi ke Rip/Kemet), ajɔr ku wan de ŋɔ̈ɔ̈r ye pop ku bïciip muk ë manthiɔ̈kkë ---.'[127]

Ye wëët cït ye kän ku piööc juëi kɔ̈k ɣɔr yiic cï dulëëk ku duwëët ke yiëth lei ke thany në kɔc kɔ̈th, ku riit kë yuur ka niööp de cieŋ thɛɛr de baai në dugëëm mïm në kueer ye lueth, acï täŋ de kɔc në të ë ye kek röt tïŋ thïn ku gɛm kek röt thïn cɔk niɔp ëŋoŋ. Cïman ŋi wɔ yeen ëmɛnnë, na kënnë raan cäk në rin ke Yurupïïn (Jɔɔn) ka rin ke Arep (ɣapdulla) ke yïn cï ke yï cïï ye dugëm. Ku na kënnë gär ayadëŋ në thok thëny röt keek (yiŋïlic ku arebik) ke yïn ye kueen ke yï kën gär.

Acï kɔc yiën kë yen ya kë lei yen ye lööm ke thiek yic ku pieth të nɔŋ kɔc awär kä kuɔ. Në ŋö baliööth kuɔ ku mëën në ke këëc ë cieŋ da ke keek aacï ke wɛɛl piny ku dhuuŋ ë ke kɔ̈th ku riëër ë ke piny në wɔ nyïn ku them bï ke cuoth wei në wɔ mïm. Duɔ̈k ke wɔ bï bɛr ya tak në

---

[127] Jɔɔn ɣenrik Këlak (1993) Kɔc ke Apirïka në akököl de piny mom yic ....

keek ku bukku wɔ mïm bɛr ya kiëët në keek ku töu ku ke nyïn ago piëth biöth ke lök yök. Ku kë yen ye kë ril yic ë gut, dugëëm në gu ken aacïn piɔ̈th täu de kä ke cieŋ thëny röt kuar ken ku yïëth thɛɛr ken. Në ŋö aye kë gam ke "kä thɛɛr cï wɛl wei" ku kä jör aacï röt lɔ̈ɔ̈k në nyïn ke kä thɛɛr yiic.[128]

Nɔŋ kä jör ë gut? Ku ke kä jör kë ka kä juëi kuɔɔn cï ke lɔ waaŋ köth cïn kë mïm wär ken? Ka ye thoŋ cïnnë buɔ̈k ke yïëth kɔ̈k gɔ̈ɔ̈r yen cï kɔc guäl nyïn? Kä ye kërëthanuɔɔi ke cɔl kä jör ciman de pïïr ë wadëŋ, dhiën de gäi ka liac de nyan kënnë thiääk ke moc, jön de root de raan cï thou ku kɔ̈k, aake ŋi kɔi juëi ë ke töu piny de Apïrïka keek ke kuar ken ke Yecu ŋoot ke ke kën tuɔ̈l në akököl de piny mom yic.[129] Ku kën kë röt kɔn cuɔɔk ku liip kë röt në akököl yaath yic cïman ŋi wɔ yeen në ye kööl ë yë.

Në kuɛɛr juëi kuɔ̈r yiic, ke kërëthanuɔɔi ee kɔi cï bën thïn wɛɛi bïkkë mïm määr taiwei në kä thɛɛr ken. Kä cït man töu ë duɔ̈ɔ̈r de yïëth ken ku kuɛɛr ë ke ye kek ke kä yaath ken luɔɔi thïn ku të ë ye kek tɛk thïn. Ku na cakkë mïm bäth lakkë mïm tiätpiny në kä kuɔ̈ɔ̈n ke cieŋ ku

---
[128] Baibol
[129] Jɔɔn Ɏenërik Kɛ̈lak (1993) Kɔc ke Apirïka në akököl de piny mom yic …....................

cakkë kɔɔr bakkë ke bɛr ya tak në keek, ke we cï ŋïny bëër yic de run ë cï kuar kuɔ̈n kueet ku dem kë nyin në kuɛɛt juëi kuɔ̈r yiic cï tëëk, acakkë nuɔ̈k mom ku cuɔth kë wei të nɔŋ pïëth bï bɛr lɔ̈k bën.

Cïman ŋi wɔ yeen apieth, kiir ëbën anɔŋ të yen cök bën bei thïn ku na cï të yen cök bën bei thïn döör ka cï thieek ke ka lëu bï dëu.Yennëke cɔ̈ɔ̈k de cieŋ ayadëŋ, na cïnnë wëër ku nyïn ye pïu bëi thïn thiöök yiic ke ka rir wei ku tuɔ̈l ɣɔr thïn. Ku ye ɣɔɔr kë, aalëu bïnnë käm rac ku käpiiny ke ya thiaan thïn ku yï kë kɔc gur cök.

Kërëthanuɔɔi ku yïëth kɔ̈k lei, aacï röt tääu ke ke ye thiek në kaam de kɔi cï ke löömm ku kuɛɛr thɛɛr ke cieŋ den ku pïïr de kuar ken. Aye kë them bïkkë dugëëm wɛɛi bïkkë mïm lɔ wakwei në kä thɛɛr ken yiic ku bïkkë kä ye baibol ku koraan ke lueel, kä ke kuar ken ke kɔi nɔŋ ke buɔ̈k kë ya looi ku yɔ̈ŋ kë kä thɛɛr ken yiic. Kunnë yi pacɔ̈k, ke ye yïëth lei cï cieŋ ku yïëth thɛɛr ke Tuïc riɔ në roi de muum ku yuur ë, aacï kä pieth ke cieŋ de Tuïc ka Jiëëŋ löömm ku tɔc kë ke kɔ̈th në rin ken ku lɛɛth kek ke keek ke ke ye kä ken. Ku bëth kë mïm në yi dïït lɔgöiyöi mannë yennë Tuïc, Jiëëŋ ku kɔi ke piny de Apirika ke looi wään ŋoot kek ke kën mɛr në ke yiëth ye ke thööŋ ke ke yam kë yiic.

Ee kë dïït ŋi raan ëbën, na ca mɛr në yanh de raan dë yic ka kueer deen de kuum yic, ke yïn ye ŋuɔ̈ töu në ye cök. Në ŋö anoŋ të cïï ye cuɔ̈ɔ̈p yic të yen ye të de raan nɔŋ yanh de ka akiir. Ye kënnë, ee raan ë mɛr root raan nɔŋ mom yath cɔk gäk ke lɔ kuaŋkuaŋ ku dɛk piɔu në biäk de kä ŋi keek, kä thëny röt ye yanh cï lööm ë. Ee ye cɔk diu piɔu ku ye gäk ke thiëi ana cɔk ya kë ŋi apieth ke ka ŋot ke thïïc bï ruɔk cök piny man yen ye yeen ago lɔ looi ke cïn adiɛɛr de rieth de liep ka jam.

Ye adiɛɛr ku dak de piɔu ye kuëny de kä lei cök yiën raan ë, ee töu ke cï ye tiɛɛm ku luɛɛk ye mom ka täŋ de. Ku ka ŋic ku apieth lueel Gërëŋ de Mabiöör ye "töŋ rac në pïïr yic, ee tiëm de mom bï raan yï tiaam mom."[130] Në ŋö na cï raan dë yï luaak mom ke ka ril yic ë ŋoŋ ba root dɔc puɔ̈ɔ̈t bei në wïn cïnnë yïïn duɔ̈ɔ̈t mom thïn yic. Në kë cïï yïn ye bɛr tak ku daai ë në nyïn adöi ku, yïn ye tak ku daai ë në nyïn ke raan cï yï luaak mom. Ku jaam ë në röl de ku ye them ba kä juëi ye ke looi ya käär ku thööŋ ë

---

[130] Gërëŋ de Mabiöör Atëm (1988) Jam de Gërëŋ de Mabiöör ëjiëëm yen ku weei mïth ke thukul ka Jiec yal mer bïkkë ke mïm tääu në gäär yic apieth. Në ŋö niööp de baai ee bën të kënnë kɔc töu thïïn ke mïm cɔk yɔ̈r ku ŋom kë ke piɔ̈th në luui de ku yïk nhial de. Ku nyooth ke mïm kueer men na rëk ke wär de nyin wëër ë kɔc nyïn atɔu në täk yic në ŋö kɔc juëc ke Junup Thudän aakën gär ku kɔc diëëŋ cï gär awär kë nyïn.

ke kɔth. Në gäm ye yïn ye gam ke ye yen ye raan thiek yic awär yïin.

Ku ba root puɔ̈ɔ̈t bei në lueɛk de mom yic, akɔɔr ŋiëi täk ku ŋiëi daai. Daai kën yïn yï nyïn kum në marëiyɛt ke riɔ̈ɔ̈c cï ke kum kɔth në töny de wël kɔth ka liem pieth.[131] Lueɛk de mom ee kɔc cɔk wël ke mïm röt ku päl kë raan yen cï ke luaak mïm në lueth ke cieŋ de.[132] Cïman de ŋaŋëŋaŋ ye kɔc cool ë ŋaŋëŋaŋ ë man thiinnë ke ke tɛɛr në röt, ye ŋa cï lo në yanh pieth yic (kërëthanuɔɔi ka yïthëläm), yee ŋa cï gär apieth ku yee ŋa kën gär apieth në thok lei.

Ba cor yic, ke lueɛk de mom ee bëny cïï ye dɔc jäl. Kueer töŋ de kueɛr yennëke röt luɔ̈ny bei ku luïïny ë röt bei në lueɛk ku tiëm de mom yic, ee bakkë kä thɛɛr ke cieŋ duɔ̈n dhuɔ̈k cök, bɛɛr kë ke piny në luɔi, muɔ̈k kë keek ku cak kë we mïm yɔ̈r ku lääu kë mïm në kä luɔi kë ke yiic. Ke we lëu röt në puut bei në yän kedhie ye lueɛk de mom ke we miɛɛt piny thïn, muk we piny ku riëëk week.[133]

Bën de kërëthanuɔɔi, acï kït yaath ke duɔ̈ɔ̈r ka kä ë ke ye tëët cï yaath de kɔc nyuɔɔth ciman ë tɔu ë läär yaath

---
[131] Jɔɔn Yënrik Këlak (1993) Kɔc ke Apirïka në akököl de piny mom yic ------
[132] Jɔɔn Yënrik Këlak (1993) Kxc ke Apirïka në akököl de piny mom yic ------
[133] Jɔɔn Yënrik Këlak (1993) Kɔc ke Apirïka në akököl de piny mom yic ------

ku kä ë ke yennëke keek dhuëëŋ riɔ̈ɔ̈k. Cuäny cïnnë lɔ̈ɔ̈r yaath ku kä juëi kɔ̈k yaath ke Tuïc cuɔny në kërëthanooi ku päl duɔ̈ɔ̈r den, acï tëët, dhuëëŋ, muɔɔm, yic thieek de cieŋ, miɛr de piɔ̈u ku lei de baai ë tɔ̈u në ke yiic kuɔ̈r roor kennë keek. Ku ka cï ŋïny ë cï guan në ke yiic cɔk deem piny në kë kënnë kɔc ke mïm bɛr tääu thïn. Riäk de ke kït kë, ee cïï loi ke kuc, aloi ke ŋic, ago täŋ bï kɔc bɛr ya tak në keek wɛɛc wei ku coth ë kë ë ŋic në pïïr theer yic coth ë wei cï thööŋ ye kek ye thɔ̈ɔ̈ŋ.

Në ŋö biän dïït de ŋic are ke kä ye tïŋ ka kä ye tëët ku pɛl de mom de kɔc nyuɔɔth. Ana ye kɔc ke kït kë ber tïŋ ke kaa lëu bïkkë ke cɔk ye ber tak në yiëth theer ken ku kuɛɛr ë ke yennëke duɔɔr thïn, rïu ë keek ku mom keek. Ana cïï ye yeen, ke ka cïn kë ë cuëny ë kä cïï pïr ke yi tiim ku biö ë ke cï ke kaac në ke mïm.

Ku në yi pacɔk, ke lɔ̈r ku kɔ̈k ë ke ye tɔ̈u në nyïn ke ja yiic aake cïï ye ja në gu ken. Aake ye kït tɔ̈u në nyïn ken yiic ye ŋïny de kɔc, tëët den ku nhiëër den nyuɔɔth ku luɛɛl kë bii. Ja në gu ken, aacïï ke ye lëu në riäk në ŋö jɔk ku kä thëny röt yeen ee täŋ ye nai në kä juëc yiic në cieŋ ku pïïr de baai yic. Rin juëi ke kɔc në Jiëëŋ yic ka paan de Tuïc, aaye rin ke ja ka rin thëny röt ja. Ku cöt yennëke cɔɔl në akölrïëëc ëbën, ee ŋot ke cɔk kɔc rɛ në yïëth ken ku kuɛɛr thɛɛr keen ke cieŋ ku pïïr den në kueer cïï lëu bï dugëëm ku dukuëëny ke yïëth kɔ̈k cök dɔc ŋuen man cïn yen kë cï root waar në biäk de kä thëny röt yïëth thɛɛr ken.

Cëk de rin ke kɔc, piny, läi, run ku kɔ̈k, yennëke kueer pial yic yennë Tuïc ka Jiëëŋ akökööl ke kä ye röt looi në pïïr yic tɔ̈ɔ̈u nyïn. Rin juëi ye Jiëëŋ ke cäk aaye naŋ akököl loithok de kë ë loi root baai ku thaa de dhiëët ka të ë dhiëët ë raan thïn.

Cïman tɔ̈u ë rin ke acue aaye cäk në dhiɛn ë dhiëët keek. Ŋɔ̈ɔ̈r ku Cän të ye kek wät ka Aŋëër ku Acän të ye kek nyïïr. Na cïï yïn ya, ke ka ye ke cäk në rin ke läi cïnnëke keek loor. Raan cï yuul aye yïën rin ke lën në yuul ë yeen ka kä yaath ë ke cï looi në ye kaam ë yic - Manyɔk.

Raan cïnnë mïthakäcken thou në ye mom aye yïën rin ye ye akököl kënnë nyuɔɔth ka rin thëny röt kä yaath ë ke cï ke looi bï ye cɔk poth ke cïï beer lɔ në kueer cï mïth tueeŋ lɔ thïn.

Yennëke cɔ̈ɔ̈k de raan ë dhiët ke nɔŋ rëëc cï root looi baai cïman de thuɔɔu, aye cäk në rin ye ye akököl kënnë nyuɔɔth. Rin cïït man de Arɔk, Marëëc, Dhiëëu/Adhiëëu, Awiën, Riääk, Matiɔp/Nyantiɔp, Dääu/Adääu, Akec, Athou ku jɔl ya rin juëi ye Tuïc ka Jiëëŋ ke cäk ye kä thëny röt riääk nyuɔɔth. Raan ë dhiët në thaa nɔŋ kä yaath ke miɛr de piɔ̈u loi keek aye yiën rin nyooth ye akököl kënnë -Yai, Athiɛɛi --.

Raan ë dhiët në cäth yic ka të dë loithok aye yiën rin ye ye akököl kënnë nyuɔɔth - Kueer/Nyankueer, Marok/Nyanrok, Maluak/Nyanluaak , Mawut/Nyanëwut, Matoc/Atoc, Majur/Nyanjur/Nyïjur---. Ba cɔk cek yic, ke rin juëi ke Jiëëŋ aye rin ke ja në gu ken. Rin cïït man de Deŋ, Gërëŋ, Atëm, Wäl, Wiɛɛu, Akoi, Abuk --. Ke rin kë ku rin juëi kɔ̈k aaye ŋot ke ke rek kɔc në kuɛɛr thɛɛr ken thëny röt yiëth ken ku kä juëi thiek yiic ke baai ë ke cï ke yaath.

Bën de yiëth lei acï kɔc peec ku rum keek në pɛl de mom ë nï ke keek ku ciëkciëk de kä ke cieŋ ë ke ye kë ke looi në lan wën. Bën de këröthanuɔɔi acï ŋïny ë loithok de kɔc në biäk de ciëciëk de diɛr bën cuɔɔk piny ku cɔk ye kë cïn ye yic.

Në run juëi cï kutëkut cï Tuïc ke paan de cieŋ ka ɣän cï cieŋ, ke Tuïc acï diɛr cak diɛr thiek yiic ku nɔŋ kë yiic wël cuai ëŋui. Wël nɔŋ ke yiic, ye ŋïny loithok, dhuëëŋ ku pɛl de mom de kɔi cieŋ paan de Tuïc nyuɔɔth. Në bën de kërëthanuɔɔi ke ye pɛl de mom ë tɔu ke kɔc ë, acï bën wel ke ye luɔɔi de wëiyer/jɔŋdït. Man na rë ke ye yen ye kɔi ke kanitha cɔk cak diɛr. Ana kën yï miɔɔc ke yïn cï dit lëu në cäk. Ye kënnë, alëu bï kɔi juëi wën lëu bï raan ke dit cak cɔk gëëi röt ku yäŋ kë pɛl de mom den yic, ŋïny den ku ciëkciëk de diɛr ke ke tit jɔŋ dït bï ke nyuääth ka bï ke kër mïm diɛr.

Bï yic ciëk, pɛl de mom ku ŋïny de käŋ de Tuïc ka Jiëëŋ ee go tɔu aŋoot kërëthanuɔɔi ku yiëth nɔŋ cin në cil de yic ke ke kënnëke cak në piny mom. Lueel Paancol Deŋ Ajääŋ de Luk ye "dhuëëŋ akën ɣa lɔny cï jɔk ee kë de dhiën da."[134]

Wäänthɛɛr paan de Tuïc, kɔc ë ke ye dier në lɔɔr, aake ye cak në diɛr në ŋö na cïn mom dit ka ciën kë mïm diɛr të ye we kɔi ye dier në wïn tök yic, ke we cïï lëu bak kë dier. Në ŋö ee cïn raan ka kɔi ë ke ye nyïïr wëër mïm në diɛr ke kɔi kɔk cï ye man tɔu yen ëmanthiɔ̈kkë yë të nɔŋ kɔi juëi cï köök në ɣän kɔk.

---

[134] Paancol Deŋ Ajääŋ Luk (2003) Ɣɛn ye cuai dɔc këm të cï ɣɛn piɔ̈u miɛr. Ye din në ee din töŋ de diɛr juëc ke Paancol yiic.

Ayadëŋ, bën de yiëth kɔ̈k, acï kä ë ke liu në cieŋ yic wëntheer cɔk bɔ̈ cïman tɔ̈u ë thɔ̈ɔ̈r ye kɔc thɔ̈ɔ̈r në rin ke yath. Ee ril yic ëtör wään theer paan de Tuïc bï kɔc ka wuɔ̈r thɔ̈ɔ̈r në rin ke yath ka kueer de kuum. Në ŋö ŋɛ ee rïu jɔŋ de ŋɛ ku kuɛɛr keen loithook ke cieŋ. Ee cïn raan ye raan ë yɔ̈ɔ̈k, ye ye jɔŋ duun mec ë arac.

Ee ŋic kë ayadëŋ, man cïï yen ye yi ba yanh du thany ku riɛɛt në kɔi kɔ̈k mïm. Në ŋö ee yï nyuɔɔth ke yï kuc thiek de yic de kuɛɛr ke cieŋ ku pïïr de raan dër ë. Ku ke yï cɔk gum në ciɛɛl yic ke yï tak kuɛɛr ku akiir bï yïn ke kɔi kɔ̈k kë muɔ̈k mïm piny ku wɛl ë ke mïm wei në kä ken yiic.

Kunnë ye cök, ke ke koor nyïn në täŋ de Jiëëŋ yic ëgut, man nɔŋ yen jɔŋ rac ku jɔŋ pieth, jɔŋ pieth wën lëu bï kuɔɔth ku ŋëm ë kɔi kɔ̈k në riɛl. Kë ë tɔ̈u të nɔŋ Jiëëŋ ee jɔŋ kec ku ja kedhie aake ye ŋɛ ke maŋen të de ku rïu ë keek cï täu den.

Riɛl de jɔk ee ye ŋi në kei de ka tiiŋ ye wël ke röt tiɛɛŋ cï të cïnnë tiër de ke caar thïn. Ku ye kɛi ë, yennëka yennë jɔk riëu ku riɔ̈ɔ̈c ë në ɣän kɔ̈k ka ɣän mec. Rëëc de jɔk ka (konthëp de) jɔŋ rac, ee kanitha yennëke cak yeen, jɔr kɔu ku cööc arët ago kɔi juɛc jiɛth piɔ̈th wei në kä thεεr ken cök. Në ŋö na rac jɔŋ duɔ̈n ku kuεεr kuɔ̈ɔ̈n ke duɔ̈ɔ̈r, ke cieŋ duɔ̈n ku kɔ̈k thiek yiic kuɔ̈n aa rac. Ku week në gu kuɔ̈n we rac ayadëŋ.

Ba dhuk në wër yic, ke ke liu pacɔ̈k në täŋ de kɔc yic bïkkë kɔi kɔ̈k lɔ wel mïm në kuεεr keen ke duɔ̈ɔ̈r yiic ku bïkkë ke lɔ bëi në yanh den yic. Ee ŋi kɔc apieth man cïn yen kueer töŋ ye yi yen yennë yath kuany cök thïn, ku ke ye kë gam ke kuεεr kedhie ye lɔ të nɔŋ Nhialic. Ana door Aruäi, Deŋ, Akoi, Aleer, Gërëŋ-Madiëëŋ, Baar, Lirpiɔ̈u, Maŋök ku yïeth juëi kɔ̈k kë, ke ka cïn awäc, duciëk ee ŋot ke piŋ yïin.

Ku në bën de kërëthanuɔɔi ku yïthïläm ke ye kaam ku ye riëëu pieth ë, acï riäär aliir yic ku γeer wei në yom yic. Ku löök teer, mëën rac, wer piny de röt, duɔ̈ɔ̈r de röt ka kook de root, tiεεlanyääk, ajäijäi, pëëc de röt, nhiëër de bääny, dhuɔ̈m de röt, acaŋcaaŋ, thirbilliny ku tɔŋ löök kë röt në nyin yic ku cɔk kë atettet, aŋomŋom ka kuɔ̈i rëër cɔk kë dït nyin në kεm ke kɔi ye kërëthanuɔɔi ku yïthëläm kuany cök.

Tïip nɔŋ yic anyääk, män de röt ku areekkek tɔ̈u në kεm ke ye yiëth lei kë, aacï röt looi ke ke ye adhum yee tiεεl ku kä juëi ye kɔi ye ke kuany cök këëk γëër bei thïn.

Gäm ye ŋɛ ye gam në keek, ke ye yen ye yanh yi cï Nhialic yiën raan në piny mom yennëke ke cɔk deeny ke mïm në ceŋ. Ku cɔk kë dukuëëny ke kek cök cɔk kë ke gum në kuɛɛr kuɔ̈r yiic në ke gu ku ke mïm.

Në ke yiic ke pëi, cïman de kërëthanuɔɔi ye tök, ke ɣär de yic ku apeerrer kaa ŋot ke ke nï. Kɔi cï yanh den cäk në rin ke jur den ka paan den aacïï röt piŋ kennë kɔi kɔ̈k noŋ të ye kek luaŋ de kërëthanuɔɔi den caal thïn. Ba toot, ke rïu ë rïu ë ŋɛ yanh de ŋɛ paan de Tuïc, acï ke yiëth lei cukku ke löök në nyïn yiic kë kuɔ̈r roor. Tuïc acï root ya kiir, cuiit root, acï ya mothëmoth ku nyiimënyim në root ku teer ëmannë ku dɔm ye cin në rin ke yath ku ke kë ë liu wäänthɛɛr në cieŋ yic.

Tɔŋ ë ke ye Tuïc ke thöör aake ye tɔŋ ke piny nɔŋ yiic yï toc, lɔ̈k, piny ye cieŋ, wuɔ̈r ke mäny de ɣök ku pamïm ke lööŋ ku kaa cïï ye ye yanh de ŋa yen ye yanh pieth ku thieek yic awär yiëth kɔ̈k kë. Kɛi de jɔk, ee ye root luɛɛl bii ye tök ku cɔk ye rïu ë ku nhiaar në ɣän ŋon. Ku kee cïï ye kuɔɔth në riɛl ku rɛi de guɔ̈u de ja ke wuɔ̈r kɔ̈k ku rin ke kɔi nɔŋ keek, ago we ke ya kɔi pieth ku thiek kë yiic awär keek.

Në kuɛɛr juëc ë ŋui, ke duɔ̈ɔ̈r de yiëth ke Tuïc ka Jiëëŋ, ee kënnë yiën yic barjödanyic ka ɣëëk kë nyin. Akënnë yïn yic awaaŋwaaŋ yennë wël wel ku puk ke kɔ̈th ku aɣeerɣeer cïn aŋuek. Ee cïn yic cëmcuëër cï guan në buɔ̈k yaath yiic man ye ke thöɔ̈ŋ ku gam keek ke ye kek tɔu ë wël ke duciëk ke thin. Acïn yic athoocthooc, akuiinkuiin ku adooŋdooŋ cïn ye yic. Ee cïn yic akoonkoon ye adhuɔɔm nyin kɔt ku jɔl ya kä juëi rɛi kɔ̈k cï bën kënnë yiëth lei.

Aŋic ku, bën de yiëth lei, aacï bën ke ke guɛr ke cin piny në kuɛɛr ke cieŋ ku kuum ke bëi ken ku kɔi nɔŋ keek. Ku kɔi nɔŋ ke yiëth kë, aaye cieŋ da, kuɛɛr kuɔɔn ke mäny de röt, thoŋ da ku kuɛɛr kuɔɔn ke pïïr tïŋ ke ke piɔl yiic arët. Ku tïŋ kë wɔ wɔ kɔi nɔŋ keek ku thöɔ̈ŋ kë në ke mïm ke wɔ ye kɔi cïn lɔ tueŋ ku cïn piath ŋic ku në pïïr yic. Ku cïn ku cin në yïk nhial de cieŋ de raan yic në piny mom ku kä juëi rɛi kɔ̈k cï kë ke cak ku riit kë ke në cieŋ da ku kuɛɛr kuɔɔn ke pïïr kɔ̈th.

Ku ye thöɔ̈ŋ ɣɔ̈ɔ̈r yic ë yë, acukku gam ana kën në gär në thoŋ lei ke yïn ye kueen ke yï kën piöi ku yïn bɛr thoŋ du, akököl du ku kuɛɛr kuɔ̈ɔ̈n ke cieŋ ku pïïr ŋi. Kuny de gäär acïï ye yen ye ciën piöi. Yïn lëu ba gäär kui ku yïn cï piöi, yïn ŋic kä thiek yiic kedhie ke cieŋ du, kuɛɛr ke pïïr ye kä ku ku lööŋ ke mäny de röt töu piny du.

Piöi ee ba rëër apieth we raan dë, ŋic yi de ku gäm ë yeen. Ee ba thieek yic ku löm ke kïr we ku nɔŋ kony të nɔŋ kërïëëc ëbën rɛ kennë naŋ kony de raan. Ba nɔŋ ŋïny loithok, ŋïny ŋi yïn të cieŋ yïn thïn, kä töu thïn ku gëër yen root geer. Ba nɔŋ ŋïc në bëcbëëc kuɔ̈r yiic ye kɔc, läi ku diɛr töu në piny lɔŋ du dɔm ku ŋic kuɛɛr yennëke ke tuɛnytuɛɛny kë luɔɔi thïn ka yennëke nyaai thïn.

Ba naŋ ŋïc në kä nhial; kuel, aköl, pɛɛi ku cäth den. Ba baliööth ye yaath ku thiek kë yiic të nɔŋ jur duɔ̈n ŋi ku riɛu ë keek. Baliööth cït man de nhïëër de baai ku kɔi töu thïn, rïu de löŋ, kɔc ku kuɛɛr juëi yennëke röt mai thïn, tïït de nyin në röt ku kä töu baai, kuëny de yi cök, ŋëër tueŋ de yi, ŋïëi luɔ̈ɔ̈r de kɔc ka kämaan, ba naŋ ŋïc në akökööl ke kuar kuɔ̈n, cïëkcïëk deen de käŋ ku piny du ku jɔl ya baliööth juëi pieth kɔ̈k thiek yiic loithook töu në cieŋ ku pïïr de paan duɔ̈n yic.

Ke yïëth lei kë, aa kën bën ke ke muk kë cin në kuɛɛr ke kuum ke piny ken ke pëi. Aacï bën ke ke cath kennë cieŋ ku kä juëi kɔ̈k ye ke looi në bëi ken yiic. Ke kä ke cieŋ ken cï bën kennë keek kë, aacï të ë ye Tuïc kä keen thiek yiic ke cieŋ luɔɔi thïn cïman tɔ̈u ë të ë yennë thiëëk kuany cök thïn ku kɔ̈k juëi thiek yiic ë ke ye ke looi paan de Tuïc bën wɛl piny ku nuk kë ke kɔ̈th.

Wäänthɛɛr paan de Tuïc, ke të ë yennë thiëëk kuany cök ku looi ë ye thïn, ee kɔ̈c yic arët. Kë ë thiek yic në thiëëk yic, ee kuɛɛt ke kɔi thiak röt ku luɔɔi arët den. Ana cï bëi ku kuɛɛt noŋ mïth thiak röt röt piŋ, ke ke thiëëk yennëka yup, näk biol, kuath ɣɔ̈k ku dɔ̈ŋ/leerë nyan thiak paan de. Ee cïn kä juëi ke kä ye ke looi loi ku keek në ye mɛɛn.

Bën de yiëth ku cieŋ kɔ̈k, aacï bën kennë rëkrëk dïït de kä kuɔ̈i ë kɔi juëi ke Tuïc ke wëtic den, yee ŋö yennëke looi në thiëëk yic ku ka ye ke looi ëmɛnthiɔ̈kkë tei. Kä tɔ̈u cïman tɔ̈u ë ɣënna, koi de nyan thiak, 7thieth de alanh ɣer në thaa de ruuk ku kuɛɛr juëi kɔ̈k ke thiëk ke Arep ye ke looi ke ke kui ë ke wëtic de kë ye luɔ̈i keek.

Lɔ̈m cï Tuïc yiëth ke juɔ̈ɔ̈r kɔ̈k ku kä cath në keek löɔ̈m acï ye cɔk päl kä juëi keen në ke ye ke yaath në yäth. Bën de yiëth lei acï yäth de piny ŋon cïman tɔ̈u ë bëi ke Yïthërɛl ku bëi ke Arep cɔk ye tueŋ awär ɣän thiek yiic tɔ̈u paan de Tuïc ku Apirïka.

Kɔi ke kanitha aaye jam arët në piath ku riɛl de yic de kiir de Jordɛn ku mëër kë mïm man na rë ke kiir de Jordɛn cïï kiir da ka kiɛɛr kuɔ wär. Arɛɛc kë në gäm man yen ye kiir daan ye bën në Yuganda yë ku kiɛɛr ke Methopotamiɛɛ, kek ka ke kɔn në duɔ̈ɔ̈r de yiëth, piöi, mäny de läi ku cieŋ thiek yiic röt gɔl në ke köth. Cieŋ cït man de cieŋ de Nubiɛ, Kemet ka Yïjip, Yïthiöpiɛ, Thämärian, Akadia, Babbïlon -.[135] Dë ayadëŋ, pïu juëi ye lɔ wëër de Madïtuerenien aaye bën në kiɛɛr kuɔ yiic. Ku pïu ke Madïtuerenien kek ka ye pïïr de Yïthërel ku bëi kɔ̈k tɔ̈u në ye mom cɔk köc yic në kuɛɛr juëc ë ŋoŋ.

Ba toot, ke ka nhiɛɛr kɔi juëi ye kërëthannooi ku kɔɔr kë në ke piöth na lëu root ke ke bï lɔ Yïtherɛl ago kë lɔ thiɔ̈k ke të ë cïnnë kuar keen ke gäm thiɔ̈k thïn. Ku ka liu arët në ke mïm bï kë lɔ në wuɔ̈r yaath ke Tuïc yiic ku panïm ë ke tɔ̈u ë luëk yaath ke thïn ku ɣän juëi cïnnëke kuar keen noŋ riɛm yic në keek thiɔ̈k thïn paan de Tuïc.

Piööc cï bën ke yiëth kɔ̈k cïmɛn de kë ye jam ye ye piny ë acïï ye kë da. Aacï dukuëëny juëi ke kek cök cɔk löm pïïr de ye piny tɔ̈u kek thïnnë ke cïn ye yic të thööŋ kek yeen kennë pïïr ye kë thööŋ ke bïkkë lɔ yök paan

---
[135] Redha Ɣathlan (2017) Nhialic: Akököl de raan. Bantäm Përëth.

nhial (të tɔ̈u yen ëgut). Acï kɔi kɔ̈k cɔk yö̈ŋ kä juëc yiic kä ë ke ye ke looi në cieŋ ken yiic. Kä cït man de tïït yennë nyïn tïït në tiɔp ka piny në ŋö aye kɔi kuɔ gam ke ye piny yen ye kɔc muɔ̈k nyin kuɛ. Ku na ye yen ye kɔc muɔ̈k nyin kuɛ ke ka lëu bï dhil ya tïŋ apieth. Ku cïï bï ya lɔɔt yic në baŋ yic ka dïr de piɔ̈u.

Kë de kä dïr cï yiëth ke juur kɔ̈k bëi ku cöc kë arët ku ke liu ëgut në täŋ de Tuïc ku Jiëëŋ yic, ee rëëc de tik. Thöö̈ŋ ye kek ye thɔ̈ɔ̈ŋ kee rëëc bɔ̈ në piny mom në kueer de tik acï tik kuɔɔr piny ku piɔɔl yic arët. Në baibol yic ke diäär aaye ke nyuɔɔth ku wuau keek, ke ye kek ye kueer kɔ̈c yic ye duriëëth ke dugëëm dɔc them, nyoŋ ke cök ku wir keek. Ku bï ye thëm ë bï kuɔɔr nyin piny, ke ka nɔŋ lö̈ö̈ŋ ku kuɛɛr cï bäny ke ye yiëth kë ke guiir bïnnë diäär ke röt ya muɔ̈k thïn të tɔ̈u kek në ɣän ke läm kannë tëëŋ yic. Cïman tɔ̈u ë duɔ̈r de miëm yic ku kuänh de röt në alëth bär ku kɔ̈k.

Ye piööc cït ye kënnë yë, acï piath ku thiek de yic de tiŋ de Tuïc ka tiŋ de Jiëëŋ kuɔɔr piny ë ŋoŋ ku cɔk diäär wïk keek në ɣoi në nyïn ke baibol ku koraan. Man na rë ke ye kek ye dudhuum, dupïït, magöö̈ny ku rin juëi kɔ̈k cï baibol ke jar ku thɛny ke në ke kɔ̈th. Ku ka cï kɔc gam ë ŋui agut cï diäär në gu ken ke ye kek ye awaŋgaŋ yennë bïï ë niööp ku wïïk de raan bei thïn.

Në cieŋ de Tuïc yic, Jiëëŋ ëbën ku Apïrïka, ke tik ee awaŋgaŋ ye pïu pieth ku kä mir pieth kɔ̈k ke cieŋ bën bei të nɔŋ yeen. Tik aye Tuïc gam ke ye man de kɔc ku ye athiɛɛi ku amiɛr guɔ̈u miaac. "Acï man yu në biɔŋ tueeŋ."[136] Rin yennëke diɔ̈ɔ̈r nyiɔ̈ɔ̈l cït man de nyandiɔ̈ɔ̈r, jur adhuëŋ cït weŋ aciɛk ku mir cï ciɛk ke weŋ,[137] juɔ̈ɔ̈r bäny ku rin kɔ̈k, aaye diäär nyuɔɔth ke ke ye nhiëliic thii lɔ në ducïeŋ dïït ë cɔ̈k në kë yennë mïth röt cak në ke yiic, muk kë ke në ke yiic në pëi, dhiët kë keek ku tɔ̈u kë kennë keek në abëër ke dïr den yiic kedhie, në loi yic kunnë anuɛnnuɛɛn yiic.

Tik ee Nhialiny de reu të nɔŋ kɔi ke paan de Tuïc në ŋö aɲi Tuïc apieth, na cïn tik ke pïïr alëu bï cïën amitic në guɔ̈u de. Kunnë akököl de raan yic në piny mom, ke "Nhialiny tueeŋ de nhiëliic yennë kɔn raan door ee Tiɛŋnhialiny ye cɔl Ɣäthor në Kemet."[138] Akë ye tik wuau ku nyooth ke ye yennë bïï guɔ̈m ku yuur në piny mom acïï tɔ̈u të de. Ku ka cïï lɔ ke të ŋï ë Jiëëŋ ku Apirïka ëbën

---

[136] Wër de Jiɛɛ̈ëŋ ye lueel paan de Tuïc bïnnë piath ku thiek de yic de tik nyuɔɔth.
[137] Dual Ayɔ̈ɔ̈u Dual., wët deen yeen diäär ŋuɔ̈ lec mïm.
[138] Joɛep Bëën (1997) Apirïka: Man de cieŋ de Wëth (Africa: Mother of Western Civization (African-American Hreritage)...............

tik. Aaye kɔi juëi ke kek gam ke diäär kek ye këërkëër ke bɛi ka juur ken cïman töu ë Kïkuyu në Kenya --.

Në cieŋ de Jiëëŋ yic ku kɔi kök ke Apirïka në thɛɛ juëc ë ŋui, ke diäär ka ye kïn de döör, duɔr de piɔu, aduŋ de mom, muk de röt nyin kuɛ… Raan kuc cïëëŋ paan den ka dhiën den ku kɔɔr të bï yen lɔ rëër thïn apieth ku bï naŋ ye nyin, ke ke bï lɔ panëër den, pathuɔ̈ɔ̈u de, pamëth de ka köök juur. Aŋic ku anoŋ mëithook ku dhiän nï paan de ke ke ye mëithook ku dhiän ë ke keer nyïïr keek. Na yïn ya, ke diäär ke Tuïc ku nyïïr ke, kek ka ye päny ril de.

Aŋic ku në akököl de cäk yic, ke tik yennëke cɔk Atöc tem wiën köu wïn ë yennë lɔ nhial të nɔŋ Nhialic ka yennëke gut Nhialic në leŋ ë ɣör yen go Nhialic root cuɔr wei amääth të nɔŋ kɔc, rɔr root döör ka nhial jäc.[139] Ɣɔn cïnnë tik ye kënnë cɔk loi root cï të ye Jiëëŋ ye thɔ̈ɔ̈ŋ ku gɛm thïn. Ke Nhialic akën tik bën cieen ku wɛɛi në wëi cït kë ye baibol piööc ke cïnnë tik waai ɣɔn cï yen root cɔk dhoom këroor (cï të ye baibol lëk yeen) bï tim de ŋïny de piath ku rëëc cam ku yiën mony de dom de Yïden.[140] Yekënnë, aye baibol lueel ye ye yennë bïï

---

[139] Buŋ Mariar
[140] Göc 3: 1- Ye akököl kënnë, ee ŋic arët në Kemet/Yïjip ku bɛi thiääk në yeen. Ee ye yï ŋek wuau cï të ŋïc kë yeen aŋot ke kënnë kɔc ke Yïburu lööm ku mɛt kë në akökööl keen ke thɔ̈ɔ̈ŋ ye kek ye thɔ̈ɔ̈ŋ ë piny cak ya dï yiic.

guɔ̈m de tik në liëc ku dhiët yic. Ku ka ŋic ku apieth ŋuut ke läi kedhie ku kɔ̈k pïr tɔ̈u në piny mom aakën tim de ŋïny de piath ku rëëc cam ku kaa ye guɔ̈m në liëc yic ku dhiët yic cïman de tiŋ de raan.

Ca bï cuaat, ke dë de kä cï yïëth kɔ̈k nyaai të de, ee puny de thok de rin ke duciëk. Kërëthanuɔɔi acï ke rin kë; jɔk, nhialic, madhɔl, deŋ (Nhialiny de deŋ, dhiët ku kä ye luɔk), gërëŋ - bën wuau ke ke wuɔ̈i. Ku të nɔŋ Jiëëŋ ke ye rin kë, aaye rin ke duciëk kedhie. Ku në yi pacɔk, ke ka ye kɔn ya ja ku jɔl kë bën naŋ rin ken ciman de rin ke Deŋ, Gërëŋ, Abuk, Akoi, Ajɔ̈k, Atëm ku Nhialic man yen nhiɛɛr ë kërëthanooi rin ke në rin kɔ̈k kë mïm. Ke rin kë ku rin kɔ̈k, aacïn yiic rin rac cïman ye kërëthanuɔɔi ye ŋuɔ̈ cuaai ku cööc ke jɔk cïï ye rin kɔ̈k ke Duciëk.

Të nɔŋ Jiëëŋ ku juur kɔ̈k nɔŋ jɔk ke ye rin ke Duciëk ku ye Nhialiny dïït den cïman tɔ̈u ë Anyuaak (Juɔk), Collo/Culuk (Juɔk) Acoli ku Laŋo (jɔk) në Yuganda, Aluur (jɔk) në Yuganda ku Koŋgo ke jɔk aye gam ke ye Nhialiny dït ku ye Duciëk man tɔ̈u në këriëëc cï cak yic ëbën, läi, pïu, tiim ku kä juëi kɔ̈k.[141] Ku yekënnë,

---

[141] Pätrica Yan Liny (2004) Apirïkan Mitholojï gɔl në A – Ɔ

yennëka yennë Jiëëŋ këriëëc ëbën lööm ku yiɛɛth ke ye kïn de yath töu në nyin de yanh yï kë door yic.

Të nɔŋ ke juur kë kedhie, ke jɔk yennëke cak ril nï nhial kedhie nɔŋ yï akɔl, piny ye röt wïïc në akɔl köu, pëi ke piny, kuɛl ku kä juëc nhial, piny ku kä töu thïn kedhie nɔŋ yiic raan ku läi. Në täŋ de Jiëëŋ yic ku juur rɔm yen ke rin ke jɔk kënnë keek, ke jɔk yennëke piöi raan ŋïny de puöör ku yiën ke mac man nɔŋ juur töu në Jiëëŋ yic ye mac theek ka juöörmac.[142] Jɔk të nɔŋ Tuïc ke yennëka nɔŋ riɛɛl yen kɔc cɔk dhiët keek, yennëke deŋ cɔk tueny ago mïïth luɔk, yennëke yiën ke weŋ ku läi töu baai ku yennëke yak tuɔɔc ayadëŋ. Aye kë gam ke jɔk ye ye cin mar kennë ja thii kɔk ka kuar ken ke kɔc ku bï yen ke kä kɔɔr keek looi në keek.

Në akökööl keen ke cäk yiic, ke jɔk akën kɔn rac të nɔŋ raan. Aye kë gam ke ye dugël de kɔc në kä yï kë ke looi yiic kedhie ku ye them në kuɛɛr juëi bï ya kë pieth të nɔŋ raan yen ye luɔi yeen. Në thaa de cäk ke ka ye lueel ya ë cï jɔk them arët ke ye duciëk bï raan yiën nyïn ke tim de pïïr ago raan ya pïïr athɛɛr. Go raan cɔ̈r de jɔk piŋ ku cïï dɔc lɔ bën, lee gääu. Go jɔk piɔu riääk ku yiën ye miɔi

---

[142] PätiriaỴän Liny (2004)) Apirïkan Mitholojï gɔl në A – Ɔ.

thiek yic ë yë yiën akɔl, pɛɛi ku kuɛl. Ana yɔn jɔl raan lɔ cop go ciën kë ber bën yök. Ku yen jɔl ya thon ye raan thou ku ye yï akɔl, pɛɛi ku kuɛl jɔl kë mɛi në thou.[143] Yeen, jɔk ee pieth të nɔŋ kɔi töu Apirïka. Ee cïï rac cïman ye yiëth lei ye piɔ̈ɔ̈c ë. Ayadëŋ Catän në thoŋ de Päcian yic acïï mom ye jɔk te nɔŋ Jiëëŋ cïmɛan wën cïnnë ye lueel ya rëëc de jɔk ee kë ë gɔl kërëthanooi ku ke liu në täŋ de Jiëëŋ yic.

Ba ye cöök kë guur, ke ka cukku tïŋ yath yennëke cöök tueeŋ yennë kɔn raan käi në kɔ̈ɔ̈r deen de ŋïc yic ku thëm yen ye them bï täu de në piny mom ku kä töu yen ke thïn kä cï ye gɔ̈ɔ̈l piny deet yiic, döt keek ku yiën ke wëtic. Yath ee täŋ thöŋ ke thɛɛ cïnnë raan ke töu në piny mom (run ke mïliöön ke 4.25)[144] ku thɛɛ ëke gɔl yen ke ŋïny de piny cieŋ ku kä thiääk në yeen ku aguiɛɛr de kuɛɛr keen ke cieŋ ku mëimëi de root de (run ke biäbuur ke thiëër ka thiëër ku dhïc).[145]

Acukku tïŋ yath ee töny yennë miɛr de piɔu de kɔc, piath den, cieŋ loithok den, pɛl de mom den, tëët den, ciëkciëk de käŋ den, muɔɔm dïït loithok den, dhuëëŋ lɔmällëny den ku kä juëi töu në cieŋ yic tääu thïn. Aŋic

---

[143] Pätrica Yän Liny (2004) Apirïkan Mitholojï gɔl në A – Ɔ.
[144] Jɔɔn Ciɛlbï Yïthpɔŋ (2011) Re-claimimg the Bible for a Non-Religious world.
[145] ----------------

ku në buɔk juëi cï ke gɔ̈ɔ̈r yiic në piny mom në kɔi pel mïm mannë gɔl ë guiëër de cieŋ, mäny de läi, puɔ̈ɔ̈r, guiëër ku gäär de thok, duɔ̈ɔ̈r ku luɔɔi de kä yaath röt në kiɛɛr ke Apirïka kɔ̈ɔ̈th ku piny thiääk në yeen piny cït man de Thämä ka Babbïlon man ye Yïrak ëmënthiɔkkë, ku piny kɔk tɔu në wëër de Madituereenian lɔ̈ɔ̈m ku piny thiääk në yeen.[146] Piath ku thiek de yic de yath ee ŋi Jiëëŋ ku Apirïka aŋoot ke yiëth ye röt cuaai ye ye kek ye yiëth ke yiiyii ë wei në piny mom. Ye kënnë, ee ye nyuɔɔth ke cïn kë ye yam cï bën ke yiëth ke juur kɔk cï Tuïc ka Jiɛɛŋ ke lɔ̈ɔ̈k në nyïn ke yiëth thɛɛr ke yiic. Kë cï root looi ee muut de nyin bï kë du bën jɔr ku lɔ waaŋ kɔ̈u ku jɔl bën gäm yïïn në kueer cï por kɔ̈u në wël pieth ago root jɔl looi cï kë ye yam.

Kä ye thɔ̈ɔ̈ŋ ke ke ye yam cï bën kennë ke yiëth kë, aaye toŋ ke awan të nɔŋ Apirïkïïn. Në kë ë ŋi kek kekäkë aŋoot kë ke ke kënnë kërëthanuɔɔi ke ruɔɔm në ye yic ke ke ye kä ke. Në akököl de raan yic, cïman tueeŋ wën cïnnë ye lueel, ke raan tueeŋ yennë kɔn dhiëët në dhueny kën yök ke moc, ee Ɣöruth (Ɣɛro) wën de yï Othäräth kennë Ɣaithith. Othäräth të nɔŋ kɔi ke Rip ke yennëkee

---

[146] Jɔɔn Ɣenrik Këlak (1993) Kɔi ke Apirïka në kɔi ke piny mom yiic.

Nhialiny de pïïr athεεr ku yen ye raan tueeŋ ë kɔn root jɔr në thou yic në akököl de raan yic.[147] Ye akököl kënnë, ee loi root në run ke biänbuur ka tiim ke ŋuan[148] aŋoot Merï ke kënnë jɔr köu ye dhiën de gäi ë ku kök ye baibol ke cuɔɔk në wën de thok. Lööŋ ke thiëër ke Motheth ye ke lueel yaa ke yiën në Nhialic ke yeen në kuur de Thinaai/Thainaai mom aaye lööŋ ke lööŋ ke thiërŋuan ku rou yiic piny de Rip/Kemet/Yïjip.[149] Ku Mothëth në guɔu de ee bïï ë nhial në Rip ku piööc ë në kuεεr ke ŋïny de käŋ de Rip/Kemet/Yïjip.[150] Ku kuur de Thinaai në guɔu de atɔu në Rip acïï ye piny ŋon, ee baŋ de piny de Apirïka yic.

Në biäk ciëën de cök, ke wɔ cï kä juëi cï ke yïëth ke juur kɔk cukku ke lööm kë ke riɔɔk ku waar kë keek në cieŋ yic tïŋ. Gɔl në kuεεr ke duɔör alɔ gut në yɔɔr cïnnë tik yaar yic ku riäk guɔu ku wïk në gäk ke ye yennë bïï yuur ku guɔm në piny mom. Kërëthanuɔɔi ku yïthëläm aaŋot ke ke cu wo mïm kä cïï lui ku na cïn kë loi ku në biäk de kä thëny röt wuɔɔk ke kaa ŋot ke ke bï kä juëi kuɔɔn ke cieŋ ku kuεεr kuɔɔn ke pïïr riɔɔk ku riir kë ke

---

[147] Jak Jakthon (2018) Kä ye thɔɔŋ ke Kemet/Yïjip (Egyptian Myths), Flame Tree Publishing.
[148] ---
[149] Buŋ de bën de nyin de yεεr ku riaar de ka buŋ de pïïr ku thou. (tïŋ baŋ dïït ë nhial).
[150] Yosef A. A. ben-Jochannan (1970) Black man of the Nile and his famil. Black Classic Press. Balimore.

roor të nɔŋ pïëth bï bën. Në ŋö ke yïëth kë, aaye dukuëëny ke kek cök kum mïm ëka cïn kë ye kë tïŋ ke pieth në cieŋ thɛɛr den yic. Ku kaa ye ŋot ke ke cɔk luɛɛk de mom juak ye yic ku pïëët kë cök piny. Ku ka cï ŋïny de käŋ de baai bën wɛl në kueer cïï ye yic yic. Man na ca gär në thok kɔ̈k ke ye yïn ŋic käŋ awär kɔi kën gär në thok kɔ̈k. Ku kɔi kuɔ kaa ke ye mïth ku dɛɛu ke ɣɔ̈k cï thou yïëëc bëi bei ku dɔ̈ŋ weŋ ke pieth yic cïman de. Ku ka ke ye yom ku kä juëi kɔ̈k looi në ŋïny ë tɔ̈u keek.

Gurguur

Në gur de athöör, ke ka ŋic ku apieth "raan cieŋ waar yennëke tök de ŋi të nëk yen ye cök."[151] Yennëke cöök de cieŋ, aaye kɔi ke yen kek kaa ye ye dɔc ŋuen ye ŋö nuën thïn, wel ye mom të nou ku ye kä ŋö waar röt thïn ku kɔr kë awuur yïndï ku ye kä ŋö ŋuɛk ke në ye yic. Në yi pacɔ̈k, ke ka cïï root lëu në yäŋ ku jai man wɛɛr ë cieŋ de Tuïc ka Jiëëŋ root në kuɛɛr juëc në yäŋ kedhie. Ku ka kɔt awuur cïï lëu bïnnëke ye ye dɔc dëër cök të cïn yen kë dɔc looi në biäk de kä thɛɛr ke. Në ŋö kuɛɛr ë ke yennëke ŋïc cak, cuëc, gël, muk ku tɔ̈u nyin aacï Jiëëŋ ke wïk në yäŋ ku dhɔɔt keek. Ku ka cï kä lei lööm ke ke thiek yiic awär kä ke.

Në buk yic, ke ka cukku tïŋ cieŋ yennëke yï nyuɔɔth ku lueel yï bii ye yïn ye ŋa, yee ŋö ye looi ku ye looi wudï, yee ŋö ye kɔɔr, ye pïïr wudï, wel lë yï mom të nou ku ye kä ŋö ye ke yaath. Yennëke muɔɔm ku cöök du

---

[151] Nyandeeŋ Col Atëm (2004) Në jam de yic Abiɛi në Thɔ̈ɔ̈th Thudän në thaa cïnnë akur de Athiɛllɛei/Athiɛllɛm kɔi ke Abiɛi lɔ neem ku bïkkë ke lɔ guiëër dɔɔ'r ci' thany yic..

nyuɔɔth ku kɛɛk në ye yic në kä ye ke looi thïn. Në kueer dë, ke yennëke wïn ye baai mai ku cök mom kueer. Cieŋ de Tuïc ku kä ye cɔk cath pieth kek ka ye ye nyuɔɔth ku lueel kë bii ye jur yïn dï ku yee kä ŋö nhiɛɛr keek ku mɛɛn keek. Ɣoi piny në nyïn kou, ɣoi në nyïn ke ë gallɔk ka nyïn ke raan dë. Door kïïtkïït de ka atïm adöny de ka ye ajɔric lei yen ŋɔɔm yen root në yeen.

Cieŋ yennëke ye nyuɔɔth ayadëŋ, ye Tuïc yen geer riän de në root ka nɔŋ raan dë pɛɛi geer yeen ku na geer raan pɛɛi ke geer të nou. Të geer yïn riän du në yïn ke yï lääu, ke yïn ye aciëŋ yi du ku cöök adöny du luɔɔi bii ëwarwar ke cïn riööc de guöu, akuäukuäu, abonyboony ku akuaŋkuaŋ ye bem de root bëi.

Acukku tïŋ piath, loi de thok, thiek de yic - de cieŋ de Tuïc ee piny de ku kä ke pïïr nï thïn, kɔi ke në pïëth yic ëbën mïnyɔn, atïïp ke, kä keen ke luɔi, kuɛɛr keen ke pïïr ku kä pieth juëi keen ye ke ŋuö yaath. Tuïc ee juöör maloŋ ku nhiëër nhiɛɛr yen löŋ yennëka ye yen löŋ ku aguiɛɛr deen de mäny de root cï gam riëu, yiɛɛth, gël, yïk, muk nhial ku ye ŋuö jɔɔl yic në kuɛɛr kedhie lëu ke. Ŋiëi guiëër de röt ku dɔm de kök nhial yennëke Tuïc cɔk tiam kä juëi ril yiic ye ye ŋuö yök piny de. Në kuɛɛr kedhie, ke looi bii de löŋ ku kuëny de cök de aguiɛɛr de mäny de röt, ee mom kë de raan ëbën, baai, macthok, dhiën ka dhiän, wut/wuɔ̈r ku jur man yen ye Tuïc.

Bï të cieŋ ŋi, täu de në piny mom, bï käŋ kedhie tɔ̈u thïn deet yiic ku rëër ke cï ye guɔ̈u ku ye mom päl piny ë duäny, ke Tuïc ee cï gäm de tääu në duciëk yic ku kä juëi ë ke ye ke gam ke ke täu ë wëi ke në ke yiic. Kä ë ke ye ke door ku ë ke ye ke gam ke ke tɔ̈u në nyin de nhialic yic në piny mom. Në kuɛɛr juëc, ke yath acï täŋ de Tuïc ku ŋïny deen de käŋ wi ku cuëëc në kuɛɛr juëi loithok cïï ke kuen në run thook kedhie.

Kä juëi thiek yiic ke pïïr ë ke ye ke looi paan de Tuïc, aake nɔŋ mïm yiëth ken. Kä cït man tɔ̈u ë yäp, dëp/mäi, tueny de deŋ, luɔk de mïïth ka dhiën de läi, puɔ̈ɔ̈r, nyaai de dit --. Luɔi de kekäkë ka kɔ̈ɔ̈r de mïïth rok yic në thɛɛ wuɔ̈i yiic në ruɔ̈ɔ̈n yic, yennëke ye kɔc cɔk ŋic ɣän loithook ke piny lëu bïnnëke mïïth yök thïn ku ɣän lëu bï ke ɣap ku thiɛɛn ë ke thïn në thɛɛ ke riääk. Në ŋö ɣäp ku thiaan aaye ke thäny cök ɣän thiɔ̈k ke kä juëi ye pïïr kuɔny kök nhial ku dem kë nyin.

Në yiëth lei yiic, ke ka lɔgöiɣöi ye kä ŋö ye kä jör cï bën kennë keek ka kä cï ke bɛr lɔ dhiim yiic ku wel ke yiic ke ke ye kä jör. Ku ka cukku tïŋ, thöŋ kä juëi yaath tɔ̈u në ke yiëth lei kë yiic yïdï në kä yaath thɛɛr kuɔ. Ku kä juëi cï kë ke riɔ̈ɔ̈k ka kä cï kek ke kuëny de kek cök kuɔɔr nyin tïŋ ë commom ayadëŋ. Cï kë kɔc cɔk dhɔt kä thɛɛr ken yiic ye dï, gɔl në yuɛŋ wei de rïu de piny ku kä juëi tɔ̈u në ye mom ku ye yic alɔgut në dëk de mïm ka ɣoi wei de kuɛɛr ë ke yennëke kä thiek yiic ke cieŋ cak, muk ke ku tëëu ë ke thïn.

www.ingramcontent.com/pod-product-compliance
Lightning Source LLC
Chambersburg PA
CBHW030250010526
44107CB00053B/1652